普通高等教育“十一五”国家级规划教材

高等学校物流类专业主要课程教材

物流系统工程（第三版）

Wuliu Xitong Gongcheng

王长琼　张　莹　主编

高等教育出版社·北京

内容简介

本书结合新经济、新技术背景下物流领域的发展成果，在保持《物流系统工程》（第二版）体系结构的基础上，对各章内容进行了更新，融入了新的内容，将理论与新时代物流系统工程的发展实践相结合，更新了各章案例。每章新增了自测题，方便读者自学；另外还增加了一定数量的结合实际的分析题，以启迪读者进一步思考。全书共十一章，包括：系统基本原理、系统工程基础概述、物流系统概述、物流系统分析、物流系统建模、物流系统需求预测、物流网络规划、运输及配送路径的优化、物流系统仿真、物流系统综合评价和物流系统决策分析。

本书适合作为高等院校物流管理、物流工程及相关专业的本科生和研究生教材，也适合企业物流管理人员阅读。

图书在版编目（CIP）数据

物流系统工程/王长琼，张莹主编.--3版.--北京：高等教育出版社，2021.9（2022.12重印）

ISBN 978-7-04-056504-1

Ⅰ.①物… Ⅱ.①王… ②张… Ⅲ.①物流-系统工程-高等学校-教材 Ⅳ.①F252

中国版本图书馆CIP数据核字（2021）第145619号

策划编辑 张 欣　　责任编辑 张 欣　　封面设计 张 志　　版式设计 杜微言
插图绘制 于 博　　责任校对 刘丽娴　　责任印制 田 甜

出版发行 高等教育出版社
社　　址 北京市西城区德外大街4号
邮政编码 100120
印　　刷 北京七色印务有限公司
开　　本 787mm×1092mm 1/16
印　　张 16.75
字　　数 400千字
购书热线 010-58581118
咨询电话 400-810-0598
网　　址 http://www.hep.edu.cn
http://www.hep.com.cn
网上订购 http://www.hepmall.com.cn
http://www.hepmall.com
http://www.hepmall.cn
版　　次 2007年8月第1版
2021年9月第3版
印　　次 2022年12月第2次印刷
定　　价 39.80元

物 料 号 56504-00

第三版前言

现代物流业和供应链是现代化经济体系的重要组成部分，也是建设社会主义现代化强国的必备条件。党的十九大报告明确指出，要在现代供应链领域培育新增长点、形成新动能，要求加强物流基础设施网络建设。这为我国现代物流业的发展带来新的动力。随着互联网、大数据、人工智能、区块链等新技术的发展和应用，现代物流业进入以新技术、新模式、新业态为特征的新一轮创新发展阶段，物流系统工程的理论和实践也呈现出新的发展。在此背景下，我们对普通高等教育“十一五”国家级规划教材《物流系统工程》（第二版）进行了再次修订。

本次修订在保持原书第二版体系结构的基础上，对各章内容进行了更新，主要改动包括：① 结合新时代的物流新发展，用新的实例、新的现象解释相关理论，体现物流系统工程领域的新理论和实践成果。② 以学习者为中心，全面更新课后习题和案例，每章新增了即测即评，方便自学和自测；结合最新发展实践，更新了部分案例，新增开放式应用分析题，促进学习者应用能力的提高。③ 将新时代中国特色社会主义建设成果、物流行业重大成果以及体现中华民族优秀传统的实例素材融入相关章节。

全书共分十一章。第一章介绍系统的基本原理，认识系统的本质和特征。第二章介绍系统工程的基础，为物流系统工程方法的学习打好基础。第三章是物流系统概述，从系统的视角认识物流。第四章是物流系统分析，介绍物流系统目的分析、结构分析和子系统分析方法。第五章介绍物流系统建模方法及常见模型。第六章介绍物流系统需求预测的关键问题及常见方法，增加了基于大数据技术的物流需求预测应用实例的介绍。第七章介绍物流网络规划的理论和方法。第八章介绍运输及配送路径优化的理论和方法。第九章介绍物流系统仿真的方法。第十章介绍物流系统综合评价的理论及方法。第十一章介绍物流系统决策分析方法。各章还新增了结合实际的应用分析题，训练读者应用理论知识解决实际问题的能力；另外，新增了与智慧物流、线上线下新零售物流相关的应用实例及分析。

本次修订由武汉理工大学王长琼教授统稿，并负责第一、二、七、八和十一章的编写；武汉理工大学张莹副教授负责第三、四、五、六和第十章的编写；湖北交通职业技术学院张利分副教授负责第九章的编写；武汉理工大学辜勇副教授参加了相关章节案例的编写。田仁久、王梦晴、杨畅、张迁、叶月瑶、孙艺嘉、李海林等研究生参加了本书的案例整理、习题验算和图表输入工作。本次修订得到高等教育出版社曾飞华编辑和张欣编辑的大力支持。对以上人员在此一并致以最诚挚的谢意！

本书写作过程中，直接或间接地参考了国内外大量文献，作者已尽可能详细地列入本书后面的参考文献。在此向这些作者们表示最衷心的感谢！

世界上唯一不变的就是变化。科学技术的变革仍将不断推动现代物流和系统工程的创新发展。限于作者的水平，本书难免有疏漏和不妥之处，真诚希望广大读者批评指正、不吝赐教！

编者

2021 年 3 月

目　录

第一章 系统基本原理

【本章学习目标】

- 理解系统、系统结构及系统功能的定义及其相互关系。
- 学会应用系统的特性分析系统。
- 理解系统的分类。

【本章导读】

系统是人类在认知过程中，从关注被认知对象的各个部分、各部分之间的关系中形成的一个概念。本质上，系统是对被认知对象的整体性质的强调。"系统"是系统理论、系统工程和整个系统科学的基本研究对象，正确理解和深刻认识系统的基本概念和原理，是学好物流系统工程的基础。本章将介绍系统的定义、结构、功能、特性和分类等内容，为从系统的角度认识物流系统奠定基础。

第一节　系统的基本概念

可以说，无论是否正式接触过系统科学的内容，每个人的思想都包含着丰富的系统思想的记因[①]。系统概念来源于人类长期的社会实践，古代的很多哲学思想就反映出了朴素的系统概念。如《周易》将世界看成是由许多要素组成的具有某种层次性的整体，其中，六十四卦就是一个整体，每卦又自成一个整体，每一卦的六爻之间又存在着相互制约的关系。古希腊的著名学者亚里士多德关于事物的整体性、目的性、组织性的观点以及关于事物构成的目的因、动力因、形式因、质料因的思想，正是古代朴素的系统观念的体现。德国古典哲学的开创者康德推测整个宇宙具有不同的层次；在对知识的理解上，他认为知识是相互关联的要素构成的整体。德国近代哲学家黑格尔指出必须将真理和科学作为一个有机的整体加以研究，他还运用系统方法构造出了完整的哲学体系。19 世纪，随着社会、哲学与科学技术的发展，许多领域都呈现出由分析到综合、由部分到整体的趋势，系统思想进一步从经验上升到哲学。辩证唯物主义认为，物质世界是由无数相互联系、相互依赖、相互制约、相互作用的事物和过程所形成的统一体。辩证唯物主义体现的物质世界普遍联系及其统一性的思想，就是系统思想的实质。因此，西方学者认为马克思是社会科学中应用现代系统方法的始祖。

进入 20 世纪，随着自然科学全面而迅速的发展，各种观测和实验方法的不断进步，人类

① 记因是指知识的基本单元。

对客观世界的认识也逐渐从分散的、孤立的、局部的认识提高到一种更高的层次，即借助现代科学技术将分散的认识联系起来，形成了对事物的整体以及构成整体的各部分之间的相互联系的认识，从而形成了科学的系统观，系统思想得到快速发展。1937 年，L. V. 贝塔朗菲（L. V. Bertalanffy）提出了一般系统论的概念，认为系统是相互作用的诸要素的复合体。随着生产规模的扩大，社会组织变得越来越复杂，组织内的目标、协作及信息联系也变得日益重要，在此背景下，系统思想从自然科学领域深入管理领域；尤其是 20 世纪 60 年代相继诞生了耗散结构、协同学、超循环理论、突变论、混沌学等一系列关于系统的新理论，人们对系统的复杂性、组织性、整体性和动态性认识又上升到一个新的高度，极大地推动了系统思想和系统科学的发展及实践应用的发展。随着定量化系统方法的发展和电子计算机的广泛应用，系统思想和方法就从一种哲学思维发展成为专门的学科——系统工程，其应用范围几乎涵盖自然系统和社会系统的一切领域。进入 21 世纪以来，系统思想及方法与我国经济转型升级、建设中国特色的社会主义事业相结合，得到新的发展。例如，中国特色生态文明建设、新时代共同富裕、西部大开发等战略，均体现了丰富的系统思想和方法的应用。可见，从系统的角度看世界已成为一种方法论上的趋势。

本节介绍系统的一些基本概念。系统的基本概念用于描述系统所表现出来的现象以及特征，即系统的共同特性。虽然对这样一些概念在文字表达上目前尚未有完全统一的认识，但对系统的最基本的理解还是有共识的。

一、系统的基本定义

系统（system）一词源于拉丁文的“sytema”，表示群体、集合等。“系统”一词在现实生活中被广泛使用，如：人体就是一个由神经系统、呼吸系统、消化系统、循环系统、生殖系统等子系统构成的系统；一部机器也是一个系统，按其功能的不同，可看作是由动力系统、传动系统、控制系统等子系统构成的；一个国家的交通运输系统是由铁路运输、公路运输、水路运输、航空运输、管道运输这些子系统构成的大系统；等等。

其实，“系统”在本质上是一个描述客观对象存在方式的概念。从系统思想的本质及引入系统概念的目的来分析，引入系统概念，本质上是为了从联系、整体的视角来认识事物，因而系统概念的实质就是要揭示出联系与整体特征的最本质内涵。

（一）对“联系”与“整体”的思维描述

如何描述联系与整体的规律呢？让我们先来观察一下人们思考问题的几个基本特征，这几个特征直接与系统思想相关。

1. 边界

边界是指人们在认识事物时对要认识的问题划出的一个范围。为了能对问题进行有效的思考和控制，人们通常会将要认识的问题从无限的联系中割离出来，形成一个与人类能力相匹配的范围。边界是在思考问题时与问题同时产生的。但对不同的思考者，同一问题可能呈现不同的边界。

例如，某百货商店打出一则广告：“买左鞋，送右鞋”。商家的意图是想表达对折销售，但一般人都会觉得有些“另类”，与我们的日常思维产生了冲突。因为，大多数人在想到鞋的时候，很自然地呈现出来的边界是一双，左、右两只鞋是作为一个整体在大脑中出现的。而这一广告将单只鞋作为一个整体，其边界是一只鞋，就与思维习惯所形成的边界产生了冲突。

2. 串联

串联是指人们在同一时间只能考虑一个方面的问题。这一特征是人类思维的局限性,思想的串联性给我们思考联系与整体带来了很大的困难,但更强调了联系与整体观念的必要性。

3. 整合

整合也称集成或综合,是指将在不同时间思考的问题联系起来进行考虑。这是人脑具备的基本功能之一。例如,通过将某零件的三个平面视图联系起来,可以整合得出该零件的立体形状;再如,通过将某产品的质量、价格和对环境的污染情况联系起来考虑,可以整合得出该产品的性能。系统思维的训练实际上就是要强化整合能力。

基于上述对人脑思维特点的分析,我们来讨论系统的定义及本质。

(二)系统的定义及本质

由于任何一个客观存在的对象总有其独立性,即存在一个边界,我们可根据这一边界将一个客观事物与其他事物区分开来,这就是事物存在的方式。边界以内的是客观对象的内部,它们作为一个整体与边界以外的对象发生联系;而在边界内部,客观对象还可划分成更小的内部组成,即由一系列更小的组分以特定的方式组合而成的。既强调客观对象的内部结构,又强调客观对象与外界的联系,正是系统概念描述客观对象存在方式的实质。

由此可见,系统是相互关联的若干要素的集合体。系统具有一定的边界,边界将系统从无限的存在中划分出来,系统作为一个整体与外部环境发生联系和作用。另外,系统是由相互联系和相互影响的要素组成的。对系统定义的这种理解可以用图 1-1 描述。图中,e_1、e_2、e_3、e_4、e_5 表示要素;要素间的箭头线表示要素间的联系。

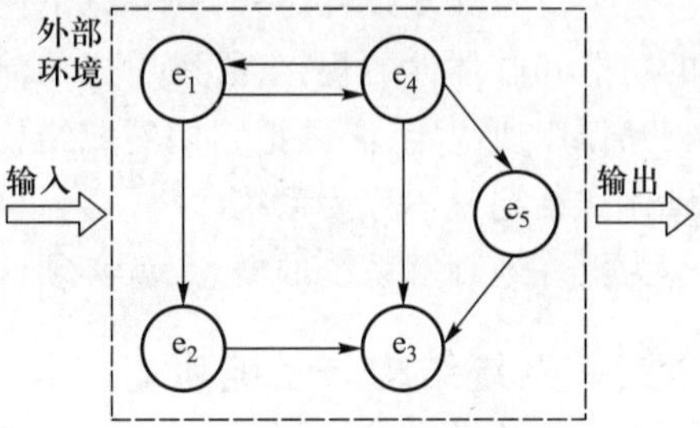

图 1-1 系统的图形描述

由于具体形态和具体性质的不同,系统会表现出多种不同的类型,但是,不同的系统会具有一些共同的特性。我国著名科学家钱学森给出的系统的定义:系统是由相互作用而又相互依赖的若干组成部分结合的具有特定功能的有机整体。

该定义指出了系统的三个基本属性,也就是不同系统具有的共同属性:

第一,系统是由两个或两个以上的要素组成的整体。要素是构成系统的最基本的部分,没有要素就无法构成系统,单个要素也无法构成系统。

第二,系统的诸要素之间、要素与整体之间以及整体与环境之间存在着一定的有机联系。要素之间若没有任何联系和作用,则也不能称其为系统。

第三,系统要素之间的联系与相互作用,使系统作为一个整体具有特定的功能或效能,这是各要素个体所不具备的功能。

虽然对系统的定义形形色色,但基本上都包含了这三个方面,可以说,这三点是定义"系统"的基本出发点。例如,美国的《韦氏大辞典》中,将"系统"解释为"有组织的或被组织而成的整体,是各种概念和原理的综合集成体;由有规则的相互作用、相互依存的形式组成的诸要素集合;等等"。贝塔朗菲把系统定义为:"相互作用的诸要素的综合体"。美国著名学者阿柯夫(R. L. Ackoff)认为:系统是由两个或两个以上相互联系的任何种类的要素所构成的集合。

综上所述，一个系统是由许多要素相互联系所构成的、具有特定功能的整体。形成系统的诸要素的集合永远具有一定的特性或表现为特定的行为，而这些特性或特定行为是系统的任何一个组成要素不具备的。从系统功能看，系统是一个不可分割的整体，如果将其分割，它将失去其原来的性质。但在物质世界中，一个系统的任何一部分都可以被看作是一个子系统，而系统本身又可以成为一个规模更大的系统的子系统。例如，汽车底盘可看作是一个由传动装置、悬挂装置、转向装置、制动装置按一定设计原理构成的系统，其功能是支撑、安装汽车发动机等部件。汽车底盘又是“汽车”这个更大系统的子系统。底盘的传动装置也是一个由多个要素构成的、具有特定功能的子系统。但是，拆卸下来的几个齿轮和螺丝钉的组合不具备特定的功能，因而不构成系统。

党的十八大以来，中央提出了一系列推进新时代社会主义建设的伟大战略，充分体现了系统思想。例如，“全面建成小康社会”就是一个由经济建设、政治建设、文化建设、社会建设和生态文明建设“五位一体”构成的有机整体，五项建设内容相辅相成、相互促进，其中，经济建设是根本，政治建设是保证，文化建设是灵魂，社会建设是条件，生态文明建设是基础，因而这个有机整体是一个大系统。

系统概念之所以受到普遍重视，首先是因为人们在实践中遇到了一类复杂的对象。它们的组成元素众多，元素间联系复杂，它们与周围事物的联系又常带有随机性。例如，大量分子构成的热力学系统、大量生命分子构成的生命系统、大量物种及其环境构成的生态系统等。这类对象除复杂性之外，尚有以下两个共同点：第一，它们对所在的环境来说，具有整体性的功能和整体性的规律，必须看成功能整体。第二，这类对象的整体功能又由其组成元素的相互作用所决定，必须把它们看成结构整体。考虑到这两个特点，人们就把这类统一的功能整体和结构整体称为系统。

为更好地理解系统的概念，就必须认识系统的结构和功能。

二、系统结构与系统功能

客观系统包含着双重联系：系统与其构成元素的联系、系统与其所在环境的联系。系统的规定性就存在于这两种联系中。前一种联系属于系统的内部联系，后一种联系可称为系统的外部联系。表征前一种联系的范畴，称为结构；表征后一种联系的范畴，称为功能。这样，元素、系统、环境三个环节就通过结构、功能两个中介而沟通。

（一）系统结构

“结构”是用来描述系统边界内部组成要素及其联系的一个概念。通过系统的组成要素及其关联来描述系统的内部结构，因此，要素和关联是系统结构描述的基础。

1. 要素

要素是系统内的具有一定独立性的“单元”。它是系统内部在一定意义上的最小基本单元。

由于这个最小基本单元总是人为设定的，这就使得对要素的划分带有一定的任意性，即对同一个系统，会出现不同的要素划分情况。例如，一个工业企业既可以看成是由市场部、采购部、生产部、研发部、人力资源部等要素构成的系统，也可以看作是由人员、物质、资金、信息等要素构成的系统。为此，进行系统内部要素的划分时需要遵守如下两条基本原则：一是要素与要素之间的边界是清晰的，二是要素之间的联系是可描述的。

另外，要素只是系统在特定意义下的最小单元，要素还可能包含更细一级的子要素。仍以工业企业系统为例，“人员”要素可细分为操作工人、研发人员、管理者等子要素。

2. 关联

关联是指要素之间的联系方式，即各种关系，包括：通过物质、信息、能量或资金流动形成的输入输出关系、因果关系、竞争关系、合作关系、供需关系、隶属关系等。

同样的组成要素，由于其联系方式的不同，形成不同的结构，表现出不同的性能，因而表现为不同的系统。例如，化学上的同分异构体，虽然组成元素相同，但排列方式不同，物理性质和化学性质也不相同。再如，一个团队，组成的成员不变，如果改变工作流程（即改变成员之间的关联），可能就会有更高的工作效率。可见，系统结构的本质是在要素及其关联的整合中形成的。

综合上述两个方面，“系统的结构”就是指系统构成要素及其关联方式的总和。这里需要强调的是，系统中的要素并不仅仅指物质存在，更是指在关联中的意义，即各种要素只有在一定的联系方式下才具有系统的意义。系统的结构反映了系统内部的组成规律。

结构赋予系统以整体性，所以，认识一个系统仅靠因素分析是不够的，还必须进行结构分析。要改变一个系统，单靠要素更替也是不充分的，还必须进行结构的调整与变革。

（二）系统功能

系统结构反映了系统内部各组成要素之间的联系，体现了系统的内部规律。然而系统又存在于一定的环境中，并和环境发生相互作用，出现物质、能量、信息的交换。这种内、外区别，是矛盾的两极，它们在功能中得以统一。因此，系统功能则是对系统与外部环境关系的描述。

处于特定环境中的系统，接收来自外部环境的一组输入后，系统一般能对该输入进行转换和处理，并产生一组输出返回给外部环境，这就是系统的输入输出过程。系统内部对输入的处理能力是通过系统要素之间的配合行动来实现的；而系统对环境的输出，还受到外部环境因素的影响。例如，将一个生产企业作为一个系统，各生产要素是企业系统能直接处理的“输入”，而市场价格、法律法规等因素都会影响企业行为，但它们是不能被企业处理的外部环境因素。

一组输入在特定的环境因素中导致了系统相应的输出，系统的这种输入输出过程称为系统行为。全体行为的集合记录了系统与环境、输入与输出的全部关系。系统的功能就是指系统与环境相互联系和作用过程的能力。

某一系统在特定环境下通常具有多种功能，其中有些是系统的核心功能，有些则是次要功能。例如，企业系统具有制造产品的功能、创造利润的功能，也具有产生废弃污染物的功能。完整地认识系统的所有功能是很困难甚至不可能的，因为有些功能可能还未被人类所认识。因此，人们通常会用特定的指标、特定的输入所产生的特定输出、特定的环境因素下系统的行为等来说明系统功能；在特定的研究目的下，通常只关注系统的某些功能。

（三）系统结构与功能的关系

“功能”与“结构”是观察系统的两个视角，它们实质上是统一的，二者之间是“外在表现”与“内因”的关系。

1. 系统结构是实现系统功能的基础

系统结构是系统功能的内在根据，系统功能是系统要素与结构的外在表现。一定的结构总是表现出一定的功能,一定的功能总是由一定的结构系统所产生的。例如,金属在电场中有导电功能,在温度场中有传热功能,在剪切挤压之下有可塑性。这一切都可以用金属的晶体结构来解释。可见,功能是以结构为基础的。没有结构的功能和没有功能的结构都是不存在的。各孤立的要素只有通过结构被连成一个整体,才能表现出一定的功能。

2. 系统结构决定系统功能

系统结构的变化将制约着系统整体的发展变化,系统结构的改变必然引起系统功能的改变。例如,石墨和金刚石都是由碳原子组成的,但由于碳原子的空间排列不同,即关联方式不同,其功能则完全不同。如果将一个企业看作是一个系统,同样的劳动者、同样的生产设备,由于企业经营战略的改变及组织结构的改变,就会导致企业的产出(生产效率和经济效益)大不相同。可见,结构不完全相同的两个系统,其功能表现总会存在差异;但是,不同的系统结构却可以实现某些相同的功能。

结构对功能之所以起主要的决定作用,是因为结构使系统形成了不同于它的诸要素的新质。我们知道,虽然系统由诸要素组成,但系统不能归结为孤立状态下各要素的简单堆积。各要素在相互联系和相互作用中,不断发生着物质、能量和信息的交换,从而使系统整体出现了其要素所没有的新质,获得了新的功能。因此,系统整体的功能主要取决于要素之间的联系和相互作用。

3. 系统功能对系统结构具有反作用

虽然系统结构决定着系统的功能,但是,系统的功能并非机械地依赖于结构,它有一定的相对的独立性。例如,电子计算机和人脑两者的结构极不相同,它们在许多方面具有对信息进行加工的相同逻辑功能,因而后者可以在某些方面用前者来代替。当然,系统功能的这种独立性是相对的。例如,计算机与人脑只是在信息处理方面有某种程度的相同功能,而在思维能力、顿悟、思想感情等很多方面都不具备相同功能。

功能与结构之间的对应并不是一一对应的关系。一种结构可以表现为多种功能,一种功能也可以映射多种结构。这是科学技术发展中经常碰到的事实。例如,齿轮结构的指南车与磁性指南针具有相同的功能,但结构原理迥然不同。机械手和人手、计算机和人脑之间存在着根本不同的元素和结构方式,然而由于某些功能类似,可以用前者局部地代替后者的劳动。

另外,系统的结构也不是一成不变的,系统功能对系统结构具有巨大的反作用力。功能在与环境的相互作用中,会出现与结构不相适应的异常状态。当这种状态持续一段时间时,就会刺激并迫使结构发生变化,以适应环境的需要。系统功能对系统结构的反作用会引起两种可能的结果:要么促使系统结构优化,要么环境的变化引起系统原有的功能萎缩,最终出现结构的衰退。例如,随着我国社会主义现代化建设进入新的历史阶段,发展绿色经济、绿色产品及服务业,开展生态文明建设,是实现中华民族永续发展的必然选择,也是新时代下建设美丽中国的必然要求。在此背景下,企业系统的功能从单纯的经济效益转变为经济效益、环境效益与社会效益的平衡。因此,企业在生产经营过程中必须选择绿色材料、节能减排的设备或绿色合作伙伴,即企业系统的结构发生了改变。否则,如果一家企业仍然沿用原来粗放的高能耗、高污染的生产模式,必然会遭到淘汰。

总之,功能是系统外在的表现,结构是系统内在的规律,系统结构决定着系统的功能,而系统功能又对系统结构有反作用力,它们互相作用而又互相影响。一种功能可由多种结构来实现，同一结构的系统也可以发挥多种功能。在系统要素给定的情况下，调整要素与要素之间的关系，建立合理的系统结构，必然会提高系统的功能。这就是系统工程的着眼点。

第二节　系统的特性及分类

一、系统的特性

系统的特性主要是指系统在一般意义上的本质特性。介绍系统的本质特性有助于读者进一步理解系统的概念。一般系统所具有的特性主要表现为系统的集合性、整体性、相关性、层次性、目的性和环境适应性六个方面。

（一）集合性

集合的概念就是将具有某种属性的一些对象看作一个整体，形成一个集合。集合里的各个对象称为集合的要素。系统的集合性表明，系统是由两个或两个以上的可以互相区别的要素所组成的。例如，计算机系统，一般都是由中央处理器（CPU）、存储器、输入与输出设备等硬件所组成，另外还包含有操作系统、各种应用工具等软件，从而形成一个完整的集合。

（二）整体性

系统的整体性可以直观地理解为系统是一个整体的对外联系的单元，系统整体性的外在表现就是系统功能，系统内部的各组成要素只有在整体中才具有意义。

系统的整体性说明，系统各要素之间存在一定的组合方式，各要素之间必须相互统一、相互协调和配合，才能形成一个系统，才能发挥系统特有的功能。系统整体的功能并不是各个要素功能的简单叠加，而是呈现出各组成要素所没有的新的功能，并且系统整体的功能大于各组成要素的功能总和。如果各要素之间不能很好地协调和配合，即使每个要素都是良好的，也不可能作为一个整体发挥良好的功能，就不能称之为完善的系统。相反，在一个系统整体中，即使组成要素并不都很完善，但它们也可通过协调、综合而成为具有良好功能的系统。

整体性强调的是组合效果的复杂性和组合的创新作用。系统的整体性是系统论的核心思想。例如，中国特色生态文明建设是经济、生态、社会、文化多领域综合建设的统一体，只有各要素统筹、协调地发展，才能实现系统整体目标——即社会主义建设事业的持续、健康发展。所谓“全局一盘棋”正是系统整体性的生动写照。

（三）相关性

相关性是指组成系统的各要素之间是相互联系、相互作用的。它用来说明这些要素之间的特定关系。如果诸多基本要素彼此孤立地堆积在一起，相互之间没有任何联系或相互作用，这是不能称为系统的。相关性可用来描述系统整体性的原因，是系统整体性的根据。系统的思想正是强调要素之间联系方式的重要性，同样的要素，其联系方式的不同可以使其成为不同的整体，具有不同的系统功能。另外，相关性既重视整体内部各要素间的关联，也重视整体与外部环境之间的联系。

（四）层次性

系统作为一个相互作用的诸要素的总体，可以分解为一系列的子系统，子系统还可进一步分解为更低一级的子系统,并存在一定的层次结构,这就是系统的层次性。系统层次是指各种各样的系统在不同时空中的存在,或者是指从不同层面观察系统时的存在。根据观察视角的不同,系统层次一般可分为:空间层次、时间层次和功能层次三种类型。

空间层次结构反映系统要素空间位置的相互关系。例如,一个国家的宏观经济指标通常是在全国范围内的加权平均,由于国家是由不同地区组成的,不同地区具有不同的资源禀赋和经济发展条件,因此,国家宏观经济指标具有空间层次结构的特点。

时间层次结构反映系统变化与时间尺度变化的关系,也可以指系统要素在时间坐标中的连接状况。例如,产品的生产流程是由若干道工序按照一定时间顺序连接而成的系统,各工序在时间坐标中的连接方式不同,系统就会表现出不同的功能。

功能层次是指不同层次的系统具有不同的作用。例如企业管理系统,最高层次是战略计划层,最低层次是作业层,中间层次是经营管理层;如果按照部门职能的不同进行划分,又可以分为生产、销售、财务、人力资源等部门。各个层次中的管理者在决策过程中的信息接收、信息处理等都具有不同的功能。

(五)目的性

通常系统都具有某种目的,要达到某种既定的目的,系统就必须具有一定的功能。系统的目的和功能正是一个系统与另一个系统区别的标志。系统的目的性在行为层次上指一定范围内的输入可能产生相同的输出,就像稳压器。

系统的目的一般用更具体的目标来体现。比较复杂的系统一般都具有多个目标,因此需要一个指标体系来描述系统的目标。例如,衡量一个物流企业的经营业绩,不仅要考核它的物流服务量,而且要考核企业的利润、成本投入和服务满意度等指标的情况。在指标体系中,各个指标之间有时是相互矛盾的,有时是此消彼长的。为此,要从整体出发力求获得全局最佳的效果,在相互矛盾的目标之间进行协调,寻求平衡点,以便实现系统的目的。另外,系统还必须具有控制、调节和管理的功能,通过各要素之间的有序化调节,使之进入与系统目的相适应的状态,从而实现系统的目的。

(六)环境适应性

任何一个系统都存在于一定的外部环境之中。系统是作为一个整体与外部环境发生联系和作用的。在这个联系和作用的过程中,系统必然也要与外界环境产生物质的、能量的和信息的交换。因此,外界环境的变化必然会起系统内部各要素的变化。系统只有通过内部结构的调整,使系统具备新的功能,才能适应外部环境的变化。一个系统如果不能通过内部结构的调整去适应外部环境的变化,就不会持续发展。

例如,企业是存在于经济社会这个复杂大系统中的一个子系统,企业的外部环境包括经济环境、政治法律环境、文化环境、科学技术环境等。一个企业必须经常了解经济政策、行业发展状态、国内外市场环境及竞争情况,并要针对外部环境的变化,及时调整企业的经营策略,形成与环境相适应的管理体系和模式,才能维持其在市场上长久的竞争优势。实际上,一个企业发展壮大的过程也是企业不断适应环境变化的过程。

二、系统的分类

从系统的概念可知,系统是非常普遍的。但是,不同的系统总以不同的形态存在。根据系统形成的原因、系统属性的不同,或附加某些特征,可以对系统进行多种分类。下面介绍几种常见的系统分类。

（一）自然系统与人造系统

这种分类是按照系统形成的原因进行的分类。按照系统的起源，自然系统是由自然过程产生的系统。这类系统是以自然物为要素所形成的系统，如海洋系统、生态系统、太阳系等。人造系统则是人们将有关元素按其属性和相互关系组合而成的系统，或者说是对自然要素加以人工利用所形成的系统。例如，人类通过对自然物质进行加工和利用，构造出各种工程系统、运输系统等就是人造系统。经济系统、教育系统等也是人造系统。

区分自然系统和人造系统有助于提示人们在认识不同系统时应该有不同的切入点。人造系统主要是为了实现某种特定功能而创造的系统。因此，它是功能需求的产物，而自然系统并不是人类的功能需求的产物。对自然系统，往往是先认识其结构，再认识可被利用的功能；而对人造系统，则是先设定系统的功能，再以功能为出发点，研究用怎样的结构来实现预定的功能。因此，对于自然系统，人们应该优先关注其结构，而对于人造系统，则应该优先关注其功能。

实际上，大多数系统是自然系统与人造系统的复合系统。在人造系统中，有许多是人们运用科学技术改造自然系统的结果。随着科学技术的发展，出现了越来越多的人造系统。值得注意的是，有些人造系统的出现，却破坏了自然生态系统的平衡。近年来，系统工程越来越注意从自然系统的属性和关系中探讨人造系统。

（二）实体系统与概念系统

凡是以矿物、生物、机械等物理意义的实体为构成要素的系统称为实体系统。凡是由概念、原理、方法、制度、程序等不具备物理属性的非实体物质所构成的系统称为概念系统。例如，太阳系是一个实体系统，而人们对太阳系的描述则是一个概念系统；管理系统、社会系统也属于概念系统。

在实际生活中，实体系统和概念系统在多数情况下是结合的，实体系统是概念系统的物质基础，概念有时需要以实体为载体反映出来，而概念系统往往是实体系统的抽象和简化。人造系统一般是先有概念系统，再有实体系统的。例如，制造一个产品，先要有设计思想和方案（设计图纸），这是一个概念系统；依靠设计图纸生产出来的产品是一个实体系统，它的性能主要是由设计方案决定的。再如，一个军事指挥系统，既包括了军事指挥员的思想、信息、原则、命令等概念要素，也包括计算机设备、通信设备等实体要素，因此，它是实体系统与概念系统的组合。

（三）动态系统和静态系统

按系统的形态是否随时间而变化进行分类，随时间而变化的系统是动态系统，系统行为、状态与时间无关的是静态系统，即处于稳定状态的系统。例如，江河上的一座桥梁可以看作是一个静态系统，其构成要素及其关联不随时间而变化。但是，从严格的意义来说，实体系统中是不存在静态系统的，因为任何系统都有其“寿命周期”。动态系统强调的是系统行为或结构的动态变化特征，放在长远的时间背景下，大多数的系统都是动态系统。但是，由于动态系统中各种参数之间的相互关系非常复杂，要找出其中的规律性有时非常困难。因此，有时为了使问题简化，会忽略系统的动态特性，将系统简化成为静态系统来描述；如果系统的动态特性不能忽略，就不能将系统简化成静态系统。一般来说，绝对的实体系统是静态系统，而概念系统一般是动态系统。

（四）封闭系统和开放系统

按系统是否与外界环境有物质、能量或信息的交换进行分类，可将系统分为封闭系统和开放系统。封闭系统是指与外界环境不发生任何形式的交换的系统。它既不向外界环境输出，也不从外界环境输入。开放系统是指与环境有相互关联，能从外界环境得到输入，并向外界环境产生输出的系统。一个系统如果不是开放系统，就是封闭系统，二者必居其一。大部分人造系统都属于开放的系统，例如社会系统、经济系统。研究开放系统的意义在于可以通过系统与环境的关系来研究系统的结构及其演变的特征。

最早涉及开放系统与封闭系统研究的领域是物理学领域。但物理学中的概念与本书中的概念有区别。物理学中的封闭系统是只有能量交换的系统，开放系统是同时进行物质交换和能量交换的系统。本书定义的封闭系统是物理学中的孤立系统。而同时进行物质、能量和信息交换的系统，在物理学中尚无专门定义。

将系统按照某些特征进行分类，其目的是希望能更深刻地认识具有这些特征的系统的共性。随着系统思想的不断发展，还会出现新的系统分类。

在物流系统中，绝大多数是自然系统与人造系统的复合，既有实体系统，又有概念系统，是动态的、开放的系统。

本章小结

了解系统的概念、特性及类型是理解系统原理，学会应用系统原理分析问题、解决问题的基础。系统概念的本质是为了从联系与整体的视角来认识事物。即系统是由相互作用而又相互依赖的若干组成部分结合的具有特定功能的有机整体。

系统结构和系统功能是观察系统的两个视角，其实质是统一的，是“内因”与“外在表现”的关系。一般系统具有集合性、整体性、相关性、层次性、目的性和环境适应性六个方面特性。根据系统形成原因或特征的不同，系统可以分成不同的类型。

理解系统的特性及类型，有助于我们充分利用这些特性对特定类型的系统进行针对性的分析，为解决系统问题奠定基础。

复习题

一、简答题

1. 系统的三个基本属性是什么？
2. 什么是系统的结构？什么是系统的功能？
3. 系统结构与系统功能之间的相互关系是什么？举例说明。
4. 什么是系统层次？系统层次有哪几种类型？
5. 如何理解系统的相关性？
6. 分析实体系统与概念系统的关系，并举例说明。
7. 什么叫动态系统？为什么说概念系统一般是动态系统？

二、分析题

1. 选择一个你熟悉的产品（如手机、汽车、自行车等），分析如下问题：

(1) 该产品系统的主要构成要素有哪些？

(2) 如何理解该产品系统的整体性？

(3) 结合该产品分析系统的环境适应性。

2. 以生产企业为例，说明企业系统的构成要素有哪些？系统的层次性如何体现？试着画出企业系统的层次结构。

三、即测即评

【案例】

基于系统思想的精准扶贫策略

2021 年 2 月 25 日，习近平总书记在全国脱贫攻坚总结表彰大会上庄严宣告“我国脱贫攻坚战取得了全面胜利！”总书记还阐述了中国特色减贫道路和中国特色反贫困理论，其中，“精准扶贫”是其中一项重要构成。“精准扶贫”策略的贯彻是一项复杂的系统工程，涉及扶持谁、谁来扶、怎么扶、如何退等问题，这些问题相互联系、相互影响。因此，精准扶贫策略的成功实践包含了丰富的系统思想。

一、系统整体性是构筑精准扶贫系统的核心

实施精准扶贫的目标是确保我国如期实现脱贫攻坚目标，解决区域性整体贫困。针对一个贫困地区构建的精准扶贫体系体现了系统的整体性思想。下面以陕西省延安市的扶贫行动为例进行分析。

延安是革命老区，由于自然条件等原因，长期处于欠发达状态，扶贫减贫任务重。其中，延安市延川县境内沟壑纵横，土地贫瘠，自然条件很差，干旱、洪涝等自然灾害频发，经济社会发展水平较低，是陕甘宁革命老区振兴规划重点扶持县。

系统的整体性特征在延川县精准扶贫实践中得以体现。在制定扶贫措施时，非常注重精准扶贫系统中各要素之间的协调和配合，以便形成“整体功能大于部分功能之和”的精准扶贫合力，增强贫困地区的“造血”功能。例如，结合当地的自然条件以及贫困村和贫困户的具体情况，统筹规划了多种类型的针对性扶贫措施，包括移民搬迁、产业帮扶、技能培训、教育扶持、医疗扶持、文化旅游、金融扶持、结对帮扶、企业大户带动脱贫、光伏电商脱贫、生态保护和兜底保障脱贫等，从多个途径进行精准脱贫，最终促成整体脱贫。

二、系统层次性特征的应用

延安市延川县的精准扶贫实践也体现了系统的层次性特征。延川县的精准扶贫实践可

归纳成4个方面的措施，即：(1) 制定差异化的帮扶措施，因人因户施策；(2) 坚持产业发展带动精准脱贫；(3) 完善制度体系，全方位推进精准扶贫；(4) 坚持综合施策，多方保障推进精准扶贫。根据措施作用的对象和范围的不同，这4项措施对应着不同层级的子系统，即从个体(人或户)到企业，再到产业，最后是社会整体的层次递进关系；同一层次还可划分为横向不同类型的子系统。这就要运用系统的层次特性，协调好纵向不同层次子系统之间的关系，使各子系统在层次隶属的关系中发挥出效力递增的正面效应；同时还要协调横向不同类型子系统间的关系，使横向各子系统在保持自身独立性的同时，又能消除冲突，和谐共存。延川县正是通过各子系统之间的相互关联和相互促进，最终实现了整体脱贫的目标。

问题讨论：

1. 系统整体性在延川县精准扶贫实践中有哪些体现？
2. 精准扶贫系统中的层次性有哪些体现？

第二章 系统工程基础概述

【本章学习目标】

- 理解系统工程的概念,了解系统工程的应用分支领域及发展趋势。
- 了解霍尔三维结构的系统工程方法。
- 掌握系统功能分析、系统结构分析、系统环境分析等系统分析方法。
- 掌握物流系统工程研究的理论基础和常用技术手段。

【本章导读】

用系统思想和定量与定性分析相结合的系统方法处理大型复杂系统的问题,无论是系统的设计或组织建立,还是系统的经营管理,都可以统一地看成是一类工程实践,统称为系统工程。它是用系统的思想与方法来指导工程实践或工程管理的有效方法。系统工程已渗透到许多领域,成为解决各领域复杂问题的基础方法。本章将介绍系统工程的概念及系统工程的理论基础,阐述系统工程的常用研究方法,为物流系统工程方法的学习提供依据。

第一节 系统工程及其发展历程

一、系统工程的概念

我们平常所说的"工程"如果用系统的语言来表达,就是创造或改造一个系统,某项"工程"总是以一定的价值需求为前提的,创造一个系统同样也是以希望达到的功能为前提的。创造系统以预期的功能为出发点,以构造出能实现功能的实体系统为最终目的。从起点到终点要将相关的人力、物力、资金、知识、信息、智慧等要素综合起来,这就是工程管理。创造系统的过程本身也是一个系统,应用系统的思想和方法来指导工程实践或工程管理的有效方法就是系统工程。从广义上看,系统工程是一个泛指的方法类,本质是针对特定的工程特点,应用系统思想指导工程管理所形成的方法。

(一)典型定义

从学科发展和学术研究的角度看,系统工程(system engineering)是一门新兴的交叉学科,尚处于发展阶段,至今还没有统一的定义。国内外许多知名学者对系统工程进行了定义和内涵解释,下面列举几个有代表性的解释,帮助我们更好地认识和理解"系统工程"。

(1) 中国著名科学家钱学森给出的定义(1978):"系统工程是组织管理系统的规划、研究、设计、制造、试验和使用的科学方法,是一种对所有系统都具有普遍意义的科学方法。”“系统工程是一门组织管理的技术。”

(2) 日本工业标准 JIS 的定义(1967):“系统工程是为了更好地达到系统目标,而对系统的构成要素、组织结构、信息流动和控制机制等进行分析与设计的技术。”

(3) 美国质量管理学会系统工程委员会的定义(1969):“系统工程是应用科学知识设计和制造系统的一门特殊工程学。”

(4) 苏联大百科全书给出的定义(1976):“系统工程是一门研究复杂系统的设计、建立、试验和运行的科学技术。”

分析比较上述几个定义,可以看出,钱学森教授给出的定义强调了对系统的组织管理。根据管理学原理,管理的职能包括计划、组织、指挥、协调、控制、决策等,因而,该定义的内涵更丰富。

根据钱学森给出的定义,系统工程是一种具有普遍意义的科学方法,即用系统的观点来思考问题(尤其是复杂系统的组织管理问题),用工程的方法来研究和求解问题。

系统工程研究和应用的对象是“系统”,既包括由实体要素构成的系统,也包括由思想、方法等概念要素构成的系统,经济建设和社会发展中的许多问题都可以归为系统工程问题,可以用系统工程的理论和方法加以解决。例如,“载人航天”是一项规模宏大的系统工程,“实施西部大开发”“建设中国特色的社会主义”等也都是复杂的系统工程。

综上所述,系统工程是以研究大型复杂的人造系统和复合系统为对象的一门交叉科学,它既是一个技术过程又是一个管理过程。它把自然科学和社会科学的某些思想、理论、方法、策略和手段根据总体协调的需要,有机地联系起来,应用定量分析和定性分析相结合的方法以及计算机等技术工具,对系统的构成要素、组织结构、信息交换、反馈控制等功能进行分析、设计、制造和管理,从而实现系统整体目标的最优化。因此,系统工程是一门现代化的组织管理技术,是特殊的工程技术,是跨越许多学科的交叉科学。

(二)系统工程与其他工程的区别

工程的类型多种多样,有以硬件为主的工程,例如机械工程、电子工程、水利工程等,也有以流程重组、软件为主的工程,例如软件工程、物流工程等。系统工程作为一类新的工程技术,与上述各种工程技术具有共性,即直接与改造客观世界的社会实践相联系,且一项系统工程往往会用到多种工程技术。但是系统工程与这些工程有很大差异。

上述各门工程都有其特定的工程物质对象(即实体系统),而系统工程则不然,任何一种实体系统都能成为它的研究对象,而且它还不只限于实体系统,还可以包括自然系统、社会经济系统、经营管理系统、军事指挥系统等。我们经常会在“系统工程”前面加上一个领域限定词,从而形成了不同的系统工程应用分支。

系统工程常见的应用领域如下。

(1) 社会系统工程——运用系统工程的理论和方法解决社会系统中的问题,其研究对象是整个社会、整个国家范围宏观经济运动这样的复杂巨系统。它具有多层次、多阶段、高度开放、高度综合等特点。建设中国特色社会主义是极为复杂的社会系统工程,涉及经济、政治、社会、自然环境、文化等诸多方面极其复杂的关系。

(2) 宏观经济系统工程——运用系统工程的理论和方法研究宏观经济问题,如经济发展战略、国民经济宏观调控、宏观经济规划、产业结构与产业政策、投入产出分析、物价系统分析、投资决策分析、综合国力分析、税率与汇率分析、货币需求建模与预测、世界经济模型等。

(3) 区域规划系统工程——运用系统工程的理论和方法研究区域经济发展战略、区域综合发展规划、区域产业结构和产业政策、区域资源优化配置、城镇布局和发展规划、区域投资规划、地区之间的分工与协作、区域经济协调发展等。

(4) 生态环境系统工程——应用系统工程的理论和方法研究大气生态系统、淡水生态系统、大地生态系统、森林与生物生态系统、城市生态系统的分析、规划、建设、防治等方面的问题以及环境监测系统、环境计量预测模型等。

(5) 交通运输系统工程——应用系统工程的理论和方法研究交通运输领域复杂的系统问题,例如综合运输网络的建设和规划、各种运输系统的规划及调度、运费定价系统、综合运输优化模型以及交通运输系统动力学、城市公共交通系统分析等问题。

(6) 农业系统工程——现代农业系统是一个开放的、复杂的、多目标的动态系统,应用系统工程的理论和方法研究农业问题具有广阔的前景。例如研究农业发展战略、农业产业结构、农业综合规划、农业投资规划、农产品需求预测、农作物合理布局、立体农业发展规划、农业服务系统综合规划、农业多目标决策、农户家庭经济模式等问题。

(7) 军事系统工程——运用系统工程的理论和方法来研究军事系统的组织管理问题,其核心是军队建设、作战等问题,例如,研究国防战略、作战模拟、情报通信组织与指挥系统、参谋系统、武器装备发展规划、一体化后勤保障系统、国防经济学与军事运筹学等问题。

(8) 工业及企业系统工程——运用系统工程的理论和方法来研究现代工业及企业发展中的问题,例如市场分析与预测、新产品研究与开发、企业重组、生产计划与调度、质量保障体系、管理信息系统、企业发展战略、企业竞争力分析、企业决策与决策支持系统等。

(9) 物流系统工程——运用系统工程的理论和方法解决物流及供应链系统的规划、控制、管理和决策问题。这正是本书的内容。

此外,还有人口系统工程、能源系统工程、水资源系统工程、教育系统工程、医药卫生系统工程等。

另外,由于系统方法向管理领域的渗透,有些管理方法虽然没有冠上系统工程的名称,其本质也是系统思想和方法的体现,例如项目管理,可认为是广义的系统工程。

系统工程处理的对象主要是信息,因此,有些学者认为系统工程是一门“软科学”。系统工程在自然科学与社会科学之间架设了一座沟通的桥梁。现代数学方法和计算机技术,通过系统工程,为社会科学研究增加了极为有用的定量方法、模型方法、模拟实验方法和优化方法。系统工程也为从事自然科学的工程技术人员和从事社会科学的研究人员的相互合作开辟了广阔的道路。

二、系统工程的产生与发展

(一)发展历程概述

从应用实践看,中国古代就有了许多成功的系统工程案例。例如,都江堰工程是我国古代一项杰出的大型水利工程,至今仍发挥着巨大的作用。该项目从规划目标到工程结构、运行、维护等,均体现了系统工程的思想。再如,北宋时期的丁谓修宫、赣州的宋代排水系统等工程,都是我国古代系统工程应用的典范。但是,系统工程作为一门学科是20世纪50年代才创立的,它是工业生产和科学技术发展的产物。

20 世纪 30 年代至 40 年代,随着生产规模越来越大,生产工艺越来越复杂,工程项目涉及的专业和部门越来越多,需要人们从整体的角度考虑问题,系统方法逐渐形成。随着数理科学向经济学领域的渗透,投入产出模型、博弈论相继被提出,经济系统的分析进一步朝数量化方向发展。20 世纪 30 年代末期,苏联数学家康托洛维奇发表了《生产组织与计划的数学方法》,提出了科学进行生产组织与计划的一整套方法。以研究高效率生产为目标的管理工程对系统工程的发展也起到了重要作用,因为早期的时间研究和动作研究的方法,其本质仍属于系统最优化的思想。

从上面分析可知,在第二次世界大战前夕,经济、生产等领域的系统问题已促使人们努力揭示系统的一般运行规律和创造组织管理系统的技术。从上述研究工作及成果可以看出,这一时期各领域的学者已对系统平衡、要素配置、输入-输出关系、竞争、博弈、聚散等问题进行了较深入的研究,但是,与系统理论相关的工作还较分散,因此,只能属于系统工程的起步阶段。

在第二次世界大战期间,系统分析的方法和技术得到突飞猛进的发展。由于战争规模巨大,军事组织与战略、战术的研究就显得非常重要。例如,英国于 1940 年成立了一个跨学科的运筹学研究小组,研究小组将武器、作战现场及武器使用者作为一个系统整体进行分析,以寻找提高作战能力的方法。战争期间的许多实例证明了系统分析技术的威力。第二次世界大战期间还培养了一批系统工程人才,促进了系统工程学科的形成与发展。

20 世纪 40 年代到 50 年代,运筹学的运用和发展、控制论的创立、电子计算机的出现等,为系统工程学科的形成提供了理论基础。1957 年,美国学者古德(H. Good)和马克尔(R. E. Machol)合作出版了著作《System Engineering》即《系统工程》,标志着系统工程学科的形成。

20 世纪 60 年代,系统工程的理论和实践取得了快速发展。美国国际电气电子工程师学会(即 IEEE,Institute of Electrical and Electronics Engineers)设立了系统工程学科委员会,1965 年,马克尔出版了《Handbook of Systems Engineering》即《系统工程手册》,论述了系统工程的理论、方法和技术,使系统工程走向实用化和规范化。20 世纪 70 年代之后,系统工程的应用范围不断扩大,从硬系统的处理扩大到更加复杂的系统,例如社会经济系统工程。20 世纪 70 年代中后期发展起来的软系统思想是系统工程从面向工程系统到面向无结构系统转变的典型标志。西方的系统工程研究之所以能快速发展,主要是由于当时大型工程建设的需要和复杂组织管理问题的需要。美国的阿波罗登月计划就是运用系统工程的经典事例。

20 世纪 80 年代末,我国系统工程的创始人钱学森针对一些复杂的系统进行概括和提炼,提出了“开放的复杂的巨系统”理论,为系统工程应用开创了新的领域——复杂系统工程。进入 20 世纪 90 年代,科学与技术的进步使人类面临更复杂的系统工程,计算机部分替代人脑的工作,人机结合的系统研究进展加快,系统工程的方法研究也取得新进展。钱学森等国内学者提出了综合集成法,美国的兰德公司针对中层管理问题总结形成了问题分析技术与潜在问题分析技术等一般管理者适用的方法。

(二)系统工程在中国的发展

从中国系统工程的发展历程看,20 世纪 70 年代后期以来,在中国系统工程学者的积极推动下，西方的系统思想、系统文化和大量系统工程实践案例被纷纷引入中国。1978 年，钱学森、许国志、王寿云在《文汇报》上发表了《组织管理的技术——系统工程》一文，从此揭开了中国系统工程大发展的新篇章。1980 年 11 月，中国系统工程学会在北京成立，学会汇聚了来自我国自动控制学界、数学界、管理工程学界和社会经济学界的一批著名学者，形成了一个学科交叉、知识融合的局面。现在，中国系统工程学会已组建了包括物流系统工程专业委员会在内的 20 多个专业委员会，全国已有 20 多个省、直辖市、自治区成立了省级系统工程学会，为中国系统工程的发展奠定了组织基础。

经过 40 年的发展，系统工程理论及实践在中国取得了巨大的成功，形成了具有中国特色的系统工程中国学派和中国模式。理论上，以钱学森为代表的中国科学家提出了很多原创性理论，例如研究开放的复杂巨系统的方法论——从定性到定量综合集成与综合集成研讨厅体系，大成智慧工程与大成智慧学。

应用实践方面，系统工程受到党和国家领导人的高度重视，在中国的改革开放和社会主义建设中取得了重大成效。例如，党的十九届三中全会公报中提到，深化党和国家机构改革是一项系统工程，需要加强党、政、军、群各方面机构改革的配合，才能形成总体效应。再如，我国长征系列火箭与神舟飞船的成功发射、月球探测工程的顺利推进、北斗卫星导航系统的研制和成功组网等，都包含了系统工程的贡献。另外，在我国一些大中城市实施的“菜篮子工程”可看作是系统工程在现实生活中的应用，该工程涉及农业种植、物流、销售等环节，包括从田间到居民餐桌的全过程。

总之，系统工程已成为解决各领域复杂问题的重要方法。

第二节　系统工程方法论框架

从本质上讲，系统工程是一项组织与管理系统的过程。尽管对于不同的实际问题，可能采取不同的分析方法，但是，系统工程解决问题的决策思维过程是一致的，这个决策过程就是系统工程的方法论框架。该过程本身也可看作是一个系统。那么，该系统由哪些要素组成？各要素之间存在怎样的联系？该系统具有什么样的结构？显然，从任何单一的角度，不可能完全揭示该系统的全貌，必须从多角度进行观察。本节将通过霍尔三维结构来揭示这一系统的结构，并通过三维结构中逻辑维的解释来说明系统工程决策思维过程。

一、霍尔三维结构

1962 年美国学者霍尔(Hall)提出了被称为霍尔三维结构的系统工程方法结构。他从时间、逻辑、知识三个维度揭示出了系统工程开展研究的一般途径，如图 2-1 所示。

（一）时间维

时间维度是以时间的先后顺序来揭示系统工程中各要素及其相互联系，即通过一系列按时间先后顺序排列的工作体现进展，这里既有串联的工作，也有并联的工作。霍尔将系统工程按时间顺序分为图 2-1 中的七个阶段，即：

（1）规划阶段：分析系统所处环境条件，确定所需资源，规划系统要实现的目标。

（2）设计阶段：根据规划的目标，制定具体的总体方案。

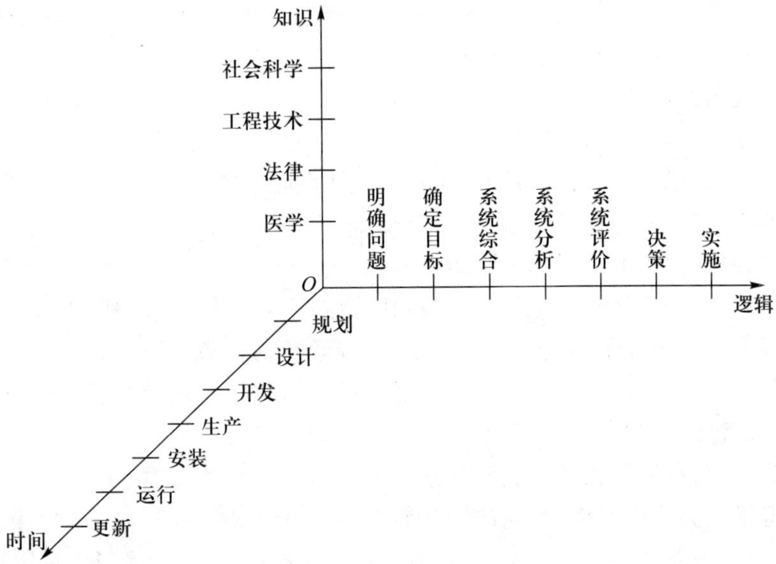

图 2-1　霍尔三维结构

(3) 开发阶段:根据总体方案,制定系统研制方案和详细的生产计划。

(4) 生产阶段:生产制造所需的零部件(即系统组成要素),制定系统安装计划。

(5) 安装阶段:安装系统,制定运行计划。

(6) 运行阶段:系统投入运行,实现功能。

(7) 更新阶段:根据运行过程中的问题,改进、更新系统。

用阶段对工程进行划分,最核心的是阶段成果,上一阶段的成果是下一阶段工作的基础。上一阶段的具体工作都体现在阶段成果之中,因此,阶段与阶段之间由"阶段成果"联系起来。

(二)逻辑维

逻辑维度是从工程管理的决策思维过程来考察,揭示系统决策的组成部分及其联系的规律。思维的展开是围绕决策任务的完成而展开的,即决策过程的视角。霍尔将系统工程的决策思维活动划分成七个步骤,即:明确问题、确定目标、系统综合、系统分析、系统评价、决策、实施。逻辑维上的结构比时间维上的结构更难把握,但也更突出体现了系统思想的特点和系统工程方法论的特征,本节稍后将对此进行详细介绍。

(三)知识维

知识维度是从工程活动中需要投入的科学知识的角度来考察的,说明科学知识对工程进展的支撑作用。知识维可划分成社会科学、工程技术、法律、医学等专业知识,这一维是离散的、无排列顺序的。知识维度的元素对时间维和逻辑维层面提供知识支撑。

图 2-1 中,将时间维与逻辑维结合起来,可形成一个二维结构的矩阵,该矩阵中的元素可清楚描述出在哪一个阶段完成哪一步工作,例如,开发阶段的"明确问题""确定目标",运行阶段的"系统评价""决策"等。这样就可明确各项具体工作在全局中的作用。再通过知识维的描述,就可确定完成系统工程各阶段、各步骤所需的专业知识。

二、系统决策过程逻辑结构

逻辑维是霍尔三维结构的核心,反映的是系统工程方法解决问题的决策思维过程,也是人们通过大量成功的实践,总结出的解决系统问题的思路。

(一)明确问题

用任何方法解决问题,首先要求将问题表述成适当的形式,包括说明存在什么问题及其严重性、紧迫性、后果等;还要求在说明问题的基础上进一步探明行动的方向。系统工程人员面对的问题常常是难以解开的病态结构问题网。系统工程的活动可分成两部分:分析问题和解决问题,前者是从决策者的角度弄清现实存在的相互交织的问题网,后者是从专业角度提出和分析各种问题的途径。

明确问题也就是定义问题,这一阶段的任务包括:通过调查等手段,收集相关资料,弄清问题的结构、过程及其态势,定义问题的边界和各种资源约束,寻找可能采取的行动方向。

(二)确定目标

目标是指希望得到的结果。这一步是将问题定义具体化,将行动方向转化为行动目标的过程。目标是在对问题及其产生原因、内外部环境、资源约束等信息进行分析的基础上形成的。目标太笼统,系统分析难度大;目标太具体,又容易以偏概全。因此,系统工程人员需要全面分析目标结构,从而选择合适层次的目标。系统目标既要具备长远性和全局性,又要具体明确,还要权衡先进性与可行性。确定目标之后,还需要建立目标评价体系和约束条件。目标评价指标用来反映方案达到目标的程度;约束条件是对备选方案及其目标实现程度的限制。

(三)系统综合

系统综合就是拟定实现目标的可行方案。根据确定的目标,拟定解决问题的大纲和决定分析的方法,搜集相关的资料并分析其相互关系,寻找解决问题的各种可行方案,并进行初步筛选。没有两种以上的方案就不成为系统工程问题。提出方案是创造力的体现,往往要采用多种途径和方法。例如,类比法、功能分解法、联想法、头脑风暴法等。只有存在多个可选的方案,才能体现出科学决策的效率。因此,提出备选方案是进行系统分析的基础。

(四)系统分析

这里的系统分析是指对已提出的备选方案的特征进行比较研究,对方案执行的可能结果进行分析、预测和判断。主要分析内容包括:检验方案是否符合某个重要的单项指标约束的许可性分析、副作用分析、潜在问题分析、敏感性分析、费用效果分析等。

通过系统分析,一方面可分析备选方案的质量,更主要的是在分析中提出改善或改造建议。系统分析可借助于模型化方法进行。

(五)系统评价

根据各种方案在不同情景下的分析结果,并结合其他资料所获得的结果,将各种方案进行定性与定量相结合的综合分析。通常,备选方案在不同的评价指标方面各有优缺点,很难简单地断定某一方案绝对优于其他方案,这时就需要应用综合评价,既考察每一方案的利弊得失和效益成本,同时还考虑各种有关的无形因素,如政治、经济、科技、环境等,以获得对所有可行方案的综合评价和结论。系统评价是方案优选和决策的基础。

（六）决策

这里的决策是指决策者根据对可行方案的评价结果，再考虑自己的决策偏好，最终选择一个方案加以实施。

（七）实施

实施即将选定的方案加以贯彻和实施的过程。实施的过程中也可能对方案进行修正、完善，甚至中断执行。应用项目管理方法可实现对方案实施过程的有效管理。

在系统工程分析过程中，上述七个过程并不是一次顺序地完成的。如果对提交的决策方案都不满意，就会返回到前面某个逻辑步骤重新进行研究。这种反复有可能进行多次，直到决策者对方案满意为止。

第三节　系统研究

用系统工程解决实际问题通常会面临两个问题，一是对象系统，是人们解决问题时作为问题承载体的系统；另一个是解决问题的过程的设计。例如，准备设计一个信息系统，这个要设计的信息系统就是对象系统。如何设计呢？完成设计任务本身就包含几个相互联系的过程和工作模块，即完成设计任务的过程也是一个系统。系统工程就是要探索解决问题过程的规律，找出解决问题的关键步骤与环节，从而指导实际工作。为此，我们需要研究对象系统的本质规律及特性。例如，对象系统应该具有什么样的功能？通过什么样的流程和结构来实现这些功能？系统对象研究的主要内容包括目标分析、边界分析、环境分析、结构分析、功能分析等。本节主要介绍系统功能分析、系统结构分析和系统环境分析三个内容。

一、系统功能分析

系统功能分析是研究人造系统的基础，因为人造系统是以预先设定的功能为出发点而构造的。人类对功能的需求具有明显的主观特性，一种功能可以通过多种不同结构的系统来实现，这就要对实现功能的效率与成本进行评价。另外，能实现某种特定功能的系统结构，可能还同时具有许多其他的功能，包括人们不希望出现的功能。这就需要对系统的功能进行分析。

（一）功能的分类

一个系统往往能实现多种功能。其中，有些功能是人们所希望的，有些则是不需要或暂时不需要的。根据人们对系统功能的主观愿望，可以将系统功能分成基本功能和剩余功能两类。

1. 基本功能

基本功能是指能实现人们预期目的的功能。例如，某种商品的基本功能首先是其使用价值，电话的基本功能是传送信息，企业系统的基本功能是创造利润。

我们可从两个层次来理解基本功能：

一是从能力的角度来理解，主要是系统“能干什么”之类的问题，如果用系统论的语言来描述，就是系统的输出特征。

二是从功效的层面来理解，也就是考虑系统输入、输出的综合特征，衡量系统具有的效益或性能。关于系统功效，可应用系统评价常用的指标来衡量，例如系统的效益、系统的可靠性与稳定性、系统的环境适应性等。

2. 剩余功能

剩余功能是相对于系统的基本功能而言的。系统功能中,除去基本功能的其他功能都可以称为剩余功能。因为一个系统总有一些功能是尚未被人认识到的,所以可以认为剩余功能总是存在的。我们有时会用副产品或副作用来描述系统的剩余功能。

当过分强调环境适应性时,就可能形成剩余功能,例如,当电冰箱的工作电压范围设计得太宽时,可能导致电能的浪费,这也是一种剩余功能。

(二)功能的层次性

系统功能是系统结构的反映,系统结构具有层次性,同样的,系统功能也具有层次性,也就是说,系统总功能可分解成不同层次的子功能。弄清系统功能的层次结构是系统设计的基础。我们说系统的结构,实际上是指与系统功能相对应的结构,即子功能构成总功能的关系。

例如,要设计一个以城市配送服务为主要目标的城市物流园区,其总功能应该包括管理功能、物流功能和信息服务功能。其中,管理功能可分解为货运管理功能、海关检验功能、工商服务功能;物流园区的物流功能可分解为货物集散、货物转运、货物分拨、仓储、配送、流通加工及其他增值服务功能;信息服务功能可分解为物流信息服务、商务信息服务及其他信息服务功能等。上述每项功能还可进行更细一层的分解。

(三)功能分析的思路

1. 系统功能的制约因素

系统的整体功能常常会受到某些局部因素的制约。在系统的输入、结构、环境等方面都可能存在这种制约因素,找出其中关键的制约因素并对其进行调节或抑制,对于改善系统功能具有重要的作用。

影响系统功能发挥的制约因素主要有如下几个方面。

(1) 外界输入与环境因素的制约。外界对系统的输入、外界环境对系统功能的支撑机理其实是很复杂的。系统对各种输入有不同的灵敏度,其中,可能会对某些输入特别敏感,一个微小的波动就会引起系统功能较大的变化,这些输入因素就是系统功能的关键制约因素。例如,油菜的产量受到种植地土壤成分的影响,某一地区土壤中的含硼量较低,致使该地区种植油菜的产量很低,经研究后发现了这一关键制约因子,通过给油菜施"硼"就可达到很好的增产效果。

(2) 系统结构的制约。系统结构决定了系统的功能,而系统结构又是由系统要素及其相互联系决定的。这些构成要素对系统功能的影响怎样?是否具有同等重要的作用?改变要素间的联系方式,系统功能又会呈现什么变化?分析这些问题,就可以找出系统结构中对功能产生影响的关键制约因素。

2. 功能分析的步骤

功能分析是对系统输入输出行为的宏观分析,遵循以下步骤。

(1) 对系统的输入输出关系进行准确描述;

(2) 进行输入输出关系的整体评价和分析;

(3) 对某一特定功能进行流程分析及流程再设计。

上述步骤中,(2)(3)是功能分析的两个要点。许多评价方法都可以用来完成输入输出关系的评价。如果通过评价分析,发现系统在某项功能上存在较大问题时,就要对该项功能进行详细研究，对产生这一功能的流程和系统结构进行分析，这时，功能分析就转化成了系统的结构分析。因此，结构分析和功能分析在系统分析过程中是密切联系的。

流程分析及流程再设计是系统功能分析的最终目标，因为系统的改进最终体现为系统结构的改进，而流程是结构的直接表现，一般可借用流程图来表达。图 2-2 是一个 4S 店预约服务的流程图。

二、系统结构分析

为了实现或改进系统的功能，需要对系统的结构进行分析。人们在观察系统时，倾向于先明确系统的功能；而在建造系统或改造系统时，系统的结构则成为关注的焦点。由于系统结构是由系统要素及要素之间的关联来确定的，因此，对系统结构进行分析首先就需要确定系统的要素集，然后再对要素之间的关联进行分析，以此达到认识系统的目的。下面就按这一顺序介绍系统结构分析的有关内容。

（一）系统要素的描述

系统要素是构成系统的具有一定独立性的组成单元，进行系统结构分析时，可对每个要素给予一个特定的名称或代号。由于系统是有层次的，因此系统结构也具有层次性，这种层次性体现为系统要素的时空联系方式。处于系统某一层次的要素，接受来自系统内的其他要素的输入和外部环境的干扰，并通过要素具有的特定功能将输入转换成输出，然后再将输出输送给系统其他的要素或外部环境。这说明，系统中的要素具有一定的功能，能将来自其他要素的输入转换成输出。我们可以借用“黑箱”来描述要素的这一特征，如图 2-3 所示。

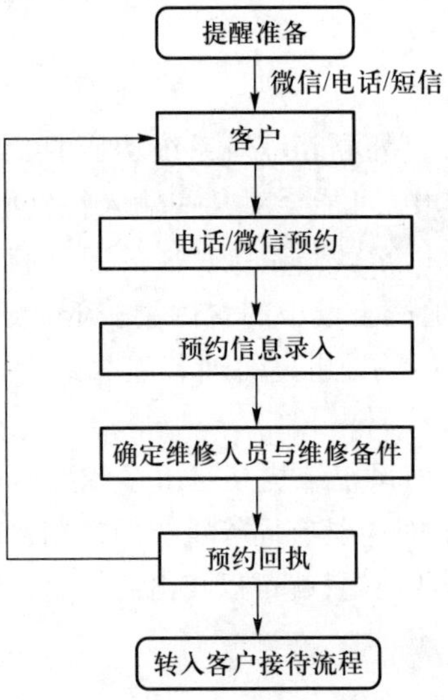

图 2-2　汽车 4S 店预约服务流程图

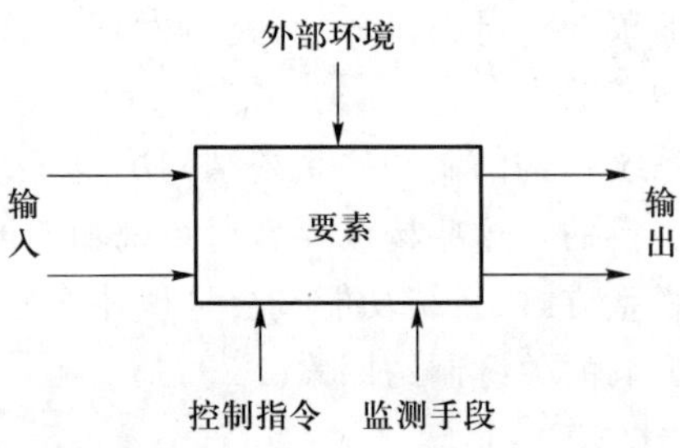

图 2-3　用“黑箱”描述的要素

进行系统结构分析时，可以将要素看成是一只“黑箱”。对每个要素的描述最终要能反映出该要素的功能，即要对输入的类型、输出的种类、品质要求及输出的方向作出完整的描述。

例如，某公司为了聘一名总经理，首先要把总经理岗位作为公司管理系统中的一个要素，认定其特征。这时就是将要素作为一个“黑箱”来描述，然后，再揭示这一要素应具有怎样的特征才能满足要求，比如对各种能力素质与经历的要求等，最后提出招聘条件。

（二）要素之间的关联及描述

要素之间的关联是指要素之间的相互联系或作用，对要素之间关联的描述，本质上就是建立模型。而每一种描述关联的方法，都多少存在着局限性。一般，我们按照因果关系、过程顺序或职能结构的方式对关联进行简单描述。

因果描述就是根据人们对因果的思考结果画出要素之间的关联。过程描述是从时间的整体性上描述各要素之间的关联，人类行为过程具有明显的时间顺序特征，因此，过程描述法被经常使用，图 2-4 是用过程描述的配送系统例子。职能描述方式实际上是一种以功能为基础的结构描述方法，如图 2-5 所示就是一个例子。

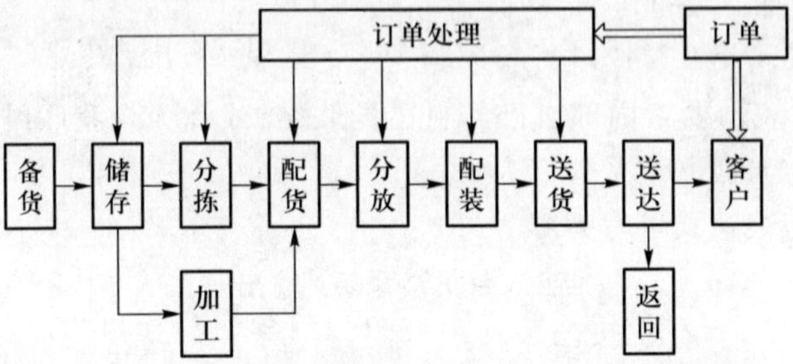

图 2-4　用过程描述的配送系统

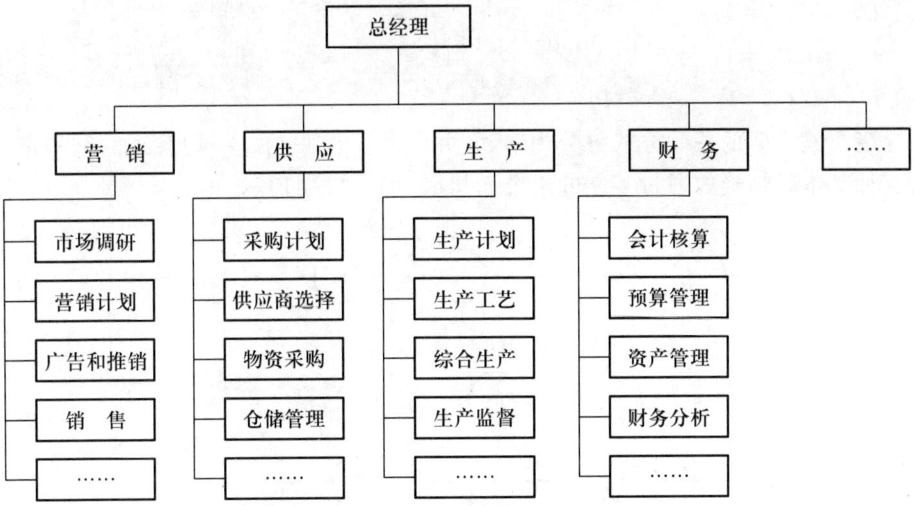

图 2-5　按职能描述的制造企业系统

（三）系统结构矩阵

描述要素之间的关系通常以要素某种状态变化对其他要素状态变化的影响作为基本出发点。先分析由两个要素构成的最简单的系统。如图 2-6 所示，某系统由 S_1 和 S_2 两个要素构成，用黑箱来表示 S_1 和 S_2，二要素间的作用关系有三种类型，分别如图 2-6 中的（a）（b）（c）所示。

图 2-6 中，箭头→表示要素之间的作用方向。图（a）、（b）中，要素 S_1 和 S_2 的作用是单

方向的；图(a)中，S_1 作用于 S_2，S_2 不作用于 S_1；图(b)中，S_2 作用于 S_1，S_1 不作用于 S_2；图(c)则说明 S_1 与 S_2 是相互作用的。x_{12}和 x_{21}分别表示从 S_1 到 S_2、S_2 到 S_1 的输入，y_{12}和 y_{21}分别表示从 S_1 到 S_2、S_2 到 S_1 的输出。当 S_1 直接作用于 S_2 时，从 S_1 到 S_2 的输出 $y_{12}=x_{12}$；同理，从 S_2 到 S_1 的输出 $y_{21}=x_{21}$。这种两要素处于直接作用的状态称为联结状态。图 2-6 中，S_1 直接作用于 S_2 称为“从 S_1 至 S_2 的联结”。

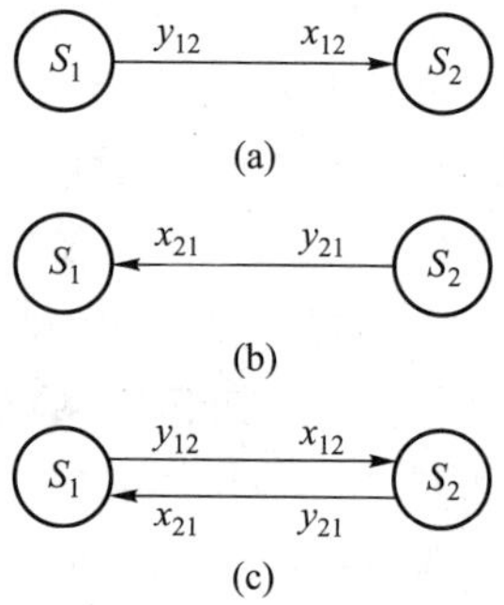

图 2-6　系统要素作用关系的类型

用符号 C_{ij}表示要素 S_i与 S_j的这种联结状态，称为联结系数，并定义如下：

S_i直接作用于 S_j时，$C_{ij}=1$；

S_i与 S_j未联结时，$C_{ij}=0$

按上述定义，C_{ii}表示要素内部自己与自己的联结，或称为自我联结，但是，由于没有作用的意义，所以，规定自我联结系数都为 0。

联结系数的一般表达式可写为：

$$\text{输入}=\text{联结系数}\times\text{输出}$$

即：

$$x_{ij}=C_{ij}\times y_{ij}$$

图 2-6 中三种情况的联结系数分别为：

(a) $C_{12}=1,C_{21}=0$；

(b) $C_{12}=0,C_{21}=1$；

(c) $C_{12}=1,C_{21}=1$。

系统诸要素之间的关联方式可分为串联、并联和反馈联结。一切系统的结构都可看作是由这三种基本联结形式通过复杂的组合而构成，如图 2-7 所示。

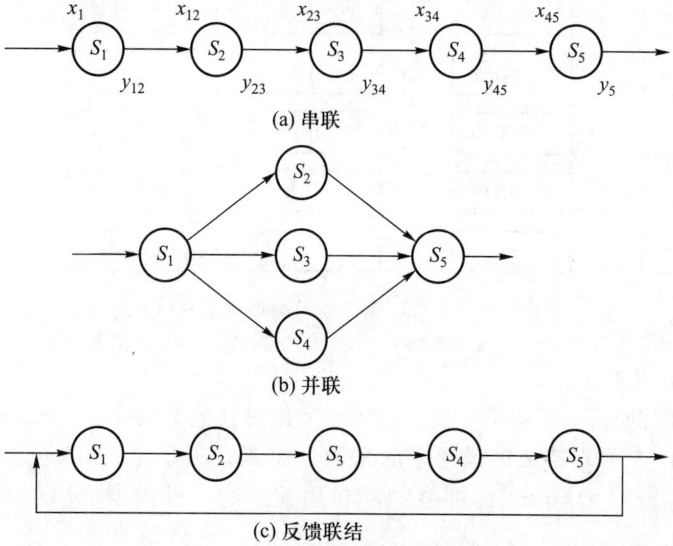

图 2-7　系统要素的关联类型

以图 2-7(a)为例进行分析，系统由 5 个要素串联组合而成，各要素的输入与输出表示方法与图 2-6 中的相同。系统与外部环境的作用是通过外部对要素 S_1 的输入和要素 S_5 对外部的输出反映的，分别用符号 x_1 和 y_5 表示。例如，图 2-7(a)中各要素间的关联可用联结系数表示为：

$$C_{12}=C_{23}=C_{34}=C_{45}=1$$

$$C_{11}=C_{13}=C_{14}=C_{15}=0$$

$$C_{21}=C_{22}=C_{24}=C_{25}=0$$

……

$$C_{51}=C_{52}=C_{53}=C_{54}=C_{55}=0$$

可见，系统要素之间的关系可以用要素之间的联结系数来说明。将系统中所有要素之间的联结系数组成一个矩阵，该矩阵可以反映出系统构成要素及其相互关联的情况，即反映系统结构状况，该矩阵就称为系统的结构矩阵。

对一个由 5 个要素构成的系统，其结构矩阵用 M 表示如下：

$$\begin{array}{c} \\ \\ M= \\ \\ \\ \end{array}\begin{array}{c} \\ 从\ S_1 \\ 从\ S_2 \\ 从\ S_3 \\ 从\ S_4 \\ 从\ S_5 \end{array}\begin{array}{c} \begin{array}{ccccc} 至\ S_1 & S_2 & S_3 & S_4 & S_5 \end{array} \\ \begin{bmatrix} C_{11} & C_{12} & C_{13} & C_{14} & C_{15} \\ C_{21} & C_{22} & C_{23} & C_{24} & C_{25} \\ C_{31} & C_{32} & C_{33} & C_{34} & C_{35} \\ C_{41} & C_{42} & C_{43} & C_{44} & C_{45} \\ C_{51} & C_{52} & C_{53} & C_{54} & C_{55} \end{bmatrix} \end{array}$$

根据图 2-7(a)、(b)、(c)中各元素的关联情况，相应地可写出任意两元素间的联结系数，进而可写出图中串行结构、并行结构和反馈结构的结构矩阵，分别用 $M_{串}$、$M_{并}$、$M_{反}$ 表示如下：

$$M_{串}=\begin{bmatrix} 0 & 1 & 0 & 0 & 0 \\ 0 & 0 & 1 & 0 & 0 \\ 0 & 0 & 0 & 1 & 0 \\ 0 & 0 & 0 & 0 & 1 \\ 0 & 0 & 0 & 0 & 0 \end{bmatrix};M_{并}=\begin{bmatrix} 0 & 1 & 1 & 1 & 0 \\ 0 & 0 & 0 & 0 & 1 \\ 0 & 0 & 0 & 0 & 1 \\ 0 & 0 & 0 & 0 & 1 \\ 0 & 0 & 0 & 0 & 0 \end{bmatrix};M_{反}=\begin{bmatrix} 0 & 1 & 0 & 0 & 0 \\ 0 & 0 & 1 & 0 & 0 \\ 0 & 0 & 0 & 1 & 0 \\ 0 & 0 & 0 & 0 & 1 \\ 1 & 0 & 0 & 0 & 0 \end{bmatrix}$$

通过这样的联结矩阵形式，整个系统各要素间的相互联结关系就非常清楚，而且，各结构矩阵可直接应用数学中的矩阵运算规则，因而可利用该矩阵进行系统结构的数学分析。

三、系统环境分析

（一）系统与环境的关系

位于一个系统边界之外且影响该系统或受该系统影响的其他系统或要素都属于系统的外部环境，简称系统环境。环境对系统的影响是通过系统结构起作用并在输入输出中得以表现的。系统的存在不能离开环境的支撑，一方面是环境对系统功能的支撑；另一方面，系统结构及其变化也离不开环境因素的支持。例如，开发一套计算机应用软件，操作系统与计算机语言的支撑使软件结构得以实现，而这套软件的功能需求是由环境因素决定的。

以功能为目的建造的系统，往往在特定的环境中才显现出这种功能。例如，对一家产品生产企业来说，法律法规、竞争者、投资者、劳动力市场、生态环境、公共基础设施等是企业的外部环境因素。企业系统功能(产品、利润等目标)的实现离不开这些环境因素,如果其中某些因素发生了改变,企业的人员、设备、原料、资金等要素及要素间的联系就会发生变化。因此,当环境不再支撑系统结构时,相应的功能就难以实现,企业必须进行变革或重组流程,才能适应外部环境的变化。这就是说,必须从结构、功能与环境的相互关系中关注系统环境。

环境因素对系统的影响表现在两个层次:第一是不影响系统结构但影响系统行为(即输入输出过程)的环境因素,称之为行为层的环境因素;第二是影响系统结构的环境因素,称之为结构层的环境因素。例如,一个控制系统,噪声是行为层的环境因素,而老化与摩擦是结构层的环境因素。再如一台精密机床,温度是行为层的环境因素,技术进步是结构层的环境因素。

(二)情景规划法

情景规划法(scenario planning)是一种描述性的、多维度的、从现在追踪未来的过程,是随着社会经济环境频繁变化而产生的一种战略规划工具。情景规划法主要应用在长期的、宏观的、动态的与不确定性的环境中。20 世纪 70 年代,壳牌石油公司曾运用情景规划作为战略思维工具,从而提升了竞争地位,战胜了石油危机。

情景规划法的实施是一个连续、循环的过程,学者们给出了几种不同的实施步骤。下面介绍肖磊等国内学者提出的步骤。在进行情景规划之前,企业先要对历史状况和当前环境进行分析,识别焦点问题,然后实施以下 5 个步骤。

(1) 跟踪——即找出影响焦点问题的各种因素,尤其是环境因素,并跟踪它们的发展,确定各因素的趋势。各因素必须处于系统整体框架下,可应用交叉影响分析、系统模型、因果关系图等分析工具来考察各环境因素的发展趋势。

(2) 分析——即分析、理顺各趋势之间存在的相互影响、相互作用的关系,并建立合适的情景。也就是说,通过分析,抓住影响未来情景的不确定性因素。

(3) 想象——根据企业愿景,在上一阶段情景分析的基础上形成可能的未来。愿景是一种期望的未来,是企业未来的发展方向。

(4) 决策——综合考虑前三个阶段的过程和结果,制定战略。

(5) 行动——将决策付诸行动,并持续跟进,以保证情景规划的顺利实施。

情景规划法考虑了环境因素的复杂性和不确定性,适合制定企业战略。值得注意的是,该方法给出的是几个方案,而不是确定的结果。

第四节　物流系统工程的基本方法及技术

一、物流系统工程的理论和方法基础

系统工程的理论基础是由一般系统论、大系统论、经济控制论、运筹学等学科相互渗透、交叉发展而形成的,这些也是物流系统工程理论和方法的基础。

(一)一般系统论、大系统论及协同论、耗散结构理论

一般系统论(general system theory)是通过对各种不同系统进行科学理论研究而形成的关于适用于一切种类系统的学说,它强调系统的整体观念、动态观念和层次观念。耗散结构(dissipative structure)理论由比利时学者 I. 普利高津提出,认为一个开放的系统在远离平衡态的情

况下，通过不断地与外界交换能量、物质和信息，当发生某些特殊事物耦合，达到一定的阈值时，就会突然以新的方式组织起来，产生新的质变，从原来混沌无序的混乱状态，转变为在时空上或功能上的稳定的有序状态。“耗散结构理论”为贝塔朗菲的“一般系统论”的有序结构稳定性提供了严密的理论根据。1973年，德国的赫尔曼·哈肯提出了协同学理论（synergetics），认为不同系统之间存在着各要素的协同行为，这种协同作用超越各要素自身的单独作用，从而形成整个系统的统一作用和联合作用。协同作用是形成系统有序结构的内部作用力，通过这种作用，系统能够自动产生时间上、空间上或功能上的有序结构。协同学理论的核心是自组织理论，即复杂大系统在演变过程中，通过内部诸要素的自动协同来达到宏观有序的状态。协同学理论在发展进程中推动了系统工程的发展，成为系统科学重要的理论基础。

大系统一般是规模庞大、结构复杂、环节多或层次较多、目标多样、影响因素众多、关系错综复杂并常带有随机性质的系统，例如经济计划管理系统、物流系统、区域经济开发系统等。大系统优化的基本方法是特定的分解与协调方法，即把可分解的大系统分解成许多互不相关的子系统，这些互不相关的子系统又都是与大系统相关的，各子系统将性能反馈给大系统，用总目标度量后，再将指示下达给各个子系统，这就是大系统的分解与协调的基本思路。大系统优化又可分为静态优化和动态优化，静态优化采用 Dantzig-Wolfe 大线性规划方法来解决，其基本原理仍是应用了分解协调原理；大系统动态优化问题也是采用分解协调原理，将各子系统之间具有联系约束的动态优化问题，用 Lagrange 乘子向量化为无联系约束的动态优化问题，经过模型协调计划，以求得各子系统分散控制的规律，使大系统达到优化。

物流系统是一种包含多个子系统的复杂大系统，而且是一个非平衡的开放系统。采用大系统基础理论，解决物流系统中的整体与部分、整体与环境之间的相互关系，使物流系统各个环节都处于最优状态。采用协同学理论，便于研究不同子系统间的相互关系、相互影响。由于物流系统内部各元素的联系是非线性的，存在有规律的波动和无规律的随机扰动，因而是一个耗散结构，它的整体化、多因素、多过程的相互作用是非加法性的，应该采用耗散结构理论进行分析研究。

（二）经济控制论

经济控制论是应用现代控制论的科学方法分析经济过程的学科。20世纪60年代初期，控制理论开始应用于经济领域。1965年美国哈佛大学的经济学教授 R. 多贝尔和控制论教授何毓琦首次合作利用控制论建立经济学模型。1966年该校经济系的 L. 泰勒和 D. 肯德里克教授应用控制理论中的共轭梯度法制订了当时的韩国经济最优计划模型。此后，控制理论在微观经济和宏观经济方面都得到广泛的应用。

由于经济系统是相互依存的一个整体，投入—产出模型是一种简单而有用的经济分析工具，是包含许多经济部门、高度解集、确定供给的综合模型。但在实际经济运行中，考虑到收益变化、生产技术变化、生产中的时间滞后、资本积累过程等时间因素引起变量变化，因而人们在静态投入—产出模型的基础上加入变化因素后，研究动态投入—产出模型，从而形成经济控制论的重要内容。

经济控制论用于解决物流系统中的资源（包括设施、设备）的最优利用与控制、预测技术以及物流系统合理化等问题。它是物流系统优化分析中常用的基础理论。

（三）运筹学

运筹学主要是运用模型化的方法，将一个已确定研究范围的现实问题，按提出的预期目标,将现实问题中的主要因素及各种限制条件之间的因果关系、逻辑关系建立数学模型,通过模型求解来寻求最优方案。运筹学的分支主要有:线性规划、非线性规划、动态规划、库存论、排队论、对策论等。

为寻求物流系统的最优方案,必须要采用运筹学中的相关理论和方法,主要如下:

1. 规划论

规划论包括线性规划、非线性规划、动态规划、整数规划等理论和方法,用于解决物流系统中的配送组织、设施规划、计划优化等问题。

2. 库存论

在经营管理工作中,为了保证系统的有效运转,往往需要对原材料、元器件、设备、资金以及其他保障物资进行量的决策,保持必要的储备量。库存论就是应用数学方法研究在什么时间、以多少数量、从什么供应渠道来补充这些储备,使得在保证生产正常运行的情况下,保持库存和补充采购的总费用最少。这类问题是物流系统及供应链系统决策中最常见的问题。

3. 排队论

排队论是研究排队现象的统计规律性,并用以指导服务系统的最优设计和最优经营策略。在这种服务系统中,服务对象何时到达、占用系统时间的长短等事先都无从确知。排队论是通过对每个随机服务现象统计规律的研究,找出反映这些随机现象平均特性的规律,从而在保证较好经营效益的前提下改进服务系统的工作能力。排队论用于解决物流系统中的流程概率性问题,按随机过程的到达率处理各种现象,如装卸系统中的设备配置、人员配置等。

4. 对策论

对策论用来研究对抗性的竞争局势的数学模型,探索最优的对抗策略。一般在已知竞争或对抗的各方全部可采取的策略而不知他方如何决策的情况下,给竞争或对抗各方提供最优决策。在这种竞争局势中,参与对抗的各方都有一定的策略可供选择,并且各方具有相互矛盾的利益。目前,对策论已在政治、军事、经济等领域得到广泛的应用。对策论可用于研究物流系统中多目标、多方案决策、冲突消解等问题。

(四)系统动力学理论

系统动力学理论是在总结运筹学理论的基础上,为适应社会系统管理需要而发展的。其主要特征是,不进行抽象的数学假想,不单纯追求最优解,而是以对系统实际观测的数据为依据,建立动态仿真模型,通过计算机模拟实验获得系统行为的描述,达到改进和完善系统的目的。物流系统中可采用系统动力学理论研究分析系统与子系统以及不同子系统间的发展变化趋势、相互关系和相互影响。

二、常用的研究技术和手段

(一)模型化技术

所谓模型,是指由实体系统经过变换而得到的一个映像,是对系统的描述、模仿或抽象。模型化就是通过说明系统结构和行为的数学方程、图像或物理形式表达系统实体的一种科学方法。采用模型化技术,经过恰当的抽象、加工、逻辑整理,能够把复杂物流系统变成可以准确分析和处理的结构形式,有利于得到准确的结论。它是物流系统研究、设计、管理中广泛运用的技术,也是其他研究方法的基础。

模型有多种类型，其中，数学模型是能够描述系统变量之间的相互作用和因果关系的模型。数学模型一般具有下列方程形式：

$$v=f(x_i,y_i)$$

式中：v——目标函数；

x_i——可控变量；

y_i——不可控变量；

$f(x_i,y_i)$——v 与 x_i 和 y_i 的函数关系。

目前，在物流系统领域的实践和研究分析中经常使用的模型主要有：库存模型、运输模型、投入产出模型、选址模型等。模型建立的方法有直接分析法、数据分析法和系统分析法。

（二）最优化技术

所谓最优化，就是在一定的约束条件下，找出使目标函数为最大或最小的解。求解最优化问题的方法称为最优化技术。物流系统中的参数大部分属于不可控因素，而且相互制约、互为条件，要使物流系统在外界环境约束条件下，正确处理好众多因素之间的关系，就必须采用系统最优化技术，否则将难以得到满意的结果。

物流系统的最优化一般采用数学模型方法，如库存优化策略、最短路径问题、最大流量问题、最小费用问题等。在建立数学模型时，应根据系统的性质确定目标函数及其相应的约束条件。然后，根据目标函数和约束条件特点，选择最优化方法。在模型复杂难以求最优解时，可采用启发式方法或模拟方法，求得近优解。

（三）网络技术

网络技术是现代管理方法的重要组成部分，包括以时间控制为主的计划评审法（program/project evaluation and review technique，PERT）和以成本控制为主的关键路线法（critical path method，CPM）。网络计划技术是以数理统计为基础，以网络分析为主要内容，以计算机为手段的现代化的计划管理方法。

现代物流过程涉及方方面面，影响因素多且随机，参与单位和人员成千上万。采用网络技术可以进行统筹安排、合理规划，使生产—流通—消费之间物流平衡。对于关系复杂、多目标的物流系统研究，网络技术也是重要的基础理论。另外，网络技术与仿真技术结合形成的网络模拟方法也广泛运用在复杂物流系统的设计与研究中。

（四）分解协调技术

物流系统是包含多个子系统的复杂大系统。在分析研究时，先分别对各个子系统进行局部优化，再根据物流系统整体利益原则，不断协调各子系统间的相互关系，以得到费用低、效率高、服务好的最优目标。除了各子系统间要协调外，还要考虑如何处理好物流系统与外部环境的协调、适应，从更高的层次上，把握系统的整体利益。

复杂的物流系统一般可以按照目标关联或模型关联进行分解，如企业物流系统可将降低总库存水平的目标，分解为采购部门、生产车间、销售部门的库存控制子目标，也可分解为原材料、在制品、成品的库存控制子目标；模型分解则是指将系统难以求解的数学模型分解为低阶、低维、方便求解的子系统数学模型。子系统的协调要解决用什么观点处理各子系统的相互关系、协调变量的选取、协调控制结构方案等问题。

（五）仿真技术

仿真技术亦称模拟技术，是指用系统模型结合实际的或模拟的环境和条件，进行研究、分析或试验的技术方法。计算机和计算技术的发展,为计算机模拟系统提供了强有力的手段,大大推动了人们对复杂系统的数量和逻辑关系的研究。

物流系统具有动态性和随机性,在研究物流系统的调度、控制、优化等问题时,常规的解析方法难以获得满意的方案,这时可以将物流系统看作离散事件系统,应用计算机仿真技术求得更为满意的结果。

三、物流系统工程的主要内容

物流系统工程主要包括以下几方面的内容。

(一)物流系统的要素分析

物流系统要素分析主要包括物流系统流动要素、功能要素、信息要素的分析及要素集成的分析。

(二)物流系统的分析与建模

物流系统的分析与建模主要包括物流系统目的分析、物流系统结构分析、物流系统模型建立的原则和步骤。

(三)物流系统的预测

物流系统的预测主要包括物流系统预测的特征、物流系统预测的常用方法等。

(四)物流系统的规划

物流系统的规划主要包括区域物流系统的规划、企业物流网络的规划、设施选址规划等。

(五)运输与配送路径优化

运输与配送路径优化主要包括运输决策、运输组织规划、配送车辆路径优化等。

(六)物流系统仿真

物流系统仿真主要包括离散事件的系统仿真方法、物流流程仿真、物流布局仿真、仿真在物流系统中的应用趋势分析等。

(七)物流系统的评价

物流系统的评价主要包括物流系统评价的指标体系、单项评价法、综合评价法、模糊综合评价法等。

(八)物流系统决策

物流系统决策主要包括决策的基本方法、物流战略决策、风险型物流决策等。

本章小结

系统工程是以研究大型复杂的人造系统和复合系统为对象的一门交叉科学,它既是一个技术过程又是一个管理过程,是一种对所有系统都具有普遍意义的科学方法,也是一门跨越许多学科的特殊的工程技术。任何一种物质系统,包括自然系统、社会经济系统、经营管理系统、军事指挥系统等都能成为系统工程的研究对象。

霍尔三维结构从时间、逻辑、知识三个维度来描述系统工程的方法框架,明确在什么阶段完成什么具体工作,需要什么专业知识的支撑。系统功能分析、系统结构分析及系统环境分析是研究对象系统的本质规律和特性的基本方法,是有效构建系统的基础。

物流系统工程是系统工程的一个应用分支，其理论和方法的基础来源于一般系统论、大系统论、协同论、耗散结构理论、经济控制论、运筹学、系统动力学等学科的理论知识；模型化技术、最优化技术、网络技术、仿真技术等是物流系统工程研究常见的技术和手段，广泛应用于物流系统分析、预测、物流系统规划、配送路径优化、仿真、评价及决策等过程中。

复习题

一、简答题

1. 系统工程与一般工程技术处理问题有什么区别？
2. 为什么要进行系统功能分析？
3. 系统结构分析的主要任务是什么？
4. 系统要素之间的关联方式主要有哪几种？
5. 系统环境分析的目的是什么？
6. 霍尔三维结构中的逻辑维包括哪7个步骤？

二、分析题

1. 选择一个你熟悉的行业或企业，分析该行业的企业系统外部环境包括哪些因素。进一步分析哪些因素只影响系统行为，哪些因素影响系统结构。

2. 小故事：北宋真宗年间，宫殿大火后，大臣丁渭受命主持修复皇宫。他通过勘察，发现此工程存在三个难题：取土难、运输难、清墟排放难。后来他构思了一套整体施工方案：首先挖沟，将施工工地与一条自然河道联通，形成一条临时人工运河；挖出的泥土烧制成砖瓦，用作工程建材；利用人工运河运输其他建材；皇宫修复后，用建筑废料填人工运河。

通过这则小故事，分析该修复系统中，有哪几个关键要素？具有哪些功能？其中哪些是必要功能？哪些是剩余功能？如何通过要素的巧妙结合，使剩余功能变成有价值的正向功能？

三、即测即评

【案例】

都江堰水利工程——我国古代最杰出的水利系统工程

一、引言

驰名中外的都江堰是集灌溉、防洪、漂木、发电和工业生活用水等多种功能的大型水利枢纽工程，位于成都平原西北风景秀丽的灌县，是公元前256年由蜀郡太守李冰主持修建而成，是中外史上最悠久的大型水利工程。虽然经历两千多年各种复杂的社会、经济、自然条件等变化的严峻考验，至今仍然发挥着巨大的作用，且仍可与中外任何现代大型水利工程相媲美。这项工程之所以能经久不衰，从规划目标，到工程结构、运行、维护管理等无不体现了系统工程的思想，堪称人类最伟大的、最具价值的系统工程应用典范之一。下面简要介绍该工程的系统整体目标、系统构成、系统维护等内容。

二、规划目标的整体性

阐述问题、确定目标是系统工程的首要任务，关系重大。它不仅影响系统总体的成败与优劣，也是设计、实施系统的基础。都江堰工程从一开始建设就不是单一功能的工程，而是具有防洪、行舟、漂木、灌溉等多重任务、多目标的工程。

首先看看都江堰工程修建前古代蜀地人民生活面临的问题。都江堰修筑前，四川西部自然灾害十分频繁。发源于四川松潘县的岷江，从海拔3 400多米高的河源高程夹带着大量泥沙奔腾咆哮，一泻千里，进入平原后失去约束，泥沙淤塞，常常在平原泛滥横流，毁田冲屋。连年水灾导致人民生活十分痛苦。“江水初荡潏，蜀人几为鱼”就是对这种惨状的描述。但另一方面，需要水的地方无水，旱灾不断，严重影响了农业生产。因此，根治岷江水患，变水害为水利，是古代蜀地人民祖祖辈辈的迫切愿望，也是统治阶级巩固政权的极大需要。

根据史料记载，蜀人很早就开始了治水的活动。远古时期，治水采用“疏导”的方法，即将河流凿宽一些口子以“行水”，使泛滥的洪水归入河道下行，但未能从根本上消除岷江洪水对成都平原的危害。大约在公元前256年，秦昭王任李冰为蜀守。李冰“能知天文地理”，通过体察民情与水情、了解自然地理状况，在总结前人治水经验的基础上，进行全面布局规划，确定了治理岷江水患的整体目标：(1) 分洪减灾，使下游地区既不发生水灾，又不发生旱灾。这是首要目标。(2) 通航行舟，从灌县开郫江、捡江经过成都以利舟运。(3) 沿水漂木。灌县以北岷山地区盛产竹木，陆路运输非常困难，而扎成筏随水流漂下，可直达成都。(4) 灌溉田畴，扩大水稻田面积，提高粮食产量。

都江堰工程充分利用当地自然地理条件，乘势利导、因地制宜、统筹兼顾，创造性地布局各类设施以实现上述综合目标。该工程的目标已不是单纯地治理水患，而是变“水患”为“水利”的一揽子目标。它既是一个最佳化的总体目标，也是设计、建造都江堰的指导思想。事实证明，都江堰筑成之后，这一最佳总体目标已全部实现了。

三、系统结构的科学性

科学合理的系统结构是实现系统功能目标的前提和基础。都江堰工程系统由渠首枢纽工程系统和网状渠道系统两大部分组成。渠首工程系统是都江堰工程的核心,包括分水、排沙、引水三大主体工程和许多附属工程。渠道系统也由一系列分系统构成,它们与渠首工程相互作用,有机配合,使都江堰工程系统发挥最大的效益。

(一)渠首枢纽工程系统

都江堰枢纽工程主体由鱼嘴分水堤、飞沙堰溢洪道、宝瓶口引水口三部分组成。三大主体工程通过合理布局,相互配合,联合作用,以实现分水、泄洪、排沙、引水这几项关键功能。

1. 鱼嘴分水堰

鱼嘴堤是以岷江江心天然沙洲为基础修筑的分水堰,起分水、分沙和抬高水位的作用。因其前端现状像一条鱼的头部,故称为"鱼嘴"。鱼嘴堤将岷江分成外江和内江。外江是岷江正流;内江被迫流入宝瓶口,主要供灌溉、航运之用。内江窄而深,外江宽而浅,当枯水季节水位较低时,60%的江水流入河床更低的内江,保证了成都平原的生产生活用水;洪水季节,水位较高,大部分江水从江面较宽的外江排走,外江分洪约占六成,内江只有四成,避免了灌区发生水灾。通过这种自动分配内、外江水量的设计,实现了"分四六,平潦旱灾"的总体目标。

鱼嘴堤还有分沙的作用。岷江水流挟带有大量的悬移质和推移质。由于外江主槽深,坡降大,流速也大,推移质卵石主要沿外江主槽运行,因此,外江排沙多,内江进沙较少。据我国水利工作者的试验资料,约有70%以上的推移质排入外江。

2. 飞沙堰

飞沙堰是内江的旁侧泄洪道,紧接鱼嘴分水堤的尾部,起泄洪排沙作用。飞沙堰比内江河床高2米,其泄洪作用很大。洪峰季节,岷江上游的水量经鱼嘴堤分流后仍有很多的流量入内江。当内江水量超过宝瓶口许可进入的最大值时,水从飞沙堰顶溢入外江。内江流量越大,飞沙堰排洪作用也越大。当遭遇特大洪水时,飞沙堰被冲溃,这时起非常溢洪道的自动控制作用,可确保内江灌区不受灾。因此飞沙堰与宝瓶口配合运用,就保证了内江灌区水少时不缺水,水大时不成灾。另外,飞沙堰的排沙效果也特别显著,甚至能把重1~2吨①的卵石从内江翻到外江。这种排沙效果是在"弯道环流"和"正面取水,侧面排沙"两种流态共同作用下实现的,完全符合现代水力学原理,充分展现了古人的智慧。

3. 宝瓶口

宝瓶口是利用玉垒山的天然缺口加以开凿,扩展成一个宽约20米、高30米、长100多米的缺口,作为内江灌区的总进水口,因形如瓶口而得名。宝瓶口具有两个主要功能:一是引水,提供下游灌溉、漂木、航运和居民生活用水;二是控制进入内江灌区的水量。宝瓶口虽未设闸门,但仍能对流量实行控制。岷江流量越大,引入宝瓶口的流量比例越小。宝瓶口的这种自控能力,是通过自身的截面、离堆的壅水以及人字堤的泄洪三者之间配合作用实现的。

都江堰渠首工程除上述三大主体工程外,还有百丈堤、金刚堤、平水槽、人字堤等附属设施。它们与主体工程配合,起辅助作用。

(二)渠道子系统

渠道子系统分成分内江、外江两个分系统,由一系列的干渠和支渠组成。都江堰干、支

① 1吨=1 000千克。

渠的分水口都仿效渠首鱼嘴分水、湃水坝侧面泄洪排沙、进水口布设在凹岸的工程格局，以达到分水、分沙、引取清水的目的。

内江过宝瓶口后，在仰天窝建有分水鱼嘴，将内江分为走马河和蒲阳总河；又通过太平鱼嘴将蒲阳总河分为蒲阳河和柏条河，形成内江系统的三大干渠。外江亦建有分水鱼嘴，外江左岸有江安河、杨柳河两条干渠，右岸有沙沟河、黑石河、半马河三条干渠。干渠以下通过鱼嘴分成多级子系统的水渠，构成扇形平原河网，组成一个庞大的渠道系统。整个灌区的分水工程实为一系列的分水鱼嘴系统工程。整个灌区排水顺畅，灌溉余水又排入下游岷江。

综上所述，都江堰不仅有科学的渠首引水枢纽，还具有配套的渠道系统，构成了完整的水利工程体系，从而可将岷江水输送到平原各处，实现"水旱从人"的灌排效果。

四、维护管理的可靠性

都江堰工程系统经久不衰，显示了极高的可靠性。首先，这种可靠性是靠完善的维护管理实现的。四川虽然经历了各个朝代的变迁，但历代统治者都认识到"国以民为本，民以食为先，食重则农重，农重则水重，水重则堰重"的道理，把都江堰的维护管理与巩固政权的重要性连在一起，设有专职的管理机构和官员，拨付专门经费。

其次，建立了一套岁修制度。每年春节前后的枯水季节，用木制三角马搓切断内江水流，整修内江河道及堤岸，挖去沉积在宝瓶口至鱼嘴段河床内的泥沙，恢复河床原有坡降和状态，并与飞沙堰保持适当的高度差。挖掘深度直接影响河床高度，进而影响走水量。为确保每年挖掘维持在一个最佳的河床高度，我们的祖先在这一关系重大的维修技术上想出了一个巧妙的方法，即在飞沙堰对面凤鸡窝河床内并排埋设了三根碗口粗、三尺[①]多长的卧铁，每年岁修时见到卧铁即到达了最佳挖掘深度。两千多年沿用至今的成功史实证明了最优化技术的应用在都江堰维修工作中也达到了很高的水平。

另外，维护管理费用低廉也是都江堰实现总体最佳化的另一项重大指标。如果维护费用过高，即使重视也很难做到长期坚持。岷江上游和都江堰地区盛产竹子、木料，当地又有取之不尽的卵石。都江堰工程中的各项治水设施除鱼嘴、飞沙堰、宝瓶口外，还有用来泄洪水的人字堤、保护堤岸的羊圈、石笼、切断水流的马搓等，都用当地材料建成，制作科学，技术要求较易掌握，修理极为简便，因此维护费用特别低廉。这是都江堰得以长期坚持维修，保持系统良好运行的又一个重要因素。

五、总结

都江堰水利工程经历 2 000 多年而不衰，至今仍然发挥着巨大的社会效益和经济效益，首先取决于其建立在当地自然地理条件、水情和民情基础上的整体化规划目标，再通过科学合理的工程结构和设施体系，保证了各项功能的实现；而完善、持续的维护管理机制，又赋予了这个复杂大系统"经久不衰"的生命力。都江堰水利工程是我国古代成功应用系统思想的典范，也是人类最伟大、最具价值的系统工程之一。

① 1 尺 = 0.33 米。

问题讨论：

1. 都江堰工程修建前面临的主要问题是什么？修建该工程的目标是如何确定的？
2. 都江堰工程作为一个大系统，具有哪些系统功能？
3. 如何描述该系统的结构？系统的各构成要素之间有何相互联系？

第三章 物流系统概述

【本章学习目标】

- 理解物流系统的含义。
- 学会分析物流系统的特征。
- 掌握物流系统要素构成。
- 识别物流要素的冲突。
- 认识物流要素集成的重要性。

【本章导读】

根据系统的概念和基本属性可知,现代物流本身就是一个系统。无论是要建立物流系统,还是要分析物流系统,首先都要辨识物流系统。从理论上讲,物流系统是存在的,因为物流系统的结构和功能都是可以辨识的,组成物流系统的要素是客观存在的。要认识物流系统,就必须要理解物流系统的概念、特征及其基本模式,认识物流系统的组成要素及其相互间的关联和作用。本章将帮助读者了解物流系统的概念、模式,理解物流系统的要素组成及要素之间的关系和冲突,掌握物流系统要素集成的策略。

第一节 现代物流及其发展概述

按照国标《物流术语》的定义,物流是指物品从供应地向接收地的实体流动过程。在物的流动过程中,根据实际需要,可能会包括运输、储存、装卸、搬运、包装、流通加工、配送、信息处理等功能活动。

作为一种实践活动,自从有了商品的交换,物流活动就存在了,它是与人类的生产、生活活动紧密联系在一起的。从这个意义上讲,物流本身并不是一种新的活动或新的现象。但是,将物流作为一种经济活动,从理论的高度加以分析和研究,尤其是将物流作为企业经营管理的基本职能之一,并对物流活动实施系统化的科学管理,则是 20 世纪 50 年代前后的事情。

1962 年,美国著名的管理学权威 P. F. 德鲁克在《财富》杂志上发表了题为《经济的黑暗大陆》一文,指出流通是经济领域的黑暗大陆,强调应该高度重视流通以及流通过程中的物流管理。虽然德鲁克泛指的是流通,但是,由于流通领域中物流活动的模糊性尤其突出,因此,"黑大陆"说法主要针对物流而言,即物流领域未知的东西还很多,理论和实践皆不成熟。

1963 年,世界上第一个物流专业人员组织——"美国物流管理协会"(National Council of Physical Distribution Management)成立,该组织对物流做了一个精要的概括:"所谓物流,即以最高效率和最大成本效益、以满足顾客需要为目的、从商品的生产地到消费地,对包括原材料、在制品、最终品及其相关信息的流动与储存进行设计、实施和控制的过程。"此定义将物流的对象从实物扩展到相关的信息,将物流活动从搬运、装卸、运输等过程扩展到包括对物流系统的设计、实施、控制在内的一系列过程。

20 世纪 80 年代中期产生的一些先进的管理方法,如 MRP、MRPⅡ、DRP、DRPⅡ、Just in time 等,使人们认识到需要从采购、生产、销售的全过程来把握物流管理,物流从战略意义上得到了企业高层决策者的重视。物流也从狭义的物流(physical distribution)发展到集采购物流、生产物流和销售物流于一体的现代物流(logistics)。其重要标志就是 1985 年美国物流管理协会从"National Council of Physical Distribution Management"更名为"Council of Logistics Management Professionals"。

20 世纪 90 年代以来,计算机技术、网络技术和信息技术的快速发展及其在物流领域的广泛应用,促进了物流技术和物流管理手段的现代化,为物流战略决策的最优化提供了技术保证。另外,随着市场竞争的日益激烈,企业在市场竞争中的群体优势日益凸显,狭义物流的作用已经日益显得单一和不足,物流必须与生产、采购、销售以及信息相结合,形成整体优势,才能适应新的竞争环境。因此,更加强调物流跨企业的延伸,这实质上就是供应链形态。作为一种重要的发展趋势,物流渐渐地被涵盖在供应链管理之中,或者说物流向更高的阶段发展了。2005 年,美国物流管理协会更名为"美国供应链管理专业协会"(Council of Supply Chain Management Professionals,CSCMP),这标志着物流管理已进入供应链管理的时代。

2010 年 CSCMP 发布了《供应链管理术语》,其中对物流的定义是:物流是为了满足客户需求,实现商品、服务及相关信息从起点到消费地的高效率和高效益的运输和储存而进行规划、实施和控制的过程。这一定义包括了入厂的、出厂的、内部的和外部的物品移动。另外,CSCMP 还给出了物流管理的定义:物流管理是供应链管理的一部分,是为满足客户需求,对商品、服务及相关信息在起始地和消费地之间的高效和低成本的前向和逆向流动与存储而进行的规划、实施和控制。典型的物流管理活动包括入厂物流和出厂物流管理、车队管理、仓储、物料处理、订单履行、物流网络设计、库存管理、供应/需求规划以及对第三方物流服务提供商的管理等。

近年来,随着互联网、人工智能、大数据等新技术的发展,新技术、新商业模式逐渐渗透到物流运作的各个环节,现代物流不仅实现了与商流、资金流、信息流的跨界融合和"四流"合一,而且向着智能、高效、绿色、安全的方向发展。在我国全面建设社会主义现代化的国家新征程中,党中央、国务院把提升现代物流与供应链水平放到了非常突出的位置,十九届四中全会强调,物流是建设现代流通体系、畅通经济大循环、国内国际双循环的有力支撑。

综上所述,在新的发展格局下,现代物流与社会经济的发展与国家的战略紧密联系起来,通过现代物流体系,不仅实现了生产、分配、流通、消费的全面连通,而且推动着农业、制造业、商贸流通业的融合发展。可见,现代物流的边界仍在不断扩展,物流构成要素之间以及物流与外部环境的关系越来越复杂，必须应用系统的思想和系统工程方法进行物流系统规划与决策。

第二节　物流系统的概念及特征

一、物流系统的概念

由物流的定义可知，物流由诸环节构成，各物流环节之间存在着相互关联、相互制约的关系，正是通过各环节之间的相互协调和作用，实现了物的高效率、低成本流动这一特定功能。

根据系统的定义，系统是由两个或两个以上的相互区别又相互联系的要素组成的能实现特定功能和目的的整体。这一定义的核心在于系统是由多个要素组成的，要素之间是相互联系、相互制约的，不是彼此孤立的，组成的整体具有特定的功能和目的。通过剖析系统的概念特征可知，物流本身就是一个系统。

仿照系统的定义可以给出物流系统的定义。

物流系统是指在一定的时间和空间里，由物流诸环节及其涉及的物品、信息、设施和设备等若干相互联系、相互制约的要素组成的具有特定功能和目标的有机整体。

将系统的内涵本质应用到物流领域，可以构造出物流系统的结构与功能，并通过科学的系统设计和集成，建立物流系统，并对物流系统进行管理，使其具有特定的目的。

按照系统概念的核心内涵，可以对物流系统的概念进行如下分析。

（一）物流系统的构成要素

物流由诸多作业环节按照时间和空间顺序连接组成，这个过程中涉及不同的经济主体、物品、信息、设施、设备、工具等；为了实现物流系统的目标还需要政策、制度、法规的支持或约束。这说明，从不同的角度分析，物流系统包括了不同的要素，既有实体要素，也有概念要素；既有自然要素，也有人造要素；既有静态要素，也有动态要素。因此，物流系统是一个自然系统与人造系统复合的、实体系统与概念系统结合的、动态的、开放的系统。对于物流系统要素的详细分析，将在本章后面进行。

（二）物流系统的功能与目的

系统目的一般体现为若干目标。从不同的研究角度考虑，系统一般具有多个目标，多个目标具有不同的层次、不同的重要度、不同的时空序列，有些目标甚至还相互冲突。物流系统是有目的的，物流系统的目的是通过系统对环境产生的功能而实现的，通过实现功能来达到目的。物流系统具有多目的性和多层次性。以一个企业层面的物流系统构建为例，其目的可能包括：满足客户服务需要、降低物流成本、提高资源利用率、通过物流系统运作增强企业竞争优势、实现企业整体经营目标等。物流系统的目的有的可以量化，有的无法量化。有些目的还会相互冲突、相互牵制，甚至在一定条件下此消彼长。因此，物流系统目的需要进行协调和优化。为实现系统目的，不同企业可以设计物流系统的不同功能。

（三）要素之间的相互作用与影响

物流系统目的和目标的多样性，可以通过各项功能活动来实现，而物流系统功能的实现是通过不同要素的功能的组合而表现出来的。物流系统的多个目标之间存在着相互制约、甚至相互冲突的现象，例如，提高服务水平与降低物流成本这两个目标通常就会相互冲突。同样的，要素功能之间也存在相互制约、相互冲突的现象。物流系统的构建正是要消除这种相互冲突的现象，实现物流系统整体效益和效率的最佳化。

虽然不同的学者对物流系统的概念有不同的描述，但以下两个观点是共同的，即物流系统是社会经济大系统的一个子系统或组成部分；物流系统的直接目的是实现物资的空间效益和时间效益的最大化，在保障社会再生产顺利进行的前提下，实现物流活动中各环节的合理衔接，并取得最佳的经济效益。

二、物流系统的特征

物流系统具有一般系统的共同特点，如层次性、整体性、目的性、环境适应性等，同时还具有不同于一般系统的特殊性。物流系统主要特征体现在如下几个方面。

（一）物流系统是一个“人—机系统”

从物流系统的构成要素看，物流系统是由人和物流设施、设备、工具及信息所构成的混合系统，表现为物流管理者和从业者运用有形的设备、工具和无形的政策、思想、方法、技术作用于物流对象的一系列活动。在这一系列活动中，人是系统的主体，因而在研究物流系统的各方面问题时，必须把人和物这两个因素有机地结合起来。

（二）物流系统是一个具有层次结构的可分的系统

系统的层次性原理说明，由于系统组成要素在数量和质量以及结合方式等方面存在的差异，使得每个系统在作用与地位、结构与功能上表现出等级秩序，最终形成具有质的差异的系统等级。层次性是系统的基本特性，物流系统同样也具有层次性，而且可以按照层次结构对物流系统进行层次划分。

首先，物流系统是由多个作业环节构成。其中，最基本的功能作业环节包括运输、储存、包装、装卸、流通加工及信息处理等。这些功能环节是物流系统的构成要素，而这些要素本身也是一个系统，可以称为物流系统的子系统。子系统当中的任何一个或几个通过有机结合，都可以构成具有特定功能的物流系统；而且这些子系统又可按空间或时间特性划分成更低层次的子系统，即每个子系统都包含了更低一层次的要素，综合起来形成一个多层次的结构。

其次，物流系统的层次具有多样性。按照不同的属性、特征或目的，可以划分出物流系统不同的层次。例如，按照地域范围的由大到小，可以将物流系统划分为全球物流、区域物流、国家物流、城市物流、企业物流；按照企业形态的不同，又可将企业物流划分为制造企业物流、流通企业物流、医药企业物流、图书出版业物流、港口物流等。上述层次还可以继续划分，以制造业为例，按照功能环节构成，可将制造企业物流进一步划分为供应物流、生产物流、销售物流、回收物流等；而这里的任何一个物流子系统一般都会包括运输、仓储、包装、信息处理等基本功能环节。这些不同层次的子系统之间相互区别又相互联系、相互协调，通过有机结合构成一个整体，且系统整体的功能大于各子系统功能之和。

系统的层次还具有相对性的特点。也就是说，每个系统相对于它所包含的组成要素来说是一个系统，相对于比它更高一层的系统来说，就变成了要素。因此，“系统”和“要素”是相对的,要素也是一个系统,每个物流系统都处在一个更大的系统之中,这个更大的系统就是物流系统的环境。每个物流系统都具有一个系统环境。物流系统的环境是物流系统赖以生存发展的外部条件,物流系统必须适应外部环境才能生存。即物流系统只有不断地与外界环境进行物质、能量和信息的交换,物流系统的功能才能得以实现。这也说明了物流系统具有环境适应性和开放性的特点。

(三)物流系统是跨地域、跨时域的大系统

随着经济全球化和信息化、网络化的发展,物流活动早已突破了地域限制,形成了物流跨地区、跨国界发展的趋势。跨地域性正是物流创造的场所价值的体现。随着物流活动地理范围的扩大,对物流网络的规划及其管理也更加复杂,如何保证物流服务的准时性,更需要从系统整体的角度进行思考。

物流系统中的仓储环节,可以解决商品供求时间之间的矛盾。另外,借助物流信息技术和系统,可缩短物品从供应地到需求地的时间,提高物流的时效性。因此,跨时域性是物流创造时间价值的体现。

跨地域、跨时域的特性说明了物流系统是一个动态的系统。

(四)物流系统的效益悖反性

"效益悖反"(也称二律悖反,Trade-offs)指的是物流系统的若干功能要素之间存在着损益的矛盾,即某一功能要素的优化和利益发生的同时,必然会存在另一个或另几个功能要素的利益损失,反之亦然。效益悖反的特性体现了物流系统中一方利益的追求要以牺牲另一方的利益为代价。这种此涨彼消、此盈彼亏的现象,在物流系统中随处可见。例如,减少库存量,能降低库存持有成本,但必然会增加运输次数,从而增加了运输成本。再如,简化包装能节省包装费,但简化的包装方式将降低产品的防护效果,影响储存、装卸、运输等功能要素的绩效,降低了相应的效益。

物流系统规划和决策中,存在大量的效益悖反的现象,图 3-1 是物流系统中两种常见的效益悖反现象。正是由于物流系统的效益悖反现象,容易导致各环节之间的矛盾和冲突,因此,更需要运用系统科学的思想和方法,寻求物流系统的总体最优化。

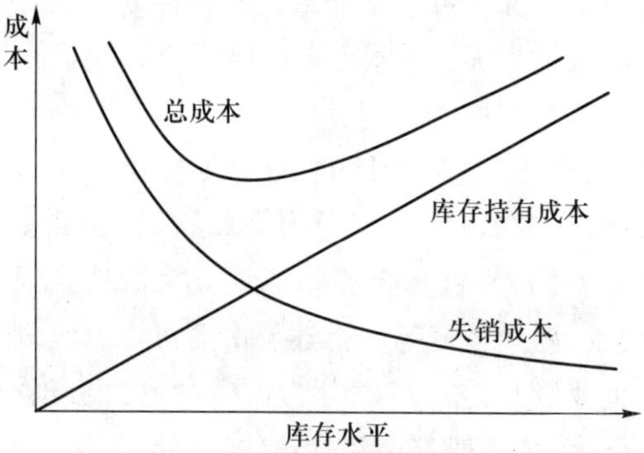

(a) 库存水平与成本的效益悖反

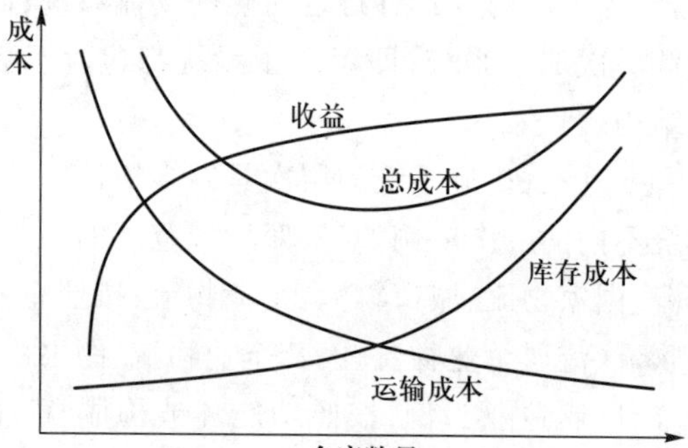

(b) 仓库数量与成本的效益悖反

图 3-1　物流系统的效益悖反示意图

综上所述,物流系统具有系统的所有特征。由于物流系统的层次性及各子系统的相互联系和相互作用,物流系统是一个动态的、开放的复合系统。

三、物流系统的模式

物流系统根据功能性质可以分成各种各样的物流子系统。但是不管是什么样的物流系统,都有共同的模式,即具备输入、处理(转换)、输出、干扰、反馈等功能。结合现代信息技术发展的特点以及行业发展趋势,现代物流系统已经成为信息化、现代化、社会化和多层次的物流系统。该系统主要是指针对现代物流发展的需要,采用网络化的计算机技术和现代化的硬件设备、软件系统及先进的管理手段,严格地、守信地进行一系列运输、仓储、加工、采购、订单处理和配货等工作,定时、定点、定量地交付给各类用户,满足其对商品的需求。仿照系统的输入—转换—输出模式,将物流系统的模式用图 3-2 进行描述。

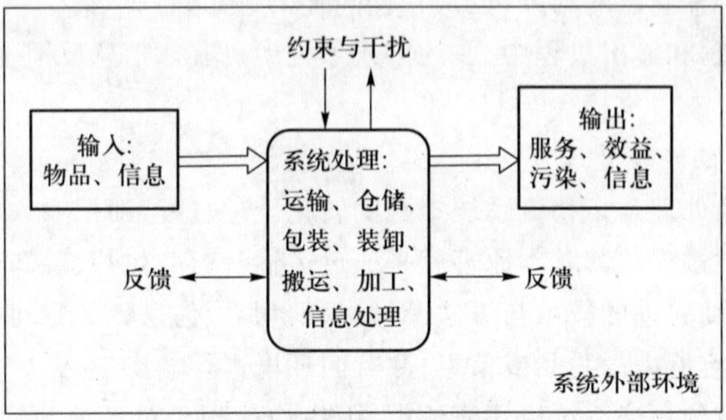

图 3-2 物流系统模式

按上述系统模式,物流系统可看作是由物流系统所处的环境,系统的输入、输出、约束、处理等几方面构成。

(一)物流系统的环境

物流系统的环境是指物流系统所处的更大的系统,它是物流系统不可缺少的组成部分,是物流系统转换处理面对的外部条件。环境因素分为内部环境和外部环境两种。内部环境包括系统的人、财、物的规模与结构,以及系统的管理模式、策略、方法等,如生产系统、财务系统及销售系统等。外部环境包括用户需求、观念及价格等因素,如市场地理环境、科技因素、经济和产业结构等。物流系统与其环境之间的相互作用具体表现为物流系统的输入、输出、约束和干扰,反映了物流系统不断地与外界环境进行物资交换、能量交换与信息交换的本质特征。外界环境向物流系统提供各种输入和干扰,物流系统通过自身的功能转换后,又向外界环境输出信息和服务,而且物流系统功能的实现还受到外界环境的约束或推动。目前,现代物流系统所处的环境发生了很大变化,例如:经济全球化导致的物流国际化发展趋势,消费行为的个性化、多样化,企业准时制经营模式,物流管理的信息化等,这些变化导致现代物流向供应链管理方向发展,并呈现出多品种化、小批量、高频率化、快速反应等趋势。

(二)物流系统的输入和输出

物流系统的输入是外部环境对物流系统的直接输入,包括物品、设备、技术、信息等,这是物流系统运行的前提。物流系统的输出,是物流系统对外部环境的作用和功能的体现,表现为物品的送达、储存及相应的信息,是通过物流系统的转换处理实现的,包含了物流的空间效用和时间效用,其最终表现是物流服务和成本效益。另外,在提供物流服务输出的同时，也会产生一些副产品或外部性输出，例如环境污染、能源消耗、资源消耗等。

（三）物流系统的约束、干扰和反馈

约束是外界环境对物流系统的间接输入，包括人力、物力、信息、能源以及政策法规、政治环境、宏观经济环境、自然环境等方面的约束。物流系统的运行离不开外界环境，这是系统情愿或不情愿都必须接受的外部条件，也是物流系统运行的约束条件。例如，国家出于资源环境的考虑，制定了关于废旧电子电器产品回收处理的政策，规定了电子电器产品生产商和销售商对电子产品报废处理和回收处理应负的责任。该项政策对企业构建物流系统就形成一个约束，具体来说，就是不仅要考虑产品生产和销售的物流需求问题，还要考虑废旧产品回收导致的物流需求问题。

系统的干扰是一种偶然的约束，也是一种间接的、强迫性的输入。反馈，主要是信息的反馈，存在于输入过程和输出过程中，在约束或干扰中也有。信息反馈一般都是系统和环境之间的信息反馈。

（四）物流系统的转换处理

物流系统的转换处理是指物流系统本身的转化处理过程，即把输入的物品、信息转化成输出的物品和信息的过程。其基本原理就是通过运输、储存、包装、装卸、搬运、加工、信息处理等作业环节，并借助先进的技术与方法，对输入的物品、信息赋予空间效用、时间效用或形质效用，使之变成顾客所需的物品或信息，并且向环境进行输出。

另一种更为简单的物流系统模式将约束、干扰均认为是对系统的输入，因此，物流系统的输入包括人力、物力、资金、固定设施、信息、市场环境、法规政策等；物流系统的输出是指经过各环节物流活动处理后对外界环境的输入，包括取得的效益、提供的服务、顾客满意度等，还包括物流活动对自然环境造成的污染。

第三节　物流系统的要素

物流系统要素是组成物流系统的基本单元。根据研究目的的不同可以将物流系统要素划分为不同的类型。本书从流动要素、功能要素、支撑要素三个方面进行分析。

一、物流系统的流动要素

关于流体的力学特征在物理学上是有完善的理论的。在物流理论界，国内外也有学者将物流作为一种“流”来进行研究，但是这种研究并不完整和深入。物流也是一种流，似乎它也应该服从一些流体力学的定律，但是自然流体和经济流体的差别很大，流体流动所受的影响因素很不一样。我们可以借鉴流体力学中的基本概念和研究方法来研究物流，但其基本定律就不一定能适合物流了。

物流系统的流动要素包括六个方面。

（一）流体

流体是指物流中的“物”，即物资实体。流体具有自然属性和社会属性。自然属性是指其物理、化学和生物属性。在物流过程中需要对流体进行检验、养护，根据物资实体的自然属性合理安排运输、保管、装卸等物流作业，使其自然属性不受损坏。社会属性是指流体所体现的价值属性，以及生产者、采购者、物流作业者与销售者之间的各种关系，有些关系国计民生的重要商品作为物流的流体还肩负着国家宏观调控的重要使命，因此在物流过程中要保护流体的社会属性不受任何影响。由于物流的目的是实现流体从供应者向需要者的流动，为实现此目的，尽管有一部分流体要不断地储存在仓库中，但这也是一种流动形式，这是流体在时间上的移动，所有的流体终究要经过运输等方式实现空间上的移动。因此，流体是处于不断流动状态中的。

（二）载体

载体是指承载“物”的设备以及这些设备赖以运作的设施。载体可分为两类：一类载体指基础设施，如铁路、公路、水路、港口、车站、机场等，它们大多是固定的；另一类载体指设备，即以第一类载体为基础，直接承载并运送流体的设备，如车辆、船舶、飞机、装卸搬运设备等，它们大多是可以移动的。物流载体的状况，尤其是物流基础设施的状况直接决定物流的质量、效率和效益。物流学科研究物流载体的结构、规模，尤其要研究物流载体的网络结构、技术进步等，比如要研究物流中心或者配送中心的选址、载体的定位和跟踪、载体运行速度的提高、载体的协调等问题。

（三）流向

流向是指流体从起点到终点的流动方向。物流的流向有四种：

（1）自然流向，指根据产销关系所决定的商品的流向，这表明一种客观需要，即商品要从产地流向销地。

（2）计划流向，指根据流体经营者的商品经营计划而形成的商品流向，即商品从供应地流向需要地。

（3）市场流向，指根据市场供求规律由市场确定的商品流向。

（4）实际流向，指在物流过程中实际发生的流向。

对某种商品而言，可能会同时存在以上几种流向，如根据市场供求关系确定的商品流向是市场流向，这种流向反映了产销之间的必然联系，是自然流向；实际操作时还要根据具体情况来确定运输路线和调运方案，这是商品的实际流向。在确定物流流向时，理想的状况是商品的自然流向与商品的实际流向相一致，但由于计划流向与市场流向都有其存在的前提，还由于载体的原因，导致商品的实际流向经常偏离自然流向。物流学科通过研究流向准确掌握流向的变化规律，达到合理配置物流资源、合理规划流向，从而降低物流成本，提高物流速度的目的。

（四）流量

流量是指通过载体的流体在一定流向上的数量表现。流量与流向是不可分割的，每一种流向都有一种流量与之相对应，因此，流量的分类可以参照流向的分类，也分为四种，即自然流量、计划流量、市场流量和实际流量。

根据流量本身的特殊性，还可将流量按如下方式分类：

第一类是实际流量，即实际发生的物流流量，根据统计口径的不同又可分为以下 5 种：① 按照流体统计的流量；② 按照载体统计的流量；③ 按照流向统计的流量：④ 按照发运人统计的流量；⑤ 按照承运人统计的流量。

第二类是理论流量，即从物流系统合理化角度来看应该发生的物流流量，与实际流量相对应,同样也可以分成五种类型。

理想状况的物流应该是在所有流向上的流量都均匀分布,这样,物流资源利用率最高、组织管理最容易。但是实际上,在一定的统计期间内,在一个流向上流量达到均衡的物流是不存在的,在流体之间、载体之间、流向之间、承运人和托运人之间的实际物流流量也很难实现均衡。正因为如此,才需要从宏观管理的角度,通过合理配置资源、采用合理的物流运行机制等手段,降低物流流向和流量上的不均衡性。

(五)流程

流程是指通过载体的流体在一定流向上行驶路径的数量表现。流程的分类与上述流向的分类基本类似,可以分为自然流程、计划流程、市场流程与实际流程,也可以像流量分类那样,将物流流程分为理论流程和实际流程。理论流程往往是可行路径中的最短路径。路径越长,物流运输成本越高,如果要降低运输成本,一般就应设法缩短运输里程。实际流程也可按照类似实际流量的五种统计口径进一步分类。

(六)流速

流速是指通过载体的流体在一定流程上的速度表现。流速与流向、流量、流程一起构成了物流向量的四个数量特征,是衡量物流效率和效益的重要指标。一般来说,流速快,意味着物流时间的节约,也就意味着物流成本的减少,物流价值的提高。

流体、载体、流向、流量、流程和流速这六个要素称为物流的六要素,任何物流系统都有这六个要素。同时,这六要素之间有极强的内在联系,如流体的自然属性决定了载体的类型和规模,流体的社会属性决定了流向和流量,载体对流向和流量有制约作用,载体的状况对流体的自然属性和社会属性均会产生影响,等等。物流六要素横跨整个供应链,存在于原材料采购、制造、销售、消费、废弃物回收等环节中,也存在于运输、储存、包装、装卸、流通加工、物流信息等物流活动中,还存在于公路运输、铁路运输、水路运输、航空运输以及管道运输等各种运输系统中。因此,分析物流六要素可以帮助我们更好地认识物流系统。

从"流"的角度看,任何一个具体的物流业务都可以分解为这六个要素的结合,即不管是什么流体、载体,也不管是由什么机构组织物流,都可以按照这六个方面对它进行分析、归纳,这样有助于把握物流的一般性质,从而可以摸索出优化这种"一般物流"的方法和技术。

物流的六要素中的每一个要素都需要以物流系统作为一个整体进行总体集成和优化。任何一个要素的目标由物流系统的整体目标来确定,只有要素目标互相协调,才能使整体目标最优化,因此需要进行系统的整体集成和优化。

二、物流系统的功能要素

物流系统的功能要素指的是物流系统所具有的基本能力。这些基本能力有效地组合、联结在一起,便形成了物流系统的总功能,便能合理、有效地实现物流系统的总目标。一般认为,物流系统的功能要素有运输、储存保管、包装、装卸搬运、流通加工、配送、物流信息等。如果从物流活动的实际工作环节来考察,物流由上述七项作业活动构成。换句话说,物流系统能实现以上七项功能。

(一)运输功能要素

运输环节实现物的空间位置的转移,具有创造物流的空间价值或场所价值的功能。另外，通过使产品快速流动，运输还能创造产品的时间价值。运输包括公路运输、铁路运输、水路运输、航空运输及管道运输等基本方式。对运输活动的管理，要求选择技术经济效果最好的运输方式或多种运输方式的联合，合理确定运输路线，以保证货物安全、迅速、准时、低成本地送达。

（二）储存保管功能要素

储存保管功能要素指在一定场所对物品进行储存并对其数量、质量进行管理控制的活动，包括接货入库、拣货、出库、安全保存、库存管理等活动。储存环节具有创造物流时间价值的功能。

对储存环节的管理，要求正确确定库存物资种类及其数量，明确仓库以流通为主还是以储备为主，合理确定保管制度和流程，对不同的库存物品采取不同的管理策略，力求提高保管效率，降低损耗，加速物资周转和资金周转。

（三）包装功能要素

包装是物流过程的起点，具有保护商品、方便物流操作的功能。对包装活动的管理，既要考虑包装对产品的保护作用、促进销售的作用及提高装运率的作用，还要考虑包装费用的合理化。包装容器强度越高，产品在物流过程中的破损率就越低，但包装费用会增加。对物流包装环节进行管理的目的就是要在二者之间取得平衡。

（四）装卸搬运功能要素

装卸搬运功能主要是实现运输、仓储、包装、流通加工、配送等物流活动的衔接。在所有物流活动中，装卸活动发生得最频繁，是消耗人力、占用设备但却不产生价值增值的物流环节。对装卸活动的管理，主要是确定最恰当的装卸方式，力求减少装卸次数，合理配置及使用装卸工具，以做到节能、省力、降低产品破损率、提高作业效率。

（五）流通加工功能要素

流通加工，又称为流通过程的辅助加工。这种加工活动不仅存在于社会流通过程中，也存在于企业内部的流通过程中，所以，实际上是在物流过程中进行的辅助加工活动。企业、物资部门、商业部门为了弥补生产过程中加工程度的不足，更有效地满足用户或本企业的需求，更好地衔接产需，往往需要进行这种加工活动。

（六）配送功能要素

配送是直接面向最终用户提供的物流服务功能，是综合了前几项功能要素的小范围的物流系统，它以订单处理、配货、拣货、送货等形式提供社会物流服务。与运输功能相比，配送更强调它的顾客服务功能，是集经营、服务、社会集中库存、分拣、装卸搬运于一体的物流活动。

（七）物流信息功能要素

物流信息包括进行与上述各项活动有关的计划、预测、动态（运量，收、发、存数）的信息及有关的费用信息、生产信息、市场信息等。对物流信息活动的管理，要求建立信息系统和信息收集渠道，正确选定信息科目以及信息的收集、汇总、统计、使用方式，以保证其可靠性和及时性。

上述功能要素中，运输及储存保管分别解决了供给者与需要者之间场所和时间的分离，分别是物流创造“场所效用”及“时间效用”的主要功能要素，因而在物流系统各要素中处于重要地位。上述功能要素之间普遍存在效益悖反的现象。

三、物流系统的支撑要素

物流系统处于复杂的社会经济系统中,要实现物流系统的功能和目的,需要有许多支撑条件。下面这些支撑要素是必不可少的。

(一)制度和政策

物流系统的制度决定物流系统的结构、组织、领导、管理方式,因此国家需要建立完善的物流产业政策和制度,促进和引导物流业的发展。

(二)法律和规章

物流系统的运行,不可避免地涉及企业或消费者的权益问题。法律和规章一方面能够限制和规范物流系统的活动,使之与更高一层的系统协调;另一方面是对物流系统的运行提供保障,例如物流合同的执行、权益的划分、责任的确定等都需要依靠法律和规章来维系。

(三)行政和命令

物流系统是社会经济系统中的一个子系统。物流系统的运作环境是社会经济系统,因而,物流系统的正常运转和高效运转依赖于国家经济政策和行政命令。一些行业物流系统,如军事物流系统、农产品物流系统等,更是关系到国家的军事和经济的发展,所以行政和命令等手段也常常是支持物流系统的重要支撑要素。

(四)标准化

物流系统涉及多个行业和领域,物流标准化是保证物流各环节协调运行、提高系统效率、保证物流系统与其他系统在技术上实现协调联结的重要支撑条件。物流标准包括物流的统一性通用标准(如与物流相关的专业术语标准、物流的计量单位标准、物流基础模数尺寸标准等)、相关行业的分系统的标准(如包装标准、运输标准、装卸搬运标准、仓储标准、流通加工标准、信息技术标准等)以及与环境和资源相配套的标准。目前我国这些标准有的已经建立,有的虽已建立但不够全面还需要进一步完善,还有更多的标准尚未建立,这需要在标准的建立中引进国外最先进的思想和管理方法,制定相关标准,以保证物流系统的高效率和协调运行。

第四节　物流系统要素的冲突与集成

根据系统的定义,组成系统的各要素之间存在着有机的联系,这种联系实际上就是要素之间的冲突与协同的综合表现。协同是以冲突为前提的,冲突推动着物流系统向协同、集成的方向发展。集成(integration)就是通过某种方式将一些孤立的要素集中在一起,产生联系,从而构成一个有机整体的过程。集成是解决系统要素冲突的有效途径。

一、物流系统要素的冲突

物流系统要素的冲突主要体现在要素目标之间的冲突、产权的冲突、运作方面的冲突等。本书主要介绍物流系统要素的目标冲突。

(一)物流要素目标冲突的原因

物流系统包括了运输、装卸搬运、储存保管、包装、流通加工等基本功能要素,不同的要素具有各自的目标。这些不同要素的目标之间可能存在相互矛盾、相互冲突的地方。认识要素目标之间的冲突现象,有助于寻找要素间协调的方法,以便使系统总体目标最佳化。

物流系统的总目标体现为各要素分目标的有机组合,同样的,要素的目标也是由一系列更低一级的子目标组合实现的,由此可以找出实现这些子目标的途径、方法和手段。

下面先以物流系统中两个最重要的功能要素——“运输”和“存储”为例进行分析。

运输要素的主要目标是运输费用最低,为实现这一目标,一般可以采用如下几种方法:

(1) 采用整车运输的方案,尽量减少零担运输量;

(2) 尽量采用铁路运输,因为铁路运输费用比公路运费更低;

(3) 长途运输中,尽量利用铁路运输,而不采用公路运输。

上述三种措施都能降低单位货物的运输费用,从而实现运输要素的目标。但是,运输要素目标的实现会影响储存保管要素的目标。我们来看看三种措施对存储要素的影响。其实,三种方案的核心是提高一次运输量,充分利用运量的规模效应来降低单位运输成本。其直接后果是,收货人一次收货量增加,且收货间隔期延长;而在途运输时间的延长,会进一步导致收货企业库存水平的提高,使货主的在途库存增加,最终导致库存成本上升,存储效益降低。

从储存保管的角度看,其目标主要是降低存储费用,降低库存水平。为此,可以采取以下两种方法:

(1) 降低每次送货数量,增加送货次数,缩短送货周期,这样既保证了企业对商品的及时需要,又可降低企业库存水平。

(2) 有紧急需求时采取紧急订货方式,不提前大批量订货,降低库存积压。

以上两种降低库存水平的措施都要求供货部门实行“小批量、多频次、短周期”的送货方式。但是,这两种方式都无法发挥运输的规模经济效应,导致运输成本上升。

从上面的分析可知,运输目标“降低运输费用”与存储目标“降低库存水平”从表面上看并不存在相互矛盾和冲突,但是,为“降低运输费用”所采取的一些措施与为“降低库存水平”所采取的措施之间存在着冲突。或者说,能实现一个要素目标的措施,却会影响另一个要素目标的实现。这也正是物流系统效益悖反特性的体现。在孤立的系统中,这两者的目标无法简单地达到一致,必须通过系统的方法加以协调,取得子系统目标的平衡。

可见,物流要素目标冲突的主要原因在于更低一级的子目标之间的冲突,以及为实现各子目标所采取的方法之间的冲突,即对一个子目标有益的措施会对另一个子目标的实现造成不利影响,从而导致要素目标之间的冲突。

(二)典型的目标冲突现象

1. 运输目标与储存目标之间的冲突

这是物流系统中最明显的目标冲突现象,已在上文进行了分析。

2. 包装目标与其他要素目标之间的冲突

物流包装的目标是保护商品在物流过程中不受损坏,同时尽量降低包装成本,即有两个目标:一是商品在物流中的破损最小,二是包装成本最低。为实现这两个目标,可采取的措施包括:① 使用更高强度的包装材料,增强包装的保护功能;② 采用特殊的包装保护方式,例如防震包装、防破损保护技术、防锈包装、特殊包装等;③ 回收重用包装容器,以降低包装全生命周期的费用。

其实,包装的两个目标本身就是相互矛盾的。因为要减少商品在物流过程中的破损率,就必须增加包装容器强度或采取特殊方式的包装,但这样必然会导致包装成本上升;特殊的包装方式和技术虽然能更好地保护商品,也会导致包装费用的增加。

除了包装要素内部的目标冲突之外,增强包装容器强度,会导致包装容器尺寸和重量的增加,增加了无效运输的比例,导致运输车辆的实际运载率下降,影响运输成本。另外,还占用更多的仓库面积,使仓储费用增加。而包装容器的回收重复使用,又增加了空箱运输费用和存储费用。

3. 企业物流子系统的目标冲突

制造型企业的物流系统一般包括供应物流、生产物流、销售物流等子系统。如果是孤立的物流活动,一般是由孤立的部门(例如采购部、运输部、仓库部、销售部)进行孤立地管理,

各部门管理的目标不同,目标评估方法及实现途径也不同。例如,市场部对物流系统的目标要求是:产品存货多、品种多、选址靠近客户、产量随订单而变,强调分拨系统;而生产部对生产物流的目标要求则是:原料足、少品种、仓库位于供应商附近、产量稳定,强调物料的有效流动。比较这两个子系统的目标,在库存品种、库存量、仓库选址、产量等目标上就存在冲突。

二、物流要素集成概述

(一)物流要素集成的概念及目的

集成可以理解为"一体化"或"整合"的过程。这一概念来源于20世纪40年代研制的集成电路所具有的巨大作用。在一个只有指甲盖大小的硅片上,集成了十几亿个晶体管,组合成一个整体后,能发挥一定的功能,成为计算机技术、信息技术、自动化技术应用中不可缺少的技术载体。20世纪80年代,计算机信息技术的发展,使得不同厂家生产的硬件和软件系统能通过一定的方式进行集成,形成具有完整功能的信息系统。进入21世纪后,随着网络技术的发展,通过互联网,几乎可将全球的计算机系统集成为一个全球性的网络。在这些领域,集成的概念发挥了重要的作用。

1. 物流要素集成的概念

物流要素的集成就是要将孤立的、分散的、各自为政的要素集中起来,相互协调,形成一个有机的整体,以发挥各个要素不可能发挥的功能。集成化和系统化一样,是现代物流发展的重要趋势。

物流要素集成不是由同一个资本拥有物流系统的所有要素,而是由一个起领导作用的资本或者要素将物流系统需要的其他资本或者要素联合起来,形成一个要素紧密联系的系统,使这些要素能像在一个完整的系统内部一样互相协调和配合。在这种集成的过程中被集成进来的这些要素应该是专业化的要素,如果不是这样,起主导作用的物流要素就会放弃与它的集成,而去寻找专业化的资源进行集成。所以,物流要素集成是在专业化分工基础上进行的,一个集成的物流系统都是由专业化的物流要素组成的,这个物流系统就是一个专业的物流系统。

物流要素集成化是指通过一定的制度安排,对物流系统功能、资源、信息、网络要素及流动要素等进行统一规划、管理和评价,通过要素之间的协调和配合使所有要素能够像一个整

体一样运作，从而实现物流系统整体功能的最优化。

2. 物流要素集成的目的

企业进行物流要素的集成有多种动机和目的。

首先，对于提供单一的运输或仓储服务的传统储运业来说，仅靠提供单一的运输功能或存储功能，已不能满足现代生产及商业模式对物流的全方位要求。在互联网时代和电子商务模式下，企业对物流服务的要求除了运输、仓储、配送等传统功能外，还包括物流方案设计、信息处理、订单管理、退货物流、金融、上下游协调等多方面的服务需求。因此，客户需要的物流服务是多功能的、一体化的、系统化的物流服务。因此，传统储运业需要实现向现代物流的转变，就必须将孤立的物流要素进行集成，实现物流系统的整体优化。

其次，随着经济全球化以及企业经营战略向敏捷化、及时化方向发展，现代物流系统的跨时域特性和跨地域特性更加显著，表现为系统的组成要素更多、构成更加复杂。例如，仅就运输这一要素而言，就包括了铁路、公路、航空、水运等几种方式，几乎没有哪一家企业能够掌握所有的运输资源要素。这就意味着，物流要素是处于分散、分割的状态的。而物流系统化要求将这些分散的要素进行协调和统筹配置，因此，物流要素的集成非常必要。

最后，单个物流企业通过与供应链上的优秀企业进行要素整合以提高其市场竞争力。企业与企业的竞争已转化为供应链与供应链的竞争，因此，企业必须以供应链的方式组织起来参与竞争。单个企业如果不将自己的要素与其他企业的要素集成起来形成供应链，将无法与那些以供应链方式组织起来的企业进行竞争。因此，物流企业必须参与由优秀制造商、分销商组成的供应链，才能得到持续地发展。

总之，物流要素集成的最终目的是为了实现物流系统的整体最优。集成前的物流系统各要素，均是以要素为单位孤立地进行最优化，这种最优化只考虑了某个物流要素的特性参数，而将该要素与物流系统内部其他要素之间的联系作为外部环境来对待，使本来应该作为内部因素的关系外部化处理了。由于外部化后并不能实现与其他要素间应有的协同和合作，就会导致更大的交易成本。因此，为使总的交易成本最小化，就应该对这些要素进行集成，以保持各要素之间的密切联系。

（二）物流要素集成的范围

社会物流系统是一个庞大的系统，组成要素多，具有不同的层次和范围。物流要素的集成化包括以下三个层次的集成。

1. 企业物流功能要素的集成

企业物流功能要素的集成是指应用系统的观念，将企业物流的运输、储存保管、装卸搬运等功能要素进行一体化规划和协调管理，削减功能要素之间的冲突和效益悖反，实现物流系统总成本最小化或效益最大化。企业物流功能要素的集成是其他层次要素集成的基础，是最基本的要素集成。

2. 供应链物流要素的集成

供应链物流要素集成是指对供应链上下游企业之间进行的物流协调和一体化运作。供应链上下游企业之间通过物流、信息流连成一个虚拟整体，因此，通过各环节物流过程的整合可实现供应链整体物流成本的最小化。例如，供应商与客户通过供应合同，可减少客户的订货波动性，从而削减牛鞭效应。再如，供应商管理库存（vendor managed inventory，VMI）将供应商的配送计划与客户的订货策略进行协调和集成，有利于减少供需双方的库存，同时还能提高市场响应速度。成员之间的信息共享与战略合作是供应链物流要素集成的关键。

3. 宏观物流要素的集成

宏观物流是指社会化的区域范围的物流。宏观物流要素集成是一种超出企业范围和供应链范围的集成，是通过社会范围的物流资源的共同化来实现的，以降低社会物流成本、提高社会物流资源利用率为目的。例如，同行业企业通过共用物流中心，将同类货物合并运输、共同配送，有利于实现运输资源的集成化和仓储资源的集成化，从而降低物流成本。物流产业园、城市公共配送中心等就是宏观层次物流要素集成的体现。同样的，先进完善的社会化物流信息平台是宏观物流要素集成的关键。

三、物流要素集成的过程

物流要素集成就是对物流系统的要素进行统一规划、管理和统一评价，使各要素之间实现协调和配合的过程。如何进行要素的集成呢？对于要素集成商和被集成者来说，集成过程是有区别的。

（一）从物流要素集成商的角度看

物流要素集成商是物流要素集成方案的规划者、设计者和物流要素集成过程的协调者、控制者。集成商可能是某些物流要素的拥有者，也可能是物流要素的代理商，或者称为物流要素集成解决方案的提供商。集成是一种艺术，因为集成凭借的主要是智力资本和关系资本，所以集成商不一定自己拥有物流资产、物流网络、物流技术，但是他一定拥有物流信息，并且还具有对物流系统要素集成方案进行设计、规划的能力和对物流要素集成过程进行协调和控制的能力。集成商是物流要素集成的领导者和指挥者，是积极推进物流要素集成的力量。

从物流要素集成商的角度分析，物流要素集成的主要过程包括以下几个方面：

（1）物流要素集成商调查和发掘市场上的物流服务需求；

（2）根据需求设计和规划物流集成方案；

（3）寻求可以用来满足物流服务需求的物流要素资源；

（4）确定物流要素的提供者或确定被集成者，确定它们在要素集成中要完成的任务；

（5）让被集成者按照分工要求完成具体的集成任务；

（6）监督协调和控制物流要素集成过程的具体实施。

（二）从物流要素被集成者的角度看

物流要素被集成者是被集成的要素的所有者、运营者、管理者。他们是物流要素集成方案的实施者和执行者，按照物流要素集成者的要求去运作他所拥有的物流要素，在整个要素集成过程中处于从属地位，但也是物流要素集成的基础。

从物流要素被集成商的角度分析，物流要素集成的主要过程包括以下步骤：

（1）确定自己的主要要素资源；

（2）确定这些要素的使用条件（出租条件）；

（3）对按照客户（可能是要素集成者）的要求进行签约的集成要素进行运作、管理和具体实施。

物流要素集成是在物流集成商和物流运营商的共同合作下得以完成的,企业在集成中的角色定位由其竞争实力及其要素占有类型、占有量等许多因素通过物流市场竞争决定的。

四、物流要素集成的方法

要素协同是系统集成的关键。要实现要素的协同,可以通过调整要素的目标,以更高层次系统的目标为总目标,例如,将运输要素与存储要素进行集成时,就应该以物流总成本最小为目标。物流系统要素集成的方法有很多,常见的是总成本分析法、系统目标优化法等。下面主要介绍基于总成本分析的集成方法,并以连锁企业为背景介绍跨企业、跨部门物流集成的方法和内容。

(一)基于物流总成本分析的集成方法

物流系统的总成本是由物流系统的要素成本构成的。采用总成本分析法就是考虑在完成特定的物流任务时需要的所有要素的成本,而不是只计算其中一两项成本。物流系统的总成本包括运输费用、库存费用、仓储费用、包装费、商品耗损等,但是针对某项具体的物流任务,其总成本构成会有所差异。

举例来说,要对企业现有的物流子系统进行集成与整合,首先就需要企业高层领导认识到变革的必要性和意义;然后,通过对总的物流成本的分析,发现存在的问题,寻找部门间的合作,实现内部物流要素的整合,确定新的物流战略。这里,企业总的物流成本=运输成本+仓储成本+库存成本+包装成本+信息处理成本。最后,通过信息的集成与控制来实现物流系统的整合。

总成本观念反映了物流系统要素集成的要求。物流系统总成本分析法是制定物流系统目标时的一种重要方法。但是,该方法只能用来衡量物流总成本,不能衡量物流服务水平。

(二)跨企业、跨部门的物流要素集成

跨企业、跨部门的物流要素集成是将各种分散的、孤立的物流职能整合在统一的系统运作平台上,集成的主要内容包括物流设施设备的共享、信息集成、采购、存储、订单处理的统一规划和管理等。下面以大型零售企业—超市—便利店的物流集成为例,说明跨企业物流集成的要点。

1. 物流基础资源集成

物流基础资源包括设施、设备及劳动力资源。设施资源包括仓库、配送中心等;设备资源包括运输车辆、仓储设备、装卸搬运机械、托盘、集装箱等;劳动力资源包括操作工人、技术人员、管理人员等。物流基础资源的集成就是在大型零售店、超市及便利店之间进行资源的统一规划和协调利用。

统一规划要求以各业态的物流总量进行规模分析,统一由共同配送中心处理所有业态店铺的订单。协调利用即要求不同的企业以一种合理的方式分时段、分场地地利用上述资源。例如,分拣设备按照不同时段分别处理大型店、超市和便利店的分拣作业;运输车辆按照总路径最短原则进行循环配送至各店铺等。

2. 物流信息集成

物流信息快速而准确地传递是物流系统高效运作的关键。但是,大多数企业的信息仅限于特定职能部门内使用,而且各业态的信息存在着标准不统一、管理不一致等问题,导致

物流信息难以实现跨企业、跨业态的共享和集成。为解决此问题，要求上下游企业之间通过合作进行统筹规划，对数据、信息及业务流程实行标准化，利用现代信息技术建立智能化物流平台，实现各环节物流数据的实时采集和快速传递，并具备信息查询、统计分析、智能决策支持等功能，消除信息孤岛，从而实现物流信息跨企业、跨平台、跨职能的集成。

3. 集中采购

集中采购是指将企业下属各部门、各子公司、各店铺的采购需求进行集中管理和操作控制。集中采购是对跨企业、跨部门的采购活动的集成。集中采购更能发挥批量规模效应，获得更低的采购价格，降低运输成本，且避免了各店铺之间的价格竞争。对企业整体而言，可以获得更低的采购价格、更好的商品质量等；对下属店铺来说，可以降低分散采购的选择风险，降低采购价格。

4. 集中式存储

集中式存储是指借助共享的信息系统平台，统一由一个物流中心储存、管理和调度各店铺商品的库存管理方式，它是对不同店铺的库存的集成。集中式存储有利于企业整体库存的公开化和透明化，通过完善的信息系统功能，可方便地实现库存管理、调度的实时性和灵活性，最终降低库存水平。

5. 集成化订单处理

在共享信息和统一信息平台的基础上，企业间的信息流动更畅通。集成化订单处理是指由订单管理部门在同一信息平台上统一接收各店铺的订单请求，根据库存状况调整店铺的实际订单；再由物流部门进行订单合并、分类处理等，形成最佳的分拣组合策略；最后依据分拣策略进行拣货、搬运、集货、库内货位补充等备货作业。集成化的订单处理还有利于企业把握未来订货趋势，从而更准确地预测未来需求。

6. 集中运输

集中运输是指由物流中心统一向各店铺进行运输配送。因此，运输调度部门必须根据订单处理的要求和订单的位置分布情况，统一规划运输任务、指派车辆、制定最佳的运输方案，在订单要求的时间内完成送货任务。这是对运输资源调度的集成。

归纳起来，跨企业、跨职能的物流集成不仅仅是物流设施和设备的集成，更需要从供应链运作层面对物流信息、采购、库存、订单处理、运输调度等管理要素进行集成。

本章小结

认识物流系统是物流系统规划和决策的基础。本章首先回顾了不同时期关于物流的典型定义。从物流的典型定义可以看出，物流本身就是一个系统。仿照系统的定义，“物流系统”是指在一定的时间和空间里，由物流诸环节及其涉及的物品、信息、设施和设备等若干相互联系、相互制约的要素组成的具有特定功能和目标的有机整体。物流系统除了具有一般系统的共同特点外，还具有不同于一般系统的特殊性，包括：人一机一体化、层次可分性、跨地域跨时域特性以及效益悖反特性。其次，根据不同的划分标准，物流系统可分为不同的组成要素。本章介绍了物流系统的流动要素、功能要素和支撑要素三种分类组成。

另外，物流系统各要素之间存在着目标冲突，这种冲突正是要素之间有机联系的体现。而集成是解决系统要素冲突的有效途径。物流要素集成就是将分散的物流要素通过统筹规划，使之相互协调并形成一个有机整体的过程。物流要素集成包括企业物流功能层、供应链物流层、宏观物流层三个层次的要素集成。总成本分析法是物流要素集成的基本方法之一。

复习题

一、简答题

1. 根据 CSCMP（2010）对物流的定义，物流系统包括了哪些组成要素？

2. 按照物流系统的流动要素划分，要素之间有什么联系或相互作用？

3. 按照物流系统的功能要素划分，要素之间有什么联系或相互作用？

4.“物流标准化”对物流系统有哪些支撑作用？

5. 什么叫集成？为什么要进行物流要素的集成？

二、分析题

以生鲜蔬菜或新鲜水果为例，分析其物流系统是由哪些要素组成的？讨论该物流系统中存在的效益悖反现象。

三、即测即评

【案例】

惠普公司打印机库存管理的系统方法

惠普公司是全球领先的打印机供应商。公司每年在全球范围的库存资金高达 30 多亿美元。惠普在温哥华的分支机构，负责世界范围内多种不同型号的打印机的生产和配送。公司在北美、欧洲和亚洲建有 3 个区域性物流中心。

惠普公司面临的一个主要问题是，大约需要 7 个星期的存货才能满足欧洲 98% 的服务水平要求，库存成本很高。之所以有这么高的存货，部分原因是不同国家对打印机的电源和变压器等有不同的规格要求，且需要不同语言的说明书。这就导致温哥华工厂生产的打印机的型号很多，每种型号都需要储备一定的库存才能满足客户服务水平要求。

为此，公司管理人员思考如何解决库存过高的问题。首先，如果继续维持原来的客户服务水平，要降低库存费用，可以通过改变运输方式提高物流系统效率，例如，使用航空运输这种更快的运输方式，可以大大减少在途运输时间，进而减少库存持有时间，降低库存成本。

但是，数字仿真的结果是，虽然库存费用可以降低，但运输费用太高，总费用还是太高，因而不可行。其次，降低客户服务水平，也可以降低库存水平，进而降低库存费用。但是，服务水平的降低将导致客户的流失，最终也会造成公司的利益受损，所以也不可行。

后来，公司的管理者决定在维持现有客户服务水平不变的情况下，进一步寻找降低库存的其他方案。显然，将库存作为一个孤立的要素无法找到满意的方案。但是，如果将生产、库存、运输、客户需求作为一个整体来考虑，则能找到更好的解决办法。公司可以在收到客户订单之前，先不考虑各区域市场对电源规格和语言等方面的特殊要求，而是按照打印机的通用组成进行生产，组装而成的通用打印机（没有电源和变压器）可以通过大批量方式运到各区域物流中心，然后在区域物流中心，根据客户的需求进行后续配件的组装。这种方案在维持原有客户服务水平的情况下，存货减少到 5 周，还减少了运输费用。当然，区域物流中心增加了组装配件的功能，因此，物流中心的处理成本增加了。

由于公司将生产、库存、运输、客户需求看成一个整体，并认识到这些要素之间的相互影响，最终找到了解决公司问题的创新性的方案。事实证明，这种解决方案为公司带来了效益的显著增加。

问题讨论：

1. 该案例涉及的惠普打印机供应链系统主要由哪几部分组成？
2. 案例中有哪些效益悖反现象？

第四章 物流系统分析

【本章学习目标】

- 掌握物流系统分析的目的、主要原则及分析要点。
- 理解物流系统目的的完备性分析和必要性分析。
- 认识物流系统的功能结构和网络结构，掌握物流系统结构分析的步骤。
- 掌握物流系统子系统分析的主要内容。

【本章导读】

系统分析是为了解决问题、作出决策而进行的信息收集与处理的过程，这种方法是以系统思想为基础的。随着物流系统面临问题的日益复杂化，必须以系统思想为基础，对物流系统进行全面分析。本章将介绍物流系统分析的目的、基本原则以及物流系统分析的要点和常见问题；然后详细阐述物流系统目的的分析、物流系统结构的分析及物流子系统的分析等内容，为更好地创建或改进物流系统提供决策方案支持。

第一节 物流系统分析的基本概念

一、物流系统分析的目的

系统分析的目的在于，通过对系统的分析，比较各种备选方案的费用、效益、功能、可靠性及与环境的关系等各项技术经济指标，得出决策者进行决策所需要的资料和信息，为最优决策提供可靠依据。系统分析的方法是采用系统的观点和方法，用定性和定量的工具，对所研究的问题进行系统目标、系统结构和状态的分析，提出各种可行方案，并进行比较、评价和协调，帮助决策者对所要决策的问题逐步提高清晰度。因此，系统分析是辅助领导者实现科学决策的一种重要工具。

当系统的内外部环境发生改变，需要重新设计系统或进行系统的改造时，就需要进行系统分析。对一个物流系统来说，当外部市场环境或企业战略发生改变时，需要对现有的物流系统进行重组、改造，或重新设计新的物流系统，这时就需要明确如下这些问题：重组或改造后的物流系统需要有什么功能；什么样的系统结构能实现这些功能；是否会出现不希望的附加功能；等等。这就需要进行物流系统分析。另外，当经济环境、政策环境发生变化时，也需要对现有的物流系统进行分析，以评价现有的系统是否适应变化的环境、是否需要进行系统改造。当今的市场处在不断的变化之中，供应链中的伙伴关系也会经常发生变化，因而经常需要对物流系统进行分析。

物流系统分析的内容包括对现有系统的分析和对新系统的分析。

（一）对现有系统的分析

对现有系统做进一步的认识，使系统尽可能实现最优运转。为了使现有系统更好地适应发展的需要，在进行系统分析时既要注意对系统外部进行分析，又要注意对系统内部进行分析。

对系统外部的分析，主要是根据国内外经济科技形势，研究本系统在环境中的地位、当前国家对本系统的政策以及与本系统经营活动有关的各方面的状况，如生产力与资源分布、物流市场和货源、制造业的生产与技术水平等。

对系统内部的分析，主要是计划安排、生产组织、设备利用、原材料供应、物流需求、劳动力状况、成本核算及财务收支等。

（二）对新系统的分析

新系统的系统分析内容可以是新系统的投资方向、工程规模、物流供应链上各环节的布局、节点选址、物流系统的功能、设备设施的配置、物流系统的管理模式等。

物流新系统的具体分析内容有：

（1）物资需求变化的特点、需求量、需求对象、需求构成以及所涉及的需求联系方法。

（2）物流系统各作业部门的有关物流活动的数据，如市场分布状况、供货渠道、销售状况等。

（3）构成物流生产的新技术、新设备、新要求、新项目等。

（4）库存物资的数量、品种、分布情况、季节性变化、质量状况等。

（5）运输能力的变化、运输方式的选择、运输条件和要求等。

（6）各种物流费用的占用、支出、社会经济效益等。

物流系统分析既包含了认识物流系统的相关内容，也包括了改造或构造物流系统过程的相关内容。这两者经常互相渗透，难以完全区分。从本质上讲，物流系统分析的目的主要是为了更清楚地认识物流系统，从系统目的、功能、结构、外部环境、经济后果等方面更加全面地剖析物流系统，其最终目的是为构造或改造物流系统提供科学指导和充分依据，使物流系统的整体效应达到最佳。

二、物流系统分析的原则

物流系统分析面对的是不确定的、变化的环境条件，需要对许多现实问题做出假设，且系统分析过程中受到分析人员和决策人员价值观及主观因素的影响。因此，在进行物流系统分析时应当遵循以下一些原则。

（一）当前利益与长远利益相结合

系统分析的目的就是要最终实现系统的最优化。而系统的最优化既包含空间上的整体最优，还包括时间上的全过程最优。因此，选择最优方案，不仅要考虑目前利益，还要同时考虑长远利益、长期目标，要两者兼顾。如果两者发生矛盾，应该坚持当前利益服从长远利益的原则，即以长期目标为中心，并注意短期目标与长期目标的一致。

例如，交通运输网络、干线物流通道、货场等设施的建设是提高区域物流水平的重要因素，但这些项目的经济回报需要通过较长时间才能体现。如果对这种滞后性不能客观对待，只看重眼前利益，不考虑长远利益，不重视基础性投资和建设，只会是欲速则不达。

（二）局部利益服从总体利益的原则

子系统局部效益的最优并不意味着总体系统效益的最优。因此，在进行物流系统分析时，必须把要解决的所有问题看作是一个总体，弄清物流系统各子系统的具体问题及其相互关系，并明确各局部问题对整个系统产生的影响。系统中各要素之间的关系揭示得愈清晰、愈透彻，那么，提供给决策者的信息就愈全面、愈可靠、愈有价值。另外，在进行物流系统最优化时，考虑到各要素间存在的效益悖反特性，应该从系统总体目标出发进行优化，使各子系统的选择服从系统总体效益最大化原则。系统总体的最优有时要求某些子系统放弃最优而选择次优方案甚至次次优方案。

（三）内部因素与外部条件相结合

系统的内部因素主要是系统的组成要素、要素之间的关系、系统结构、功能等，例如企业的物流设施设备能力、技术水平、合作伙伴及客户资源等；系统的外部条件是指系统生存和发展所依赖的外部环境，一般是不可控的，例如宏观物流政策、市场波动、自然灾害、动荡的局势等。分析物流系统所处的外部条件，主要是要弄清系统目前和将来所处环境的变化状况，认清系统发展的有利条件和不利因素。进行系统分析时，必须将内、外部各种相关因素结合起来综合考虑。通常可将内部因素作为决策变量，将外部条件作为约束条件，并明确外部条件的变化对内部因素的影响关系。

（四）定性分析与定量分析相结合

定量分析是指以数学模型和指标值的计算为基础进行的分析和判断。定量的指标值便于比较，是评价物流系统方案优劣的重要依据，例如，成本、收益、配送时间等指标值可以通过定量分析获得。但是，物流系统的效益还受到政治环境、政策、消费者行为、交通状况等外部因素的影响，以及企业内部的激励机制、人员的技术水平及敬业精神等因素的影响。这其中很多因素只能进行定性分析，很难建立起定量分析模型。另外，对物流系统效益的衡量除了经济数据，还有一些无法量化的衡量指标，例如，对城市投资环境的改善作用。对于定性指标需要决策者以直观的经验为基础进行综合判断。总之，对物流系统的分析必须将定性分析与定量分析结合起来进行。

三、物流系统分析的要点

由于物流系统要素分类的多样性，物流系统分析的内容也很多，主要包括：物流系统目的分析、物流系统结构分析、物流系统环境分析、物流系统成本效益分析、子系统分析等。本章重点介绍物流系统目的分析以及物流系统结构分析两个内容，且侧重于定性分析。定性分析是定量分析的基础。

（一）系统分析的要点

系统分析是为解决问题而收集信息、处理信息，从明确问题到形成决策方案的一系列过程。系统分析的初期面对的是含混不清的问题，运用逻辑思维方法和5W1H提问法，可帮助系统分析员逐渐明确问题方向。系统分析员通过提出一系列的疑问，并不断追问、自问自答，就容易抓住问题的要点。5W1H即6个英文疑问词why，when，who，where，what，how。也有学者在此基础上增加了一个H（how much），形成了5W2H。例如，就某个系统的开发项目，可提出如下问题：

（1）为什么需要这个项目？（why）

（2）它在什么时候使用？（when）

（3）谁是系统的使用对象？谁来完成系统？（who）

（4）系统使用的场所在哪里？在哪里完成系统？（where）

（5）项目的对象是什么？要做什么？（what）

（6）怎样做才能解决问题？（how）

（7）资金支出多少？做到什么程度？数量如何？质量水平如何？产出如何？（how much）

系统开发的不同阶段都可提出类似的疑问句。通过回答这些问题并不断提出新的问题，反复进行就会逐渐接近所要寻求的答案。如表 4-1 所示，以分阶段的形式提出一系列"为什么"，就能逐步发现解决问题的线索。

表 4-1　系统分析要点提问

	第一次提问	第二次提问	第三次提问
目的	为什么做？	为什么要确定这个？	目的是否已经明确？
时间	在何时做？	为什么在这时做？	有无其他更合适的时间？
人员	由谁做？	为什么由此人做？	有无更合适的人选？
地点	在何处做？	为什么在这里做？	有无其他更合适的地点？
对象	要做什么？	为什么由此入手？	有无其他更合适的对象？
方法	怎样做？	为什么要这样做？	有无更合适的方法？

实践证明，对那些技术复杂、投资费用大、建设周期长，特别是存在不确定性的系统，利用这种提问式方法进行系统分析是不可缺少的一环。

（二）系统分析的要素

系统分析要解决的问题很多。兰德公司的系统分析专家希契（Hitch）认为，系统分析主要围绕 6 个要点展开，即：（1）希望达到的目的和目标；（2）为达到目标所需的技术和手段；（3）系统方案所需的费用和可能获得的效益；（4）建立备选系统方案及相应的模型；（5）系统方案的评价准则；（6）系统分析的结论。这六个要点被称为系统分析的六个要素，如图 4-1 所示。

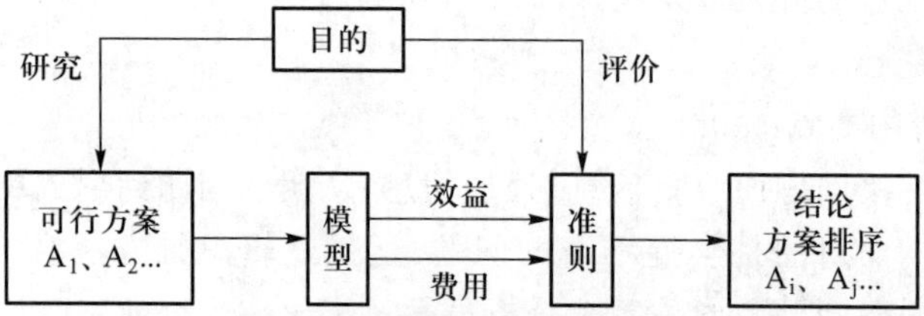

图 4-1　系统分析要素结构图

由图 4-1 可知，系统分析是在明确系统目的的前提下进行的，经过开发研究得到能够实现系统目的的各种备选方案后，建立模型，借助模型进行效益—费用分析，然后依据准则对备选方案进行综合评价,以确定方案的优先顺序,最后向决策者提出系统分析的结论(报告、意见或建议),以辅助决策层进行科学决策。

(三)物流系统分析的常见问题

物流系统分析可能是一个简单的比较判断过程,如在码头进货处对单独的搬运系统或运输系统进行分析比较;也可能是一个复杂的大范围的观察分析过程,如在全国或全球范围内进行企业物流系统的重构,就需要分析与长期供应商的关系、与顾客的关系,通过获取统计数据,进行物流网络结构分析,并运用网络模型进行计算或仿真分析,为物流系统的重构提供决策方案,实现物流总成本最低和价值最大化的目的。

物流系统分析过程中涉及的常见问题包括如下几个方面。

1. 企业内部物流系统分析的常见问题

主要包括如下几个方面问题:

(1) 物流系统要达到什么目的/目标? 实现什么功能?

(2) 物品流动的过程是怎样的? 为什么要按照这样的程序进行?

(3) 有些什么途径可以提高作业效率?

(4) 是否存在更好的系统运作方法?

(5) 设备能力能否满足要求?

(6) 提高效率的瓶颈在哪里?

(7) 可以开展哪些增值活动?

2. 供应链上的物流系统分析的常见问题

主要包括如下几个方面问题:

(1) 供应商:在哪里获得原料和零部件? 由谁来供应?

(2) 制造商:在哪里生产和装配产品? 生产多少?

(3) 仓库:仓库在什么地方? 多少个仓库? 如何分配某种特定物品的储位? 如何从仓库中尽快拣取到物品?

(4) 运输:什么运输方式最合适? 谁承运? 如何确定车辆运行路线或海运航线?

(5) 顾客:服务于什么市场? 服务水平如何? 成本效益怎样?

以上分析说明,物流系统分析的适用范围很广,从单个的物流作业子系统到一个企业总的物流系统或一个区域、整个国家甚至全球的物流系统都可能是分析的范围。

四、物流系统分析实例

下面介绍美国阿拉斯加原油输送方案的系统分析实例。

问题:如何由阿拉斯加东北部的普拉德霍湾油田向美国本土运输原油?

1. 系统目的与环境

要求每天运送 200 万桶原油。油田处在北极圈内,海湾长年处于冰封状态,陆地更是常年冰冻,最低气温达零下 50℃。

2. 提出备选方案

方案选择的第一阶段,提出了两个初步可行方案:

方案Ⅰ:由海路用油船运输;

方案Ⅱ:用带加温系统的油管输送。

3. 方案的分析、比较

方案Ⅰ:优点是每天仅需四至五艘超级油轮就可满足输送量的要求,似乎比铺设油管省钱。存在的问题是:第一,要用破冰船引航,既不安全,又增加了费用。第二,起点和终点都要建造大型油库,这又是一笔巨额花费。另外,考虑到海运可能受到海上风暴的影响,油库的储量应在油田日产量的十倍以上。归纳起来这一方案的主要问题是:不安全,费用大,无保证。

方案Ⅱ:优点是可以利用成熟的管道输油技术。存在的问题是:第一,要在沿途设加温站,这样一来管理复杂,而且要供给燃料,然而运送燃料本身又是一件相当困难的事情。第二,加温后的输油管不能简单地铺在冻土里,因为冻土层受热溶化后会引起管道变形,甚至造成断裂。为了避免这种危险,有一半的管道需要用底架支撑和做保温处理,这样架设管道的成本费用要比铺设地下油管高出三倍。

4. 决策人员的处理策略

考虑到系统的安全和供油的稳定性,暂把方案Ⅱ作为参考方案做进一步的细致研究,为规划做准备;继续拨出经费,广泛邀请系统分析人员提出竞争的新方案。

5. 进一步分析——提出了竞争方案Ⅲ

其原理是把含10%~20%氯化钠的海水加到原油中去,使在低温下的原油成乳状液,仍能畅流,这样就可以用普通的输油管道运送了。这个方案获得了很高的评价,并取得了专利。其实,这一原理早就用于制作汽车的防冻液了,把这一原理运用到这个工程中来,并断定它能解决问题,这是一个有价值的创造。那么,是否还有其他更好的方案呢?

6. 进一步分析——提出了第二个竞争方案Ⅳ

正当人们在称赞方案Ⅲ的时候,另有人提出了竞争方案Ⅳ。该方案提出者对石油的生成和变化有丰富的知识,他们注意到埋在地下的石油原来是油、气合一的,这时它们的熔点是很低的,经过漫长的年代以后,油气才逐渐分离。他们提出将天然气转换为甲醇以后再加到原油中去,以降低原油的熔点,增加流动性,从而用普通的管道就可以同时输送原油和天然气。与方案Ⅲ相比,不仅不需要运送无用的海水,而且也不必另外铺设输送天然气的管道了。这一方案的出现使得人们赞赏不已。由于采用这一方案,仅管道铺设费就节省了近60亿美元,比方案Ⅲ节省了一半的费用。

从这个例子我们可以看出系统分析的重要性和系统工程的价值。假如不进行系统方案的分析,仅仅对方案Ⅰ和方案Ⅱ进行优化,不追问一系列的为什么,不寻求更好的系统方案,即使确定了最优的管道直径、壁厚、加压泵站的压力和距离等,也无论如何得不到方案Ⅳ带来的巨大效益。

第二节　物流系统目的的分析

物流系统目的是建立物流系统的根据,也是物流系统分析的出发点。对于物流系统分析来说,最重要也是最初的工作就是认识并建立物流系统的目的和目标。

在决策中,目标在价值体系中的分量决定了管理者为实现目标的投入。系统工程人员作为决策者的智囊,归根结底要帮助决策者达到真正的目的并找出适当的途径。理想的做法是尽早明确目的。但在这些“软”问题上,人们很难听到决策者用清晰周密的语言表达他的真正目的；另外，即使决策者在分析开始时就明确提出目的，也不能不加分析地采纳。系统工程人员还必须对目的的结构、目的的必要性、可行性等进行全面分析，这对于正确地确定系统目的和目标具有重要的意义。

进行物流系统的设计或重新设计之前，描述分析中的系统目的和系统目标非常重要。一般说来，系统目的是定性的，例如扩大市场份额、成本最小化、利润最大化；而系统目标是一系列具体的、定量的指标，例如对客户的订货信息处理时间低于 24 小时、收到订单后的 16 个工作小时内进行订货处理等。目的是通过一系列目标来实现的，目标是对目的的具体化和定量化。一个系统有多个目的，每个目的又可通过多个指标来体现，所有这些指标相互联系、相互影响，就构成了系统目的的指标体系，或多层次的目标结构。在本节中，对“目的”和“目标”不加以区别。

一、物流系统目的分析的意义和原则

无论是改造原有系统，还是重建一个新系统，都要有明确的目的。从行动的角度来看，系统目的是衡量系统方案的基础。而目的一般由一系列具体的目标体现。目标具有多样性和层次性特点；目标必须有一个衡量达到目标的标准，而且要有明确的时间要求；目标要确定在资源和能力允许的范围内，即目标的实现具有一定的可行性。

我们先看一个例子。

一位决策者提出为他拟议中的新建医院选择合理地址，以满足病人的需要。分析者可能会立即按照“选址问题”去处理，由此得出的分析结果也能使决策者满意，但这并非是一项好的系统分析。因为真正的目的是改善整个地区的医疗保健。为了达到这个目的，也许建立定期健康检查制度或改善妇幼医疗设施更为有效，并不需要建新医院。为什么决策者提出新建医院的要求？这里有多方面的原因，可能是由于组织体制上的隔阂，现有设施得不到充分利用而引起的，也可能是由于个人的偏好，求新求全，攀比心理引起的，等等。这说明，目的的层次性会导致决策者判断上的困难。在这里，改善整个地区的医疗保健是较高层目的，而兴建地址适当、患者看病方便的新医院是较低层目的，同时又是达到较高层目的的一种途径。

一般说来，越是高层次的目的愈能为更多的人所接受，适用时期长、范围广。低层次目的应服从高层次目的。但是低层次目的比较明确具体，如选择适当的医院地址，便于分析研究。有时，低层次目的不同，系统分析得出的结果会有很大差异。因此，系统工程人员必须全面分析目的结构，选择适当层次的目的。目的太笼统，系统分析难度大；如果太具体又容易以偏概全。至于选定哪一层次的目的，这正是系统工程人员发挥其专长之处。

由此可见，系统目的的确定关系到整个系统的方向、范围、投资、周期、人员分配等决策，因此，对系统目的进行分析，正确地确定系统目的，具有十分重要的意义。

实践证明，只有目的正确，有科学依据，符合客观实际，才能产生具有预期价值的系统。当目的不明确、不合理或根本就是错误的时候，就会使开发出的系统变得毫无意义，其结果只能是浪费大量的人力、物力、财力和时间。

所以，进行物流系统分析的首要任务就是对物流系统的目的进行分析。随着物流系统在国民经济中的地位越来越重要，物流系统的规模和范围也越来越大，进行物流系统目的的分析也就更加重要。

物流系统的目的一般不只一个，即使同一层次的目的也往往有多个。例如，城市物流系统既要能改善公共交通环境，又要能缩短车辆行驶时间，方便商品流动和人员流动。在资源既定的情况下，如果决策者力争达到某个目的，那么，其他目的则无法在最大限度上达到，目的之间甚至彼此冲突。也就是说，对于两个以上的目的，除非一个目的隶属于另一个，否则这些目的之间总是彼此矛盾的。在物流系统中，这种多目的之间彼此矛盾的现象普遍存在，进行系统目的分析时，必须采取适当的处理方法，对各目的的重要性进行排序，在不损害第一目的的前提下完成第二项目的，或将其他目的作为约束条件处理。

进行物流系统目的分析时，必须保证系统目的符合下面几项原则：

（1）技术上的先进性；

（2）经济上的合理性和有效性；

（3）同其他系统的兼容性和协调性；

（4）对外部环境变化的适应性。

二、物流系统目的分析的主要内容

物流系统目的分析的主要内容包括物流系统目的的完备性分析、必要性分析和可行性分析等。

（一）物流系统目的的完备性分析

物流系统目的的完备性是指提出的目的是否能充分反映物流系统的多样性和系统本身所具有的层次性特点。物流系统的多目标之间不可避免地存在相互冲突和矛盾的现象，因此，还需要分析目标之间的冲突及冲突解决的方法。

1. 物流系统目的的多样性

建立一个物流系统一般会提出多个目的和目标。这些目的可能涉及不同的层次，但即使在同一层次也会有多个不同的目标。例如，前面曾提到的城市物流系统，既要求能改善公共交通环境，缩短车辆行驶时间，又要求方便商品流通和居民购物，同时还要有利于城市环保。这些都属于同一层次的目的。

大多数物流系统的构建或决策会涉及多个目的。不同范围、不同对象的物流系统的具体目的可能有较大差异，但是，从物流管理的宗旨来看，我们可以抽象出所有物流系统共同的目的——“以最低的成本提供最令客户满意的服务”。这里就包括了物流系统的两个目的：提供满意服务的目的和降低成本的目的，且这两个目的是处于同一层次的。但是，针对某个具体的物流系统，这两个目的都会有明确的目标体现。

（1）物流系统的服务目的。对一个具体的物流系统来说，服务目的可以体现为多个不同的目标，在一个层次性的系统中，下级服务目标由它的上级服务目标决定，或者说，要素的目标由系统的目标决定。以一家配送中心的物流系统为例，系统的服务目标包括降低商品配送的差错率、提高配送的准时达到率、减少事故间隔、提高订单满足率、提高客户满意度等。

（2）物流系统的成本目的。物流系统的成本目的就是降低物流服务的总成本。物流系统的成本是由提供物流服务的各功能要素的成本构成，主要包括运输成本、仓储成本、包装成本、流通加工成本及相关的管理成本等。对于制造企业的物流系统，其物流成本包括的范围更广，包括原料采购、厂内物料供应、产品及时运出的物流费用以及库存管理、仓储管理等物流费用。

建立物流成本目标的主要问题是上述多项成本中,有些是相互矛盾、相互制约的,不能同时达到最佳化,例如运输成本、仓储成本和包装成本就不能同时达到最低。另外,物流成本的形态也非常复杂,有些成本是向外支付的,有些则发生在企业系统内部,有些发生在企业内部的物流成本并不能独立地计算出来。例如,合装整车发运的情况中,每一种商品的实际物流成本是无法准确地计算出来的;物流信息处理的费用也是无法准确计算的。在这种情况下,物流成本是被分摊、估算出来的。

对于物流系统的多目的问题,最突出的是在资源一定的情况下,有些目的之间是彼此矛盾的。我们知道,"效益悖反"规律是物流系统的特点,如果我们追求包装子系统成本的最低,就不能保证装卸或仓储子系统作业成本的最低化。因此,必须分析具体情况,对物流系统各目的的重要性进行排序,采取适当的处理方法,将多目的问题转换成单目的问题来处理。

2. 物流系统目的的层次性

系统的层次性特性说明了物流系统也是具有层次的。下一层次的系统可以看作是上一层系统的要素,不同层次的系统具有不同的目的。一般来说,下一层次的系统目标是由上一层次的系统目标决定的,而上一层次的系统目标是由下一层次的系统目标来实现的。由此构成物流系统的目标体系。因此,物流系统的目的也是分层次的。高层次的目的适应范围广、适应时期长;低层次的系统目的比较明确具体,但低层次的目的应服从高层次的目的。在审查系统目的的时候,不仅要审查系统的总目的,还要审查子系统的目的,包括子系统目的的科学性、可行性及完备性等。另外,还要考察系统的总目的与各层次子系统的局部目的之间是否协调、子系统的各个局部目的之间是否矛盾等问题。

物流系统目的的层次性有多种体现。可以按照目的的适用范围和时期划分,也可按照系统的功能构成或结构进行目标的层次划分。

如果按照目的的适用范围和适用时期,可将系统目的分为运营目的、战略目的和基本目的三个层次。

(1) 营运目的/目标。运营目的是指通过有限时间内的行动可得到的具体结果,也称为营运目标。从系统的角度来理解,该类目标是系统在既定结构的条件下,通过行为调节可获得的结果,例如,在一定的生产设备下,通过改变投入来实现新的产量就是营运目标。为了实现营运目标而改变运作方案时,人们往往会忽略改变方案所产生的成本。一般认为实施运营目标的方案大都是确定型的。

(2) 战略目的/目标。战略目的在一定程度上等同于长期目标。它是一个阶段内确定营运目的的基础,也是系统结构调整的基础。战略目标的出发点是在现在的内外部条件下,把系统调整到更好的结构状态。因此,如果内外部条件不变,战略目标是不变的。但实际上,战略目标也是变化的,只是变化的幅度较小,它能促使系统结构的渐变。例如,一家具有技术优势的企业实施产品领先战略,可能会扩大研发机构的规模或重新分配资源,这对企业来说是企业结构的渐变。

(3) 基本目的。组织的基本目的是指企业或系统长期的追求与理想。企业的愿景和任务陈述是基本目的的体现形式。基本目的可促使系统结构的重构,是制订战略目标的依据。基于基本目标的决策,是最高层次的决策,它是一个多层次的综合行动方案,具有较大的实施风险和不确定性。

各层次的目标需要进行协调。目标所处的层次越高，目标变动所需的能量就越大，当然变动的频率也较低。不同层次目标之间的关系如图 4-2 所示。

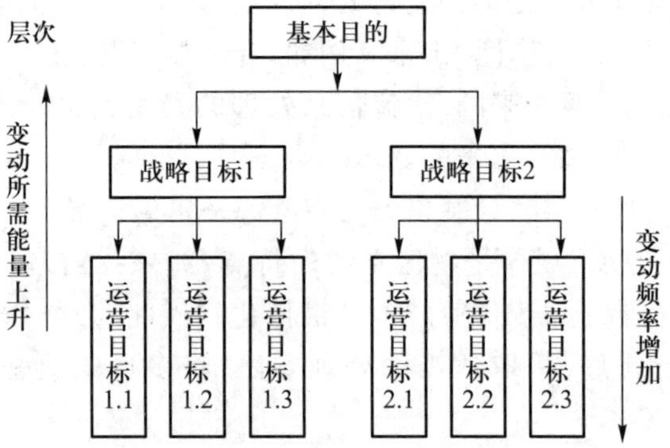

图 4-2　不同层次目标之间的关系

我们经常还会按照一个系统的组成部分或功能部分进行分解，这时可将系统目的按总系统与子系统的关系进行层次划分。例如，港口集装箱物流系统的总体目的是建立高效率的集装箱转运中心。要实现这一目的，需要装卸搬运系统、货运商务系统、集疏运系统等多个子系统能实现相应的目的和目标，进一步地，还可以对这三个子系统的目的再进行分解。这样，我们可构建如图 4-3 所示的港口集装箱物流系统目标的层次结构。

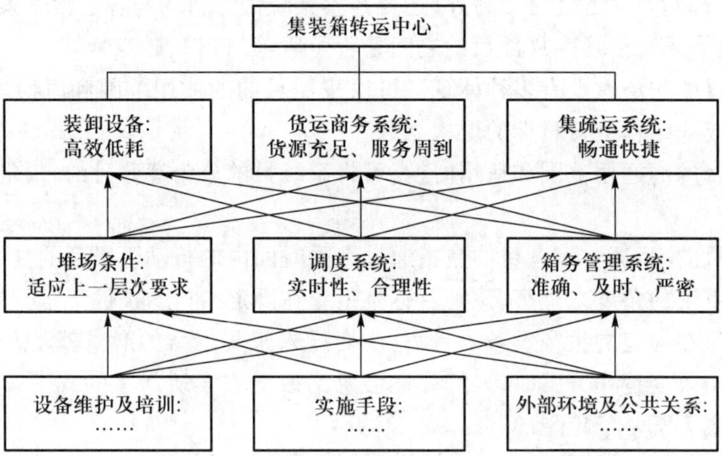

图 4-3　港口集装箱物流中心总目标与子目标之间的关系

3. 物流系统目的的冲突与解决方法

物流系统中，目标之间的冲突普遍存在，因此，分析物流系统的目的时，不能忽视对系统目标冲突的分析。物流系统中的目标冲突主要表现在以下两方面：

（1）不同层次的子系统目标之间的冲突。前面我们讨论过，不同的物流系统具有一些共同的目标，例如成本目标和服务目标。除此之外，不同层次的物流系统还有一些独特的目标，任何一个层次的物流系统都有使自身利益最大化的动机。由于自身利益关系在不同层次的系统之间就会产生冲突，这种冲突最终体现在系统的服务目标和成本目标上。

不同物流服务提供方都服从“经济人假设”，追求自身利益最大化是永恒的动机。在一个企业内部的上、下级系统之间，上级管理者要降低的物流成本实际上就是下级物流部门想要增加的收益，这就出现了成本目标间的冲突。

实质上，不同层次的系统就是不同企业或不同部门的系统，为使自身利益最大化而确立的目标很容易与其他系统的目标相冲突。

(2) 同一层次子系统目标的冲突。同一层次的子系统在物流成本与物流服务目标之间同样存在冲突。最典型的就是，要降低物流成本就会影响物流服务水平的提高，反过来，如果要提高物流服务水平就需要增加物流投入和成本。例如，甲用户要求物流服务提供商在一个城市内提供 1 小时的配送服务，乙用户要求在同样城市提供 24 小时的配送服务，二者相比，前者的服务水平更高，但是所花的成本也要远远高于后者。这就是同一层次的系统目标之间的冲突。类似的现象还有很多，例如，同一层次的企业物流系统，物流包装成本与运输成本的目标之间、运输成本与库存成本的目标之间，都存在冲突和矛盾。

如何解决这种多目标之间的冲突现象呢？系统是一个由诸多要素构成的有机的整体，要协调各要素(子系统)目标的冲突，首先就要以系统总目标为依据，在确保总目标实现的基础上进行各部门目标的分解。但是要注意，总目标与各部门分目标间的关系不是简单的累加的数学关系，而是一种乘积关系，即某一部门目标的失误，会使整个系统的目标无法实现。为避免这一现象的发生，就需要在各部门之间实现目标的协调，使各子系统目标的制订与子系统拥有的能力和资源水平相协调。

其次，还可以应用运筹学的目标规划法对物流系统的多目标问题进行优化，以系统的总目标为优化目的，对于多层次的多个目标，如果不存在相互冲突，可先经过分析确定主要目标和次要目标，采取某种方法进行归一化处理后再优化；如果其中存在相互冲突的目标，可选择其中的主要目标作为优化目标，其余的目标作为约束条件。总之，如果能将物流系统的目标量化，就可充分利用运筹学的多目标规划方法进行系统总目标的优化。

（二）物流系统目的的必要性分析

新建一个系统或进行物流系统的重组时，首先要对提出的系统目的进行必要性分析。物流系统与外界环境有很大关系，不同的时间点、不同的市场环境，会导致两个看似相似的问题的目标有很大差异。

为制订必要的目标体系，可以先列出所有希望系统实现的目的和所有希望避免发生的后果；再通过与相关决策者的共同讨论，初步确定系统的目的，并确保系统目的的逻辑合理性。对于初步提出的系统目的，对其含义进行具体界定，进一步将这些目的转化为有意义的目标，形成衡量目的的目标体系，并且还要从价值的角度和逻辑的角度判断目标体系的合理性与必要性。

一般来说，可从以下几方面分析物流系统目的的必要性。

第一，现有的物流系统是否出现了与客观环境不适应，或与国民经济发展不适应的情况？

政策环境和经济环境的变化，会使原有的物流系统在某些方面不再满足要求。例如，随着环保法规的日益严厉，对固体废物、车辆尾气排放等制订了更加严厉的标准，这就要求物流系统的流通加工、包装、运输等环节能适应新的环保要求，减少废弃物和废气的排放量。可重用的包装容器、绿色运输、建立逆向物流系统等就是适应环保新要求的选择方案。再如水上运输系统的发展趋势是船舶大型化、码头建设专业化、深水化,相应地就要大力提高港口的装卸能力,因而必须对港口物流系统的装卸子系统进行重新设计或改造,否则,就不能适应客观环境的要求。再如,电子商务的快速发展,对快速物流配送提出了更高的要求。传统的物流模式是否能适应这一趋势?

第二,系统内部的软、硬件环境是否能满足新技术发展的要求?

例如,由于条码技术、网络技术、信息技术的发展及在物流领域的广泛应用,可能会使企业原有的物流信息系统过时,或与供应链上的其他企业不兼容。再如,由于仓储设备、装卸设备的落后,影响物流作业效率的提高,不能满足客户服务要求等。这时就需要提出新的系统目的。

第三,是否出现新的市场需求,或消费者是否提出了全新的服务要求?

例如,区域经济的发展、产业结构的调整,消费者需要更高标准的物流增值服务等。新的物流市场需求将产生,因而有必要建立新的物流系统。再如,随着国际贸易与互联网的融合发展,跨境电子商务迅猛发展,对于跨境物流也提出了新的要求。物流企业必须与电商企业、海关、检验检疫部门等部门深度合作,建立跨境电商物流系统平台。

(三)物流系统目的的可行性分析

系统目的的可行性包括系统目的的提出在理论上是否有充足的证据,现实条件是否能保证系统目的的实现。

1. 理论依据的充分性

主要是审查所提出的物流系统的目的是否有科学的依据?是否经过充分的论证?是否与有关基础理论相违背?是否与宏观经济发展政策相适应?

总之,系统目的不能建立在空想的基础上。

2. 客观条件的保证

分析、评价现有的技术水平、资金能力、资源条件、人才条件、外部环境等是否能够保证系统目的的实现。

第三节　物流系统结构的分析

物流系统目标是通过要素来实现的,但不是由各要素独立完成的,而是将要素有机地组织起来,形成一个系统整体,通过要素的协同运作共同完成的。组成系统的各要素间的联系和作用是在系统整体的框架内进行的。由物流系统要素及要素间的相互联系和相互作用的方式构成的整体就是物流系统结构。

结构是系统的普遍属性,没有无结构的系统,也没有离开系统的结构。无论是宏观世界还是微观世界,一切物质系统都无一例外地以一定结构形式存在着、运动着和变化着,并决定系统的功能。物流系统结构分析的目的就是要弄清构成物流系统的各组成要素及其间的相互作用方式,认识物流系统的本质,最终为实现物流系统整体功能建立优良的结构体系。

一、物流系统结构

物流系统结构是指物流系统内部各组成要素在时间上或空间上排列的具体形式。物流系统结构反映的是物流系统各要素内在的有机联系形式。根据研究角度的不同,物流要素之间有不同的联系方式,从而可组成不同的结构形式。下面着重介绍物流系统的功能结构及网络结构两种形式。

(一)物流系统的功能结构

特定的系统目标是靠特定的系统功能实现的,构造物流系统的目的正是出于对特定功能的追求。系统功能同样是由各项子功能有机组合而成的。系统功能是由系统结构决定的,系统功能又对系统结构有反作用,一种功能可由多种结构来实现,同一结构的系统也可以发挥多种功能。结构分析的目的就是为了设计多种结构模型来模拟同一功能,并从中选择出最佳的系统结构。

系统是有层次的,系统功能同样具有层次性。按照系统功能层次关系构成的结构就是系统的功能结构,它是从行为的角度反映各要素之间的联系和作用。

整个物流系统的基本功能要素包括:运输、仓储、包装、装卸、流通加工、信息处理等,分别由相应的子系统实现,每个子系统又包括更具体的作业过程。如果分析整个供应链的物流系统,则总体功能是由原料供应、生产、销售几个阶段的物流功能组成的,而不同阶段的物流系统在功能构成上会有差异。图 4-4 是供应链上不同阶段物流系统功能构成的一个例子。

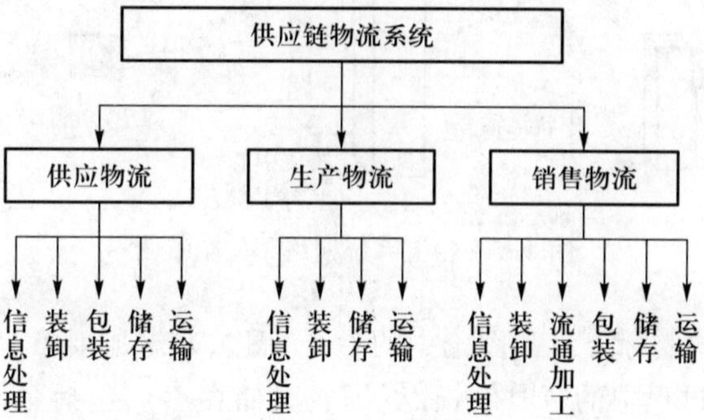

图 4-4 供应链不同阶段物流系统的功能构成

由图 4-4 可知,运输、储存、装卸、信息处理四个功能要素是供应链各阶段物流系统都需要具备的基本功能,流通加工、包装则不是每个物流系统都需要的功能。

实际上,某个物流系统的功能结构如何,取决于生产与流通的模式。例如,很多计算机公司推行"直销"模式,将订单处理、采购、生产、物流紧密结合,按照顾客订单要求组织生产和采购活动,消除了过多的原料库存和产品库存。由于是直接面向顾客销售,因而取消了大量的中间储存环节和仓库作业过程。但另一方面,由于没有中间库存作为缓冲,对运输功能的要求就更高了,既要保证快速、准时地送达,又要降低运输成本,这就增加了运输路线规划、货物装载规划等功能。

另外,物流系统的功能结构还受到物流载体的影响,具体来说,要受运输基础设施和线路资源的约束。

(二)物流系统网络结构

任何一个物流系统要实现的最根本功能是使产品从供应地向需求地流动。将这一过程看成一个完整的流,则包含了流体、载体、流向、流量、流速、流程六个相互关联的流动要素。流体(即产品)的自然属性决定了载体的类型和规模,流体的社会属性决定了流向、流量和流程，而载体对流向、流量、流速、流程具有制约作用。因此，应根据流体的自然属性和社会属性，流向、流程的远近及具体运行路线，流量的大小与结构来确定载体的类型与数量。

在一定的流体从供应地向需求地流动的过程中，经常会发生载体的变换、流向变更、流程调整等情况。将流体从起始地到目的地流动所涉及的流动要素的空间位置描述出来，并按照时间顺序进行连接，由此构成的图形就是物流系统的网络结构。如图 4-5 所示，是一个产品从生产厂家到零售店客户手中的物流过程，图中实线表示实物产品的流动，虚线代表信息的流动。可见，产品从供应地到需求地，有不同的流动路线，相应地也会有不同的功能表现。

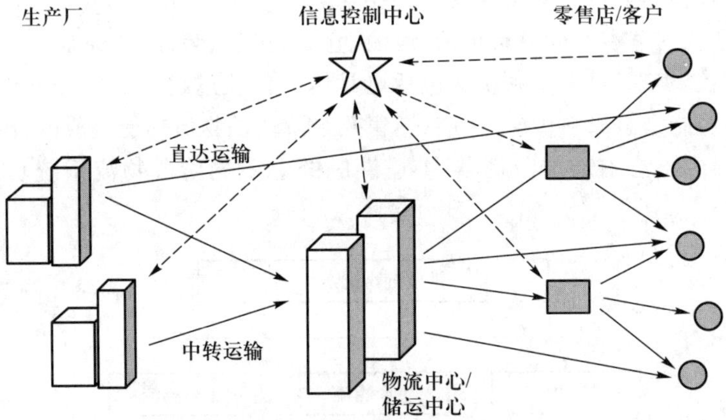

图 4-5　物流系统网络结构示意图

物流系统网络结构实际上就是图论中的一个“图”，其组成要素是“点”和“线”。其中，“点”是指流体在流动过程中的暂时停顿点（即暂时储存点），包括企业仓库、车站、码头、货场、物流中心、零售店等；“线”是指点与点之间的联系，在物流系统中，两个设施点之间的联系是靠运输功能实现的，而在复杂的物流系统中，“线”也可体现为运输线路、运输方式、运输量及运输成本的综合。

根据产品在流动过程中经历的点的数量以及点之间的连接情况，网络结构有多种不同的类型。图 4-6 表示的是产品从生产地到销售末端的典型的网络结构图。一般的流程是：工厂成品库→分销中心→物流中心→零售店→顾客。产品生产商会在不同的地区设置分销

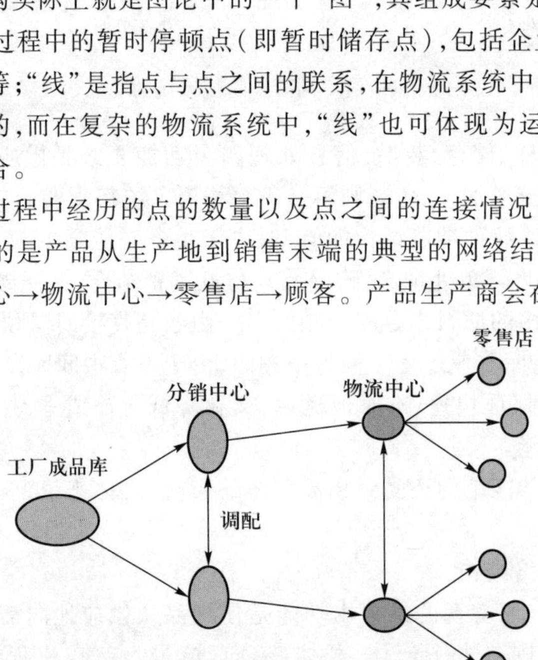

图 4-6　产品物流网络示意图

中心，各负责一定市场范围，分销中心向下一级物流中心或配送中心供货，一个物流中心为一定范围的零售店提供服务。两个分销中心或两个物流中心之间可通过干线运输进行货物调配。

需要说明的是，图4-6中没有考虑产品的回收或退货引起的物流问题。如果考虑产品退货问题，物流网络结构将更加复杂。

二、物流系统结构特性

物流系统结构的主要特性包括如下几个方面。

（一）稳定性

稳定性是系统存在的一个基本特点。系统中各要素只有在稳定联系的情况下，才构成系统的结构。当物流系统受到外界环境的干扰时，有可能使物流系统偏离某一状态而产生不稳定，但一旦干扰消除，物流系统又可恢复原来的状态，继续出现稳定。物流系统结构的稳定性，就是指物流系统总是趋向于某一状态。

物流系统属于一类非严密结构的系统，系统组成要素及其相互关系总是处于不断变化的状态之中的，且各要素对外界环境总是保持着一定的活动性，不断地与外界环境进行着物质能量和信息的交换。例如，港口物流系统中的装卸子系统，由于货物到港规律有一定的随机性，装卸作业活动也呈现很大的随机性。为了保持要素之间的有机联系，可以通过数理统计方法从整体上求出随机现象所呈现的规律，这种联系方式也是系统结构稳定性的一种表现。物流系统与社会系统、经济系统、企业系统等人造系统都属于动态稳定型的非平衡结构系统。

（二）层次性

物流系统由一系列子系统构成，子系统又由更低一层次的子系统构成。处于最高层次的是社会物流系统，处于最低层次的是静态的结构系统。层次性是物流系统空间结构和时间跨度的特定形式，对于分析系统结构要素之间的横向联系和纵向关系、对各要素进行协调和管理具有重要作用。

（三）开放性

在系统世界中，任何类型的系统结构都不会是绝对封闭和绝对静态的，任何系统总存在于环境之中，总要与外界进行能量、物质、信息的交换，系统的结构在这种交换过程中总是由量变到质变，这就是系统结构的开放性。物流系统结构也是开放的，系统要素与不断变化着的外部环境相互作用，导致物流系统的不断变化和发展趋势。

（四）相对性

系统结构的层次性决定了系统结构和要素之间的相对性。在物流系统结构的层次中，高一级系统内部结构的要素，又包含着低一级系统的结构；复杂系统内部结构中的要素，又是一个简单的结构系统。结构与要素是相对于系统的等级和层次而言的。物流系统结构的层次性，决定了物流系统结构与要素的相对性。在分析物流系统时，既要将一个子系统当作高层次系统结构中的一个要素来对待，以求得统一和协调，又要考虑到子系统不仅是大系统的一个要素，它本身还包含着复杂的、特殊的结构，应予以区别处理。高一级的结构层次对低一级的结构层次有制约作用，而低一级结构又是高一级结构的基础，同时又反作用于高一级的结构层次。因此，它们之间具有辩证的关系。

三、物流系统结构分析的步骤

物流系统结构分析的主要任务是分析物流系统的组成要素以及要素之间的关系。构成系统的要素数量、各要素的转换能力以及各要素之间发生联系的方式不同,系统的功能和性质也随之不同。系统结构分析就是从系统内部来考察其组成要素的联结关系的一种分析方法,要素之间的关系发生了变化,就会引起系统结构的变化。

根据本书第二章介绍的"系统结构分析"的基本方法,可归纳出物流系统结构分析的主要步骤。

(1) 明确物流系统构建的目的及期望实现的基本功能。应以系统目的为依据,确定物流系统功能,并将功能进行分解。

(2) 分析并确定系统构成的要素。以期望实现的目的和功能为依据,分析系统应该包括哪些组成部分,应该由哪些要素构成,怎样描述各要素的输入/输出。实际系统的分析,对每个要素的描述要具体到该要素的功能上,即对输入、输出的要求和结果作出完整的描述。描述要素功能是系统结构分析的关键之一。

(3) 分析并描述各要素之间的联系。要素之间的联系反映了要素之间的相互作用和影响。要素之间的联系可按照因果关系、过程顺序或职能结构进行描述,并通过各要素间存在的作用与反馈现象表现出来。

(4) 重复第二步和第三步,对系统要素进行更细一级的分解,得出更下一层的要素及其联系。

(5) 系统结构方案评价。根据研究的深入程度,构造出最底层的要素后,即可构建出整个系统的结构。这是一个初步结构方案,需要应用定性或定量分析的方法进行方案的评价,以确定最终的系统结构方案。

下面以某企业物流系统结构设计为例进行分析。

某产品生产企业欲建立自己的面向全国市场的产品销售物流网络系统。系统应该包括哪些部分?什么样的结构是最合理的?

要建立从企业成品库到零售市场的物流系统,可以参照图4-6的网络结构形式。在这一物流系统中,系统的构成要素就是各级设施点,包括地区性的分销中心或物流中心。所涉及的主要问题如下:

(1) 从企业成品仓库到零售店之间应该设几级仓库?

即要确定物流系统网络的垂直结构。级数就是分销物流系统的层级数,层级数越多,物流经过的中间环节越多,物流过程越复杂。一般可考虑采用2级、3级或4级的结构。

(2) 对每一级仓库,其数量各应该设置多少?

每层的仓库数量越多,越接近市场,便于提供及时的服务,提高服务水平。

(3) 每个仓库的位置应该设置在哪里?

即要确定各设施点的具体位置。

(4) 如何为每个仓库划分服务的市场范围?

上述四个问题,前两个问题属于系统网络结构的问题,后两个问题属于网络设施选址规划的问题,需要应用数学模型进行优化。详细内容见本书第七章。

要回答上述问题,需要结合定性分析与定量分析的方法。通过数据的收集及分析,提出多种可行方案,并对各种方案进行分析和评价,最后确定合适的物流网络结构。

图 4-7 是企业的物流网络结构图。在该物流系统中,仓库设计共分为三个层次,第一层是生产仓库,设置为 1 个;第二层为中央仓库(分销中心仓库),设置为 2 个;第三层为配送中心仓库,共设置为 6 个。配送中心仓库直接为位于居民区的零售店提供配送服务。

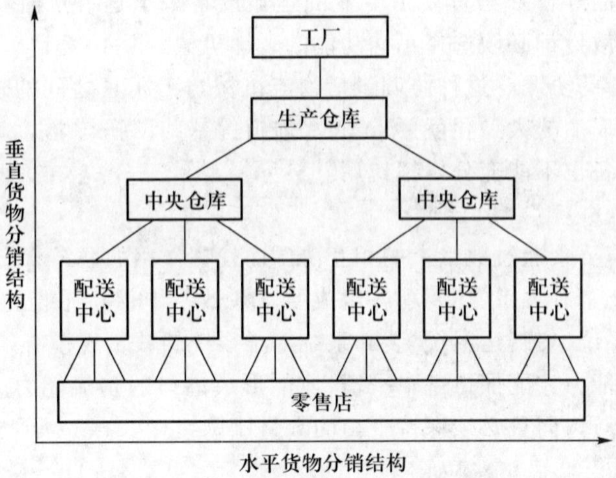

图 4-7　某企业的物流网络结构图

四、港口物流系统结构分析

(一)港口物流系统的特征

港口物流系统是由众多空间型的子系统按一定时间序列连接而成的。运输、装卸搬运、储存、包装、配送等环节是由货物、物流组织者、物流设备、物流线路和信息等实体要素组合而成的具有特定功能的空间子系统,且子系统之间具有明确的时序要求。因此,对港口物流系统的分析要强调系统的空间结构和时间结构的合理性。

港口物流系统是开放的动态的系统。港口物流系统不仅内部结构复杂,而且同外部环境之间不断地相互作用和影响。系统的构成要素及其结构受到国民经济发展状况、科技水平、生产力布局等因素的影响,并不断根据外部环境的变化调整系统的要素和结构,达到与外部环境相适应的目的。

(二)港口物流系统的结构形式分析

港口物流系统的构成要素既有实体要素也有环节要素,这些要素按照不同的数量比例和不同的关联方式连接,就形成了不同的结构,从而能产生出不同的功效。

几种主要的港口物流系统结构形式如下:

1. 质态结构

这是指港口物流要素通过技术上的相互适应性而相互作用的联系状态。它包括 4 种状况:

(1) 物流组织者与物流载体的协调。物流组织者决定物流的方式和物流路线,物流载体决定物流的速度和批量大小。物流组织者的管理技能和知识水平必须与物流装备的性能要求相适应,否则就不能充分发挥装备的生产能力。

(2)物流载体与物流线路的匹配。不同的物流载体对基础设施和路线有不同的要求,如集装箱船舶的大型化必须与航道、港池的深水化相匹配,港内线路应尽可能布置成直线,避免物流线路迂回。

(3)物流对象与载体的匹配。不同性质的物流对象要求由具有相应技术性能的载体来承载。如汽油、危险品等特殊物资要由专业的运输设备来承运;冷冻制品要由冷藏车来储运;件杂货、集装箱、散货都必须选择不同功能的装卸机械。

(4)载体与载体的协调。这种协调包括物流机械与工属具之间的适应、机械系统与基础设施的适应。如:船舶的大型化就要求泊位、航道等基础设施与之适应,否则,船舶无法靠泊,现代化的装卸设备也不能充分发挥作用。

2. 量态结构

这是指港口物流要素通过数量上的相互协调而发挥作用的联结状态。即港口物流系统的能力不仅与组成要素有关系,还要求各组成要素在数量上保持平衡协调的比例关系。例如,泊位系统、库场系统、集疏运系统、装卸系统等子系统的数量规模必须维持某一合适的比例关系,各子系统的能力才能保持基本平衡,才能形成港口的物流能力。这就是说,物流系统的要素非但缺一不可,而且必须保持平衡的数量比例。

3. 空间结构

空间结构是指物流系统实体要素之间在空间地域上的关联状态。港口物流是空间范围极其广阔的一种经济活动,空间结构是否合理,是影响港口物流系统效能的主要因素之一。空间结构包括:港口水陆域布局规划的方向性、港区规划与城市规划的协调性、港口物流系统的乘数效应性以及平面布置规划的合理性四个方面。

首先,水陆域布局易受自然环境、地理位置等因素影响,必须科学地规划岸线和水陆域边界,充分考虑港口物流可持续发展的空间。其次,港口发展与城市、区域经济的发展相辅相成,货物通过港口及相应的运输方式,使原材料、生产厂和市场连接起来,促进港口发展和城市区域经济的发展,因而港口物流规划应与城市规划充分协调,避免相互矛盾。再次,港口物流要素必须对临海工业的发展具有促进作用,如港口物流能力的扩大,船舶到港数的日益增多,将促进船舶修造业的兴起,推动城市生产与服务业的发展。这种连锁反应就是港口物流系统的乘数效应。最后,根据自然条件和岸线分布,分析、确定船舶进出港航线,确定码头、泊位的分区,分析平面布局的合理性。

4. 时间结构

时间结构是指港口物流诸要素根据不同需要连接形成的时间先后次序的状态。

港口物流的时间结构指为充分发挥系统整体功能而对诸要素进行时序安排,即为保证港口物流系统的高效运作,各要素在时间上的衔接、协调和统一性要求。

港口物流系统的质态结构、量态结构、空间结构和时间结构不是孤立存在的,它们的作用各不相同,不能互相替代。技术性能的相适应并不能保证过程的合理化,空间布局的科学性也不能等同于时序的合理化。只有这四种结构相互协调、共同发挥作用,才能形成一种合力,达到系统的优化,实现港口物流全过程的合理化。

第四节　物流子系统分析

一、物流子系统分析的意义

通常对一个物流系统的所有功能进行审查分析是不太可行的。根据分析所要达到的目的，有时只需对部分子系统进行分析就足够了。部分子系统的分析还是整个物流系统分析的重要组成部分。如果没有对构成总系统的各个不同子系统的业绩进行衡量和了解，是很难对一个复杂系统进行总的业绩评价和分析的。因此，部分子系统的分析对了解一个系统如何运作非常重要。

但是，子系统分析的范围较窄，其侧重点也有局限，子系统分析的目的不能用来改进整个系统。如果只根据部分子系统的分析来进行物流系统决策，就可能做出片面的决策，甚至有碍于整个系统的最佳化。

部分子系统分析的内容很多，如顾客赢利分析、仓储系统生产效率分析、运输成本分析、客户服务水平分析等。下面介绍物流系统中的仓储子系统分析和运输子系统分析。

二、仓储子系统的分析

仓储系统是配送系统中关键的子系统，仓储系统的生产率是衡量配送系统业绩的主要指标之一。

仓储业务包括储存、包装、打标签、分货、拣货、发货等，如何降低仓储成本是企业和研究人员关注的重要问题。20 世纪 90 年代初期，美国仓储教育与研究委员会开发了对仓储系统运营成本进行计算的软件包，通过这种计算软件包，可以对仓储成本进行精确控制。但是，控制仓储成本，也意味着缩小仓库规模。在降低仓库规模之前，就必须考虑仓储业务的重组问题，因而，需要进行仓储系统的分析。仓储系统分析的步骤及每步的主要问题如下：

第一，分析影响成功的关键因素，并建立合理的业绩衡量体系。

其主要涉及的问题是：如何才能取得仓储系统的成功。回答了该问题后，再回答哪些指标能反映这种成功性。最后，建立衡量成功的方法和指标体系。

第二，评估现有的环境，包括对现有的机构和工作岗位的客观评估。

主要涉及的问题有：配送产品到底需要哪些活动；各种活动之间的执行顺序是什么；哪些活动可由同一个岗位承担；哪些岗位可并为同一机构；等等。通过对这些问题的追问，可评估现有的机构和工作岗位设置得是否合理。

第三，确定哪些属于增值服务，以增加利润来源。

主要涉及的问题有：对顾客而言，哪种过程会增值；顾客是否愿意为此付款以获得增值服务；哪些是不会增值的；哪些可能是顾客不会愿意支付的。

第四，设计目标环境及需要变革的计划。

该步骤主要是对目标和现状进行重新审核，确定：哪些是必需要改变的；变化的过程是什么；通过哪些途径才能实现这种改变的目的；能否贯彻落实；等等。

第五，计划实施的外部条件评估及后续计划的确定。运用第一步的业绩衡量体系，对实施的外部条件进行评估，并对实施的过程进行监督。

完成对上述问题的分析后，根据分析结果，再决定是否需要缩减仓储系统规模，是否需要进行仓储系统的重组。

三、运输子系统的成本分析

与仓储子系统一样，运输也是物流系统中成本支出非常大的子系统。国际贸易的增多、订单呈现出的量少频次多的趋势、燃料费用的上涨、劳动力的短缺、承运方兼并导致的承运方市场竞争力减弱，种种因素促使运输费用暴涨。如何在维持甚至提高客户服务水平的前提下削减运输成本，是摆在物流管理者和决策者面前的重要问题。

运输决策的总目标应该是在满足客户服务水平和服务政策的前提下，用最低的运输成本连接供货点和客户。为实现这一目标，我们不仅要分析运输活动的成本构成，还需要分析客户反应核心计划、供应核心计划和库存核心计划，因为运输方案对库存持有成本和仓储成本都有重大影响，对客户服务政策的满足也有直接影响。

（一）运输成本的构成分析

运输总成本主要包括货运、车队、燃料、设备维护、劳动力、保险、装卸、逾期滞留费、税收等方面的费用。

（二）物流系统其他要素与运输成本的关系分析

物流系统其他要素与运输成本的关系主要表现在：运输方案对库存持有成本和仓储成本有重大影响。因此，制定目标时，必须考虑这两种成本对运输方案决策的影响。另外，最优的运输方案同时也必须满足客户服务政策的要求，如客户要求的反应时间、配送时间、数量要求、频率要求、货物保养要求等，这些要求会影响对运输方案的选择。

（三）运输子系统内部能力的约束分析

这主要是对影响运输方案最优化的运输能力方面的因素的分析，如：

（1）通道能力（通行速度、起始点间频率、体积、重量限制等）；

（2）车辆能力（体积、载重、运行时间限制）；

（3）容器能力（体积、承重限制）；

（4）劳动力能力（持续工作时间限制）；

（5）工作量差异（运输部门员工的能力差异）。

（四）运输的历史数据分析

分析有关的历史数据资料，有利于确保运输方案的可靠性。应该分析物流运输的下列数据：

（1）送货频率；

（2）送货的重量及价值分布；

（3）起始点的工作时间；

（4）在途时间；

（5）运输方式和承运人的可行性及能力；

（6）运输费用；

（7）索赔和损失比例；

（8）不正常运行的时间和速度；

（9）距离。

运输成本的分析涉及运输子系统内部及外部的很多方面，而且成本的分析将贯穿整个运输规划中，如网络设计、配送规划、运输方式和承运人选择、运费谈判等。

本章小结

当物流系统所处的内外部环境发生改变时，需要重新设计物流系统或改造现有的物流系统，这时就需要进行物流系统分析。因此，物流系统分析的目的就是为了从目的、功能、结构、效益等方面更清楚地认识物流系统，为构造或改造物流系统提供指导。在进行物流系统分析时应当遵循当前利益与长远利益相结合、局部利益服从总体利益、内部因素与外部条件相结合、定性分析与定量分析相结合的基本原则。在系统分析的初期，面对高度不确定性环境，运用 5W1H 提问法有助于快速明确问题，因此，应理解物流系统分析中的常见问题。

系统目的的确定关系到整个系统的方向，因此，物流系统目的的分析是进行物流系统分析的首要任务。物流系统目的分析的主要内容包括：物流系统目的的完备性分析、必要性分析和可行性分析等，而完备性分析又包括物流系统目的的多样性分析和层次性分析。物流系统结构分析就是要弄清构成物流系统的各组成要素及其相互作用方式，认识物流系统的本质，为实现物流系统整体功能建立优良的结构体系。本章最后介绍了物流系统子系统的分析，具体介绍了仓储子系统分析和运输子系统分析。物流子系统的分析也是整个物流系统分析的重要组成部分。

复习题

一、简答题

1. 为什么进行物流系统分析时，要遵循定性分析与定量分析相结合的原则？

2. 进行物流系统分析时，“局部利益服从总体利益”的原则非常必要，为什么？

3. 物流系统目的的层次性有哪些体现？

4. 什么是物流系统的网络结构？

5. 为什么要进行物流系统的结构分析？

二、分析题

1. 以城市物流系统为例，分析物流系统的主要目的，说明物流系统目的的多样性表现在哪些方面？

2. 以企业物流系统中的运输子系统为例，分析运输子系统的重要性，并分析运输成本由哪几部分构成？

三、即测即评

【案例】

生鲜农产品冷链物流系统结构分析

一、背景介绍

随着人们对于食品个性化需求的提升，生鲜食品的线上交易与日俱增。很多生鲜食品如牛奶、蔬菜、水果、肉、海鲜等，需要低温贮藏及运输，冷链物流则为其提供了最为适宜的温度和湿度环境，同时可以抑制细菌的活性、降低细菌在物流过程中的繁殖，最大化保证食品品质安全。

生鲜农产品冷链物流系统是一个多层次的复杂系统，由从田间到餐桌的诸多环节和功能要素构成，各要素之间存在着复杂的相互作用。因此，要进行生鲜农产品冷链物流系统的设计和有效管理，分析系统结构是非常重要的。

二、冷链物流系统要素分析

在生鲜农产品冷链物流系统中，农户、批发市场、超市、消费者等节点是执行系统输入、处理、存储、输出等功能的物流节点，这些物流节点可以作为冷链物流系统的基本要素。

根据生鲜农产品物流系统的主体与物流功能结合，可绘制出生鲜农产品冷链物流系统的一般流程图，如图 4-8 所示。

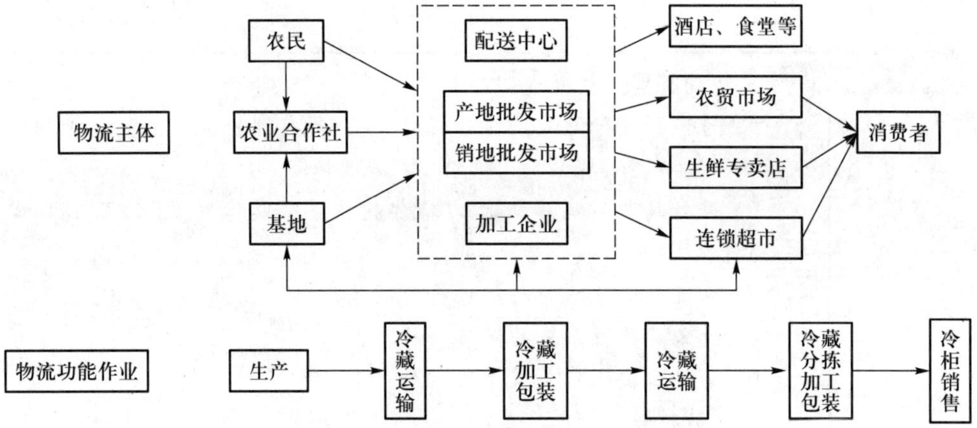

图 4-8　生鲜农产品冷链物流系统流程图

1. 产地节点

包括农户、农业生产基地，是冷链物流系统的输入点，包括从事农业生产经营的农民或农业合作社，以其成员为主要服务对象，提供农业生产资料的购买，农产品的销售、加工、运输、贮藏以及与农业生产经营有关的技术、信息等服务。

2. 流通中转节点

包括批发市场、配送中心、加工企业等，这些节点的主要功能是:(1) 批发市场分为产地批发市场与销地批发市场，产地批发市场一般位于农产品集中生产地，承担农产品收购、产地冷藏、交易等业务，销地批发市场一般位于城市，是具有一定辐射范围的多功能的农产品交易市场，销地批发市场的规模因城市规模而定；(2) 生鲜农产品配送中心的基本功能可概括为“配送、储藏、连接”，即对农产品实行双向配送，建立冷库和仓储中心，储藏生鲜农产品，增强保鲜储藏功能，连接会员(包括农户、农业合作社、农产品生产和加工基地等)，连接需求者(包括批发商、城市生鲜超市、餐饮、农贸市场)，实现生鲜农产品快速流通；(3) 生鲜农产品加工企业对农产品进行初加工或深加工后流向批发市场或零售市场。

3. 零售终端

包括连锁超市、农贸市场、生鲜专卖店和酒店食堂等，以各自的运营方式存在于生鲜农产品销售物流环节，最终流向餐桌。

因此，生鲜农产品冷链物流系统的要素是农户、基地、农业合作社、产地批发市场、销地批发市场、配送中心、加工企业、连锁超市、农贸市场、生鲜专卖店、酒店食堂和消费者。这些要素之间存在着直接的因果关系。将这些要素用 $S_i(i=1,2,\cdots,12)$ 表示，分析各要素之间的关系，可建立如表 4-2 所示的要素关系表。

表 4-2　生鲜农产品物流系统结构要素关系表

	S_1	S_2	S_3	S_4	S_5	S_6	S_7	S_8	S_9	S_{10}	S_{11}	S_{12}
S_1			农户供合作社	农户供市场			农户供加工企业		农户供农贸市场			
S_2			基地供合作社	基地供市场	基地供市场	基地供配送中心	基地供加工企业	基地供超市		基地供专卖店	基地供酒店食堂	
S_3				合作社供市场	合作社供市场	合作社供配送中心	合作社供加工企业	合作社供超市		合作社供专卖店	合作社供酒店食堂	
S_4					产地批发销地	市场供配送中心	市场供加工企业	市场供超市	市场供农贸市场			
S_5						市场供配送中心	市场供加工企业	市场供超市	市场供农贸市场		市场供酒店食堂	
S_6								配送中心供超市		配送中心供专卖店	配送中心供酒店食堂	
S_7						加工后供配送中心		加工后供超市	加工后供农贸市场	加工后供专卖店	加工后供酒店食堂	
S_8											超市供酒店食堂	超市供消费者

续表

	S_1	S_2	S_3	S_4	S_5	S_6	S_7	S_8	S_9	S_{10}	S_{11}	S_{12}
S_9											农贸市场供酒店食堂	农贸市场供消费者
S_{10}											专卖店供酒店食堂	专卖店供消费者
S_{11}												酒店食堂消费
S_{12}												

三、冷链物流系统结构矩阵

根据表 4-2，可进一步写出要素关系的邻接矩阵 R，

$$
R=\begin{array}{c}S_1\\S_2\\S_3\\S_4\\S_5\\S_6\\S_7\\S_8\\S_9\\S_{10}\\S_{11}\\S_{12}\end{array}\begin{bmatrix}
0&0&1&1&0&0&1&0&1&0&0&0\\
0&0&1&1&1&1&1&1&0&1&1&0\\
0&0&0&1&1&1&1&1&0&1&1&0\\
0&0&0&0&1&1&1&1&1&0&0&0\\
0&0&0&0&0&1&1&1&1&0&1&0\\
0&0&0&0&0&0&0&1&0&1&1&0\\
0&0&0&0&0&1&0&1&1&1&1&0\\
0&0&0&0&0&0&0&0&0&0&1&1\\
0&0&0&0&0&0&0&0&0&0&1&1\\
0&0&0&0&0&0&0&0&0&0&1&1\\
0&0&0&0&0&0&0&0&0&0&0&1\\
0&0&0&0&0&0&0&0&0&0&0&0
\end{bmatrix}
$$

进一步运用解释结构模型化技术（Interpretative Structural Modeling，ISM）分析相邻矩阵的逻辑运算，得到可达性矩阵，可将复杂系统分解成层次清晰的多级递阶形式，以此整理得出系统结构模型有向图，如图 4-9 所示。

从图 4-9 可以看出，12 个影响生鲜冷链物流系统的主要要素可分为 8 级 3 类。其中第Ⅰ类要素是农户和基地，为系统的起源点；第Ⅱ类要素（农民专业合作社、产地批发市场、销地批发市场、零售农贸市场、连锁超市、专卖店、配送中心、加工企业、酒店和食堂）是系统的支撑要素，也是影响生鲜冷链物流系统运作效率与安全的直接要素；第Ⅲ类为消费者，是系统的目标终点，目标需求的满足状况直接体现物流系统的质量。

这 3 类要素相互关联、相互促进，构成影响生鲜农产品物流系统的递阶结构关系。在实际运作中，3 类节点要素均有多个，配送路径也有多条，因此构成的网络结构也非常复杂。

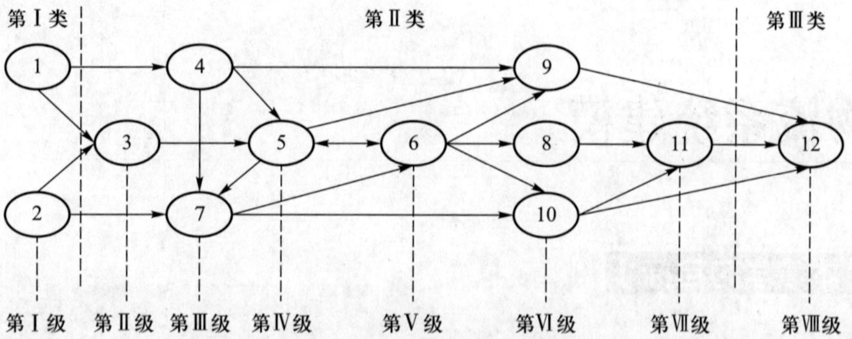

图 4-9　生鲜农产品冷链物流系统结构模型

四、冷链物流系统结构模型的作用

系统结构模型揭示了生鲜农产品物流网络中各物流节点的结构级别与层次关系，为冷链物流系统分析提供了新的方法。结构模型阐述了各要素在物流运作中的地位，体现了物流网络中的各要素间的相互影响，另外，结构模型还能为生鲜农产品冷链物流系统的安全性评价、确定各要素间的关系提供重要参考。

问题讨论：

1. 结合案例，讨论系统结构分析常用的方法或技术。

2. 结合生鲜农产品冷链物流系统结构，分别分析生产要素、流通要素、消费要素各自的特点和主要影响因素。

第五章 物流系统建模

【本章学习目标】

- 了解系统模型的定义与分类。
- 了解系统概念模型构造方法。
- 掌握系统数学模型构造方法。
- 认识常见物流系统模型。

【本章导读】

模型是研究系统最重要也是最基本的工具,系统模型是系统工程解决问题的必要工具。对物流系统进行规划设计和决策,也必须建立物流系统模型,并借助模型对物流系统进行定性与定量相结合的分析。因此,物流系统的建模也是物流系统决策与管理人员必须掌握的重要手段。本章将介绍系统模型的定义及分类,介绍物流系统模型建立的原则,并介绍几种常见的物流系统模型建立方法。

第一节 系统模型概述

一、系统模型的定义与特征

客观存在的一切事物都可称为实体或实体系统。实体系统正是人们认识与实践的对象系统。我们研究实体系统,就是要对实体系统的性质进行认定、描述,对实体系统的运行进行预测、控制或重新设计。要完成这些工作,就需要用人类可交流的语言或实物等表达工具对实体系统进行描述。系统模型就是我们用来描述实体系统的工具,但它并不能对实体系统的全部特性进行描述。

简单地讲,系统模型就是对一个系统某一方面的本质属性的描述,它以某种确定的形式(例如文字、符号、图表、实物、数学公式等)提供关于该系统的某一方面的知识。

系统模型一般不是系统对象本身,而是对现实系统的描述、模仿或抽象。系统是复杂的,系统的属性也是多方面的。对于某一特定的研究目的而言,没有必要考虑系统的全部属性。因此,系统模型只是对系统某一方面或某几方面的本质属性的描述,本质属性的选取完全取决于系统工程研究的目的。所以,对同一个系统,根据不同的研究目的,可以建立不同的系统模型。

客观存在的实体,在人类的科学体系中都是以模型的形式存在的。由此看来,科学意义上的模型就是人类用可交流的语言或工具(例如图像、文字、算符)对实体某一层次的特性与规律的描述。模型本身并不神秘,我们对任何事物的理解其实就是我们在头脑中形成的这一事物在某一层次、某一层面上的模型。而我们经常说的模型很难建立,主要是指用数学语言描述模型很困难。

总之,系统模型来源于实际系统,反映的是实际系统的主要特征,但它又高于实际系统,能反映同类问题的共性,是对所要研究问题的抽象。一个恰当、适用的系统模型应该具有如下三个特征:

第一,它是对现实系统的抽象或模仿;

第二,它是由反映系统本质或特征的主要要素构成的;

第三,它集中体现了这些主要要素之间的关系。

二、系统模型的分类

系统的种类繁多,作为系统的描述——系统模型的种类同样也是多种多样。从不同的角度观察,可以得出多种不同的分类方法。例如,按建模材料的不同,可分为抽象模型和实物模型;按与实体系统的关系,可分为形象模型、相似模型和数学模型;按与时间的依赖关系,可分为动态模型和静态模型;按模型的用途,可分为概念模型、结构模型、评价模型和优化模型等。图 5-1 是按照模型的表达形式给出的分类方法,各种模型可归结为物理模型、文字模型和数学模型三大类。图 5-1 还对各种系统模型的特征进行了对比。

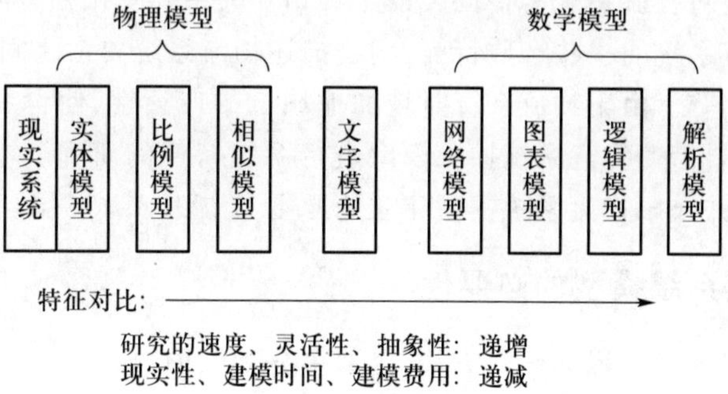

图 5-1 系统模型的分类与特征对比

下面对各模型的含义进行解释。

(一)实体模型

实体模型即现实系统本身。当系统的大小刚好适合研究而且又不存在危险时,可以将系统本身作为研究模型。如产品质量检验中采取的抽样模型就属于实体模型。

(二)比例模型

比例模型是对现实系统的放大或缩小,使之适合于研究。

(三)相似模型

根据相似原理,利用一种系统去代替另一种系统。例如,用电路系统代替机械系统、热力学系统进行研究,则电路系统就是后二者的相似模型。

(四)文字模型

在物理模型和数学模型都很难建立时,有时不得不用文字符号来描述系统特征,如技术报告、说明书等就属于文字模型。

（五）网络模型

用网络图来描述系统的组成要素以及要素之间的相互关系（包括逻辑关系与数学关系）。

（六）图表模型

图表模型是指用图像和表格形式描述的模型，图像与表格形式二者可以互相转化，这里说的图像是指坐标系中的曲线、曲面或点等几何图形。

（七）逻辑模型

逻辑模型是指用方框图、程序单、模拟机排题图等形式表示系统要素逻辑关系的模型。逻辑模型也包括概念模型。

（八）解析模型

解析模型是指用数学方程式表示系统某些特性的模型。

系统工程中经常使用数学模型来分析问题。无论是在自然科学、工程技术还是社会科学领域，没有定量分析，就没有科学的预测与决策，就会造成决策失误。另外，数学模型具有良好的可变性和适应性，便于使用计算机，便于快速分析。因此，数学模型是定量分析的基础。我们通常所说的系统建模，大多数情况下都是指建立系统的数学模型。

第二节　物流系统建模的原则

物流系统模型是对物流系统的特征要素及其相互关系和变化趋势的一种抽象描述。物流系统模型反映物流系统的一些本质特征，用于描述物流系统要素之间的相互关系、系统与外部环境的相互作用等。由于物流系统时域和地域上的广泛性，使得系统要素和特性也多种多样。因此，有必要借助物流系统抽象模型进行系统特性的研究。本节将分析物流系统模型建立的必要性，并介绍物流系统模型建立的原则和方法。

一、建立物流系统模型的必要性

人类认识和改造客观世界的研究方法，主要可分为三种，即实验法、抽象法、模型法。

实验法是通过对客观事物本身直接进行科学实验来进行研究的。物流系统范围广、环节多、构成要素复杂，因此不可能采用实验法研究物流系统。抽象法是把现实系统抽象为一般的理论概念，然后进行推理和判断。这种方法缺乏实体感，过于概念化，同样不适合研究物流系统。模型法是在对现实系统进行抽象的基础上，把它们再现为某种实物的、图画的或数学的模型，再通过模型来对系统进行分析、比较和研究，最终导出结论。由此可见，模型法既避免了实验法的局限性，又避免了抽象法的过于概念化，适合于对物流系统的研究和分析。

使用物流系统模型的必要性在于：

（一）物流系统建设的需要

新建一个物流系统时，由于物流系统尚未建立，无法直接进行测试或实验，只能通过建造相应的系统模型来对系统的效果进行预测，以实现对系统的分析、优化、评价和决策。

（二）经济上的节约

对复杂的物流系统或其子系统直接进行实验，其成本将十分昂贵，但是，如果使用相应的系统模型就非常经济。

（三）时间上的考虑

物流系统与社会系统、生态系统相似，具有惯性大、反应周期长等特点，对这样的系统直接进行实验，则要等若干年以后才能看到结果，这当然是系统分析和评价所不允许的。使用物流系统模型进行分析和评价，很快就可得到分析结果。

（四）系统分析的灵活性要求

现实系统中包含的因素太多而且复杂，实验结果往往难以直接与其中的某一因素挂钩，因此，直接实验的结果不易理解。另外，实验过程中要改变系统某些参数也相当困难。但是，系统模型突出的是研究所需的主要特征，模型（尤其是数学模型）的修改和参数变动非常容易，便于在各种不同的条件下对系统进行分析和评价。

二、建立物流系统模型的要求及原则

物流系统的复杂性决定了物流系统模型建立的复杂性。建立一个简明、适用的物流系统模型，将为物流系统的分析、评价和决策提供可靠的依据。但是，建造系统模型，尤其是抽象程度很高的数学模型，是一种创造性的劳动，既是一种技术，也是一门“艺术”。

（一）建立系统模型的基本要求

一般来说，建立系统模型要满足现实性、简明性和标准化三条要求。

1. 现实性要求

现实性要求是指系统模型要在一定程度上较好地反映系统的客观实际，反映系统的本质特征及关系，去掉非本质的特征及关系。

2. 简明性要求

简明性要求是指在满足现实性要求的基础上，应尽量使系统模型简单明了，以节约建模的费用和时间。如果一个简单的模型已能使实际问题得到满意的解答，就没有必要去建一个复杂的模型，因为建造一个复杂的模型并求解是要付出很高代价的。

3. 标准化要求

标准化要求是指，如果已有某种标准化模型可供借鉴，则应尽量采用标准化模型，或者对标准化模型进行某些修改，使之适合对象系统。

上述三条要求往往相互矛盾，容易顾此失彼。例如，如果模型复杂一些，则现实性很强，但建模和求解都相当困难，也很难满足标准化的要求。一般的处理原则是，在现实性的基础上，达到简明性，再尽可能满足标准化要求。

（二）建立物流系统模型的基本原则

根据系统建模的三条要求，建立物流系统模型时，必须遵循以下几条基本原则：

1. 切题原则

系统模型应该只包括与研究目的有关的方面，而不是物流系统的所有方面。

2. 清晰原则

物流系统是由许多密切联系的子系统组成的，对应的系统模型也应该是由许多子模型（或模块）组成的。在子模型与子模型之间，除了保留研究目的所必需的信息联系外，子模型之间的其他耦合关系要尽可能减少，以保证模型结构尽可能清晰。

3. 精确原则

应根据研究目的和使用环境的不同，选择适当的精度等级，既要保证所建模型能准确反映系统本质，又要简单明了。模型太精确，虽然能更准确反映系统的真实情况，但是考虑的因素必然会很多，这将使模型难以控制，失去了建模的意义。因此，模型的精度要适中。

4. 标准原则

物流系统中的有些问题已有标准模型。因此，在建立实际的物流系统模型时，应该首先查阅标准模型库，如果其中某些模型可以借鉴，就应该先试用。如果能满足要求，就应该使用标准模型。这样既可以节省时间和精力，又可以节约建模费用。

第三节　物流系统建模的方法

一、建模过程的信息源

建模的“信息源”对建模是很有用的。建模活动本身是一个持续的、永无止境的活动集合。在系统建模时，如图 5-2 中所示的目的、先验知识和数据三类主要信息源是需要掌握的。

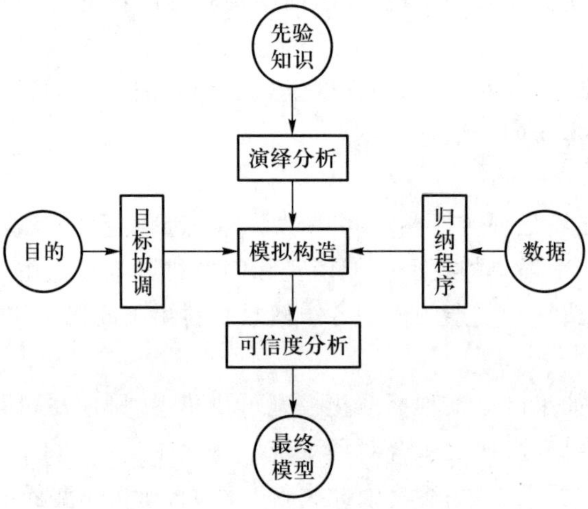

图 5-2　系统模型的信息源

（一）目的

一个模型事实上是对一个真实过程给出了一个非常有限的映像。同一个实际系统可以有很多个研究对象，这些研究对象将规定建模过程的方向。明确建模的目的，并对多个具体的目标加以协调，将现实对象分成不同的部分，有助于确定系统边界。

（二）先验知识

在建模工作初始阶段，需要学习和了解前人的成果，包括：定理、原理、模型、概念、研究结论。建模过程是从以往的知识源出发而进行的，利用足够的先验知识进行演绎分析。

（三）数据

系统的信息可以通过对系统的试验获得。在建模时，对数据进行充分的归纳整理，过程信息通过对现象的试验与测量获得。合适的定量观测是解决建模问题的有效途径。

在获得足够"信息源"的基础上,构造出系统的模型。然后还需要对其可信度进行分析和调整,直至得到科学合理的最终模型。

二、物流系统建模的常用方法

建立系统模型并没有一套程序化的技术或过程。建立一个合适的系统模型既需要综合运用各种科学知识,还需要充分发挥人的创造性,针对不同系统对象,或建造新模型,或巧妙利用已有的模型,或改造已有的模型。有人认为,系统模型的建造是一种艺术,因而不可能有现成的、通用的方法。这里提供几种物流系统模型建立的思考方法或思路。

(一)直接分析法

当系统比较简单,问题很明确时,可按问题的性质直接建立模型。

(二)推理分析法

对于问题明确、内部结构和特性十分清楚的系统,可以利用已知的定律和定理,经过一定的分析和推理,建立系统模型。例如,流通加工中的下料问题,就可以根据裁剪后的余料最少建立数学模型。

(三)数据分析法

数据分析法又称为统计分析法。如果系统结构的性质尚不够清楚,而且不能直接进行试验观察(大多数的物流系统及其他非工程系统均属于此类),可以采用数据收集和统计分析的方法,通过分析已有的数据或试验数据建立系统的模型。回归分析就是一种常用的数据分析法。

(四)实验分析法

当现有数据分析不能确定个别变量对整个系统的影响,又不可能做大量试验时,可在系统上做局部试验,确定关键变量,弄清楚其本质特性及其对系统指标的影响,逐步分析发现矛盾,建立试验模型,直到取得满意的效果为止。

(五)主观想象法

当系统结构性质不明确,又无足够的数据,且无法做实验时,可以利用"主观想象"来人为地构建一个模型。例如,我们研究若干年以后的生态、能源等大系统,希望通过模型来预测它们未来状况。这些复杂巨系统的构成因素极多,缺乏足够的建模数据。此时,可依据科学的思想和规律,主观地设想一些情况,构造出简单的模型,据此推出一些简单的结论与模型,挑选相关领域的专家进行分析研究,对模型进行修正。根据修正后的模型推出新的结果,再请教专家分析。如此往复,随着认识的逐步深化,模型将逐渐逼近一个真实的系统。

(六)神经网络法

神经网络法是根据生物原型的研究,建立神经元、神经网络的理论模型,其中包括概念模型、知识模型、物理化学模型、数学模型等。神经网络模型的特色在于信息的分布式存储和并行系统处理,在系统收敛的前提下,通过不断的自我训练、自主调解神经网络内部的权重,最后达到输入参数,在输出端得到合理输出。

三、系统概念模型的构造

系统概念模型主要用来描述系统的结构和过程,最终为用"输入—转换—输出"流程描述系统提供依据。

建立概念模型的关键是将实际的系统划分成若干执行动作单元,并找出各动作单元之间的联系和相互作用。图 5-3 是由人类活动构成的系统概念模型的一般形式。

下面举例说明系统概念模型的构建。

例如,某公司为提高订单处理效率,提高客户服务价值,需要对现有订单处理系统进行分析,为此,可以先建立订单处理系统的概念模型。

首先,通过调查和分析,明确订单处理的必需动作或必须进行的决策活动,将分析的结果用图 5-4 所示的结构框图表示。

然后,对图 5-4 中反映的执行过程进行进一步分析,主要分析各决策部分需要的信息是什么、包括哪些内容、信息来源何处等。通过对上述订单处理系统的决策过程进行分析,归纳出两个行动系统,一是产品制造系统,二是产品储存系统。这两个系统分别由两个指令支配,一个面向生产,一个面向顾客。要提高系统效率,其途径是在不导致过高储存成本的前提下尽量直接从库存中满足订单需求。

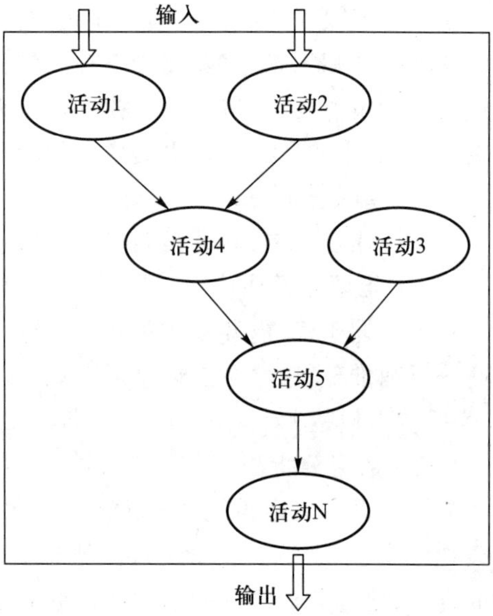

图 5-3　人类活动系统概念模型的一般形式

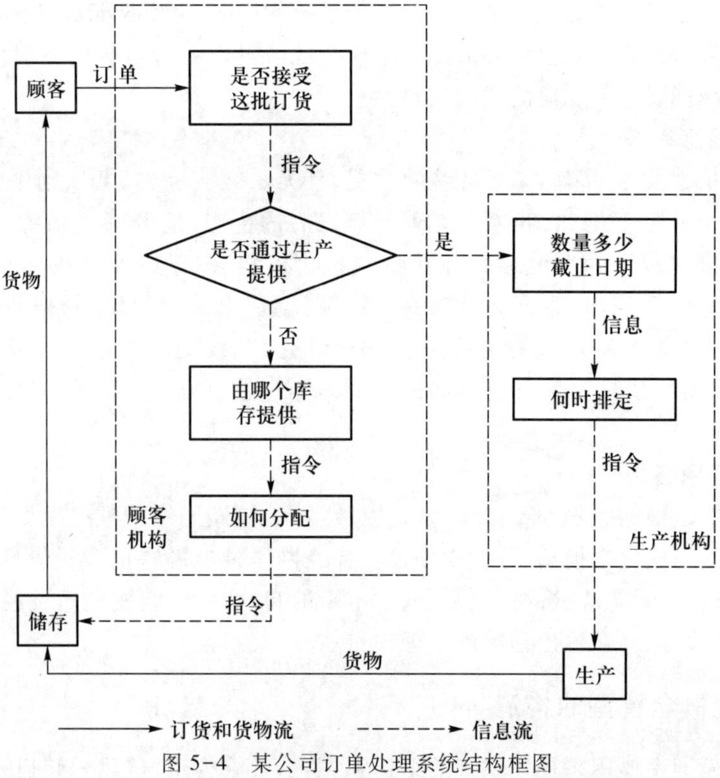

图 5-4　某公司订单处理系统结构框图

经过分析与综合，可将图 5-4 的系统结构转换成图 5-5 的系统概念模型，即由两个计划子系统和两个行动子系统构成的系统。

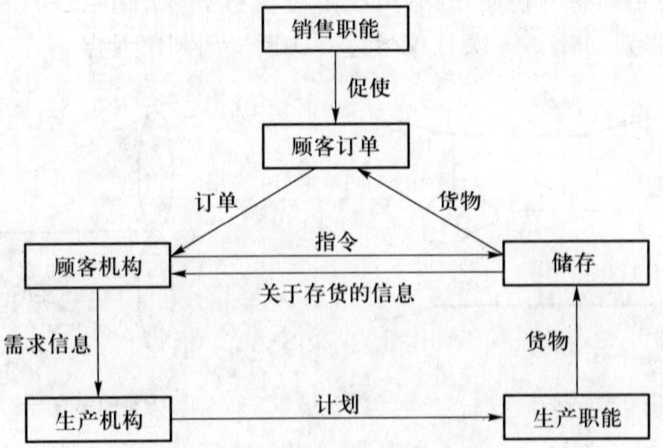

图 5-5　订单处理系统概念模型

概念模型主要是将系统划分成一系列相互关联的作业活动，概念模型中的活动可用日常语言来描述，活动之间的联系主要有物料流、信息流、资金流、能量流等，用箭头来表示。模型中所有流的组合就构成一个整体的系统。

以概念模型为基础，可进一步分析系统的数学模型、仿真模型等。

四、物流系统数学模型建立过程

建立系统模型是解决问题过程中的一个子过程。从问题出发到选择恰当方法解决问题，都需要运用模型。图 5-6 描述的是实体与模型的关系，从中可以归纳出建立系统模型的过程。

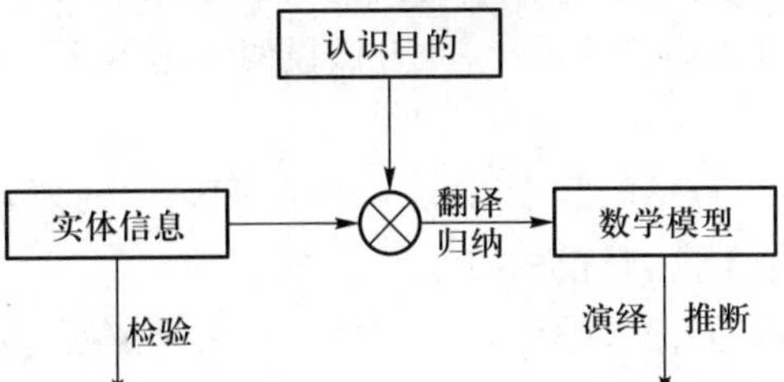

图 5-6　实体与模型的关系

数学建模就是运用数学的语言和方法，通过抽象、简化，建立能近似刻画并解决实际问题模型的一种手段，是人们应用知识从实际课题中抽象、提炼出数学模型的过程。数学模型是所有模型形式中抽象程度最高的形式。

虽然系统数学模型的建立并不能按照技术化的程序完成，但是，存在一些原则性的步骤。原则上，可按以下五个步骤来建立物流系统的数学模型。

（一）明确问题

数学模型的特点在于清楚描述变量之间的数量关系，所以，要建立物流系统的数学模型，首先就要能采用适当的形式描述变量之间的关系，并用一种数学结构来表达问题，该数学结构所展示的模型的解是与问题解决的方式相对应的。这样才算明确了问题。

例如，著名的哥尼斯堡七桥问题：有两座小岛和七座桥，如图 5-7(a)所示，能否从岛上或岸上任一点出发通过每座桥一次且仅通过一次后又回到出发点。

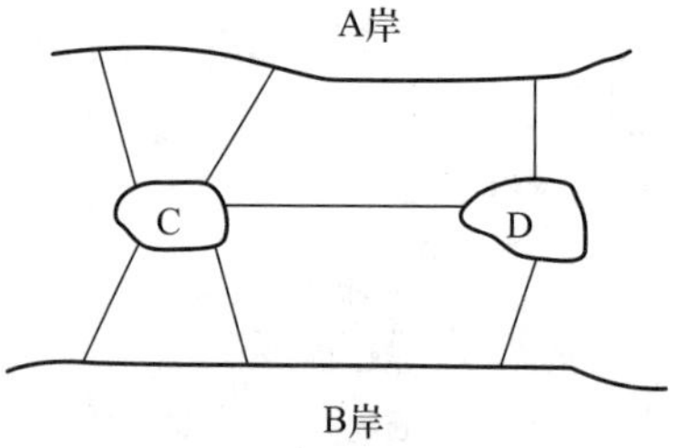

(a) 七桥问题

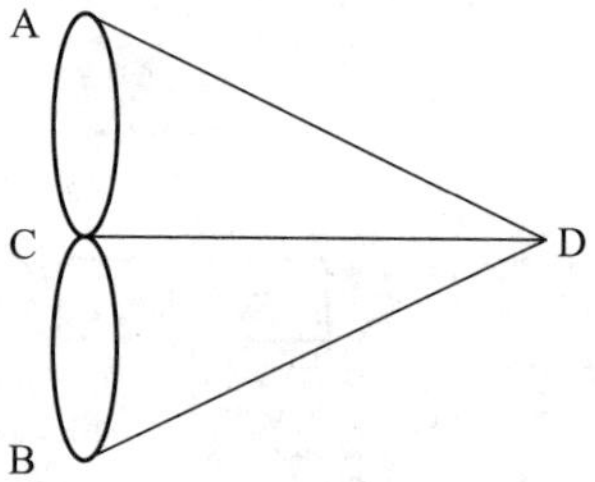

(b) 七桥问题的图论模型

图 5-7　七桥问题

欧拉巧妙地把该问题模型化为一笔画问题，图 5-7(b)是七桥问题的图论模型。因此，七桥问题就对应了一笔画的数学结构，而能否一笔画成图 5-7(b)的形状的模型解对应了原问题的解答，即从任一点出发通过桥一次回到出发点与一笔画成图 5-7(b)是等效的。

类似地，我们也可以将配送线路优化问题应用图论模型描述。

（二）模型假设

模型假设即是对建模对象的特征与存在条件进行简化。对一个实体系统来说，影响因素是复杂的，然而建模就是要在复杂性中抽象出既有说服力又简单可操作的模型，因此，合理的简化是必要的。

模型假设可以从不同范围、不同角度设定，既可以对问题的宏观条件进行简化与假设，也可以在宏观条件简化后再对变量与变量之间的关系提出假设。例如，物流设施的布局问题中，一般假设运输费用与运输量成正比，并且假设两设施点之间的距离是直线。

（三）建立模型

建立模型就是选择一个合理的数学形式，将实际问题中的要素和关系用数学语言表达出来。很显然，数学语言越丰富，建模的路子就越宽。

同一个问题可用多种不同的数学形式表达，但是，后续解题过程的难易程度可能相差很大。这正是需要对模型的优劣进行评价的原因之一。

（四）模型求解

模型建立后，需要应用数学方法或其他方法求出问题的解答，这是一项技术性很强的工作。要得到问题的解，既可以应用数学算法，也可以利用计算机仿真方法。这里重要的是模型的解要存在，或者能将模型的解转化为实际问题的解决答案。

（五）模型检验与调整

由于使用模型的目的不同，模型解的含义与要求也不同。因此，需要对模型的假设条件、解的可靠性等各方面进行分析和检验，并根据模型检验情况进行模型的调整。

对于以预测、控制等为目的的问题，就需要对模型解的误差进行分析，要求在允许的误差范围内使用模型及模型的解。如果是为了解释某些现象，就要求某种解是存在的。还可根据模型解的特征对模型进行检验。通过了检验,就说明模型是可以使用的;否则,就需要修改模型的假设条件,或修改模型参数,甚至修改模型结构。

五、四类建模变量

构造模型时需要考虑以下四类变量:

(一)决定变量

决定变量是能够决定数值的变量,即:该变量为可控因素的变量,通常以 x 表示。

(二)环境变量

环境变量是不能决定数值的变量,即不可控因素的变量,常以 y 表示。

(三)结果变量

结果变量是由决定变量 x 和环境变量 y 所决定的数值,以 z 表示,用以表示该变量有部分因素是可控的。从数学的意义来说,z 是 x 和 y 的函数。用下式表示:

$$z=f(x,y)$$

(四)评价变量

评价变量用来评价结果变量的好坏,用字母 u 表示。评价变量 u 与结果变量 z 的关系可表示为:

$$u=g(z)$$

以上四类变量的关系如图 5-8 所示。

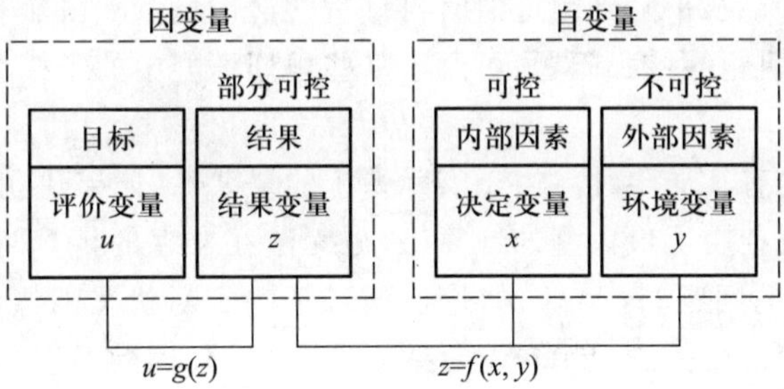

图 5-8　四类变量的关系

第四节　物流系统模型的类型

物流系统的分析、规划、最优设计等过程是复杂的,常常需要借助各种数学模型和计算机模型。实际系统的问题及研究目的多种多样,系统分析中采用的方法也多种多样,按照物流系统建模的方法可划分为最优模型、仿真模型、启发式模型三种模型;按照应用问题的不同来划分,又可将物流系统模型分为设施选址模型、库存模型、物流路径优化模型、资源配置模型等。本节将介绍第一种分类法中的三种模型,按应用问题划分的其他模型将在本书其他章节中进行分析。

一、优化模型

最优模型是依赖精确的数学方程式和严密的数学过程来分析和评价物流系统的各种可

选方案，从数学上可以证明所得到的解是针对该问题的最优解（最佳选择）。

最优化模型属于数学模型。物流系统规划与决策中的许多确定型的运筹学模型都属于此类。这些模型包括各种数学规划模型（线性规划、非线性规划、动态规划、混合整数规划）、排队模型、枚举模型、微积分模型等。

例如，在运输调度、资源分配问题中常采用线性规划模型；库存控制问题可采用动态规划模型或微积分模型求解；单设施选址模型、最基本的经济订货批量模型等都是采用以微积分为基础的数学模型。

最优化模型的优点是，在给定一整套假设条件和数据的情况下，可以保证用户能得到最优解；而且借助于计算机应用软件，能快速得到问题的解，并能对所有方案进行评估，分析效率高，可靠性高。

例如，库存控制中的基本经济订货批量模型 EOQ：

$$Q^{*}=\sqrt{2DS/IC}$$

式中：Q^{*}——最佳再订货量；

S——采购成本；

D——年需求量；

I——单位产品年存储费率；

C——库存产品的单价。

上述模型就是以微积分为基础建立的最优模型，该模型通过平衡订货成本和库存持有成本，给出了当产品库存水平降到预定值时再订货的最优批量。虽然其应用范围有限，但却抓住了许多库存管理问题的核心问题，可用于某些规划模型中的子模型，也可作为其他复杂问题分析的基础模型。

但是，最优模型也有其局限性。由于实际系统的复杂性，如果建立的模型对现实系统的描述过于细致，则即使利用了最大型的计算机，也无法在合理的计算时间内得到最优解（因为会出现“组合爆炸”的问题）。另外，如果模型对某些实际状况的假设过于简化或过于理想化，又会影响模型的适用范围，导致模型结果的不可信。因此，需要在问题求解的时间与问题描述的现实性之间取得平衡。

二、仿真模型

能提供数学最优解的模型虽然看起来最好，但有时，理论上的最优解对现实的系统却没有太大意义，例如物流设施选址问题，按数学模型求出的最优点可能位于某条河道或桥梁上。物流系统规划及决策分析中，存在许多随机因素，而且有时数学上的最优解并不是问题的关键，因此，经常利用仿真技术，建立系统仿真模型。

所谓仿真模型，就是以代数和逻辑语言做出的对系统的模拟，这种模拟通常要利用随机的数学关系，可以说，仿真的过程就是对系统模型进行抽样试验的过程。仿真模型能真实地模拟系统过程，可用于物流系统中的各种规划，如生产物流系统规划、仓库选址、物流绩效分析、物流设备配置、物流成本分析等，不胜枚举。

大部分仿真模型要针对所分析的具体问题专门设计。尽管目前已有一些专门处理物流问题的仿真工具，可以很方便地建立仿真模型，但更多的仿真模型还是建立在通用仿真语言的基础上。本书第九章将作专门介绍。

最优模型与仿真模型的区别可以仓库选址问题为例进行对比，最优选址模型寻求的是最佳的仓库数量、最佳的位置、仓库最佳规模，而仿真模型则是试图在给定的多个仓库、多个分配方案的条件下，反复使用模型，对多个布局方案进行评价，从中找出最优的系统方案。

系统仿真需要借助计算机的帮助，建立仿真模型需要大量的数据信息，要应用统计分析技术，同时还需要较长的计算机运行时间。尽管如此，由于物流系统中大量存在的随机现象，使得物流仿真技术的应用越来越普遍。

三、启发式模型

仿真模型能够实现模型定义的真实性，最优模型能够从理论上保证解的最优性，启发式模型介于这两种模型之中，既考虑现实问题和实际经验，又能得到满意解。启发式模型是以启发式方法为基础建立的系统模型。启发式方法指的是那些能指导实际问题求解的原理、概念和经验法则。借助于这些启发式规则，可以得到满意解，且求解过程简便，但无法保证获得最优解。

启发式模型对物流系统中某些难以解决的问题，是一种很实用的方法。例如，物流网络选址规划既可以应用选址优化数学模型求解，也可以应用启发式方法求出满意的选址方案。在物流网络选址规划、运输路径规划等问题的求解方面，都有大量的启发式经验。如果能将这样的知识或经验以规则形式融入现有模型中，能得到更高质量的解。

以下是物流系统中的一些启发式规则：

(1) 最适合建仓库的地点是那些需求最大的地区或临近这些地区的地方；

(2) 按整车批量购买的客户应该由供应点直接供货，而不应再经过中转仓库系统；

(3) 如果某产品出、入库运输成本的差异能够弥补该产品的仓储成本，就应该将该产品存放在仓库里；

(4) 下一个进入分拨系统的仓库是那个节约成本最多的仓库；

(5) 从分拨角度看，成本最高的客户是那些以小批量购买且位于运输线末端的客户。

将启发式模型与人工智能系统技术结合，就可建立智能决策支持系统，能辅助物流管理人员进行提高决策能力。

四、常见的物流系统模型

物流系统模型可以从相关学科吸收思路和方法，如运筹学、系统工程、管理经济学等。例如，物流系统建立数学模型，就是利用代数方程式、微分方程式、积分方程式、逻辑式、数表等各种数学表达式，以及系统动力学模型等其他各种模型，表示物流系统的某些行为特性和结构本质。建立数学模型有两种方法：一是根据对实际系统的观测数据来确定合适的方程式；二是以过去对实际物流系统的理论解释和规律反映来确定适当的数学表达。前者着眼于系统行为，后者着眼于系统的结构。常见的物流系统模型有以下几种：

（一）资源分配型

任何一个生产经营物流系统，资金、能源、原材料、运输工具、作业机械、工时等都是有限的，环境对该系统也有一定约束，所以企业是在这些限制条件下进行生产经营的。如何合理安排和分配有限的人力、物力、财力,充分发挥其作用,使目标函数达到最优,这就是资源分配模型需要解决的问题。

代表模型:线性规划、动态规划和目标规划模型。

(二)存储型

为了使生产经营系统得以正常运转,一定量的资源储备是必要的。存储型模型解决的问题主要是:在保证生产过程顺利进行的前提下,如何合理确定各种所需物资的存储数量,使资源采购费用、存储费用和因缺乏资源影响生产所产生的损失总和为最小。

代表模型:库存模型和动态规划模型。

(三)输送型

在一定的输送条件下(如道路、车辆等限制条件),如何使输送量最大、输送费用最少、输送距离最短,这类问题就是输送型模型。

代表模型:图论、网络理论和规划理论。

(四)等待服务型

等待系统由顾客(如领料的工人、待打印的文件、损坏的机器、提货单)和为顾客服务的机构(如仓库、维修车间、发货点)所构成。等待服务型模型主要解决的问题为:如何最优地解决"顾客"和"机构"之间的一系列服务问题,了解顾客到来的规律,确定顾客等待的时间,寻求使顾客等待时间最少而机构投入费用最少的优化方案。

代表模型:排队模型。

(五)指派型

指派型模型,数学上也称指派问题或排序问题,主要解决企业中常见的任务分配、生产安排和加工顺序等问题,考虑如何以最少费用或最少时间完成全部任务。

代表模型:整数规划和动态规划模型。

(六)决策型

在系统设计和运行管理中,由于决定技术经济问题的因素复杂而又不明确,解决生产技术问题的途径和措施又多样化,需要行之有效的决策技术来支持,如何从各种有利有弊且带有一定风险的备选方案中,针对经营管理中的一些重大问题做出及时且正确的决策,找出所需的方案,这就是决策型模型。

代表模型:决策论。

由于物流系统的复杂性,根据实际问题的不同,物流系统的模型也多种多样,如设施选址模型、库存决策模型、运输路径规划模型、车辆调度模型、装载模型、物资调拨模型等。

一般来说,决策者所处的层次越高,决策过程中的不确定性因素、定性因素就越多。如战略层的设施选址决策,不仅要考虑设施建设的成本,还要考虑市场、投资环境、政策、法规等因素。这些因素很难量化,但又影响很大,不可忽视。因此,战略层次的决策问题一般很难用精确的数学模型表达,而应该采取与启发式模型相结合的方法。另外,对于运作层次的物流决策问题,如物资调拨方案、配送路径规划、补货计划的制订等,可以近似地按照确定型问题建立数学模型。详细的建模过程可参见后面几章的内容。

本章小结

系统模型是对现实系统某一方面或某几方面的本质属性的描述。系统模型来源于实际系统，又高于实际系统，能反映同类问题的共性。同一系统从不同的角度观察，可以得出多种不同的模型。由于实际的物流系统构成复杂，需要通过系统模型来进行特定的研究。当然，建立的系统模型必须满足现实性、简明性和标准化三条基本要求。

系统模型的建立既需要运用各种科学知识，还需要充分发挥人的创造性，没有固定的通用的程序。系统建模的思路一般可分为推理分析法、统计分析法、人工模拟法三种类型。本章分别以系统概念模型和系统数学模型为例，介绍了不同系统模型的建立过程。其中，系统概念模型主要用来描述系统的结构和过程，需要从实际的作业活动中抽象出过程单元，然后再形成系统概念模型。数学模型的建模过程非常复杂，主要包括：明确问题、建立模型假设条件、建立初步模型、模型求解、模型检验与调整等过程。物流系统中存在大量的模型，按照建模方法的不同，可分为最优化模型、仿真模型和启发式模型三种类型；按照应用问题的不同，又可分为资源分配型、存储型、输送型、等待服务型、指派型、决策型等。一些常用模型将在本书后面的章节中出现。

复习题

一、简答题

1. 常见的系统模型可分哪些类型？

2. 物流系统模型有哪些主要特征？

3. 物流系统建模的原则是什么？

4. 系统概念模型构建的关键是什么？

5. 为什么在物流系统的规划和评价决策中，广泛使用系统模型而不是真实的物流系统？

二、分析题

选择物流系统中的一个典型问题（例如运输问题、库存问题、选址问题等），分析数学模型建立的主要过程是什么？

三、即测即评

【案例】

物流实时跟踪系统概念模型分析

一、物流实时跟踪的重要作用

随着信息技术的发展,客户对物流服务的要求也越来越高,对物流过程进行实时跟踪成了物流服务的一项重要功能,对于提高客户满意度和物流企业管理水平均具有重要意义。

物流实时跟踪系统是物流信息系统的重要子系统,直接面向客户,是各种数据采集、存储、传输、处理、信息解释和信息发布技术以及物流管理思想的综合体现。客户通过物流实时跟踪系统,可以随时查询有关货物的位置、状态信息。物流企业通过实时跟踪系统可以确认货物能否在规定时间内送到顾客手中,从而及时发现物流过程中的异常情况并进行正确的处理,保证物流服务的准时性和服务水平。另外,物流企业还可以根据系统提供的车辆运行轨迹和作业情况,合理调配运输车辆,制定作业计划,以提高物流效率。因此,物流实时跟踪系统可以使物流企业的作业过程透明化、可视化,为客户提供增值性的物流服务,满足客户对高品质物流服务的需求。

要构建实时跟踪系统,首要任务是建立系统模型。本案例将介绍如何通过对系统过程的分析建立系统的概念模型。

二、物流实时跟踪系统构成要素

物流实时跟踪系统主要由GPS模块、数据库管理系统(DBMS)、用户、货票、运输车辆、地理位置和调度命令等要素构成。

GPS模块用来动态地获取车辆和货物的实时位置信息,并实时上传到系统。数据库管理系统对数据库进行统一管理和控制,数据库中存储着车辆、货物、司机、运输路径以及运输车辆的动态位置等信息。

系统的用户包括数据库管理员、托运人、收货人、承运人、物流中心调度人员、车主、司机以及普通用户。不同用户使用该系统的目的和要求不同。数据库管理员负责维护数据库;托运人和收货人要求能查询货票的实时信息,承运人可查询货票、车辆的实时信息。物流中心调度人员要能监控车辆、货票的实时运行状态、对车辆进行调度、接收司机反馈信息、确认收货人已收货、发布货票到达信息;车主要求能查询车辆实时信息;司机能与物流中心进行车辆、货票等信息的交流;普通用户只是浏览一般网页。

综上所述,物流实时跟踪系统中的信息主要有:货票基本信息和货票动态信息,车辆基本信息和车辆动态信息,地理位置信息,调度命令日志和调度基本命令。

三、物流实时跟踪系统过程分析

(1) 承运人接收托运人提出的货运业务申请后,将货票信息及货票中有关货物的所有信息上传至数据库,并根据要求对出库货物进行清点、核对。

(2) 调度人员生成货物运输的车次信息,按照需要进行货物装车,做好发车准备。

(3) 司机驾驶载货车辆进行运输,调度人员对车辆运行和货票状态进行全程监控和动态指挥。

(4) 运输车辆到达目的地后,收货人核对、清点货物无误后入库。物流调度人员接收司机送货完毕消息,确认收货人收货信息,发布货票到达信息。司机、收货方等将货物、车辆等信息同步至物流运输实时跟踪系统。

实时跟踪系统以GPS模块为载体,依托数据库管理系统,将整个物流过程可视化,从出库、装载、运输到交货的整个物流过程,客户都可随时登录查询货物状态和位置信息。

四、物流实时跟踪系统概念模型的建立

根据上述过程,可建立如图5-9所示的物流实时跟踪系统的概念模型。在途车辆由一位司机驾驶,司机属于一个车主,一个车主可能雇佣多个司机。货票信息通过编号与车辆动态信息联系在一起;调度命令指的是对在途车辆的调度,可以对车辆进行多次调度。数据库中储存着通过GPS获取的车辆和货物的所有信息。

系统概念模型为物流实时跟踪系统的开发和实现提供了指导。

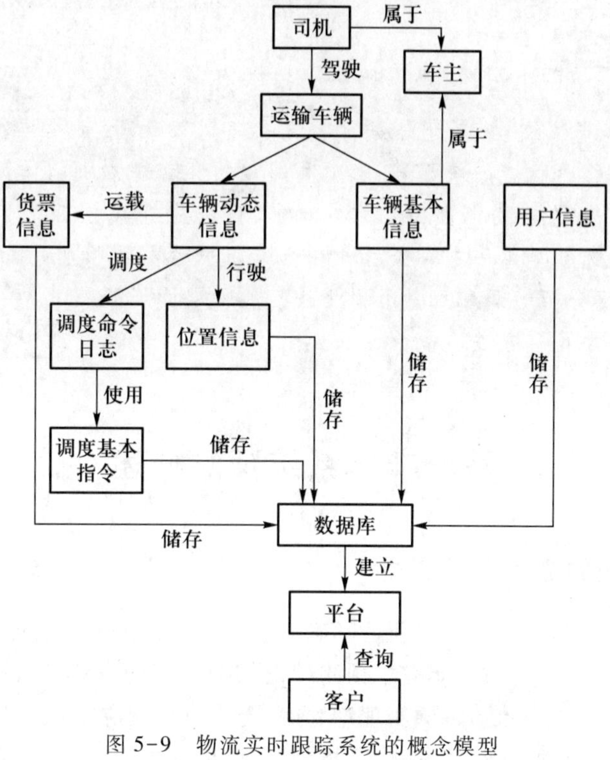

图5-9　物流实时跟踪系统的概念模型

问题讨论:

1. 通过案例,讨论物流实时跟踪系统概念模型建立的关键是什么。
2. 物流实时跟踪过程中,有哪些主要的信息?

第六章 物流系统需求预测

【本章学习目标】

- 认识系统需求预测的本质。
- 掌握系统需求预测的一般过程。
- 认识物流需求的特征,理解预测误差与需求汇聚的关系。
- 掌握物流需求预测的移动平均法、指数平滑法、回归分析法及季节性需求预测方法。
- 具有进行实际的物流系统需求预测分析的能力。

【本章导读】

不论是进行物流系统规划,还是进行物流系统运营管理,都需要准确预测物流需求量。物流需求预测将为物流系统规划、管理和决策提供基础数据。本章将介绍系统预测的本质和预测的一般过程;分析物流需求的特征,讨论物流需求汇聚对预测误差的影响,为数据收集和方法选择提供依据。应用各种预测方法定量预测物流需求是物流系统规划决策的基础,本章将介绍时间序列平滑预测法(包括移动平均法、指数平滑法)、回归分析预测法和季节性需求预测方法。

第一节　系统预测概述

一、系统预测的概念及其实质

所谓预测,就是对尚未发生或目前还不确切的事物进行预先的估计和推断,是现时对事物将要发生的结果进行的探讨和研究。预测理论作为通用的方法论,既能应用于研究自然现象,也能用于研究社会现象。将预测理论、方法与实际问题结合,就产生了预测的各个分支,例如社会预测、人口预测、经济预测、科技预测、气象预测等。

古人云:"凡事预则立,不预则废"。自有历史记载以来,人们就试图预测未来。但是,未来并不是靠想入非非或求神问卦就能预测到的,科学的预测是建立在客观事物发展变化规律基础之上的科学推断。

在设计一个新系统或改造旧系统时,人们都需要对系统的未来进行分析估计,以便做出相应的决策;即使是对正在正常运转的系统,也要经常分析系统的发展变化趋势。系统预测就是根据系统发展变化的实际数据和历史资料,运用现代科学理论和方法,以及各种经验和知识,对系统在未来一段时期内的可能变化情况进行推测、估计和分析的一系列过程。

由此可以看出,系统预测是以系统的变化为前提的。没有系统的变化,就不需要预测。因此,系统预测的实质就是充分分析使系统发生变化的原因,探究系统发展变化的规律,根据系统的过去和现在估计未来,根据已知预测未知,从而减少对未来事物认识的不确定性,减少决策的盲目性。

对一个系统来说,各种因素交错复杂,一旦预测错误,往往会使系统遭到毁灭性的打击。因此,预测技术发展于社会的需求和实践,自20世纪六七十年代以来就一直受到重视,并已发展成为一门独立的应用性很强的学科。系统预测对于长远规划的制定、重大战略决策以及提高系统的可靠性等,都具有极其重要的意义。

物流系统在空间和时间上范围大,随机因素影响显著,因而具有不确定性、动态性、复杂性的特点。为了做出正确的决策,预测就显得特别重要。

二、预测方法的分类

由于预测对象、时间、范围、性质等的不同,按照不同的标准划分,预测技术可有多种不同的分类。下面介绍两种分类方法。

(一)按预测的时间长短分类

1. 长期预测

长期预测是指对5年以上发展前景的预测。长期经济预测是制定国民经济和企业生产经营发展的十年计划、远景计划,提出经济长期发展目标和任务的依据。通过预测把握主动,制定出阶段性的发展规划,以指导企业长期的发展。

2. 中期预测

中期预测是指对1年以上5年以下发展前景的预测。中期经济预测是制定国民经济和企业生产经营发展的五年计划,提出经济5年发展目标和任务的依据。中期预测还常用于影响市场的社会、政治、经济、技术等重要因素的预测,用于研究市场发展变化的规律,如发展趋势。

3. 短期预测

短期预测是指对3个月以上1年以下发展前景的预测。短期预测是制定企业生产经营发展年度计划、季度计划,明确规定经济短期发展具体任务的依据。

4. 近期预测

近期预测是指对3个月以下企业生产经营状况的预测。近期预测是制定企业生产发展月、旬计划,明确规定近期经济活动具体任务的依据。

也有人将短期和近期预测相合并,凡是一年以下的预测,统称为短期预测。事实上,不同的领域,划分的标准也不一样,如气象部门,不超过3天为近期预测,一周以上的为中期预测,超过15天就是长期预测了。

(二)按预测方法的性质分类

按照预测方法的不同可分为定性预测和定量预测。它们又分别包括多种不同的预测方法。

1. 定性预测法

定性预测是预测者根据自己掌握的实际情况、实践经验、专业水平,确定预测目标未来发展的性质、方向和程度。定性分析大多根据专业知识和实际经验进行,对把握事物的本质特征和大体程度有重要作用。这种预测主要利用主观判断、直觉、调查或比较分析，对未来做出定性的估计。有时在定性分析的基础上也可以提出数量估计。定性预测的特点是：需要的数据少，能考虑无法定量化的因素，简便可行。通过定性预测，提出有预见性的建议，为政府和企业进行经济决策、计划管理、指导工作提供依据，因此，这是一种不可缺少的灵活的经济预测方法。

在掌握的数据不多、不够准确或主要影响因素难以用数字描述，无法进行定量分析时，定性预测就是一种行之有效的预测方法。如新建企业生产经营的发展前景、新产品销售的市场前景，由于缺少历史资料，采用定性预测方法更合适。又如，新技术、新商业模式导致物流需求的变化，也很难量化，只能通过主观判断进行定性预测。总的讲，定性预测的数据准确性不高，但预测的结果是方向性的，对定量预测也具有指导性。

定性预测方法较多，主要有专家调查预测法、市场调查预测法、主观概率法、领先指标法、预兆预测法、类推法等。本书主要介绍定量预测方法。

2. 定量预测法

定量预测是指根据准确的统计数据和信息，运用统计方法和数学模型，对事物未来的发展规模、水平、速度等进行的估算。定量预测与统计数据和统计方法有密切关系。常见的定量预测方法有时间序列预测、因果关系预测等。

（1）时间序列预测法。时间序列预测是将预测目标的历史数据（如统计数据、实验数据和变化趋势等），按照时间点顺序排列成为时间序列，然后分析它随时间的变化趋势，外推预测目标的未来值。实际上就是将影响事物变化的一切因素归结为“时间”的影响，即只考虑时间变量对系统发展变化的影响。该方法的基本前提就是假设事物未来的变化模式会重复过去的模式。时间序列预测法很多，主要有移动平均法、指数平滑法、趋势外推法、博克斯-詹金斯（Box-Jenkins）方法等。但由于时间序列不讲因果，不受外界因素影响，所以存在较大的预测误差。

（2）因果关系预测法。当系统变量之间存在着某种前因后果关系时，找出影响系统结果的一个或几个因素，建立起它们之间的数学模型，然后根据自变量的变化预测系统结果变量的变化，这种预测方法称为因果关系预测法。因果关系预测法也包括多种不同方法和模型，如回归分析、投入—产出分析、生命周期模型等。应用因果关系预测法的主要问题在于，影响系统变化的关键因素及它们之间的数学模型常常很难确定。因而，实际应用时，预测误差可能较大。

按预测方法的性质划分的预测方法如图 6-1 所示。

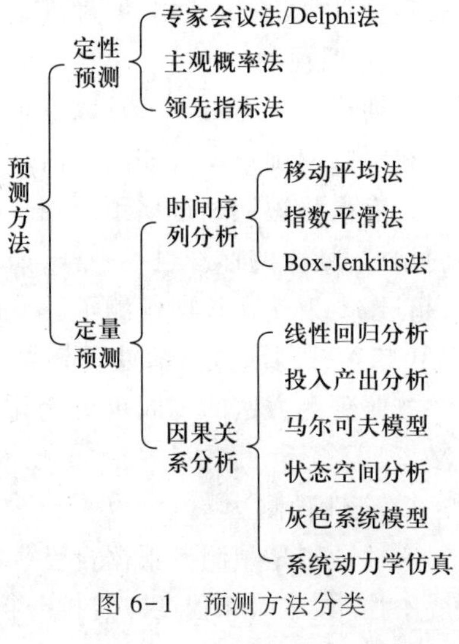

图 6-1　预测方法分类

除上述预测技术外，近几年在信息领域和人工智能领域广受关注的人工神经网络方法也越来越多地被应用到预测中。神经网络法是受生物神经功能的启发而形成的数学预测模型，其特点是模型可以对新的数据进行学习；对不连续的时间序列数据，该方法的预测精度较其他时间序列预测模型更准确。神经网络法特别适合用于非线性预测。

三、系统预测的一般过程

系统预测是对系统对象的发展、演变规律进行认识和分析的过程。虽然预测的过程随着预测目的、预测对象及具体方法的不同而不同,但主要包括以下几个步骤。

(一)确定预测目的

系统预测是为系统决策服务的。因此,预测的第一步就是根据决策任务要求确定预测目的,包括预测指标、预测对象和预测期限。只有目的明确,才能根据预测目的去收集数据、选择预测方法和预测精度。这是系统预测极为重要的准备阶段。

(二)资料收集和数据分析

根据预测目的和预测对象,分析影响预测目标的各种因素,通过直接或间接方法,尽可能多地收集有关影响预测对象的各种资料和历史数据,并对数据进行分析、整理,去伪存真,填平补齐,形成合格的数据样本。

资料的来源主要有:(1) 国家各部门的统计资料;(2) 国内外各种技术及经济刊物;(3) 预测对象系统的统计资料;(4) 各研究机构的研究成果资料;(5) 相关企事业单位的资料;(6) 互联网上收集的资料。

(三)选定预测方法

根据预测目的及数据收集状况,确定系统的逻辑关系,选择一种或几种合适的预测方法,尽可能达到节省、简便、高效的目的。

(四)建立预测模型

根据选定的预测方法,用相关变量和参数建立起能反映研究对象变化规律的数学模型;运用收集到的统计数据进行模型参数估计,从而建立预测模型。

(五)模型检验与修正

实际的系统受多种确定因素和随机因素的影响,而预测模型不可能考虑所有因素,故预测结果与实际值有一定差距,即预测误差。如果误差太大,就失去了预测的意义。因此,必须对建立的预测模型的有效性和合理性进行检验。一方面要对模型的假设条件进行检验,如线性关系的假设、独立性假设等。另一方面要对模型精度进行检验,如果预测结果与实际值之间的误差太大,说明预测模型不满足要求。这时就必须对原有的预测模型进行修正。若模型预测结果与实际结果之间存在显著的差异,还需要重新选择预测方法。

(六)预测实施与结果分析

预测实施就是运用通过检验的预测模型,对未来结果进行预测和分析;必要时还可运用多种模型同时预测结果并加以分析对比或综合,以便作出更可靠的预测判断,为系统决策提供科学依据。

实际预测时,上述各过程往往需要多次反复进行,不断修正。因此,预测是对系统不断认识和深化的动态过程,这一动态过程可用图 6-2 示意说明。

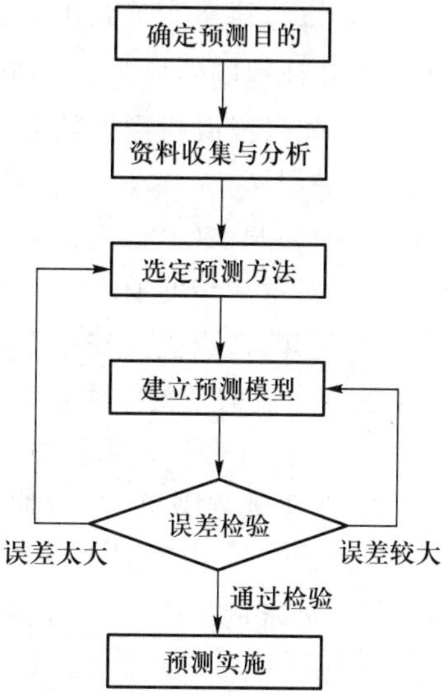

图 6-2　动态的预测过程

第二节　物流系统需求预测的特殊性

一、物流需求的特征

物流需求预测是物流系统规划和运营管理的基础,需求的水平和需求的时间影响生产能力、资金需求和经营的总体框架。物流需求的特征主要表现在如下三个方面。

(一)物流需求的时间特性和空间特性

物流需求具有时间特性,包括两层含义:一是指物流需求是一定时间段内的需求累积,如日需求、周需求、月需求、年需求等;二是物流需求是随时间而变化的,例如,需求的季节性变化。这种预测一般属于短期预测,常用时间序列预测法来进行预测。

除时间特征外,物流需求还具有空间特性,即物流需求来源于何处。物流网络设施选址、运输方案规划等都需要知道物流需求的空间位置。不同来源地的需求可能具有不同的变化特点。因此,进行物流需求预测时必须考虑这种空间特性的影响。

(二)物流需求的不规则性与规则性

根据物流需求随时间变化的不同,需求的变动可能是规则性的,也可能是不规则的,其中规则性的变动,又包括如图 6-3 所示的三种情况。导致需求模式规则性变动的因素有长期趋势、季节性因素和随机性因素的影响。如果随机波动占时间序列中变化部分的比例很小,利用常规预测方法就可以得到较好的预测结果。

如果某种产品的需求由于需求频次偏低,需求时间和需求水平非常不确定,那么需求就是间歇式的,这就是不规则的需求,如图 6-4 所示。刚刚进入生产线或即将退出生产线的产品需求、由异常情况引起的应急物流需求(如自然灾害、战争、突发性流行疾病所需的应急物资需求)就属于这一类需求。

由于这类需求的波动规律性不强,很难建立其预测模型,因此,常规的预测方法效果不佳。这里提出几点参考建议。

第一,寻找导致需求不规则变化的关键原因,再利用这些因素进行预测;将不规则的需求预测与其他规则性的需求预测分开进行,分别使用不同的方法。

第二,如果没有找到促使需求发生突变的关键原因,就暂时不对这类需求的变化作出反应;相反,采用简单的、平稳的预测方法进行预测,如:取较小的平滑系数的指数平滑法、时间间隔较长的回归法(时间间隔不少于一年)。

第三,对预测精度要求不太高的场合,可以根据具体情况适当调整预测值,保证需求的可靠性。例如,适当提高安全系数,提高库存水平,以应对需求预测不准确的影响。

(三)物流需求的派生性与独立性

物流需求的独立性是指物流需求来源于一个个独立的客户。消费者对于消费类产品的需求大多属于独立需求,例如对家用小轿车、家电产品、服装等商品的需求都属于独立需求。在另一种情况下,物流需求是由某一特定的生产计划要求派生出来的,是一种从属性的需求,这就是需求的派生性。例如,汽车厂对轮胎的需求、对汽车玻璃的需求等,就属于派生性需求,它们是由汽车的生产计划派生的需求。

对于独立需求的预测,适合应用统计预测方法。对于派生需求,适合利用因果关系模型

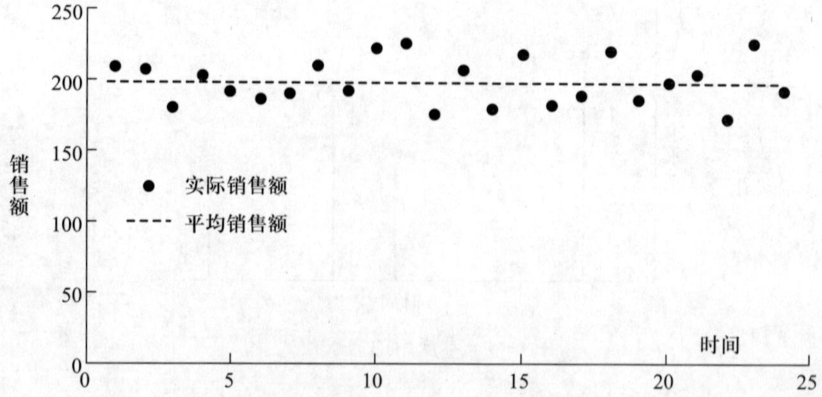

(a) 随机性或水平性发展的需求，无趋势或季节性因素

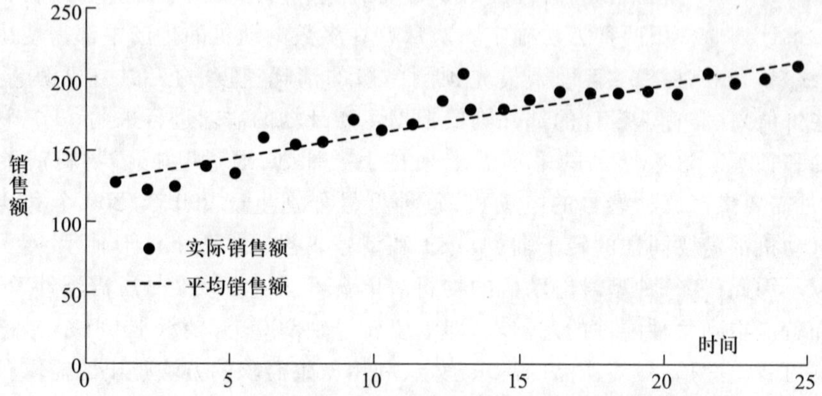

(b) 随机性需求，呈上升趋势，无季节性因素

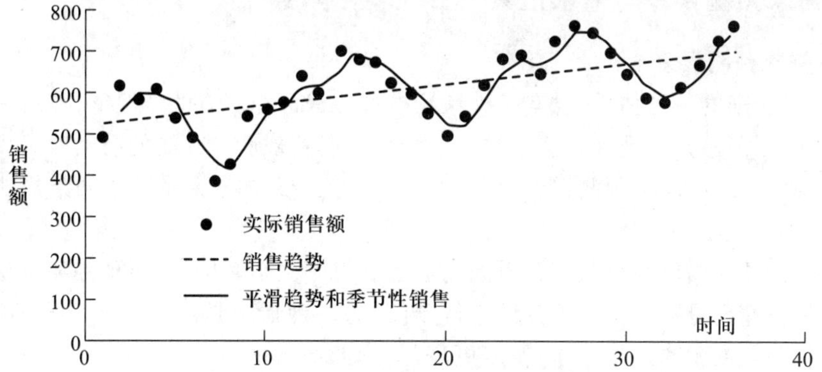

(c) 随机性需求，有趋势和季节性因素

图 6-3　三种典型的规则性需求变化模式

进行需求预测。

【例 6-1】 某大型制造企业的电力设备部门为工业用户生产一系列小功率电动机。每台电动机包含 50~100 个零部件。企业根据所收到的订单制订生产计划，产品在未来某时间交付，生产计划的制定要基于需求预测，预测的产品是那些标准化程度高的等待出售的

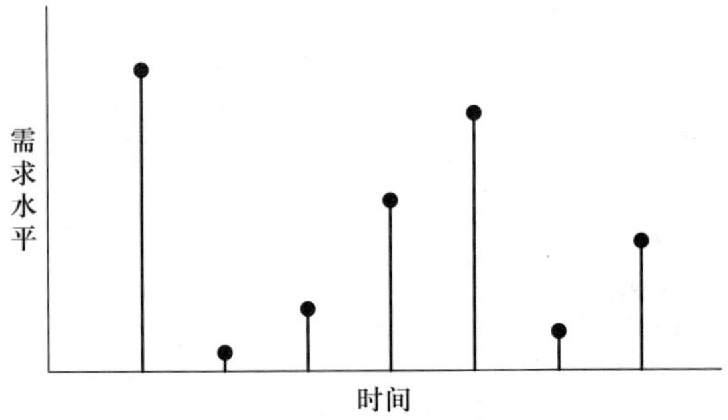

图 6-4　不规则的需求模式

电动机。根据以上要求，就需要制定未来三个月的生产计划，表明什么时间生产某特定型号的电动机，生产多少。然后，物料管理经理据此备齐生产所需的所有配件和原材料。

物料需求计划通常用两种方法确定。对那些在多数电动机的生产中都需使用的配件或原材料（铜线、铁板和油漆），管理人员先预测一般的消耗速度，随后决定采购量以支持库存。对那些价值高、需特殊设计的部件则要根据生产计划的需求进行采购。本例中，这类部件有转子轴和轴承。这些产品的采购需求来自生产计划，通过"浏览"物料清单获得。例如，假设某月需要生产三种型号的电动机，每种型号分别生产 200 个、300 个和 400 个。各种型号的电动机都需要同样的转子轴，型号 1 和型号 2 各需要两个球形轴承，型号 3 需要 1 个球形轴承。因此，从每种型号电动机的物料清单就可以得出该型号所需配件，再按配件类型分别求和就能得到每种配件的总需求，即需要转子轴 900 个，轴承 1 400 个。

从例题可看出，只要最终产品的需求确定，利用派生需求的方法得出的需求预测是非常准确的。

二、需求预测误差与需求汇聚

（一）需求预测误差

预测是对未来的一种估计，没有一种预测模型能保证在所有的情况下、在所有的时间段都适用，因此，预测总是不准确的。通常我们用预测误差来衡量预测的精确度。预测误差是不可避免的，要尽可能减少预测误差，首先必须认识关于预测误差的如下两条规律。

1. 短期预测比长期预测的误差更小

这就是说，预测精度与要预测的时期的远近有很大关系。例如，要预测某产品今年 6 月的需求量，一种情况是从今年 1 月开始进行预测，另一种情况是从今年 4 月开始进行预测，显然，后一种情况的预测误差更小，精度更高。

2. 预测大范围需求比预测小范围需求的误差更小

需求范围包括产生需求的时间范围和地理范围，即需求的时间特性和空间特性。前者如日需求、月需求、季度需求、年需求；后者如来自一个个街道的需求、县域范围的需求、全省范围的需求、全国范围的需求等。对同一产品来说，大地域范围的需求量比小地域范围的需求量更稳定，年需求量比日需求量更稳定。需求量越稳定，预测模型越容易建立。这就是说，预测某产品在一个财政年度内、在全国的总需求量，比起预测该产品一周内在各地区的需求量要容易得多，预测误差更小。

（二）物流需求汇聚

根据上述预测误差的第二条规律，对大范围的需求进行预测具有更高的可靠度。因此，进行物流系统规划或决策之前，要确定合适的需求尺度，使物流需求在时间上和空间上进行适当的汇聚。

1. 需求的时间汇聚

对于战略性规划决策如物流系统网络规划问题，需求量宜按年进行汇聚，需求量的统计和预测都应该按年需求量进行。对于运作层的问题，如补货计划、配送车辆安排等，应该考虑每天或每周的需求量。

2. 需求的空间汇聚

从空间位置来讲，物流需求来自一个个末端客户。以一个大型连锁企业为例，其末端零售店铺可能多达几千家，如果按照各零售店铺进行销售量统计，数据量将非常庞大，且数据波动幅度大。如果以此数据为基础进行需求预测和库存控制，不仅计算工作量大，而且准确度低，库存水平将很高。因此，需要进行需求的空间汇聚。空间汇聚可以按配送中心或区域分拨中心进行，也可以按照行政区划，或按照街道邮政编码进行。

第三节　时间序列平滑预测法

时间序列是指某种统计指标数值按照时间先后顺序排列而成的数列。时间序列中，每个时期变量数值的大小都受到许多因素的影响。时间序列预测方法是将一切影响数值变化的因素归结为“时间”因素进行综合描述，外推预测目标的未来值。时间序列平滑预测方法很多，如移动平均法、指数平滑法、差分指数平滑法、自适应虑波法等。下面主要介绍移动平均法和指数平滑法。

一、移动平均法

移动平均法是一种简单的预测技术。它的基本思想是：根据时间序列信息，逐项推移，依次计算包含一定项数的序时平均值，以反映数据序列的长期趋势。因此，当时间序列的数值由于受周期变动和随机波动的影响，起伏较大，不易显示出事件的发展趋势时，使用移动平均法可以消除这些因素的影响，显示出事件的发展方向与趋势（即趋势线），然后依趋势线分析预测序列的长期趋势。

设有一时间序列 $y_1, y_2, \cdots, y_t, \cdots$，则按数据点的顺序逐项推移求出 N 个数的平均数，即可得到一次移动平均数：

$$M_t^{(1)}=\frac{y_t+y_{t-1}+\cdots+y_{t-N+1}}{N}=M_{t-1}^{(1)}+\frac{y_t-y_{t-N}}{N}, t\geqslant N \tag{6-1}$$

式中：$M_t^{(1)}$——第 t 周期的一次移动平均数；

y_t——第 t 周期的观测值；

N——移动平均的项数，即求每一移动平均数时使用的观察值个数。

这个公式表明，当 t 向前移动一个时期，就增加一个新近数据，去掉一个远期数据，得到一个新的平均数，逐期向前移动，所以称为移动平均法。

由于移动平均可以平滑数据，消除周期变动和不规则变动的影响，使长期趋势显示出来，因而可以用于预测。其预测公式为：

$$\hat{y}_{t+1}=M_t^{(1)} \tag{6-2}$$

即以第 t 周期的一次移动平均数作为第 $t+1$ 周期的预测值。

当时间序列没有明显的趋势变动时，使用一次移动平均就能够准确地反映实际情况，直接用第 t 周期的一次移动平均数就可预测第 $t+1$ 周期之值。但当时间序列出现线性变动趋势时，用一次移动平均数来预测就会出现滞后偏差。因此，需要进行修正，修正的方法是在一次移动平均的基础上再做二次移动平均，利用移动平均滞后偏差的规律找出曲线的发展方向和发展趋势，然后才建立直线趋势的预测模型。这种方法又称为趋势移动平均法。

设一次移动平均数为 $M_t^{(1)}$，二次移动平均数为 $M_t^{(2)}$，其计算公式为：

$$M_t^{(2)}=\frac{M_t^{(1)}+M_{t-1}^{(1)}+\cdots+M_{t-N+1}^{(1)}}{N}=M_{t-1}^{(2)}+\frac{M_t^{(1)}-M_{t-N}^{(1)}}{N} \tag{6-3}$$

再设时间序列 $y_1,y_2,\cdots,y_t,\cdots$，从某时期开始具有直线趋势，且认为未来时期亦按此直线趋势变化，则可设此直线趋势预测模型为：

$$\hat{y}_{t+T}=a_t+b_tT \tag{6-4}$$

式中：t——当前时期数；

T——由当前时期数 t 到预测期的时期数，即 t 以后模型外推的时间；

$\hat{y}_{t+T}$——第 $t+T$ 期的预测值；

a_t——截距；

b_t——斜率。

a_t，b_t 又称为平滑系数。

根据移动平均值可得截距 a_t 和斜率 b_t 的计算公式为：

$$a_t=2M_t^{(1)}-M_t^{(2)} \tag{6-5}$$

$$b_t=\frac{2}{N-1}(M_t^{(1)}-M_t^{(2)}) \tag{6-6}$$

在实际应用移动平均法时，移动平均项数 N 的选择十分关键，它取决于预测目标和实际数据的变化规律。

二、指数平滑法

指数平滑法是在移动平均法基础上发展起来的一种方法，实质上是一种特殊的加权移动平均法。指数平滑法是一种非常有效的短期预测法。该方法很简单、易用，只要得到很少的数据就可以连续使用，当预测数据发生根本变化时还可以进行自我调整。指数平滑法包括一次指数平滑法、二次指数平滑法和多次指数平滑法。

（一）一次指数平滑预测法

一次指数平滑预测法是利用时间序列中本期的实际值与本期的预测值加权平均作为下一期的预测值。如果时间序列观察值的发展趋势单纯围绕某一水平做随机跳动，可采用一次指数平滑法做预测。其基本公式为：

$$F_{t+1}=\alpha\cdot x_t+(1-\alpha)F_t \tag{6-7}$$

式中：t ——本期的时间；

α——指数平滑系数，规定 $0<\alpha<1$；

x_t——在 t 时刻的实际需求值；

F_{t+1}——在 $t+1$ 时刻的一次指数平滑值(即在 t 时刻对下一期的预测值)。

由上述公式可看出,所有历史因素的影响都包含在前期的预测值内,这样,在任何时刻,只需保有一个数字就代表了需求的所有历史情况。

例如:假设本月预测的需求水平是 1 000 个单位。本月的实际需求是 950 单位。取平滑系数 $\alpha=0.3$。根据式(6-7),下个月的需求预计为:

$$新预测值=0.3\times950+0.7\times1\ 000=985\ 个单位$$

当下个月重复这一过程时,该预测值就变为"前期预测值",依次类推。

初始值 F_1 要通过一定的方法选取。如果时间序列数据多且可靠,可以将已有数据中的某一部分的算术平均值或加权平均值作为初始值 F_1;若历史数据较少或数据的可靠性较差,则可采用定性预测法选取 F_1,如采用专家评估法确定。

指数平滑系数 α 的选择有一定的主观性。α 值越大,近期需求所占权重越大,预测结果对近期数据的变化越敏感;α 过大可能使预测过于"敏感",结果只会跟踪时间序列的随机波动,而不是根本性变化。α 值越小,则历史数据所占的权重越大,近期数据的影响减少,消除了随机波动性,可反映出长期的大致发展趋势。如果 α 的值太低,预测结果会非常"平稳"。如何选择 α 值,是用好指数平滑模型的一个技巧。在进行短期预测时,希望能尽快反映观测值的变化,可以选取较高的 α 值,一般可取 $\alpha=0.6\sim0.8$;如果是希望消除季节波动对时间序列的影响,反映时间序列的长期趋势规律,可以选择较小的 α 值,一般取 $\alpha=0.1\sim0.3$。若在历史数据很少的情况下进行预测,推荐选择较高的 α 值进行短期预测。

【例 6-2】 表 6-1 中的季度数据代表某产品需求的时间序列。试对今年第三季度需求进行预测。

表 6-1　某产品需求的时间序列

季度 / 年份	1	2	3	4
去年	1 200	700	900	1 100
今年	1 400	1 000	*F3*	

解:首先,根据经验选定 $\alpha=0.2$;其次,将去年 4 个季度的需求平均值作为前一期的预测值,即:

$$F_0=(1\ 200+700+900+1\ 100)/4=975$$

然后,从今年第一季度的需求开始预测,直到预测出今年第三季度的需求。

具体预测计算过程如下:

今年第一季度的预测需求为:

$$F_1=0.2\times x_0+(1-0.2)\times F_0=0.2\times1\ 100+(1-0.2)\times975=1\ 000$$

今年第二季度的预测需求为:

$$F_2=0.2\times x_1+(1-0.2)\times F_1=0.2\times1\ 400+(1-0.2)\times1\ 000=1\ 080$$

今年第三季度的预测需求为:

$$F_3=0.2\times x_2+(1-0.2)\times F_2=0.2\times1\ 000+(1-0.2)\times1\ 080=1\ 064$$

将历史数据与预测结果归纳如表 6-2 所示。

表 6-2　历史数据与预测结果

年份＼季度	1	2	3	4
去年	1 200	700	900	1 100
今年	1 400	1 000		
预测值	1 000	1 080	1 064	

（二）趋势校正

上述基本模型适用于图 6-3(a)所示的趋势和季节性变化均不明显的时间序列。如果数据表现出明显的长期趋势和季节性特征,基本模型内在的滞后性就会造成很大的预测误差,因此必须对模型加以分析修正。

当时间序列中只存在如图 6-3(b)所示的长期趋势时,对预测模型(6-7)的校正按如下一组方程进行:

$$S_{t+1}=\alpha x_t+(1-\alpha)\ (S_t+T_t) \tag{6-8}$$

$$T_{t+1}=\beta(S_{t+1}-S_t)\ +\ (1-\beta)T_t \tag{6-9}$$

$$F_{t+1}=S_{t+1}+T_{t+1} \tag{6-10}$$

式中:F_{t+1}——第 $t+1$ 期校正趋势后的预测值;

S_t——第 t 期的最初预测值;

T_t——第 t 期的趋势;

β——趋势平滑系数。

【例 6-3】　利用例 6-2 中的历史数据预测今年第三季度的需求,要考虑趋势因素。

因为要考虑趋势因素,所以采用上述趋势校正模型。

以去年的平均需求值作为今年预测的初始值,即 $S_0=975$,取基本平滑系数 $\alpha=0.2$,趋势平滑系数 $\beta=0.3$,初始趋势 $T_0=0$(没有趋势)。预测过程如下:

今年第一季度的预测需求为:

$$S_1=0.2\times1\ 100+0.8\times\ (975+0)\ =1\ 000$$

$$T_1=0.3\times(1\ 000-975)+(1-0.3)\times0=7.5$$

$$F_1=1\ 000+7.5=1\ 007.5\approx1\ 008$$

利用第一季度的预测结果,今年第二季度的预测需求为:

$$S_2=0.2\times1\ 400+0.8\times(1\ 000+7.5)=1\ 086$$

$$T_2=0.3\times(1\ 086-1\ 000)+(1-0.3)\times7.5=31.05$$

$$F_2=1\ 086+31.05=1\ 117.05\approx1\ 117$$

利用第二季度的预测结果,今年第三季度的预测需求为:

$$S_3=0.2\times1\ 000+0.8\times(1\ 086+31.05)=1\ 093.64$$

$$T_3=0.3\times(1\ 093.64-1\ 086)+(1-0.3)\times31.05=24.03$$

$$F_3=1\ 093.64+24.03=1\ 117.67\approx1\ 118$$

预测结果见表 6-3:

表 6-3　考虑趋势因素的预测结果

年份＼季度	1	2	3	4
去年	1 200	700	900	1 100
今年	1 400	1 000		
预测值	1 008	1 117	1 118	

（三）二次指数平滑预测法

二次指数平滑预测法是指在一次指数平滑值基础上再作一次指数平滑，然后利用两次指数平滑值，建立预测模型、确定预测值的方法。二次指数平滑法解决了一次指数平滑法存在的两个问题：一是解决了一次指数平滑不能用于有明显趋势变动的市场现象的预测；二是解决了一次指数平滑只能向未来预测一期的局限性。

二次指数平滑法预测过程如下：

1. 计算时间序列的一次、二次指数平滑值

二次指数平滑法的计算公式为：

$$S_t^{(2)}=\alpha S_t^{(1)}+(1-\alpha)S_{t-1}^{(2)} \tag{6-11}$$

式中：$S_t^{(1)}$——第 t 期的一次指数平滑值；

$S_t^{(2)}$——第 t 期的二次指数平滑值；

α——平滑系数。

2. 建立二次指数平滑预测模型

二次指数平滑法的数学预测模型为：

$$Y_{t+T}=a_t+b_t \cdot T \tag{6-12}$$

式中：Y_{t+T}——第 $t+T$ 期预测值；

T——由 t 期向后推移期数；

$$a_t=2S_t^{(1)}-S_t^{(2)} \tag{6-13}$$

$$b_t=\frac{\alpha}{1-\alpha}(S_t^{(1)}-S_t^{(2)}) \tag{6-14}$$

3. 利用预测模型进行预测

【例 6-4】 某公司近几年的产品销售量见表 6-4，用二次指数平滑法预测未来第一年和第二年的需求量。

表 6-4　销售量及二次指数平滑预测　　单位：万吨

观察期 t（年份）	销售量 x_t	$S_t^{(1)}$	$S_t^{(2)}$	a_t	b_t	Y_{t+T}
1	62	72	72	—	—	—
2	74	64	65.6	62.4	-6.4	—
3	80	72	70.7	73.3	5.2	56
4	92	78.4	76.8	80	6.4	78.5
5	100	89.3	86.8	91.8	10	86.4
6	104	97.9	95.7	100.1	8.8	101.8

解：

(1) 选择 α，确定初始值和 $S_1^{(2)}$。

取 $\alpha=0.8$，确定初始值和 $S_1^{(2)}$，由于本例 $n<10$，故取时间序列中前 3 个数据的平均数为初始值，即：

$$S_1^{(1)}=S_1^{(2)}=\frac{62+74+80}{3}=72$$

(2) 按 $S_{t+1}^{(1)}=\alpha\cdot x_t+(1-\alpha)S_t^{(1)}$ 计算一次指数平滑值：

$$S_2^{(1)}=0.8\times62+(1-0.8)\times72=64$$

$$S_3^{(1)}=0.8\times74+(1-0.8)\times64=72$$

……

$$S_6^{(1)}=0.8\times100+(1-0.8)\times89.3=97.9$$

(3) 按公式 $S_t^{(2)}=\alpha\cdot S_t^{(1)}+(1-\alpha)S_{t-1}^{(2)}$ 计算二次指数平滑值：

$$S_2^{(2)}=aS_2^{(1)}+(1-a)S_1^{(2)}=0.8\times64+(1-0.8)\times72=65.6$$

$$S_3^{(2)}=aS_3^{(1)}+(1-a)S_2^{(2)}=0.8\times72+(1-0.8)\times65.6=70.7$$

……

$$S_6^{(2)}=aS_6^{(1)}+(1-a)S_5^{(2)}=0.8\times97.9+(1-0.8)\times86.8=95.7$$

(4) 计算 a、b 的值：

① 计算 a 值，依据公式 $a_t=2S_t^{(1)}-S_t^{(2)}$ 进行，

$$a_2=2S_2^{(1)}-S_2^{(2)}=2\times64-65.6=62.4$$

$$a_3=2S_3^{(1)}-S_3^{(2)}=2\times72-70.7=73.3$$

……

$$a_6=2S_6^{(1)}-S_6^{(2)}=2\times97.9-95.7=100.1$$

② 计算 b 值，依据公式 $b_t=\frac{\alpha}{1-\alpha}(S_t^{(1)}-S_t^{(2)})$ 进行，

$$b_2=\frac{\alpha}{1-\alpha}(S_2^{(1)}-S_2^{(2)})=\frac{0.8}{1-0.8}\times(64-65.6)=-6.4$$

$$b_3=\frac{\alpha}{1-\alpha}(S_3^{(1)}-S_3^{(2)})=\frac{0.8}{1-0.8}\times(72-70.7)=5.2$$

……

$$b_6=\frac{\alpha}{1-\alpha}(S_6^{(1)}-S_6^{(2)})=\frac{0.8}{1-0.8}\times(97.9-95.7)=8.8$$

(5) 建立二次指数平滑的数学模型：

$$Y_{t+T}=Y_{6+T}=a_6+b_6\cdot T=100.1+8.8T$$

预测未来第一年产品需求量：$Y_{6+1}=100.1+8.8\times1=108.9$

预测未来第二年产品需求量：$Y_{6+2}=100.1+8.8\times2=117.7$

（四）三次指数平滑预测法

当时间序列观察值的发展趋势出现较大曲率时，宜采用三次指数平滑法。它在二次指数平滑法的基础上进行，利用一次、二次指数平均值建立时间序列趋势方程。三次指数平滑

预测过程如下：

1. 计算时间序列的一次、二次、三次指数平滑值

三次指数平滑法的计算公式为：

$$S_t^{(3)}=\alpha S_t^{(2)}+(1-\alpha)S_{t-1}^{(3)} \tag{6-15}$$

式中：$S_t^{(2)}$——第 t 期的二次指数平滑值；

$S_t^{(3)}$——第 t 期的三次指数平滑值；

α——平滑系数。

2. 建立三次指数平滑预测模型

三次指数平滑法的数学预测模型为：

$$Y_{t+T}=a_t+b_tT+c_tT^2 \tag{6-16}$$

式中：Y_{t+T}——第 $t+T$ 期预测值；

T——由 t 期向后推移期数；

$$a_t=3S_t^{(1)}-3S_t^{(2)}+S_t^{(3)} \tag{6-17}$$

$$b_t=\frac{\alpha}{2(1-\alpha)^2}[(6-5\alpha)S_t^{(1)}-2(5-4\alpha)S_t^{(2)}+(4-3\alpha)S_t^{(3)}] \tag{6-18}$$

$$c_t=\frac{\alpha}{2(1-\alpha)^2}(S_t^{(1)}-2S_t^{(2)}+S_t^{(3)}) \tag{6-19}$$

3. 利用预测模型进行预测。

【例 6-5】 采用表 6-4 的产品销售量，用三次指数平滑法预测未来第一年和第二年的需求量。计算过程及结果列入表 6-5。

表 6-5 销售量及三次指数平滑预测 单位：万吨

观察期 t（年份）	销售量 x_t	$S_t^{(1)}$	$S_t^{(2)}$	$S_t^{(3)}$	a_t	b_t	c_t	Y_{t+T}
1	62	72	72	72	—	—	—	—
2	74	64	65.6	66.88	62.08	−11.52	−3.2	—
3	80	72	70.7	69.94	73.84	13.84	5.4	47.36
4	92	78.4	76.8	75.43	80.23	10.08	2.3	93.08
5	100	89.3	86.8	84.53	92.03	13.68	2.3	92.61
6	104	97.9	95.7	93.47	100.07	8.32	−0.3	108.01

解：

（1）取 $\alpha=0.8$，确定初始值，即：

$$S_1^{(1)}=S_1^{(2)}=S_1^{(3)}=\frac{62+74+80}{3}=72$$

（2）按公式（6-15）计算三次指数平滑值：

$$S_2^{(3)}=\alpha S_2^{(2)}+(1-\alpha)S_1^{(3)}=0.8\times65.6+(1-0.8)\times72=66.88$$

$$S_3^{(3)}=\alpha S_3^{(2)}+(1-\alpha)S_2^{(3)}=0.8\times70.7+(1-0.8)\times66.88=69.94$$

……

$$S_6^{(3)}=\alpha S_6^{(2)}+(1-\alpha)S_5^{(3)}=0.8\times95.7+(1-0.8)\times84.53=93.47$$

（3）计算 a、b、c 的值：

① 计算 a 值，依据公式 $a_t=3S_t^{(1)}-3S_t^{(2)}+S_t^{(3)}$ 进行，

$$a_2=3S_2^{(1)}-3S_2^{(2)}+S_2^{(3)}=3\times64-3\times65.6+66.88=62.08$$

$$a_3=3S_3^{(1)}-3S_3^{(2)}+S_3^{(3)}=3\times72-3\times70.7+69.94=73.84$$

……

$$a_6=3S_6^{(1)}-3S_6^{(2)}+S_6^{(3)}=3\times97.9-3\times95.7+93.47=100.07$$

② 计算 b 值，依据公式 $b_t=\frac{\alpha}{2(1-\alpha)^2}[(6-5\alpha)S_t^{(1)}-2(5-4\alpha)S_t^{(2)}+(4-3\alpha)S_t^{(3)}]$ 进行，

$$b_2=\frac{\alpha}{2(1-\alpha)^2}[(6-5\alpha)S_2^{(1)}-2(5-4\alpha)S_2^{(2)}+(4-3\alpha)S_2^{(3)}]$$

$$=10(2\times64-3.6\times65.6+1.6\times66.88)=-11.52$$

$$b_3=\frac{\alpha}{2(1-\alpha)^2}[(6-5\alpha)S_3^{(1)}-2(5-4\alpha)S_3^{(2)}+(4-3\alpha)S_3^{(3)}]$$

$$=10(2\times72-3.6\times70.7+1.6\times69.94)=13.84$$

……

$$b_6=\frac{\alpha}{2(1-\alpha)^2}[(6-5\alpha)S_6^{(1)}-2(5-4\alpha)S_6^{(2)}+(4-3\alpha)S_6^{(3)}]$$

$$=10(2\times97.9-3.6\times95.7+1.6\times93.47)=8.32$$

③ 计算 c 值，依据公式 $c_t=\frac{\alpha}{2(1-\alpha)^2}(S_t^{(1)}-2S_t^{(2)}+S_t^{(3)})$ 进行，

$$c_2=\frac{\alpha}{2(1-\alpha)^2}(S_2^{(1)}-2S_2^{(2)}+S_2^{(3)})=10(64-2\times65.6+66.88)=-3.2$$

$$c_3=\frac{\alpha}{2(1-\alpha)^2}(S_3^{(1)}-2S_3^{(2)}+S_3^{(3)})=10(72-2\times70.7+69.94)=5.4$$

……

$$c_6=\frac{\alpha}{2(1-\alpha)^2}(S_6^{(1)}-2S_6^{(2)}+S_6^{(3)})=10(97.9-2\times95.7+93.47)=-0.3$$

（4）建立三次指数平滑的数学模型：

$$Y_{t+T}=Y_{6+T}=a_6+b_6T+c_6T^2=100.07+8.32T-0.3T^2$$

预测未来第一年产品需求量：

$$Y_{6+1}=100.07+8.32\times1-0.3\times1^2=108.09$$

预测未来第二年产品需求量：

$$Y_{6+2}=100.07+8.32\times2-0.3\times2^2=115.51$$

第四节　回归分析预测法

一、回归分析预测法原理简介

回归分析预测法是根据事物内部因素变化的因果关系来预测事物未来的发展趋势。产品需求受多个因素的影响,例如,一个地区的货运需求量与当地的国民生产总值、居民收入等因素有关系。如果能建立系统需求与其影响因素(自变量)之间的因果关系模型,就可以通过自变量的变化趋势进行系统需求预测。回归分析实际上是估计因果关系模型中的参数值,建立因果关系的回归模型。

回归模型有不同的种类。根据自变量的多少,回归模型可以分为一元回归模型和多元回归模型;按变量之间是否存在线性关系,回归模型分为线性回归模型和非线性回归模型。线性回归在实际预测中应用相当广泛,这是因为大多数的非线性回归问题可以转化为线性回归问题,所以,本章只介绍线性回归预测方法。

假设需求量 y 与影响因素(自变量,用 x_1, x_2,…, x_m 表示)之间呈现线性关系,则线性回归模型为:

$$y=b_0+b_1x_1+b_2x_2+\cdots+b_mx_m \tag{6-20}$$

式中,b_0 为待定的常数,b_1,b_2,…,b_m 为回归系数,表示当其他自变量固定不变时,该自变量变化一个单位而使 y 平均变化的量。b_0,b_1,…,b_m 是有待估计的模型参数,用最小二乘法进行回归参数的估计。

根据最小二乘法原理,应使预测与实测值之间的离差平方和最小。再经过复杂的数学方法推导,可写出求解回归参数的表达式。一元线性回归模型中的回归参数计算公式比较简单(见本节下文"回归分析预测过程"),多元回归模型中回归参数需要通过矩阵运算得到,计算非常复杂,一般需借助统计分析工具求解。

目前很多软件工具均提供了回归参数求解功能,如 Excel、SPSS。故本书略去回归参数推导过程,并要求学会运用 Excel 求解回归问题。

二、回归分析预测过程

我们通过一个具体例子来说明回归分析预测的主要过程。

【例 6-6】　一个地区的货物运输总量与当地的国民生产总值有明显的相关性。国民生产总值越高,产生的货运需求量也越大。表 6-6 是国内某地区近几年的货运量与国民生产总值的统计数据。据估计 2021 年的该地区国民生产总值是 23 000 亿元,试估计该地区 2021 年社会货运总量是多少?

表 6-6　某地区货运量与国民生产总值的统计数据

序号	年份 t	货物运输总量 y(万吨)	国民生产总值 x(亿元)
1	2011	63 180	8 072.83
2	2012	68 741	9 247.66
3	2013	72 617	10 572.24

续表

序号	年份 t	货物运输总量 y(万吨)	国民生产总值 x(亿元)
4	2014	78 108	12 494.01
5	2015	84 347	14 069.87
6	2016	76 967	15 046.45
7	2017	81 023	17 165.98
8	2018	93 318	19 195.69
9	2019	94 376	20 181.72
10	2020	91 535	21 602.12

解:该问题的求解过程包括如下 4 个步骤。

(1) 数据的直观分析和散点图描述。

根据统计数据,绘制货运总量与国民生产总值的散点图(如图 6-5 所示),以观察需求量与自变量之间是否具有明显的线性相关关系、正相关还是负相关。很显然,货运总量与国民生产总值之间具有明显的线性正相关关系。图中,坐标 x 代表国民生产总值,y 代表地区货运总量,点◆代表实际数据。

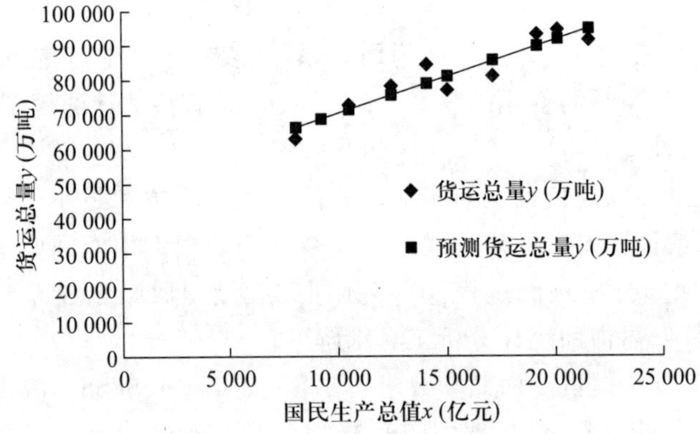

图 6-5 货运总量与国民生产总值的散点图及回归直线

如果有多个自变量,需要用多个散点图来分析。一个散点图只描述需求量与一个自变量的关系。

(2) 建立线性回归方程。

建立需求量与自变量间的线性回归方程,先确定式(6-20)中的自变量数。本例题只有一个自变量 x,式(6-20)就变成如下的一元线性回归方程:

$$y=a+bx \tag{6-21}$$

式中,a、b 是回归系数。

按照最小二乘法即可求出回归系数(推导过程可参见有关统计教材):

$$b=\frac{\sum x_i y_i-n\,\bar{x}\,\bar{y}}{\sum x_i^2-n\,\bar{x}^2} \tag{6-22}$$

$$a=\bar{y}-b\,\bar{x} \tag{6-23}$$

$$\bar{x}=\frac{1}{n}\sum x_i \tag{6-24}$$

$$\bar{y}=\frac{1}{n}\sum y_i \tag{6-25}$$

(x_i, y_i)是表 6-6 中的历史数据。对于多元回归方程,回归系数的计算公式很复杂,一般要借用计算机软件求解。

(3) 求解回归系数,得到回归模型。

对于小规模的一元回归问题,将观测数据(x_i, y_i),代入公式(6-22)~式(6-25),可计算出回归系数 a、b。当数据量较多时或多元回归问题计算量非常大时,可借助统计分析工具如 Excel、SPSS 来完成。本例题中,用 Excel 的"回归"分析功能求出的回归系数为:

$$b=2.12 \qquad a=49\ 101.75$$

因此,该地区货运总量与国民生产总值之间的回归方程为:

$$y=49\ 101.75+2.12x \tag{6-26}$$

图 6-5 中的直线就是回归直线。

当预知某年的国民生产总值时,就可用该回归方程估算出当年的地区货运总量。因而,式(6-26)就是预测地区货运总需求量的回归模型。

(4) 利用回归模型进行预测。

利用式(6-26)进行预测:

2021 年的地区货运总量预测值=49 101.75+2.12×23 000=97 861.75(万吨)

三、回归模型检验及预测值的显著性检验

完整的回归模型检验包括理论意义检验、一级检验和二级检验。理论意义检验主要检验回归参数估计值的符号和取值区间是否与有关学科理论或实践经验相符合。例如,理论上,地区货运总量应该是随着当地国民生产总值的增加而增加的,如果回归系数估算为一负数值,就不能通过理论意义的检验。对管理及经济问题进行回归分析时,常常遇到理论或实际意义检验不能通过的情况。其主要原因可能是历史数据样本容量偏小,或数据不具备代表性或者不满足线性回归分析的假定条件。一级检验也称统计学检验,是利用统计学中的抽样理论来检验样本回归方程的可靠性,包括拟合程度评价和显著性检验。二级检验是经济计量学检验,它是对标准线性回归模型的假定条件能否得到满足进行检验,具体包括序列相关检验、异方差性检验等,关于二级检验问题可参见计量经济学教科书。本节简要介绍统计学检验。

(一)回归模型拟合程度的评价

样本回归方程的拟合程度取决于因变量与自变量的相关程度,可用相关系数反映。在多变量的情况下,变量之间的相关关系非常复杂,有反映因变量与其他多个自变量之间线性相关程度的复相关系数,还有反映其中某两个变量之间线性相关程度的偏相关系数,其计算公式可参见统计学教材,这里只介绍有一个自变量时的相关系数计算公式。

设 $x_i, y_i(i=1, 2, \cdots, n)$是 n 个样本的观测值,样本相关系数 r 的定义是:

$$r=\frac{L_{xy}}{\sqrt{L_{xx}\cdot L_{yy}}} \tag{6-27}$$

式中：

$$L_{xx}=\sum(x_i-\overline{x})^2 \tag{6-28}$$

$$L_{yy}=\sum(y_i-\overline{y})^2 \tag{6-29}$$

$$L_{xy}=\sum(x_i-\overline{x})(y_i-\overline{y}) \tag{6-30}$$

$\overline{y}$,$\overline{x}$分别代表因变量和自变量的样本均值；相关系数$-1\leqslant r\leqslant +1$，通常认为：

$0<|r|\leqslant 0.3$：y 与 x 之间微弱线性相关；

$0.3<|r|\leqslant 0.5$：y 与 x 之间低度线性相关；

$0.5<|r|\leqslant 0.8$：y 与 x 之间显著线性相关；

$0.8<|r|<1$：y 与 x 之间高度线性相关；

$|r|=1$：y 与 x 之间完全线性相关；

$|r|=0$：y 与 x 之间不存在线性相关关系。

【例 6-7】 根据例 6-6 中的统计数据，检验货运总量与国民生产总值之间是否相关。它们之间的相关程度如何？

解：将表 6-5 的数据代入公式(6-27)～(6-30)，计算得到相关系数 $r=0.942\ 9$，故货运总量与国民生产总值是高度线性相关的。

（二）预测值的显著性检验

预测值的准确性与总体 y 值的离散性有关系，如果总体 y 值比较离散，预测的准确性就低，反之则高。通过对预测值的置信区间估计来说明预测值的波动范围，检验预测值的显著性。

可用样本观测值对回归方程的离散程度来表示总体值的离散程度，用剩余标准差公式计算：

$$S=\sqrt{\frac{L_{xx}L_{yy}-L_{xy}^2}{(n-2)L_{xx}}} \tag{6-31}$$

式中的 L_{xx}、L_{xy}、L_{yy} 见式(6-28)、式(6-29)、式(6-30)。

对于任一自变量 x_0，设 y_0 为与 x_0 对应的未知的真实值，y_{f0} 是由回归方程计算出来的值，统计学上已经证明：

$$(y_0-y_{f0})\times S \tag{6-32}$$

服从自由度为$(n-2)$的 t 分布。

给定显著性水平 α，按照置信区间确定的方法，可求出 y_0 的置信度为$(1-\alpha)$的预测区间为：

$$y_{f0}\pm t_{\alpha/2}^{(n-2)}\times S \tag{6-33}$$

式中，$t_{\alpha/2}^{(n-2)}$ 是置信度为$(1-\alpha)$、自由度为$(n-2)$的 t 分布的临界值，可查统计表。

【例 6-8】 根据例 6-6 中的统计数据，预测该地区 2021 年置信度为 95%的货运总量。

解：显著性水平 $\alpha=1-95\%=0.05$，$n=10$，查 t 分布表得：$t_{\alpha/2}^{(n-2)}=2.306$；

由式(6-28)～(6-31)计算出 $L_{xx}=200\ 008\ 015.9$，$L_{xy}=424\ 260\ 202.9$，$L_{yy}=1\ 012\ 228\ 492$；

剩余标准差 $S=3\ 746.35$；

假设 2021 年的国民生产总值 $x_0=23\ 000$ 亿元，由回归方程计算得 $y_{f0}=97\ 861.75$（万吨），y_0 的置信度为 95%的预测区间为：

$$97\ 861.75 \pm 3\ 746.35 \times 2.306 = 97\ 861.75 \pm 8\ 639.083\ 1$$

即 2021 年的货运总量估计在[89 222.666 9,106 500.833 1]万吨之间。

第五节　季节性物流需求预测

本章图 6-3(c)所示的统计数据同时存在趋势变动和季节性变动的影响。为准确把握数列的季节性变化规律,需要应用季节性需求预测方法。

一、移动平均季节指数预测法原理

季节性需求预测一般是以季节性指数为基础进行。时间序列的时间单位是季或月,其变动循环周期为 4 个月或 12 个月。利用季节指数法进行需求预测,首先要利用统计方法计算出各季度的季节性指数,以测定需求季节变动的规律性;然后在已知月度或季度平均值条件下,预测未来某个月(季)的预测值。测定时间序列季节指数的方法很多。由于大部分市场现象的季节变动是与趋势变动交织在一起的,因此,本节介绍能处理趋势变动的移动平均季节指数法。

移动平均季节指数法的基本原理和方法如下:

(1) 利用移动平均法还原时间序列的趋势变动、季节性变动和不规则变动因子;

(2) 计算消除长期趋势变动和不规则变动后的反映季节变动情况的季节性指数;

(3) 应用趋势法预测时间序列的未来趋势值;

(4) 应用季节性指数对趋势值进行修正,得到考虑季节性变动的未来需求。

二、季节性需求预测方法过程

下面通过例题来具体说明季节性需求预测方法的过程和具体步骤。

【例 6-9】　某公司过去 5 年按季度统计的某产品销售数据如表 6-7 所示。试用移动平均季节指数法预测今年各季度销售额。

表 6-7　产品在过去 5 年各季度销售量　　单位:万元

年份＼季度	1	2	3	4
5 年前	3 260	2 300	4 100	3 960
4 年前	3 500	2 410	4 410	4 300
3 年前	3 720	2 570	4 800	4 540
2 年前	4 080	2 730	5 120	4 920
1 年前	4 300	2 860	5 600	5 380
今年				

解:图 6-6 是表中数据对应的趋势变化图,从中可看出明显的季节性变化特征。

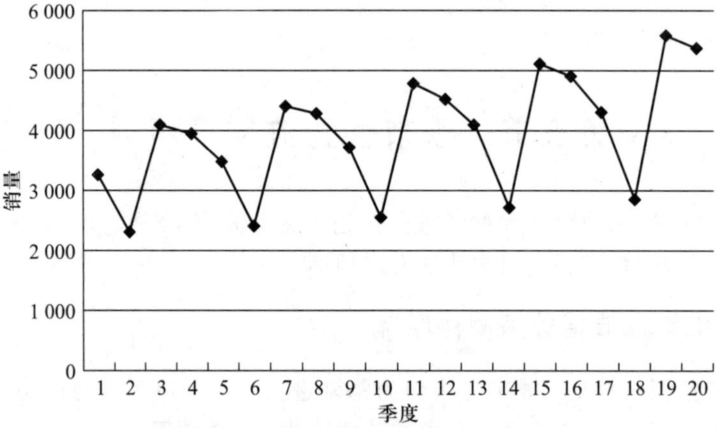

图 6-6　历史数据的季节性变化特征

用移动平均季节指数法进行季节性需求预测包括以下五个步骤。

第一步：应用移动平均法，还原时间序列的长期趋势 T。

计算结果列入表 6-8 中第④、⑤列。

第二步：消除长期趋势的影响，得到季节性指数与不规则因子的综合系数 SI：

$$\frac{X}{M_t}=\frac{TSI}{T}=SI \tag{6-34}$$

式中：T——Trend（趋势）的首字母，表示第 t 期的趋势值；

S——Seasonal（季节）的首字母，表示第 t 期的季节值；

I——Irregular（不规则）的首字母，表示第 t 期的不规则值。

计算结果见表 6-8 中第⑥列。

第三步：消除不规则因子 I，求出各季节指数调整值 S。

（1）用平均值法求出同季度季节指数平均值 S'，以消除不规则因子的影响。

（2）按下式计算调整系数 K：

$$K=\frac{4}{\text{季节指数平均数总和}}\times 100\% \tag{6-35}$$

本例中，K = 400/399.566 = 1.001。

（3）计算季节指数调整值 S：

$$S=S'\times K$$

这一步的计算过程及结果见表 6-9。

（4）计算消除季节影响的时间序列值：

用每一个观测值除以相应的季节指数来消除时间序列的季节影响，剩下的数据只包含趋势值 T 和随机波动（不规则值）I，计算结果见表 6-10。

表 6-8　还原趋势及季节变动与不规则变动的综合指数计算　　　单位:万元

① 年份	② 季度	③ 销售额 $X=TSI$	④ $N=4$ 移动平均数 T	⑤ 中心化移动平均数 $M_t=T$	⑥ 各年季度季节指数(%) $SI=③/⑤\times100\%$
5 年前	1	3 260			
	2	2 300			
			3 405		
	3	4 100		3 435	119.36
			3 465		
	4	3 960		3 478.75	113.83
			3 492.5		
4 年前	1	3 500		3 531.25	99.12
			3 570		
	2	2 410		3 612.5	66.71
			3 655		
	3	4 410		3 682.5	119.76
			3 710		
	4	4 300		3 730	115.28
			3 750		
3 年前	1	3 720		3 798.75	97.93
			3 847.5		
	2	2 570		3 877.5	66.28
			3 907.5		
	3	4 800		3 952.5	121.44
			3 997.5		
	4	4 540		4 017.6	113.01
			4 037.5		
2 年前	1	4 080		4 077.5	100.06
			4 117.5		
	2	2 730		4 165	65.55
			4 212.5		
	3	5 120		4 240	120.75
			4 267.5		
	4	4 920		4 283.75	114.85
			4 300		
1 年前	1	4 300		4 360	98.62
			4 420		
	2	2 860		4 477.5	63.87
			4 535		
	3	5 600			
	4	5 380			

表 6-9　季节指数调整值计算

年份 / 季度	5 年前	4 年前	3 年前	2 年前	1 年前	同季度季节指数平均值 S'(%)	季节指数调整值 S (%)
1		99.12	97.93	100.06	98.62	98.933	99.04
2		66.71	66.28	65.55	63.87	65.603	65.67
3	119.36	119.76	121.44	120.75		120.65	120.78
4	113.83	115.28	113.01	114.85		114.38	114.51
合计						399.566	400

表 6-10　消除季节影响的销售额计算　　单位:万元

年份	季度	时序(t)	销售额 $X=TSI$	季节指数(%)	消除季节影响的销售额 X_t
5 年前	1	1	3 260	99.04	3 291.6
	2	2	2 300	65.67	3 502.36
	3	3	4 100	120.78	3 394.6
	4	4	3 960	114.51	3 458.21
4 年前	1	5	3 500	99.04	3 533.93
	2	6	2 410	65.67	3 669.86
	3	7	4 410	120.78	3 651.27
	4	8	4 300	114.51	3 755.13
3 年前	1	9	3 720	99.04	3 756.06
	2	10	2 570	65.67	3 913.51
	3	11	4 800	120.78	3 974.17
	4	12	4 540	114.51	3 964.72
2 年前	1	13	4 080	99.04	4 119.55
	2	14	2 730	65.67	4 157.15
	3	15	5 120	120.78	4 239.11
	4	16	4 920	114.51	4 296.57
1 年前	1	17	4 300	99.04	4 341.68
	2	18	2 860	65.67	4 355.11
	3	19	5 600	120.78	4 636.53
	4	20	5 380	114.51	4 698.28

第四步:应用趋势预测法预测趋势值。

可采用指数平滑法或一元线性回归模型预测时间序列的趋势值。这里采用一元线性回归模型,得到销售量与时间 t(即季度序列)的直线趋势方程。

略去参数求解过程,求得的趋势预测模型为:

$$\hat{X}_t = 3\ 213.40+68.77t$$

根据该趋势预测模型,计算今年各季度需求趋势预测值如下(单位为万元):

第 1 季度,即当 $t=21$ 时,$\hat{X}_t=3\ 213.40+68.77\times21=4\ 657.54$ 万元;

第 2 季度,即当 $t=22$ 时,$\hat{X}_t=3\ 213.40+68.77\times22=4\ 726.31$ 万元;

第 3 季度,即当 $t=23$ 时,$\hat{X}_t=3\ 213.40+68.77\times23=4\ 795.08$ 万元;

第 4 季度,即当 $t=24$ 时,$\hat{X}_t=3\ 213.40+68.77\times24=4\ 863.85$ 万元。

第五步:利用季节性指数修正趋势预测值,求出各季度的预测值。

将各季度的趋势预测值乘以表 6-9 中的各季节指数调整值加以修正,即可得到考虑季节因子后的预测值。

第 1 季度预测值：$\hat{Y}=\hat{X}_t \cdot S_1=4\ 657.54\times0.990\ 4=4\ 612.83$ 万元；

第 2 季度预测值：$\hat{Y}=\hat{X}_t \cdot S_2=4\ 726.31\times0.656\ 7=3\ 103.77$ 万元；

第 3 季度预测值：$\hat{Y}=\hat{X}_t \cdot S_3=4\ 795.08\times1.207\ 8=5\ 791.50$ 万元；

第 4 季度预测值：$\hat{Y}=\hat{X}_t \cdot S_4=4\ 863.85\times1.145\ 1=5\ 569.60$ 万元。

图 6-7 是历史数据与今年 4 个季度预测值的图形显示。可见考虑季节性因素后的预测结果较好地顺延了历史数据的变化规律。

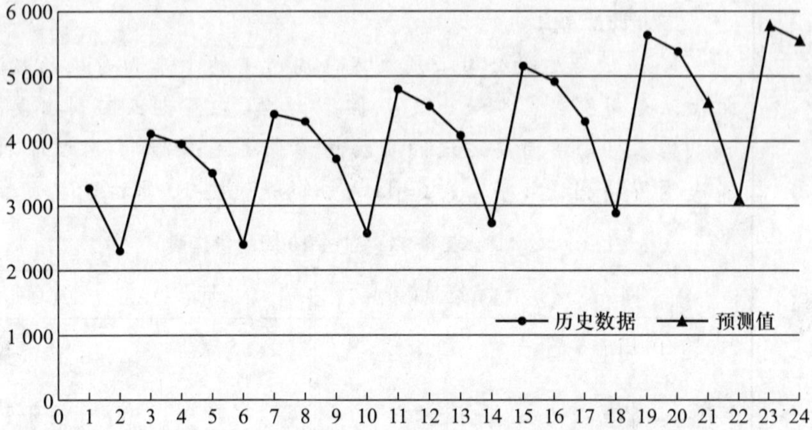

图 6-7 历史数据及考虑季节因子后的预测值

本章小结

需求预测是为系统的规划、运营管理、决策等提供基础数据，因此，在物流系统工程中具有重要地位。所谓系统预测，就是根据系统发展变化的实际数据和历史资料，运用科学方法，对系统在未来一段时期内的可能变化进行估计和分析的过程。系统预测包括预测目的确定、资料收集与分析、选定预测方法、建立预测模型、模型检验与修正、预测实施等一系列过程。

进行物流需求预测首先要认识物流需求的特征，并根据物流需求特征正确选择预测方法。另外，预测误差是不可避免的。但是，通过合理地汇聚物流需求，例如对物流需求进行时间上和空间上的汇聚，可以减少需求预测的误差，提高预测的可靠度。定量预测是系统规划决策的根本。本章详细介绍了几种常见的定量预测法，包括移动平均法、指数平滑预测法、回归分析预测法、季节性需求预测方法。根据物流系统中的具体问题，选择不同的预测方法进行需求预测，并掌握常用软件工具（如 Excel、SPSS）在预测中的应用。

复习题

一、简答题

1. 举例说明什么是物流需求的空间特征与时间特征？

2. 举例说明什么是物流需求的独立性与派生性？

3. 指数平滑预测时，若选择较小的平滑系数，预测结果会怎样？选择较大的平滑系数，预测结果又如何？

4. 哪些情况下只能应用定性预测法？

5. 需求预测的主要过程是什么？

二、计算题

1. 某卡车运输公司必须决定每周所需的卡车和司机的数量。通常的做法是司机在星期一出发去取货/送货，在星期五回到出发点。对卡车的需求可由该周要运送的货物总量来决定；但为了制订计划，必须提前一周得到有关数字。表 6-11 给出的是过去 10 周的货运量。

表 6-11　过去 10 周的货运量

周	货运量(万吨)	周	货运量(万吨)
10 周前	205.6	5 周前	226.8
9	234.9	4	265.3
8	189.5	3	203.9
7	151.4	2	239.9
6	119.4	1 周(本周)	250.8

(1) 用一次指数平滑模型预测下一周的货运量。(注意：要使预测误差尽量小；利用最早的四周数据开始预测，即确定 F_0，并以 0.1 的递增幅度寻找合适的平滑指数 α 值。)

(2) 利用二次指数平滑法预测未来一周、两周的货运量。

2. 某港口企业要根据吞吐量的变化情况决定未来 1 年的设备采购计划。研究表明，港口货物吞吐量与港口所在地居民收入密切相关。近几年该港口吞吐量与当地居民年可支配收入的统计数据如表 6-12所示。根据有关部门预测，该地区 2021 年的居民可支配收入预计为 47 000 元。

(1) 试用一元线性回归模型预测该港口 2021 年的吞吐量。

(2) 对预测结果进行相关性检验，港口吞吐量与居民可支配收入之间的相关程度如何？

3. 某燃油供应公司过去四年的汽油销量如表 6-13 所示，考虑需求的季节性波动特点，试用季节性指数法预测下一年 4 个季度的汽油需求量。

表 6-12　某港口吞吐量与当地居民可支配收入统计数

年份	港口吞吐量(万吨)	人均年可支配收入(元)
2011	37 897	16 683
2012	44 317	18 645
2013	53 748	20 668
2014	56 144	23 623
2015	58 170	26 675
2016	59 205	28 838
2017	65 339	31 838
2018	72 758	36 230
2019	73 559	40 188
2020	77 575	43 851

表 6-13　汽油消耗量的历史数据

年/季度	汽油销量(万桶)	年/季度	汽油销量(万桶)
2017/一季	9	2019/一季	25
二季	11	二季	30
三季	15	三季	32
四季	12	四季	30
2018/一季	11	2020/一季	28
二季	18	二季	35
三季	20	三季	40
四季	16	四季	36

三、即测即评

【案例】

大数据技术在京东物流需求预测中的应用

一、京东供应链概述

京东是中国最大的自营式 B2C 电商平台之一，在线销售 12 大类的数万个品牌、百万种商品。根据《京东集团 2020 年第二季度业绩报告》，截至 2020 年 6 月底，京东物流国内仓库

750 多个,仓储总面积约 1 800 万平方米。

京东供应链的主要流程是,先结合人工智能、大数据等新技术预测顾客需求,在此基础上,从供货商那里采购合适数量的商品到一级仓库;然后根据实际需求调配到二级仓库;再运往离客户最近的配送站,最后快递员将商品送到客户手中。在每年的“618”“双十一”促销期间,京东销售的商品达数亿件,订单金额达千亿元,且 90%以上的自营订单在 24 小时内送达。面对海量的需求,京东能提供如此快速的配送服务,应该说,京东通过大数据技术构建的供应链发挥了极其重要的作用。

首先,京东利用大数据技术进行市场需求预测。大数据预测系统对一个区域进行发散分析,了解客户的区域构成、客户密度、订单密度等,建立预测模型,对各区域产品销售情况进行预测。其次,京东仓库根据预测量进行自动补货,决定采购商品的数量、分配到哪些区域的仓库及各仓库的分配数量。供应商还可在后台即时查看产品销售情况,合理决定补货计划。最后,根据预测需求制定仓库管理方案和运输配送方案。

可见,基于大数据技术的需求预测是京东供应链的关键。

二、“京东慧眼”大数据系统

电商环境下,订单的数量及波动性都很大,使需求预测的复杂性增加。“京东慧眼”利用大数据技术获取顾客购物相关的实时数据,进行市场分析、用户分析、商品属性分析和消费趋势分析,从而准确掌握市场动态和消费者购物信息,为准确预测顾客需求提供保证。“京东慧眼”数据分析系统如图 6-8 所示,具体功能包括:

(1) 市场分析:从规模、竞争程度及各品牌占有率等方面对全品类商品进行市场分析;

(2) 用户分析:从用户结构、消费习惯、用户需求等方面对全品类商品进行用户分析;

(3) 商品属性分析:从商品的属性关注排行、属性组合、属性详细趋势等方面,对全品类商品进行属性分析。

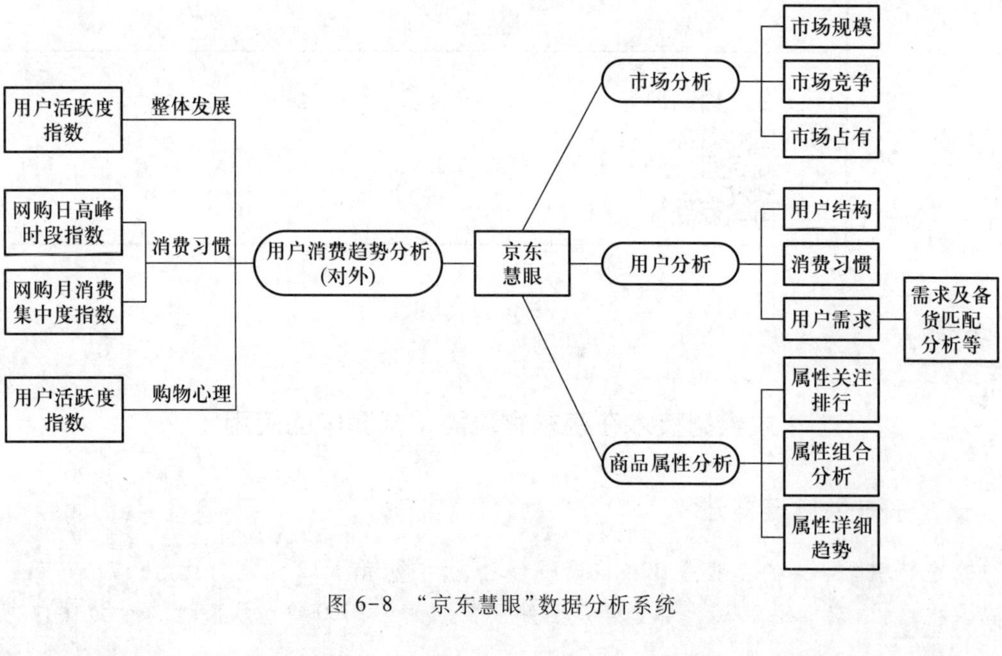

图 6-8 “京东慧眼”数据分析系统

(4) 用户消费趋势分析:从用户的整体发展、消费习惯、购物心理等方面分析消费趋势,并对外发布消费趋势指数。

"京东慧眼"系统运用用户画像技术进行用户分析。通过对用户行为日志中的用户行为(例如用户的购物车、评价、收藏夹等数据信息)进行分析和挖掘,还原用户的属性特征、兴趣喜好等潜在属性,精准刻画用户特征;通过聚类分析划分用户群,了解其购买意向,使需求预测更符合市场需求。以一款洗涤产品洗衣凝珠为例,京东通过用户画像技术分析,将该产品的目标人群锁定在职场白领女性用户身上,围绕定人、定量、定价、定款四个环节进行洗衣凝珠的新品设计,该产品在京东"618"促销期间的成交金额是上年同期的143%。

三、京东 Spark 预测系统

Spark 是最初由美国加州伯克利大学于 2009 年推出的大数据并行计算框架,可用于构建大型的、低延迟的数据分析应用程序。京东 Spark 预测系统以 Spark RDD、Spark SQL、Hive 等大数据技术为基础,支持销量预测、单量预测和成交总额预测三大业务,在京东整个供应链体系中处在基础层,并对上层多个决策提供支撑作用。其中,销量预测支持商品补货、商品调拨,单量预测支持仓库、站点的运营管理,成交总额预测支持销售计划决策。

Spark 预测系统整体架构包括 5 个层次,从上至下依次是:数据源输入层、基础数据加工层、核心业务层、数据输出层和下游系统。京东数据仓库中存储着订单信息、商品信息、库存信息等大部分业务数据。系统的主要流程是:从外部数据源获取所需的业务数据之后,对基础数据进行处理,再通过时间序列、机器学习等人工智能技术对数据进行处理分析,最后预测结果,为京东决策者提供决策依据。

京东通过大数据预测系统进行需求预测,能做到自动补货、自动调拨、整体库存分析、库存量单位(Stock Keeping Unit,SKU)备货等,做到在用户下单之前就将商品送到最近的仓库。

京东通过大数据预测系统,能分析、筛选出有利用价值的信息,准确预测每个地区的各种商品的需求量及物流服务需求度,进而调整运营方案,提高物流效率和效益。在 2020 年"双十一"促销期间,京东只用几分钟的时间就将第一个订单送达顾客手中,90%以上的自营订单在 24 小时内送达。可见,大数据技术在物流需求预测中的应用为企业带来了显著效益。

问题讨论:

1. 结合实际讨论电商物流需求受哪些因素的影响?
2. 基于大数据技术的需求预测对京东物流运营管理有何作用?

第七章 物流网络规划

【本章学习目标】

- 熟悉物流网络结构、网络规划的主要任务及基本过程。
- 了解物流网络规划所需数据及其来源。
- 学会分析影响物流设施选址的主要因素。
- 掌握单设施选址规划的重心法。
- 掌握多设施选址混合整数规划模型及求解方法。
- 掌握选址规划的启发式方法。

【本章导读】

根据物流系统范围和层次的不同，物流系统规划的内容和方法也有很大差异。其中，物流网络规划属于战略层次的规划问题，它决定了企业物流系统的结构模式，对于上下游合作企业的选择以及运输方式的选择均有重要影响。物流网络规划主要包括物流网络结构设计、物流设施选址与产能规划决策等任务。本章将介绍物流网络规划的基本任务及规划过程、物流网络规划的数据及其来源、设施选址的影响因素、单设施选址规划的重心法，以及多设施选址规划的混合整数规划方法和启发式方法。

第一节 物流网络规划概述

物流网络是物流过程中相互联系的组织及设施在空间坐标上的集合，由产品从供应地向需求地流动所经过的设施和线路构成。物流网络对物流服务效率和服务成本具有重要影响。本节先介绍物流网络结构及其要素，使学生了解物流网络规划的主要任务和基本过程，为进行物流网络的规划提供基础。

一、物流网络及其组成要素

（一）物流网络结构

物流网络是指物流过程中相互联系的企业及设施在空间坐标上的集合。从事物流作业活动的企业、物流设施的数量及其规模、设施的地理分布关系等都直接影响着为顾客提供服务的能力和服务成本，因此，一个结构合理的物流网络对物流系统的效率和效益的影响就显得十分重要。

图 7-1 表示的是一般产品流动网络。分析这个产品流动的全过程就可知道，产品从最

源头的供应地到最终需求地的流动是由一系列的运动过程和停顿过程间断构成的;两次不连续的运动过程之间都有一个或长或短的停顿过程;一次停顿又往往与两次不连续的运动过程相连。物流过程便是由这种多次的运动—停顿—运动—停顿所组成的。运动的过程是运输活动,在线路上进行;停顿的场所是各级物流设施,也叫存储点,如生产基地(生产仓库)、地区物流中心、配送中心、零售店等。停顿是相对的,因为在存储点,还要对货物进行分装、流通加工、搬运、装卸、分拣等活动。

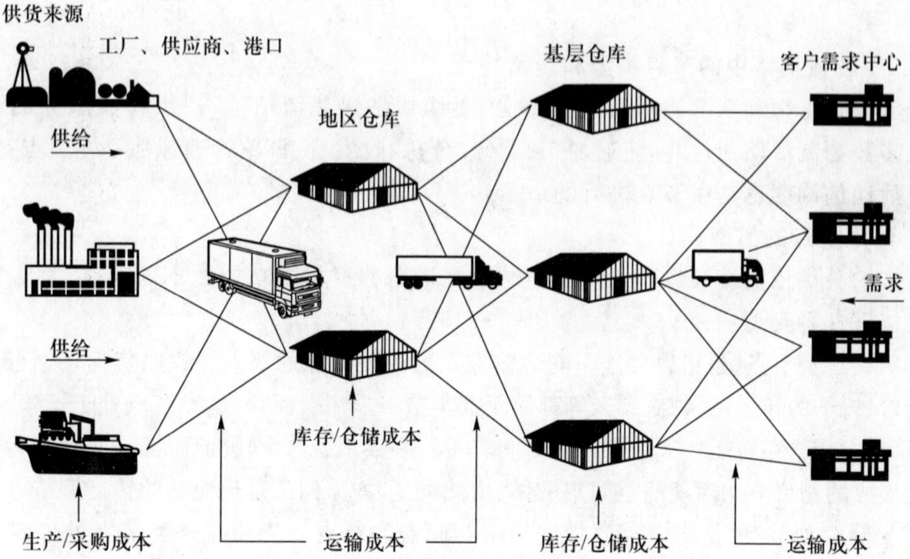

图 7-1　产品流动的网络图

将产品流动全过程所经过的运输线路和存储点连接起来,就构成一个拓扑结构,这就是物流网络。所有存储点都是物流网络的节点,也称为物流设施,节点之间的运输线路称为物流网络的线路。节点位置及规模的不同,节点之间线路联系方式的不同,都会导致物流网络结构的不同,进而导致物流网络功能的不同。因此,节点和线路是物流网络的关键要素。

物流网络结构因企业或产品的不同而具有不同的形式。根据产品是否直接从供应地移动到需求地,可将物流网络结构分成单层物流网络和多层物流网络两种类型。对于批发商或连锁零售企业来说,商品从批发中心(配送中心)到零售店(需求中心)之间流动的网络就是单层物流网络,如图 7-2 所示。对大多数工业企业来说,生产的成品先被送到区域物流中心(分拨中心),然后,再根据市场的需要,从区域物流中心送往各配送中心,配送中心再为零售店等末端客户提供产品,这样就形成多层物流网络。图 7-3 是具有一个中转层的多层物流网络示意图。需要注意的是,图 7-2 和图 7-3 的物流网络没有考虑退货和商品横向转运的问题。

实际上,在现代商业模式和互联网背景下,产品退货越来越普遍,体现在物流网络中,会发生产品从需求端向上游供应端的逆向流动;另外,由于各地需求的不平衡,可能还会发生同一层次的物流中心之间或配送中心之间的横向转运即调货。所以,物流网络结构中也可能存在反向流动,同一级节点间还可能存在产品横向流动现象。

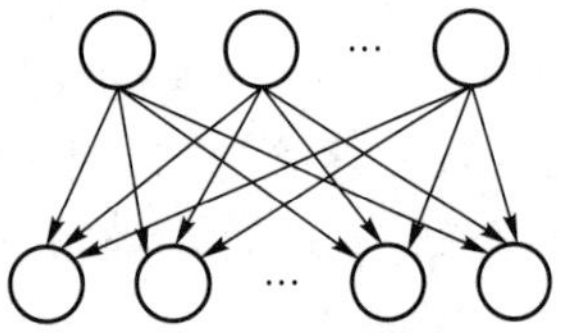

图 7-2　单层物流网络

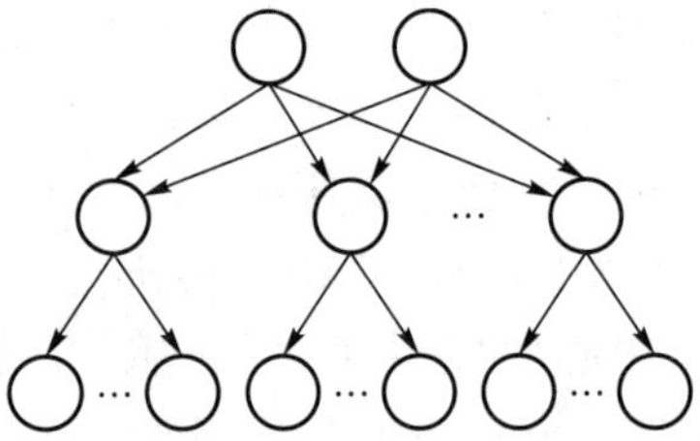

图 7-3　多层物流网络

（二）物流网络中的节点类型和线路特点

物流节点是物流系统的重要组成部分，是组织各种物流活动、提供物流服务的重要场所。大多数物流活动如包装、流通加工、装卸、分拣、收发货、订单管理等都是在节点完成的，对运输活动的调度也是在节点进行的。

1. 网络节点的类型

不同的分类依据会导致不同的分类结果。根据节点主要功能的不同，可将物流网络节点分为以下几种类型：

（1）转运型节点，是指以接连不同运输方式为主要职能的节点。铁路货运场站、编组站，靠近港口、机场的转运站、物流园区等都属于此类节点。一般而言，这类节点处于运输干线上，以转运为主，货物在转运型节点停滞的时间较短。多数学者认为，物流园区是在几种运输方式衔接地形成的物流节点活动的空间集散体，由此可见，物流园区是最典型的转运型节点。

（2）储存型节点，是指以存放货物为主要职能的节点。货物在这类节点处停滞时间较长。在准时制、精益管理等生产模式下，企业对原材料、产成品的储存数量越来越少，时间越来越短。所以，储存型节点一般是适合特殊用途、特殊商品的储存。例如，我国中央、省、市县乃至乡镇级别的应急储备库，其主要作用是满足国防建设、经济建设、抗灾、救灾等方面的物资需求，这类储备物资种类繁多，涵盖了食品、药品、能源等各类物资。另外，一些企业也设置了救灾物资仓库，以应对火灾、危险品泄露等突发事故，例如，港口应急储备库中的物资包括医药、食品、救援设备、帐篷等各类物资。这类物资储备时间长。

（3）流通型节点，是指以组织物资在系统中运动为主要职能的节点，在社会系统中则是一种以组织物资流通为主要职能的节点。具有销售经营功能的流通中心、配送中心、批发中心、零售点等都属于这类节点。

（4）综合性节点，是指在物流系统中，实现两种以上的主要功能，并且将若干功能有机地结合于一体，能进行有效衔接和协调供应的集约型节点。这种节点是为适应物流大规模化和复杂化、精益化、高效化的要求而出现的，是物流节点的主要发展方向。

在互联网时代，随着新技术和新商业模式的发展，物流节点的功能在不断扩展和延伸。现代化的物流节点不仅具备仓储、包装、配送等传统功能，还能实现物流系统调度、信息管理、规划决策等神经中枢职能，尤其是借助互联网、大数据、人工智能等技术，提供物流金融、人车匹配、方案咨询、培训等增值功能。

了解物流节点的类型及主要功能，有助于选择合适的节点位置，因而是物流网络规划的基础。

2. 线路特点

线路将物流各设施点连接成一个整体。一条物流线路既是物料流动的路径，也是与之相关的信息流动和价值流动的路径。物流线路一般具有如下特点：

（1）方向性。一般在同一条线路上有两个方向的物流同时存在。

（2）有限性。节点是靠线路连接起来的，一条线路总有起点和终点。

（3）多样性。线路是一种抽象的表述，公路、铁路、水路、航空路线、管道等都是线路的具体存在形式。

（4）连通性。不同类型的线路必须通过载体的转换才能连通，并且任何不同的线路之间都是可以连通的，线路间的转换一般在节点上进行。

（5）选择性。两点间具有多种线路可以选择，既可以在不同的载体之间进行选择又可在同一载体的不同路径之间进行选择。物流系统论要求两点间的物流流程最短，因此，需要进行路线和载体的规划。

（6）层次性。物流线路具有不同的层次。按照运输线路的作用及运输规模，可分为干线和支线。干线是起骨干作用的运输线路，一般跨越多个省、市区域，五种基本运输方式都有干线和支线之分，例如，陇海线、京广线等铁路干线，国道及省道公路干线，长江航运干线等。支线是对干线运输起辅助作用的运输线路，支线路程比干线路程要短得多，例如，农村公路、支线铁路、支线航道等。另外，根据载体类型，物流线路还可分成铁路线、公路线、水路线、航空线和管道线五类。

节点和线路本来是孤立的、静止的，但是通过系统的方法，将节点和线路有机地结合起来就构成了物流网络。节点的分布、线路的选择将影响物流系统的运营成本和效益，影响物流系统整体功效。节点与线路之间如何联系才能发挥最大作用呢？这正是物流网络规划所要解决的问题。

二、物流网络规划的主要任务和内容

物流网络规划的主要任务是确定产品从供应源到最终客户需求的整个流通渠道的结构，使产品经此网络流动的总成本最低或效益最高。按照图 7-1 所示的物流网络示意图，就是要确定从供应源到最终需求地之间的物流网络的层次数、各层物流设施数目及其地理位置，以及设施点之间的运输方案。

根据物流网络的范围和功能的不同，网络规划包括的具体内容有所不同。典型的物流网络规划设计的内容如下：

（1）确定从供应源到客户需求地的物流网络层次数；

（2）确定各层物流设施（如工厂、仓库、配送中心等）的数目、功能及地理位置；

（3）确定网络中各设施的供应商和客户分布范围，即确定每个设施的上游供应源和下游客户；

（4）分配各设施或仓库的产能，即在不超过设施产能的前提下，合理分配各设施点之间的物流量。

物流网络规划的总目标通常是网络总成本最小。物流网络总成本包括生产成本、库存成本、仓储作业成本、运输成本以及设施建设成本等。由于物流各子系统之间的效益悖反现象，比如，库存成本与运输成本之间的效益悖反，因此，网络规划需要以总成本最小为目标。

另外，物流网络规划还必须充分考虑客户对物流反应时间的要求，即服务水平的要求。因此，物流网络规划要同时考虑空间维度和时间维度的问题。空间维度是指要考虑工厂、仓库、零售点等物流设施的地理位置分布,时间维度是指要考虑客户得到产品的时间,即考虑运输时间、运输距离相关的因素。

综上所述,物流网络的规划通常是在满足客户反应时间要求的前提下,对物流设施数目及其地理位置进行规划设计,使物流网络总成本最小。

寻求最优网络方案的过程十分复杂,需要借助一些数学模型与算法。根据问题的不同,物流网络规划可以使用图表模型、模拟模型、优化模型、启发式模型、专家系统模型等。图表模型适合进行初级分析;优化模型适合于问题比较清楚、明确,能用数学式表达的场合;启发式模型和专家系统模型适合于对主观经验和定性因素的分析;模拟模型以计算机仿真技术为基础,适合于带有随机不确定性的、离散事件的系统。只有了解这些应用特点,才能选择适当的网络规划模型与求解方法。

三、物流网络规划的基本过程

根据本书第二章介绍的系统工程方法解决问题的决策思维过程,物流网络规划的基本过程由如下 5 个步骤构成。

(一)明确问题和目标

以企业的整体战略为指导,分析企业所处的内、外部环境的变化,找出企业物流系统面临的问题,确定物流系统网络应该具备哪些功能以支持企业整体竞争战略的实现,从而明确网络规划要达到的目的。内外部环境分析的主要内容包括:

(1) 通过调查手段,分析政策环境、市场环境的变化,了解市场需求及竞争对手的状况;

(2) 对供应商、零售商、用户等上下游主体进行专项调查,了解供应商的基本状况、零售商的市场拓展能力和客户服务要求;

(3) 了解企业现有的物流设施及能力现状,分析设施、设备、资金、人力等方面的约束,决定是改造现有设施,还是建立新的设施。

在上述调查和问题分析基础上,进一步明确物流网络规划的目标和约束条件。通常,物流系统的目标是多样化的,且存在相互冲突的目标,例如降低配送成本、提高客户服务水平等。因此,有必要明确哪些是首要目标,哪些可作为次要目标或约束条件。

(二)物流网络设施初步布局

在明确问题和目标后,进一步确定网络结构、各设施的功能,并初步确定设施的数量及拟坐落的地区。

首先,根据产品需求特点,确定合适的网络结构形式及各设施的具体功能。对于分销网络,产品从供应商到客户手中可以采用直送客户的单层网络形式,或者是经中转仓库再到零售端的多层网络形式。其次,初步确定网络中各层设施的数量、设施的大概坐落区域以及各设施服务的初步市场范围。设施的大概坐落区域的确定一般要考虑政治因素、汇率及其他外部因素的影响。

(三)确定一组理想的潜在设施点

在初步确定的坐落区域范围内选择一组理想的潜在地点,即备选设施点。备选设施点数量应该不少于最终要建立的设施点数量。备选地点的选择应综合考虑所选地的基础设施条件、劳动力供给、当地优惠政策、竞争对手分布等因素。详见本章第三节的选址影响因素分析。

（四）精确选址及产能分配决策

这一阶段是从备选地址中选择一个或若干个最满意的设施点，并对设施间的物流量进行分配。这一阶段需要借助一些定量模型与方法，常见的方法包括重心法、混合整数规划模型、启发式模型、仿真模型等。

（五）方案比较与决策

第四阶段采用不同的方法通常会得到不同的物流网络方案。对不同的方案从物流总成本、服务水平等方面进行比较，从中选择综合效果最好的方案。

第二节　物流网络规划的数据及其来源

一、物流网络规划所需的数据

对一个具体的物流网络进行规划需要一个包罗万象的数据库，主要包括产品、客户、设施地理位置、成本等方面的数据和信息。

（1）产品方面的数据，主要包括：所有产品的名称及种类规格、运输批量，是否有特殊的运输要求（如冷藏、冷冻运输）等。

（2）客户相关的数据，主要包括：客户的地理信息，不同区域的客户对每种产品的需求量，客户配送频率、客户服务目标等。

（3）设施地理数据，包括物流网络中已有的设施或潜在设施的地理位置信息，例如工厂生产基地、供应商、仓库、配送中心等设施的现有位置或潜在的备选位置；另外还包括设施之间的距离。

（4）成本费率数据，指与物流网络相关的成本信息，主要包括设施的建设成本或租赁成本、仓储作业成本、设施点之间的运输成本和费率、采购/制造成本等。

（5）设施能力限制信息，指网络中现有设施或备选设施（如工厂、中转仓库、配送中心）的作业能力限制，例如，生产基地的生产能力限制、仓库的周转能力限制、车辆的运输能力限制等。有些设施可能还有最小作业量要求，即如果某设施的生产量或仓储量达不到最低量的要求，就没有必要新建该设施。

二、关键数据的处理说明

（一）客户—产品需求对应表

收集客户对不同种类产品的需求信息之后，可以编制客户—产品需求对应表。例如，三个客户 C_1、C_2、C_3 对产品 A 和产品 B 的需求如表 7-1 所示，从对应表中可以直观看出每个客户需要的产品种类及数量，也很容易知道某种产品被哪些客户需要以及需求量是多少。

表 7-1　客户—产品需求对应表示例　　单位：件

客户 / 产品类别	C_1	C_2	C_3	小计
A	50 000	100 000	50 000	200 000
B	20 000	30 000	60 000	110 000

产品种类和客户地理范围的划分会影响客户与产品需求信息的统计。设计物流网络时,可根据产品的物流特征来划分产品种类,将具有相同包装方式或单位作业成本相同的产品视为同一种产品;按照邮政编码或行政区域划分客户地理范围。客户区域范围越大,对同种产品的需求量就越大,但物流网络中的客户数就会减少。因此,产品种类和客户地理范围大小对物流网络规划的结果具有重要影响。

(二)设施间的距离

设施间的距离影响设施间的运输成本,因而影响物流网络成本。设施之间的距离根据各设施的位置信息进行估算。如果已知两设施的坐标值,可根据欧几里得公式计算两点之间的直线距离,再乘以一个曲率系数对直线距离加以修正。另外,利用先进的电子地图软件,也可以很方便地确定两设施所在地之间的距离。

(三)成本与费率

物流网络规划是面向未来的,但是,规划网络时需要知道设施建设成本和运营成本,这些成本数据只能借用现有的经验数据或通过统计数据估算得到。下面对运输成本、仓储作业成本和设施成本的处理方法进行说明。

1. 运输成本与费率

两设施之间可行的运输方式及相应的运输成本和费率,可根据公开的货运费率标准或统计数据获得。例如,对于公路自营运输,运输费用主要由运输人员费用、燃料费用、设备维护费、保险、装卸费用、管理费(高速路收费、过桥费、处罚费)等构成,可以通过企业的财务数据进行估算。

2. 仓储费率

仓储费率是指单位产品在单位时间内存放在仓库发生的费用,它是仓库及设备的维修费、折旧费、保险费、税率、办公费、人工成本以及各项操作(如入库、存储、拣货、拼装、配送等)费用的综合,很难精确计算。一般可按照物流作业成本法进行粗略估算,得出单位产品的仓储成本。

3. 设施成本

设施成本是指新建、改建或租赁设施所产生的费用,亦即设施固定建设成本。设施成本可采用备选地基准地价乘以设施建设规模的方法进行估算。如果是租赁设施,则根据出租市场情况和仓库面积规模来确定。

三、网络规划所需数据的来源

目前,物流方面的统计信息还很不完善。上述数据和信息主要来源包括企业经营运作文件、会计报告、物流研究报告、公开出版物等。

1. 业务运作文件

企业的经营管理中会产生一些业务报告文件,这些文件可以为物流网络规划提供原始数据。例如,可以从销售订单处理系统中获取有关顾客地理分布、各产品的历史销售数据、运输批量、存货水平以及订单满足率和顾客服务水平等重要数据。由于这些数据存放在计算机系统中,调用十分方便。

2. 会计报告

会计数据的重点在于提供包括物流活动在内的所有经营业务活动的成本。当然,目前的会计体系往往没有直接提供物流管理人员所关心的库存维持成本、仓储作业成本等重要数据，对某些物流成本的描述也含糊不清。但是，可通过会计报告中对主要作业活动的成本记录数据和作业成本方法原理，估算出一些关键的物流作业成本。如仓储作业成本、运输成本等。所以，会计报告仍是成本数据的主要来源。

3. 物流研究报告

与经营运作文件和会计报告的不同之处在于，物流研究报告将会描述和定义一些十分重要的基本关系，如销售与服务的关系，运输费率与运输距离的关系等。物流研究可以由企业内部人员、企业外部的咨询机构、大学及研究机构进行。

近几年，国内越来越多的研究机构发布了物流行业报告，内容涉及物流各分支领域，例如，中国物流发展研究报告、物流仓储市场分析报告、智能物流产业发展研究报告、冷链物流发展报告，以及快递物流、同城物流、大件物流、农产品物流等专业物流发展研究报告。这些研究报告也是物流数据的来源。

4. 公开出版物

公开出版物包括物流行业杂志、学术期刊、统计年鉴，以及政府部门网站、行业协会网站等，都包含了大量的关于物流成本、运价指数、产业发展趋势、法规、标准等方面的统计数据和重要信息。物流管理人员经常查阅这些出版物和网站，从中可以获得很多有价值的信息。

第三节　设施选址的重要性及影响因素

物流网络规划设计的关键是选择物流设施的地理位置，即设施选址问题。设施选址决定了整个物流系统的模式、结构和形状，也是决定物流系统成本的重要因素。因此，一个合适的物流设施地址的选择不仅要综合考虑企业的内外部因素，还要考虑物流综合成本。

一、设施选址在供应链中的作用

物流设施在整个物流系统中具有十分重要的地位。因此，设施选址在物流系统规划中处于战略规划的重要地位，设施选址的主要作用如下。

（一）设施选址决策对供应链的运营有着长远影响

物流设施的建设需要较大的固定投入。如果某设施因区位不佳导致经营成本太高或缺乏竞争优势时，要废弃或迁移设施的代价是十分高的。合适的地理位置能使企业以较低的成本维持供应链的运营，而选址决策的失误将给供应链运营带来很大困难。例如，著名的亚马逊公司最初在美国只设有一个中心仓库，很难做到既降低运营成本，又对全国范围的市场作出灵活反应。后来，亚马逊公司改变了布局策略，在美国其他地方也增设了仓库。

（二）物流设施的位置分布决定了供应链的构架

网络设施的地理位置会影响设施的供应源和市场配置，对供应链中原料获取或产品分销的运输方式选择、合作企业选择、库存策略等均有重要影响，进而会影响供应链的构架。

从供应链系统范围来讲，核心企业（例如产品生产商）的设施选址通常会对供应商、物流企业的选址决策产生影响。例如，当法国雪铁龙汽车公司与中国东风汽车公司在武汉合资建立汽车生产基地后，雪铁龙在法国的汽车零部件供应商法雷奥和物流提供商捷富凯也都在武汉落户，分别为武汉雪铁龙汽车提供零部件和物流服务。

二、物流设施选址决策的影响因素

影响设施选址决策的因素很多，例如，地理条件、基础设施水平、自然资源分布、客户分布、产品的流量与流向等，其中既有企业内部因素，也有外部因素，最后还需权衡物流总成本。所以，下面先介绍企业内部因素和外部环境因素，然后再分析物流成本的影响。

（一）企业内部因素

企业内部因素包括战略因素、产品技术因素两个方面。

1. 战略因素

企业的竞争战略对供应链网络设计有重要影响。

以生产成本为导向的企业更倾向于在成本最低的区位布局生产设施。例如，一些发达国家的企业为了降低成本，将生产基地迁到劳动力更低廉的国家。

强调市场反应能力的企业，更倾向于在靠近目标市场的区域布局生产设施，以便企业能对市场变化迅速做出反应。

便利连锁店的竞争战略是靠近消费者，因此，连锁网点多，一般分散在居民区附近，每个店的规模不大。而对于实施低价战略的折扣店来说，例如奥特莱斯购物中心，其选址一般是距离市中心较远的郊区，占地面积大，有充足的停车位。

对于全球化的供应链网络的设计，首先需要明确每一设施的使命及其战略作用。例如，对于生产支撑型物流设施，其主要使命是为生产活动提供物流支持，应该建立在设有海外生产基地的国家和地区；对于市场导向型设施，其使命是为当地市场提供独具特色的物流服务，因此，应该选择在具有较大市场规模或特定需求的地区布局；对于战略投资型物流设施，其重要使命是建立公司的长期竞争优势，便于与竞争对手进行战略竞争，因此，应该在具有全球战略意义的国家或地区进行设施布局。另外，还有一种政策引致的布局策略，主要是为了享受东道国的优惠政策或规避东道国的政策限制，选择有优惠政策或行业限制的国家和地区进行设施布局。

2. 产品技术因素

与产品相关的技术因素包括产品生产工艺、设施和设备、原料获取代价等方面的特征，这些因素会影响产品生产成本和运输成本。

如果产品生产工艺复杂、生产设施和设备投资高，适合采取数量少而规模大的集中布局策略，通过充分发挥规模经济效应，降低生产成本。例如计算机芯片的生产就适合采取这种布局策略。否则，适合采用分散的网络布局策略，使生产基地接近市场，降低产品运输成本。

另外，当获取原材料的运输代价较大而产成品运输代价相对较低时，设施点应向原料产地靠近，以降低原料运输成本；当获取原材料的运输代价较低而产成品运输代价相对较高时，为降低产品的运输费用，设施点应该向市场靠近。

（二）外部环境因素

外部环境因素包括经济政策、税收优惠、政治环境、文化环境、基础设施、市场竞争等因素。随着经济的全球化和市场竞争的激烈化，外部环境因素对供应链网络的成败产生了很大影响。因此，企业在进行网络设施选址决策时必须考虑这些因素。

1. 政治、经济及社会因素

在全球供应链网络布局中，政治因素对设施选址具有重要影响。企业倾向于将设施布局在政局稳定的国家或地区。政局稳定、经贸规则完善、立法制度健全的国家能为企业的正常运营提供外部保障。但是,政治稳定性很难量化,只能进行主观评价和判断。

当地优惠的经济政策和税收政策也是吸引企业布局设施的重要因素。对于全球化网络的规划,如果一个目标市场所在国的关税高,在该国布局生产设施可规避关税,但对跨境电商企业来说,应选择在关税更低的国家布局海外仓库,以降低关税成本。社会因素包括当地的宗教、风俗习惯、居民待人友善度等方面。这些因素会影响设施将来的运营策略。

2. 基础设施因素

场地供给,劳动力供给,靠近运输枢纽、靠近机场、码头及高速公路入口,地方性公共设施完善,这些都是关键性的基础设施条件。良好的公共基础设施和交通条件有利于企业将来的运营,也是设施选址应该考虑的重要因素。我国的上海、北京、广州等大城市,虽然当地的劳动力成本不菲、地价较高,但却吸引了大量的外国企业投资建厂,其基础设施完善是其中一个重要的因素。

3. 竞争因素

设施选址时,企业还必须考虑到竞争对手的战略、规模和布局。企业首先面临的布局决策是:邻近竞争对手还是远离竞争对手进行设施布局?其他的决策问题还包括:企业如何进行竞争?如何获得竞争优势?等等。

(三)物流成本因素

物流总成本包括物流运营成本和设施固定成本。物流网络中的设施数量、规模、生产能力配置发生改变时,物流运营成本及设施固定成本也会发生变化。设施固定成本与所选区位的地价有关,物流运营成本主要包括设施建成后的运输成本和库存成本。影响物流成本的因素很多,既有外部因素,也有内部因素,影响机理也非常复杂。图 7-4 是网络设施数目对库存持有成本、运输成本和设施固定成本的影响情况示意图。

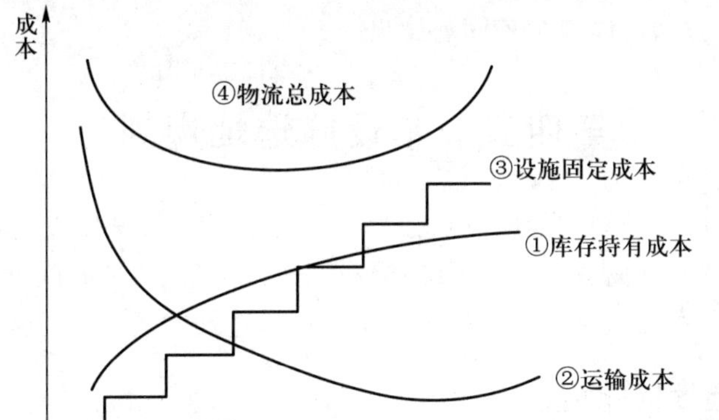

图 7-4 设施数目对物流成本的影响

1. 库存持有成本

物流设施数目增加,在同样安全系数的情况下,库存量会增加,由此将引起库存持有成本上升,如图 7-4 中曲线①所示。为减少库存成本,宜采取合并物流设施、集中库存的形式。

2. 运输成本

运输成本包括进货(即入库)运输成本和送货(即出库)运输成本。一般来说,单位进货运输成本比单位送货运输成本要低。

进货运输成本是指向设施运进时发生的成本。由于进货量一般都较大,便于采用整车装运或铁路运输,利用大运量产生规模经济效应,可使单位进货成本降低。送货成本是指从设施点向外运送货物发生的成本。从物流设施点向客户送出的货物一般比从外运进来的货物数量更少,品种更多,单位运输成本更高。例如一个配送中心从供应商那里运进的往往是整车装运的一种商品,但是客户的一张订单往往包括很多品种的商品,且每种商品的数量不多,不适合整车装运,只能利用零担运输的方式,导致单位运输成本上升。

增加仓库数量,能使仓库更接近客户,能减少送货的距离,但也使每个设施点的进货批量下降了。其结果是单位进货成本上升,单位送货成本下降,后者下降的幅度更大,因此,总运输费用会下降。但是,如果设施数量增加到一定程度,会导致进货批量规模很小,导致进货成本大幅上升,而送货成本降低的幅度越来越小,这样又会导致总运输成本上升。这种变化特征如图 7-4 中曲线②所示。

3. 设施固定成本

设施固定成本主要是指设施的建设成本和租赁成本,也包括维持设施运营的相关成本(例如基本工具、水电费用等),其中大多数是与通过设施点的货流量无关的。减少设施数量能减少设施的固定投资成本,也会使相应的运营管理费用下降。其变化规律如图 7-4 中曲线③所示。

物流总成本主要是由库存持有成本、运输成本、设施固定成本三部分构成的,将图 7-4 中三条曲线合并,得到曲线④所代表的变化趋势,即物流总成本是随着设施数量的增加先降低、后增加的。因此,理论上存在一个使物流成本最低的最佳设施数量,但实际上很难直接建立模型求出该最佳值,一般是根据经验先拟定几个备选的设施点,再通过定量方法选出合适的设施点,不同的方法可能得出不同的结果。

第四节　单设施选址规划

从不同角度划分,选址规划问题可划分为多种类型,例如,可按设施数量分为单设施选址、多设施选址;可按变量离散度分为连续选址法、离散选址法;按时间维度又可分为动态选址、静态选址,等等。本书只讨论单设施选址与多设施选址问题。

一、单设施选址问题描述

单设施选址问题只需确定一个设施点的位置,网络中的其他设施点位置是已知的。重心法是最常见的单设施选址规划方法。

(一)已知条件

如图 7-5 所示,物流网络中现已有若干工厂、仓库、配送中心等设施,其位置已知;根据市场情况,现决定新建一座中转仓库,要求确定中转仓库的最佳位置。图中星号(✛)代表待建设的中转仓库,其坐标位置未知,用$(\bar{x},\bar{y})$表示。单设施选址问题的已知条件如下:

(1) 网络中现有的工厂仓库和配送中心的坐标值分别为：$(x_1,y_1),(x_2,y_2),\cdots,(x_n,y_n)$；

(2) 网络中现有设施点 i 到待建仓库的单位运输费率为 R_i；

(3) 现有设施点 i 与待建仓库之间的货物运输量为 V_i。

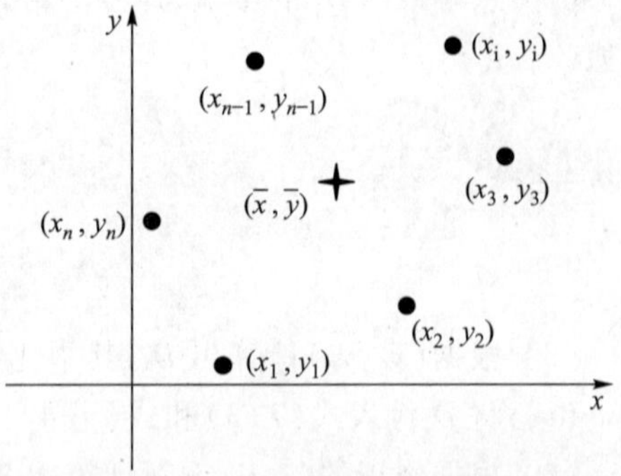

图 7-5　单设施选址问题示意图

(二) 假设条件

为使问题简化，提出如下假设条件：

(1) 假设运输费用与距离成正比；

(2) 运输线路为直线或基本按直线考虑；

(3) 忽略在不同地点选址可能产生的固定投资、劳动力成本及库存成本的差异；

(4) 不考虑将来的运输费率的变化；

(5) 待选址设施到现有节点 i 之间的距离为 D_i，其计算公式为：

$$D_i=k\sqrt{(x_i-\bar{x})^2+(y_i-\bar{y})^2} \tag{7-1}$$

式中，k 表示模型中坐标单位与实际空间距离的比例尺（如 1=10 米，则 $k=10$）。

二、重心法数学模型及求解步骤

(一) 重心法数学模型

重心法是单设施选址最为常用的方法，它将运输成本作为唯一的选址决策依据，是一种静态的选址方法。

模型以总费用最小为优化目标，根据假设条件(3)，不考虑设施建设成本、劳动力成本和库存成本的差异，则网络总成本可简化为运输总成本，即以总运费最小为目标：

$$\mathrm{Min}TC=\sum_i V_iR_iD_i \tag{7-2}$$

式中：TC——满足所有货物运输需求的总运输成本；

V_i——某设施点 i 的运输量；

R_i——待选址设施到现有设施点 i 的运输费率；

D_i——待选址设施到现有设施点 i 的距离。

对目标函数求偏导数，并代入距离计算表达式，经过数学整理，可求出待选设施点的坐标值如下：

$$\bar{x}=\frac{\sum_i V_iR_ix_i/D_i}{\sum_i V_iR_i/D_i} \tag{7-3}$$

$$\bar{y}=\frac{\sum_i V_iR_iy_i/D_i}{\sum_i V_iR_i/D_i} \tag{7-4}$$

式中：$\bar{x},\bar{y}$——待选址设施的坐标；

x_i,y_i——已知设施点（包括供应点与需求点）的坐标。

距离 D_i 按式(7-1)计算。

(二) 重心法求解步骤

(1) 确定已知的供给点与需求点的坐标、运输量及线性运输费率；

（2）忽略距离 D_i 的影响，即令 $D_i=1$，根据公式（7-3）、（7-4）求得待选址设施的初始坐标值（$\bar{x}_0$，$\bar{y}_0$）：

$$\bar{x}_0=\frac{\sum_i V_i R_i x_i}{\sum_i V_i R_i} \tag{7-5}$$

$$\bar{y}_0=\frac{\sum_i V_i R_i y_i}{\sum_i V_i R_i} \tag{7-6}$$

（3）根据（$\bar{x}_0$，$\bar{y}_0$）计算出 D_i，其中比例系数 k 暂不考虑；

（4）将 D_i 代入式（7-3）和式（7-4）中，求出修正的（$\bar{x}$，$\bar{y}$）；

（5）根据修正的（$\bar{x}$，$\bar{y}$）重新计算 D_i；

（6）重复第 4 步和第 5 步，直到（$\bar{x}$，$\bar{y}$）的变动小于预定的误差范围；

（7）最后，根据求得的最佳坐标值计算运输总成本。

三、重心法的特点

为分析重心法用于设施选址决策的优点和局限，先看下面的应用实例。

【例 7-1】 某企业有两个生产基地，三个地区分拨中心，各设施点的位置坐标如表 7-2 所示。企业决定对物流网络进行改造，在生产基地与分拨中心之间新建一个中央仓库 W，由生产基地向中央仓库供货，中央仓库再向三个分拨中心供应货物（如图 7-6 所示）。如何确定中央仓库的最佳位置？

表 7-2 各设施的坐标值、货运量及运输费率

设施点序号	货运量	运输费率（元/T/km）	坐标（km）（x,y）	
P_1	2 000	0.40	3	8
P_2	3 000	0.40	8	2
P_3	2 500	0.60	2	5
P_4	1 000	0.60	6	4
P_5	1 500	0.60	8	8

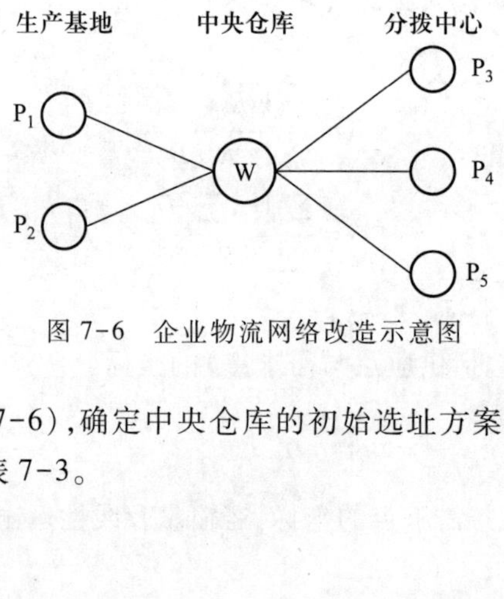

图 7-6 企业物流网络改造示意图

解：先利用式（7-5）、（7-6），确定中央仓库的初始选址方案（$\bar{x}_0$，$\bar{y}_0$）。

相关数据的计算列入表 7-3。

表 7-3　中央仓库的初始选址计算

设施点	x_i	y_i	V_i	R_i	V_iR_i	$V_iR_ix_i$	$V_iR_iy_i$	D_i	$V_iR_iD_i$
P_1	3	8	2 000	0.40	800	2 400	6 400	35.52	28 416
P_2	8	2	3 000	0.40	1 200	9 600	2 400	42.63	51 156
P_3	2	5	2 500	0.60	1 500	3 000	7 500	31.65	47 475
P_4	6	4	1 000	0.60	600	3 600	2 400	14.48	8 688
P_5	8	8	1 500	0.60	900	7 200	7 200	40.02	36 018
合计					5 000	25 800	25 900		171 753

根据表 7-3 的数据求得中央仓库的初始坐标如下：

$$\bar{x}_0 = 25\ 800/5\ 000 = 5.16$$

$$\bar{y}_0 = 25\ 900/5\ 000 = 5.18$$

按照求解步骤中的第 3 步、第 4 步和第 5 步，循环计算各距离 D_i，再对坐标值进行修正，迭代结果如表 7-4 所示。分析表中数据及计算结果，迭代 10 次后，总成本及坐标值已趋于平稳，不再变化，已接近最优值了。

事实上，当各节点的坐标与运输总量分布均匀，运输费率为线性的情况下，应用重心法得到的初始值($\bar{x}_0$,$\bar{y}_0$)就是一个满意解。但对于节点数量较少，各点间的运输量差异较大，且运输费率为非线性时，应当进行适当次数的迭代修正。

表 7-4　迭代结果的比较

迭代次数	$\bar{x}$坐标	$\bar{y}$坐标	总成本
1	5.160	5.180	171 768
2	5.038	5.056	171 450
3	4.990	5.031	171 417
4	4.996	5.032	171 409
…	…	…	…
10	4.917	5.054	171 401
…	…	…	…
100	4.910	5.058	171 401

由计算例子可以看出重心法的优点主要是计算速度快，能很快找到使运输总成本最低的最优位置点。其缺点是得出的最佳位置也许在实际中并不可行。另外，从模型建立的假设条件及模型本身来看，还存在以下一些缺陷：

(1) 选址模型只考虑了可变的运输成本，没有考虑在不同地点建立仓库所需的固定投资的不同，也没有考虑不同地点的设施运营费用(例如人力成本、公共事业费用、库存持有成本等)的差异。

(2) 模型假设运输成本与运距呈线性关系，而实际上的运输费用由两部分构成，一部分是不随运输距离变化的固定部分，另一部分才是随距离变化的可变部分，且呈非线性关系。

(3) 模型将待选设施点与各仓库之间的路线假设为一条直线，实际上，运输总是在固有的道路网中进行，两设施点之间不可能总是直线距离。一般可根据实际地形，选择一个大于1的折线因子，将计算出的直线距离放大相应的倍数，作近似处理。

尽管有上述局限性，由于重心法计算简便，能快速得到一个理论上的最优点，管理者和决策者可以此计算结果为依据，确定一个相邻近的位置，作为初始布局方案。因此，重心法仍然得到广泛的应用。

第五节　多设施选址规划

一、问题描述

从应用角度来讲，多设施选址问题更具有实际意义，因为影响设施选址的因素不只是运输费用，还包括仓库数量、容量、库存成本、不同产地的生产成本差异等。因此，多设施选址问题是一类复杂的优化问题，也是多个领域研究的热点。用于选址规划的方法很多，例如，线性规划法、目标规划法、树形搜索法、动态规划法等，其中应用最广的是混合整数线性规划法。

下面先通过一个示例来描述多设施选址规划的问题。

【例 7-2】 某企业计划筹建包括生产基地在内的绿色产品专卖超市连锁网络，网络中的产品划分为 A、B 两大类。计划如下：

(1) 受现有条件的限制，生产基地的数量限制在 1～2 个；

(2) 出于人口分布的考虑，计划建立 3 个大型专卖超市，超市地址已经选定，且已估算出各超市对两类产品的需求量，见表 7-1；

(3) 受超市数量和位置的约束及可供选址的土地因素约束，考虑在城市内建设 1～2 个中转仓库。

现在，需要对以下几个问题进行决策：

(1) 共建几个中转仓库？如果只建 1 个中转仓库，应建哪一个？如果建 2 个中转仓库，如何为超市供货？

(2) 共建几个生产基地？如果建 2 个生产基地，怎样分配生产数量？怎样为中转仓库供货(在建立 2 个中转仓库的情况下)？

要进行上述问题的决策，首先必须经过充分的市场调查和可行性分析，提出初步的备选设施，并收集相关信息。经过初步分析，提出两个工厂 P_1 和 P_2 作为备选的生产基地，两个仓库 W_1 和 W_2 作为备选的中转仓库。其中，工厂 P_1 的生产能力有限制，可生产 A 产品 60 000 件，或生产 B 产品 50 000 件，产品 A 和产品 B 的单位生产成本分别为 32 元/件和 24 元/件；工厂 P_2 生产任何一种产品都没有生产能力的限制，产品 A 和产品 B 在工厂 P_2 的单位生产成本分别为 32 元/件、16 元/件。仓库 W_1 对两类产品的作业成本均为 16 元/件，周转能力为每年 110 000 件，仓库固定成本为 800 000 元；仓库 W_2 对两类产品的作业成本均为 8 元/件，周转能力没有限制，仓库建设固定成本为 4 000 000 元。另外，根据经验分析可估算出各备选设施点之间的单位运输费用。

在上述分析的基础上，可画出图 7-7 所示的多设施选址决策网络模型图。图中线条上列出的数据是产品从生产基地到仓库、从仓库到客户需求地的单位运输费用。这样，例题要求的网络规划问题就转化成从两个备选的生产基地和两个备选仓库进行选择,并分配产品生产量和运输量的决策问题。

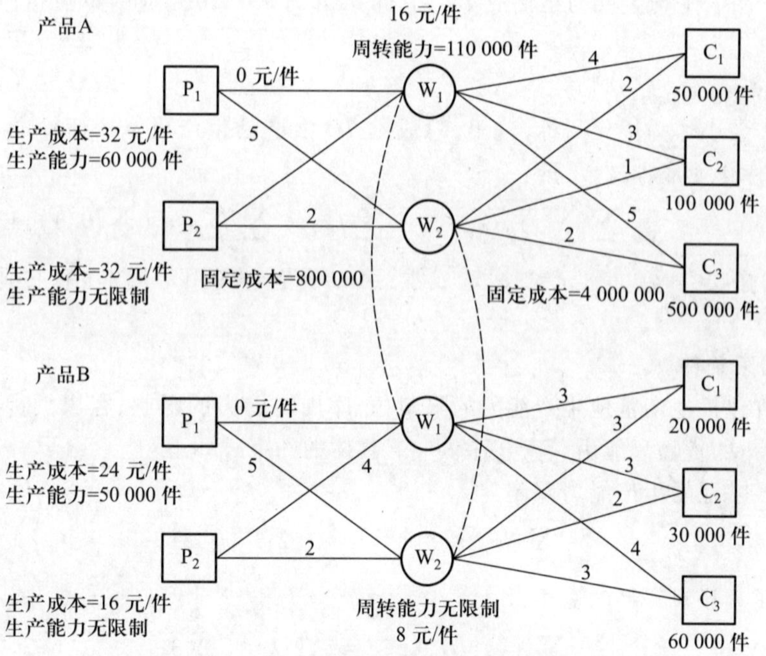

图 7-7　多设施选址决策网络模型

假设生产成本、运输成本、仓库作业成本均与产品数量成正比,且不考虑将来费率的变化,该问题可用混合整数线性规划模型来解决。

二、混合整数线性规划模型

根据上面的分析,可建立上述问题的混合整数线性规划模型。

(一)变量说明

1. 下标索引

i——产品类别,$i=1,2$;

j——生产基地编号,$j=1,2$;

k——中转仓库编号,$k=1,2$;

l——超市卖场编号,$l=1,2,3$。

2. 决策变量

X_{ijkl}——由生产基地 j 生产、经仓库 k 周转、提供给超市卖场 l 的产品 i 的数量;

y_{kl}——0-1 变量,当仓库 k 向超市卖场 l 供货时取值 1,否则取值 0;

z_k——0-1 变量,当确定使用仓库 k 时取值 1,否则取值 0。

3. 参数

S_{ij}——产品 i 在生产基地 j 的最大生产量;

D_{il}——超市卖场 l 对产品 i 的需求量;

$\underline{V_k},\overline{V_k}$——仓库 k 的周转总量下限和上限;

f_k——仓库 k 年固定成本；

u_k——产品经周转仓库 k 周转的平均操作费(元/件)；

C_{ijkl}——产品的平均生产与运输成本(元/件)，由图 7-7 中相应的单位生产成本与运输成本相加得到。

（二）目标函数

以总成本最小作为优化目标，这里，总成本 TC 由产品生产成本和运输成本、仓库固定建设成本、仓库作业成本构成，即：

$$MinTC = \sum_i \sum_j \sum_k \sum_l C_{ijkl} X_{ijkl} + \sum_k f_k z_k + \sum_k \sum_l [u_k(\sum_i D_{il}) y_{kl}] \quad (7-7)$$

式(7-7)中，第一项是生产与运输成本；第二项是仓库固定成本；第三项是仓库作业成本。

（三）约束条件

约束条件包括生产基地生产能力的限制、仓库周转能力的限制、客户供货要求等约束，例如，一个客户的货物只能由一家仓库供应。具体的约束式如下：

(1) 生产基地的生产能力限制：

$$\sum_k \sum_l X_{ijkl} \leqslant S_{ij} \quad i = 1,2; j = 1,2;$$

(2) 满足卖场对产品的需求量：

$$\sum_j \sum_k X_{ijkl} = D_{il} y_{kl} \quad i = 1,2; l = 1,2,3;$$

(3) 一个客户只能由一家仓库供货：

$$\sum_k y_{kl} = 1 \quad l = 1,2,3;$$

(4) 仓库周转总量限制：

$$\underline{V_k} z_k \leqslant \sum_l (\sum_i D_{il}) y_{kl} \leqslant \overline{V_k} z_k \quad k = 1,2;$$

(5) 变量非负约束：

$$X_{ijkl} \geqslant 0 \quad i=1,2; j=1,2; k=1,2; l=1,2,3。$$

上述混合整数规划模型的求解要用到复杂的算法。常用的优化算法有一般线性规划方法、分支定界法、遗传算法、禁忌搜索算法、模拟退火算法等；算法的求解可利用 MATLAB、LINGO/LINDO 等优化软件实现。具体的算法过程、优化软件的使用等请参阅其他相关书籍。

对上述例子进行求解得到的一个方案如下：

(1) 建设一个生产基地 P_2；

(2) 由 P_2 生产所需的全部产品；

(3) 建设一个周转仓库 W_2 向 3 个超市卖场供货；

(4) 运输总成本=122 万元/年；

(5) 周转仓库维持成本=248 万元/年；

(6) 周转仓库固定成本=200 万元/年；

(7) 生产成本=816 万元/年；

(8) 总成本=1 386 万元/年。

三、启发式方法

启发式方法以直觉、经验为基础,针对具体的问题,求解问题之前设计好一套指导问题求解的经验法则。在对网络资源进行优化的过程中,如果发生资源冲突,就依据事先确立的经验法则进行调整。启发式方法通常得到的是满意解,无法保证获得最优解。在物流网络规划过程中,常见的典型的启发式法则如下:

(1) 仓库的最佳选址通常位于那些需求最大的地区或临近这些最大需求的地方;

(2) 购买量巨大的客户(其购买量超过正常的运输批量)应该由供应点直接供货,不必通过中转仓库二次运输;

(3) 对需求量及需求提前期波动很小的产品,应当实行准时制管理,尽量减少库存;

(4) 在现有配送网络中增加新设施(如仓库)的前提条件是,新增加的设施能最大程度地节约物流总成本;

(5) 从分拨角度看,成本最高的客户是那些以小批量购买且位于运输线末端的客户;

(6) 所谓经济运输批量,是将配送网络中从运输起点到最偏远客户之间的运输线路上的小批量需求累加起来而实现的满载运量。

【例 7-3】 如图 7-8 所示,某企业计划建 P_1、P_2 两个工厂,经过备选仓库 W_1、W_2 向客户市场 C_1、C_2 和 C_3 供应某类产品。工厂 P_1 的产能不限,工厂 P_2 实际产能为 60 000 件。仓库 W_1、W_2 具有相同的搬运作业成本。三个市场 C_1、C_2 和 C_3 的产品需求分别为 50 000 件、100 000 件和 50 000 件。各设施点之间的单位运输费用如图 7-8 数据所示。现在要求确定合适的配送策略,即选择合适的工厂及配送中心方案,在满足各市场需求的同时又不超过工厂的产能约束,并使总成本最小。

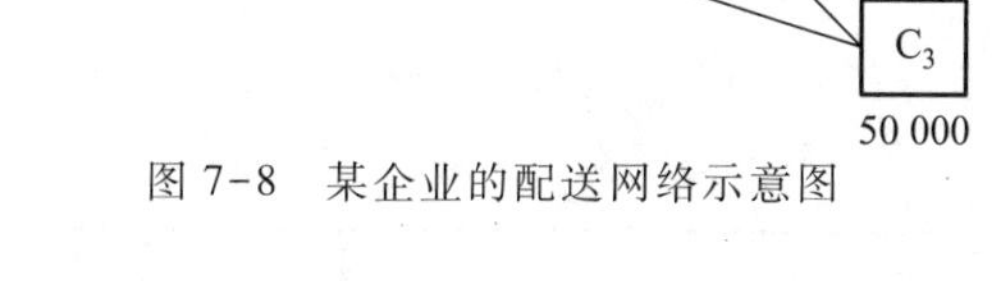

图 7-8 某企业的配送网络示意图

这是一个简单的设施选址决策问题。通过分配设施物流量决定是否选择某设施点,如果某设施点没有分配物流量,则该设施没有被选中。

通常可应用多种启发式法则来解决某一问题。例如下面将应用两种不同的启发式法则求解该例题的问题。

(1) 启发式法则一:对每个市场,选择最便宜的仓库来满足需求。

根据这一经验法则,市场 C_1、C_2 和 C_3 都将使用仓库 W_2 来供货,仓库 W_1 不被选中。然后,再为仓库 W_2 选择配送成本最低的工厂供货,即工厂 P_2。由于 P_2 的产能有限,余下的需求将由 P_1 来满足。这样,将首先从 P_2 配送 60 000 件,剩下的 140 000 件由 P_1 供应。

该网络总配送成本 = 2×50 000+1×100 000+2×50 000+2×60 000+5×140 000 = 1 120 000(元)

（2）启发式法则二：对每个市场，选择总配送成本最低的仓库来满足需求。

经过某仓库的总配送成本等于入库成本和出库成本之和。利用该法则，将某市场所有可行的配送路径列举出来，再分别求出各可行路径的总配送成本，然后，比较选择出总配送成本最低的配送方案。完成所有市场的分析后，选择出最合适的工厂和仓库方案。具体过程如下。

对于市场 C_1，有四种可行方案或配送路径，即：$P_1 \to W_1 \to C_1$，$P_1 \to W_2 \to C_1$，$P_2 \to W_1 \to C_1$，$P_2 \to W_2 \to C_1$。在这些配送方案中，总配送成本最低的方案是 $P_1 \to W_1 \to C_1$。因此为市场 C_1 选择仓库 W_1。通过同样的分析，对于客户 C_2，总配送成本最低的方案是 $P_2 \to W_2 \to C_2$；对于客户 C_3，总配送成本最低的方案是 $P_2 \to W_2 \to C_3$。

因此，仓库 W_1 需要向客户 C_1 配送 50 000 件产品，仓库 W_2 需要向客户 C_2 和 C_3 供应 150 000 件产品。最好的入库配送模式是由工厂 P_1 向仓库 W_1 供应 50 000 件产品，向仓库 W_2 供应 90 000 件产品，工厂 P_2 向仓库 W_2 供应 60 000 件产品。

该网络总配送成本 = 5×90 000+2×60 000+3×50 000+2×100 000+2×50 000 = 1 020 000(元)

显然，对例题 7-3 来说，启发式法则二得到的方案更好。但是，这两种启发式算法都没有得到成本最小的策略。

与优化方法相比，由于启发式方法较多地依赖主观经验和直觉，通用性和移植性较差，并且在对复杂的网络进行规划求解时，求解时间较长，求解结果精度不高，通常得到的是满意解。

本章小结

物流网络是指物流过程中相互联系的企业及其设施在空间上的拓扑联系。物流设施的数量及其规模、设施的地理位置等对物流服务能力和服务成本具有重要影响，因此，物流网络规划设计具有重要的战略意义。物流网络规划的主要任务包括物流网络结构设计、设施数量、功能及地理位置的规划，设施产能规划决策等。物流网络规划包括了一系列复杂的过程，从初步的网络布局到一系列潜在地址的选择，再到精确的选址规划模型，需要收集大量的数据信息，包括产品、客户、成本、空间信息等方面。从定性角度分析，物流设施选址受到企业内部因素、外部环境因素及物流成本因素的影响。从定量角度看，单设施选址规划常见的是重心法，多设施选址规划常见的有混合整数规划方法和启发式方法。混合整数规划方法得到的选址方案更佳，总成本更低，但模型复杂，需要借助优化算法和软件工具；启发式方法得到的选址方案一般不是最佳方案，但方法简单。

复习题

一、简答题

1. 什么叫物流网络？物流网络的关键要素有哪些？

2. 为什么说物流网络规划属于战略层的规划？

3. 对于计算机芯片这类具有较高技术弹性的产品，其生产设施布局适合采取什么样的布局策略？对于全球饮料公司（如可口可乐公司）来说，其生产设施布局又宜采取什么样的布局策略？

4. 数据收集阶段，如何确定两备选设施点之间的距离？

5. 物流总成本由哪几部分构成？

6. 哪些外部因素会影响物流设施的选址决策？

7. 重心法选址的优点是什么？有哪些局限性？

二、计算题

1. 某企业有两个生产厂（P_1，P_2）服务于三个目标市场（M_1，M_2，M_3），地理坐标、各节点的货运量和运输费率如表 7-5 所示：

表 7-5　各设施点的坐标值、货运量和运输费率

节点	坐标（x，y）（千米）		货运量（吨）	运输费率（元/吨/千米）
P_1	3	8	5 000	0.04
P_2	8	2	7 000	0.04
M_1	2	5	3 500	0.095
M_2	6	4	3 000	0.095
M_3	8	8	5 500	0.095

如果要新建一个中转仓库，试用重心法为该仓库选择最佳位置。

2. 假设有 5 家工厂，其坐标分别为 $P_1(1,2)$，$P_2(7,4)$，$P_3(3,1)$，$P_4(5,5)$，$P_5(2,6)$。现在要建立一个中心仓库为这 5 家工厂提供原料配送服务。各工厂到中心仓库的运输由货车完成，运量按车次计算，分别为每天 3、5、2、1、6 次。试确定中心仓库的最佳位置。

三、即测即评

【案例1】

盒马鲜生新零售门店选址案例

一、新零售——互联网环境下的零售模式变革

移动互联网、物联网、大数据、云计算、人工智能等新一代信息技术的快速发展和应用，驱动着传统零售业的转型和创新发展。其中，新零售成为消费升级背景下的必然选择。新零售是线上与线下融合的零售新业态。一方面，阿里巴巴等电商巨头积极发展线下服务，另一方面，传统实体零售企业积极拓展线上服务，满足人们全渠道的消费需求。

“盒马鲜生”是阿里巴巴集团旗下的新零售业态，它是基于新场景、新用户、新媒介搭建的全新的零售模式。该模式是线上、线下相结合，线下门店除了传统的零售功能，还具有商品展示、体验、售后服务等功能。消费者可以在线下门店购买生鲜食品，还可以直接加工后

在店内的餐厅食用,消费者还可以对店内的卫生环境、产品质量等进行观察,为其线上购物提供直接参考。另外,线下门店还是线上销售商品配送的前置仓,即消费者在线上下单的产品,商家可直接从线下门店进行配送,从而加快配送速度,减少损耗。这种“线上下单+宅配”的模式显著提高了物流效率,例如,门店附近3公里范围内,30分钟就能送货上门,从而有效保证了生鲜农产品的品质,提高了消费者的满意度。盒马鲜生的门店数量迅速增长,从2016年初在上海开设第一家门店,到2021年2月其门店数量已达到230多家,遍布上海、北京、深圳、成都、南京、武汉、西安等城市。

二、盒马鲜生门店选址面临的问题

传统的农产品配送中心多数处于城市郊区。但是,盒马鲜生线下门店实行店仓一体化,同时还承载着销售、餐饮等线上线下互动体验功能。这就要求门店能靠近目标客户群,位于城市居民区附近。因此,公司面临着选址成本过高的问题;另外,由于开店成本很高,所以,线下门店的选址对公司非常重要。

与一般零售店的选址问题不同,盒马鲜生门店的选址要考虑线上线下的融合,包括价格、配送、库存等多方面的融合,还要强调顾客的消费体验和配送时效性。因此,线下门店的选址不仅需要考虑周围环境因素,如社区商圈的分布、土地价格等,还需要考虑地址是否有利于线上与线下渠道的融合,即后续的配送问题、顾客的体验问题、门店之间的转运问题等。

综合考虑上述因素,盒马鲜生在选址时遵循了两大原则:经济性原则和以消费者为中心的原则。经济性原则即降低开店成本,新零售门店选址时既要考虑租金成本、建设成本,还要考虑配送成本、门店之间转运成本等。以消费者为中心的原则就是强调提高消费者线下和线上购买的满意度,增强顾客黏性;还要考虑消费者的消费能力,新零售旨在提高消费质量,其目标人群是追求高品质消费的顾客。

三、盒马鲜生在南京市的门店布局实例

综合考虑消费者分布、开店成本、盈利等因素,盒马鲜生线下门店目前主要分布在国内大、中城市。例如,南京市截至2021年2月共有13家盒马鲜生门店,分布在南京市的秦淮区、鼓楼区、建邺区、江宁区和栖霞区。从南京市城市空间特点看,这13家门店中有5家门店分布在南北走向的主城区,8家门店位于近郊区。这样布局的主要原因如下:

(1) 5家门店所在的秦淮区和鼓楼区属于南京市的主城区,区内人口密度最大,商业繁华,市场需求旺盛。

(2) 分布在近郊区的8家门店虽距离主城区有一定距离,但门店具体位置也是位于各区内的商圈和人口密集区域,例如建邺区的河西商圈、江宁区的百家湖商圈等。

(3) 栖霞区地形呈东西狭长状,在东西区域形成了迈皋桥和仙林大学城两大商圈,因此,位于栖霞区的两家门店距离较远。

问题讨论:

1. 与电商模式相比,新零售模式有何优势?
2. 与传统零售店比较,新零售线下门店的选址有何特殊性?

【案例2】

Efes 啤酒公司选址决策案例

一、案例背景

Anadolu Efes 啤酒公司(简称 Efes 公司)是土耳其啤酒市场的领导者,也是全球知名的啤酒公司。公司在 6 个国家和地区拥有 21 个啤酒厂,5 个麦芽制造厂,1 个啤酒花加工厂,在 10 个国家和地区(包括土耳其)拥有 26 个瓶装厂。公司产品销往 70 多个国家。公司在 21 世纪面临的两项主要挑战是如何开展企业多样化战略及巩固自己在土耳其啤酒酿造行业的核心地位。

依据土耳其国内啤酒市场的现状,Efes 亟待解决的问题是企业的产能无法跟上市场对啤酒的需求。与此同时,愈来愈激烈的竞争亦成为企业面临的另一个重要问题。面对巨大竞争压力,Efes 管理层依旧认为重新设计并强化 Efes 产品分销网络是获取竞争优势的关键。

二、Efes 的啤酒生产过程及分销渠道简介

啤酒由谷物如玉米、水稻、小麦等中碳水化合物发酵而成,其主要成分为麦芽、水及啤酒花。啤酒的酿造过程包括四步:首先需要将麦芽、蔗糖、啤酒花和水混合,经过一系列操作变为麦芽汁;第二步是酿造,将麦芽汁冷冻并放入发酵箱中;第三步加入酵母,并进行 3~10 天的发酵过程;最后一步,根据不同类型啤酒产品进行后续处理。根据 Efes 实际生产工艺,对于国产及进口麦芽,每 1 000 吨麦芽可酿造的啤酒量分别为 8 333 万公升及 9 091 万公升。

Efes 的啤酒产品生产实际过程发生于麦芽生产厂及酿造厂中,麦芽生产厂产出麦芽等原材料,再经酿造厂酿造处理后,成品通过分销渠道运送至各市场。Efes 在土耳其有 3 个麦芽生产渠道,其中,国内现有两个麦芽生产厂,分别位于大麦主种植区科尼亚和阿菲永,另有 1 个通过伊兹密尔港口进口国外麦芽产品。Efes 的两个酿造厂分别为于伊斯坦布尔和安卡拉。产出的啤酒通过 5 个渠道销出,分别是位于伊斯坦布尔、安塔利亚、布尔萨、开塞利的分销中心分别配送至所在区域,以及通过伊兹密尔港口出口到其他国家。

三、Efes 面临的问题

由于预测到啤酒市场的需求将在未来几年内增长,为了保持现有市场份额,Efes 将扩大产能提上决策日程。但由于旧厂已投入运营,无法在现有的旧厂基础上进行扩建,Efes 管理层需要对是否新建酿造厂进行决策。新的酿造厂将装备最新制造工艺,能够达到每年 7 亿公升的产能;如果在新酿造厂基础上进行扩建,则可以达到每年 120 亿公升的产能,但由于资金的限制,扩建成本需要用年利率为 10% 的贷款实现。公司管理层从水源及原料质量等方面慎重考虑,将伊兹密尔、萨卡里亚和阿达纳作为 3 个潜在的新建工厂地点。管理层需要做出以下决策以达到成本最小(由于建造成本的回收周期,可以将建造成本分摊至 20 年进行成本计算):

(1) 在哪些地点建立新的酿造厂?

(2) 是否对某个新建酿造厂进行扩建?

(3) 如何分配各厂的生产数量以满足各地市场需求?

四、数据信息

麦芽生产厂至酿造厂、酿造厂至各地分销中心的运输费用如表 7-6 及表 7-7 所示;表 7-8包括了 Efes 公司未来 3 年各地分销中心的啤酒需求预测量;表 7-9 及表 7-10 列出了现有麦芽生产厂及酿造厂生产与酿造能力;表 7-11 为酿造厂新建及扩建成本。

表 7-6 麦芽制造厂至酿造厂的运输费用

单位:千万美元/千万公升

麦芽制造厂 \ 酿造厂	现有酿造厂		待建酿造厂		
	伊斯坦布尔	安卡拉	伊兹密尔	萨卡里亚	阿达纳
阿菲永	0.026	0.017	0.020	0.019	0.032
科尼亚	0.037	0.017	0.031	0.030	0.022
出口(伊兹密尔)	0.032	0.033	0.004	0.028	0.048

表 7-7 酿造厂至分销中心的运输费用 单位:千万美元/千吨

酿造厂 \ 分销中心		伊斯坦布尔	伊兹密尔	安塔利亚	布尔萨	开塞利	出口(伊兹密尔)
现有	伊斯坦布尔	0.000	0.040	0.052	0.017	0.055	0.042
	安卡拉	0.032	0.041	0.039	0.027	0.023	0.043
待建	伊兹密尔	0.040	0.000	0.032	0.023	0.062	0.002
	萨卡里亚	0.011	0.034	0.041	0.011	0.045	0.036
	阿达纳	0.067	0.064	0.040	0.060	0.024	0.066

表 7-8 分销中心未来每年需求预测量 单位:千万公升/年

分销中心 \ 年数	第一年	第二年	第三年
伊斯坦布尔	103	110	125
伊兹密尔	74	80	90
安塔利亚	50	53	60
布尔萨	60	75	85
开塞利	102	110	125
出口(伊兹密尔)	13	13	15
总计	402	441	500

表 7-9　麦芽制造厂生产能力　　　　单位:千吨/年

麦芽制造厂	生产能力值
阿菲永	30
科尼亚	68
出口(伊兹密尔)	20

表 7-10　酿造厂生产能力　　　　单位:千万公升/年

酿造厂 / 生产能力值	现有酿造厂		待建酿造厂		
	伊斯坦布尔	安卡拉	伊兹密尔	萨卡里亚	阿达纳
生产能力	220	200	70	70	70
扩建后可增加生产能力	不可扩建	不可扩建	50	50	50

表 7-11　待建酿造厂新建及扩建费用　　　　单位:千万美元

待建酿造厂	新建费用	扩建费用
伊兹密尔	75	30
萨卡里亚	70	27
阿达纳	68	25

问题讨论:

通过以上数据,建立该问题的优化模型,并进行优化求解。帮助管理者进行如下问题的决策:

(1) 在哪些地点建立新的酿造厂?

(2) 是否对某个新建酿造厂进行扩建?

(3) 如何分配各厂的生产数量以满足各地市场需求?

第八章

运输及配送路径的优化

【本章学习目标】

- 理解运输方式选择的原则，掌握基于总成本的运输方式选择方法。
- 掌握供需之间直达运输及存在中间转运时的运输调配方案决策方法。
- 掌握单一车辆配送路径优化的动态规划法、Dijkstra 方法。
- 掌握 TSP 模型及其求解方法。
- 理解多车辆路径问题的优化数学模型。
- 掌握求解多车辆路径问题的扫描法和节约法。

【本章导读】

运输系统是物流系统最重要的子系统。运输系统的合理规划对提高物流系统效率、降低物流成本具有重要意义，因此也是物流系统规划与决策的关键。运输系统规划的内容很多，包括运输方式的选择、运输组织与运输调配决策、车辆路径规划等，不同内容有不同的解决方法，包括定性方法和定量方法。本章将介绍运输方式的选择、物资运输调配决策以及车辆路径规划等问题及其常用解决方法。

第一节　运输方式的选择

选择合理的运输方式是提高运输效率和服务质量，降低运输成本的重要保证，既要考虑客户对货物运输的要求，又要考虑运输对其他物流环节的影响。下面先介绍选择运输方式的主要原则，然后再介绍一种基于总成本比较的选择方法。

一、运输方式选择的原则

各种运输方式都有各自的特点，不同特性的物资对运输活动的要求也不完全相同。例如，铁路运输可靠性高，若能充分利用运量与运距的规模效应，则货运成本较低，但铁路运输时间较长，缺乏灵活性。而公路运输的时间和线路均很灵活，虽然单位运输成本较高，但很容易满足及时性要求。

当同时存在多种运输方式可供选择的情况下，就需要进行选优抉择。运输方式的选择是一个非程序化的决策问题，要制订一个统一规定的标准是很困难的，只能在组织货物运输时，按照一定的原则，因地制宜地进行。

通常根据各种运输方式的经济特性和服务特征来选择合适的运输方式,主要是依赖运输成本、运输速度、可靠性、安全性等指标进行判断和选择。通常可用安全性、及时性、准确性和经济性作为选择运输方式的基本原则,这也是运输合理化所要实现的目标。

(一)安全性原则

运输的安全性是首要的原则,包括人身安全、设备安全和货物的质量安全。为了保证运输安全,首先应了解被运货物的特性,如重量、体积、贵重程度、内部结构以及其他物理化学性质(易腐、易碎、易燃等),然后选择安全可靠的运输方式。

(二)及时性原则

运输的及时性是由运输速度和可靠性决定的,能否准确及时送达也是选择运输方式时考虑的重要因素。运输速度的快慢和到货及时与否不仅决定着物资周转速度,而且对社会再生产的顺利进行影响重大。由于运输不及时会造成用户所需物资的缺货,有时还会给国民经济造成巨大损失,因此,应根据客户的急需程度选择合适的运输方式。

(三)准确性原则

运输的准确性是指运输的准点到货、不错发、不错送。货物运输的准确性在很大程度上取决于发送和接收环节,但与运输方式也有一定的关系,汽车运输可做到"门到门"运输,中转环节少,不易发生差错事故;铁路运输受客观环境因素影响小,容易做到准时准点到货。

(四)经济性原则

经济性是衡量运输效果的一项综合性指标,因为安全性、及时性、准确性中考虑的因素在一定程度上均可转化成经济因素。这里的经济性原则强调的是从运输费用上考虑选择运输成本低的运输方式。运输费用是影响物流系统经济效益的主要因素,因此按经济性原则选择运输方式是主要原则。

根据上述原则选择运输方式,实际上是一个多目标决策问题。不过,这种多目标决策一般比较简单,无须进行复杂的定量计算,只需通过定性分析和简单计算即可达到满意效果。但是,必须注意的是,上述目标之间存在"效益悖反"现象,例如,运输成本与运输速度、准确性之间就是矛盾的。具体决策时,应该在保证运输安全的前提下,权衡运输速度和运输费用。另外,由于运输成本与其他物流子系统成本之间也存在着"效益悖反"特性,在选择运输方式时,应当以物流总成本作为依据,而不能只考虑运输成本。

二、运输方式选择的定量分析法

在有些情况下,运输方式的选择很简单,仅借助定性分析和经验判断,就可以合理地选择运输方式。但是,当涉及大宗运输货物,并且有几种可行的运输方式时,如果能借助定量分析,就会使选择的方式更科学。

下面介绍基于运输成本与库存成本的总成本分析方法。

由于物流各环节之间的效益悖反,运输成本的降低会导致其他环节(例如库存)成本的上升,因此,应该以总成本分析为基础来选择运输方式,也就是选择既能满足客户需求,又使总成本最低的运输服务。这是总成本分析比较的基本思想。

为了进一步说明此方法,先看下面的例子:

【例 8-1】 某公司欲将产品从位置 A 的工厂运往位置 B 的公司自有仓库,年运量 $D=$ 700 000 件,产品单价 $C=30$ 元,年存货成本 $I=$产品价格的 30%。公司希望选择使总成本最小的运输方式。据估计，运输时间每减少一天，平均库存成本可以减少1%。各种运输服务方式的有关参数见表8-1。

表8-1　各种运输方式的基本参数

运输方式	费率 R(元/件)	运输时间 T(天)	年运送批次(次)	平均存货量 $Q/2$
铁路	0.1	21	10	100 000
驮背(即公铁联运)	0.15	14	20	46 500
公路	0.2	5	20	42 000
航空	1.4	2	40	20 250

解：以年总成本最低为原则来选择合适的运输方式。

总成本=运输费用+库存成本

其中，运输费用=运输量×费率；

库存成本=在途运输库存成本+工厂存货成本+仓库存货成本；

在途运输库存费用=$ICDT/365$；

工厂存货成本=$ICQ/2$；

仓库存货成本=$I(C+R)Q/2$。

代入各种运输方式的基本数据信息，将相应的成本计算结果列入表8-2。

表8-2　各种运输方式成本计算结果

成本类型	计算公式	铁路运输	驮背运输	公路运输	航空运输
运输成本	$R\times D$	70 000	105 000	140 000	980 000
在途库存	$ICDT/365$	362 466	241 644	86 301	34 521
工厂存货	$ICQ/2$	900 000	418 500	378 000	182 250
仓库存货	$I(C+R)Q/2$	903 000	420 593	380 520	190 755
总成本	Σ	2 235 466	1 185 737	984 821	1 387 526

由表8-2中结果可知，总成本最低的是公路运输方式，总成本为984 821元，其次是驮背运输，成本最高的是铁路运输。按照总成本最低的原则，应该选择公路运输方式。

在例8-1中，存货成本是按存货品价格的30%考虑的，存储费率较高。对这类产品，不能忽视库存成本对总成本的影响，因而加快库存周转是非常重要的。比较表8-1的原始数据中的前两项，即运输费率和运输时间，虽然公路运输费率较高(仅次于航空运输费率)，但公路运输的速度也较快，有利于库存快速周转，降低库存成本，最终导致年总成本最低。如果改变存货存储费率，或改变各种运输方式的运输费率或运输时间，就会得到不同的选择结果。

第二节　物资运输调配决策

物资运输调配决策问题是指在多个供应地和多个需求地之间如何合理调配货物，在满足需求的前提下使总运输成本最低。这类问题中，两点间的运输线路是固定的，运输距离的影响已反映在单位运费中了，运输总成本由运输量决定。因此，多点间物资运输的调配问题不属于路径优化问题。虽然有的调拨问题涉及是否需要中间转运，但问题本质不涉及运输路径长短问题。

下面根据起讫点之间是否存在中间转运分两种情况进行讨论。

一、多起迄点间的直达运输

一个企业有多个生产基地或供货来源，产品服务于多个市场地，怎么指定各目的市场的供货地？在存在多个供应商、多个生产基地、多个仓库、需要为多个客户地提供服务的情况下，需要进行运输的组织与调配决策。主要是解决如何将多个供应点的物资运送到多个需求点，使总运输费用最低。例如，产品从工厂到仓库的配送、从仓库向销售中心的供货等，需要对运输量如何分配进行决策。实际的情况经常是供求不平衡的问题，甚至还存在中间转运，问题就更复杂了。

对于多点间直达运输的情况，问题的描述如下：

设某物资有 m 个产地 $A_1, A_2, \cdots, A_m$；供应 n 个销售地 $B_1, B_2, \cdots, B_n$；已知 A_i 的产量为 $a_i(i=1,2,\cdots,m)$，B_j 的需求量为 $b_j(j=1,2,\cdots,n)$。由 A_i 到 B_j 的单位运价为 C_{ij}。用 X_{ij} 表示由产地 A_i 运输到销地 B_j 的物资量（$i=1,2,\cdots,m;j=1,2,\cdots,n$），如图 8-1 所示。

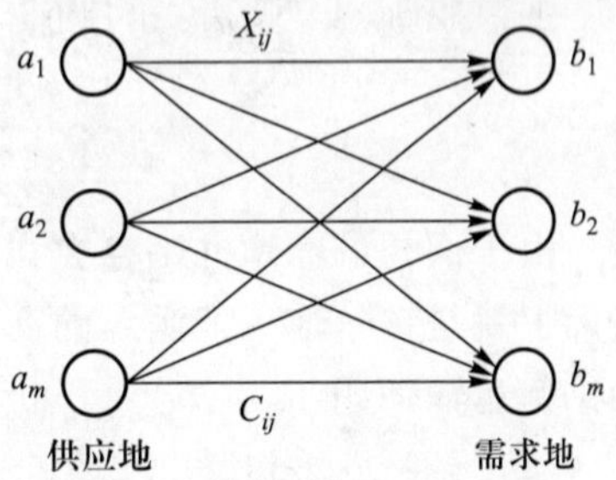

图 8-1　多点之间的物资运输调拨问题示意图

上述问题属于运筹学中的运输问题。如果总产量等于总需求量，即：$\sum a_i = \sum b_j$，就是产销平衡的运输问题，也是最基本的运输问题；产销不平衡的运输问题可以转化为产销平衡的运输问题。

（一）产销平衡的运输问题

1. 产销平衡运输问题数学模型

$$\min Z = \sum_{i=1}^{m} \sum_{j=1}^{n} C_{ij} X_{ij} \tag{8-1}$$

约束条件为：

$$\sum_{i=1}^{m} X_{ij} = b_j \qquad \forall j = 1,2,\cdots,n \tag{8-2}$$

$$\sum_{j=1}^{n} X_{ij} = a_i \qquad \forall i = 1,2,\cdots,m \tag{8-3}$$

$$X_{ij} \geqslant 0, i=1,2,\cdots,m; j=1,2,\cdots,n$$

且

$$\sum_{i=1}^{m} a_i = \sum_{j=1}^{n} b_j$$

2. 求解方法

运输问题属于线性规划问题，可以用单纯形法求解。但是，由于运输问题的变量和约束条件较多，用单纯形法求解比较复杂。由于运输问题的特殊性，可利用表格对运输问题进行描述，并通过对表格的操作来完成求解，这就是运输问题的表上作业法。详细求解过程参见运筹学教程的相关内容。

（二）产销不平衡的运输问题

当产销不平衡时，通过增加一个假想的产地或销地，转化成产销平衡的运输问题模型。转化方法如下：

1. 总产量大于总销量

即：$\sum_{i=1}^{m} a_i > \sum_{j=1}^{n} b_j$，则增加一个假想的销地 B_{n+1}，其销量为：

$$b_{n+1} = \sum_{i=1}^{m} a_i - \sum_{j=1}^{n} b_j \tag{8-4}$$

从产地 A_i 运往假想销地 B_{n+1} 的物资数量实际上是停留在原产地没有运出的物资，因此，相应的运价为 0，这样就将不平衡运输问题转化为平衡运输问题。

2. 总销量大于总产量

即：$\sum_{j=1}^{n} b_j > \sum_{i=1}^{m} a_i$，可增加一个假想的产地 A_{m+1}，其产量为：

$$a_{m+1} = \sum_{j=1}^{n} b_j - \sum_{i=1}^{m} a_i \tag{8-5}$$

由于假想的产地并不存在，其产量也不可能存在，由假想产地运往某个销地的物资数量实际上就是该销地不能满足的需求量，因此相应的运价为 0，这样就将不平衡运输问题转化为平衡运输问题。

二、存在中间转运的物资调配

这个问题是指最优分配多个供应点的货物到多个需求点，也可以在各中间点中转、分配，有些起点或终点也可能是中转点。这类问题又称为转运问题。

（一）问题描述

如图 8-2 所示，某物流系统中有 f 个工厂（供应地），m 个分拨中心（中转站），n 个零售商店（需求地）。已知工厂 A_k 的生产能力为 a_k（k=1,2,…,f），分拨中心 T_i 的配送能力为 t_i（i=1,2,…,m），零售店 B_j 的需求量为 b_j（j=1,2,…,n）。由 A_k 经 T_i 运到 B_j 的单位运价为 C_{kij}。求：在工厂生产能力一定，分拨中心配送能力限制的条件下，满足零售店需求量的最优运输方案。

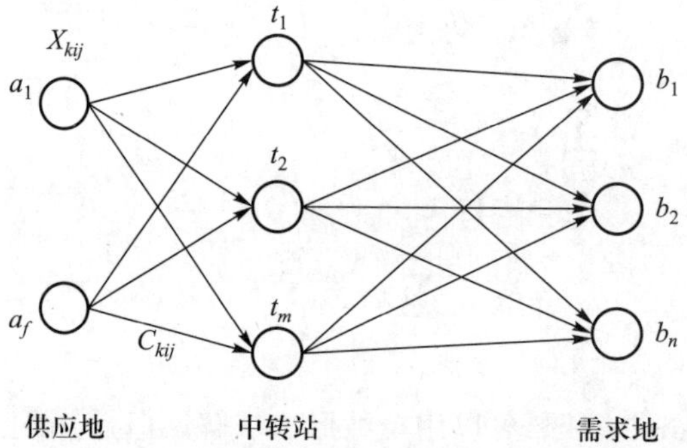

图 8-2　有中间转运的物资运输调拨问题

（二）数学模型

用 X_{kij} 表示由产地 A_k 经分拨中心 T_i 运输到零售店 B_j 的物资量（$k=1,2,\cdots,f;i=1,2,\cdots,m;j=1,2,\cdots,n$），这就是问题的决策变量。

其目标函数为：

$$\min Z=\sum_{k=1}^{f}\sum_{i=1}^{m}\sum_{j=1}^{n}C_{kij}X_{kij} \tag{8-6}$$

约束条件为：

（1）配送量≤生产能力的限制：

$$\sum_{i=1}^{m}\sum_{j=1}^{n}X_{kij}\leqslant a_k \quad k=1,2,\cdots,f; \tag{8-7}$$

（2）分拨中心发送能力的限制：

$$\sum_{k-1}^{f}\sum_{j-1}^{n}X_{kij}\leqslant t_i \quad i=1,2,\cdots,m; \tag{8-8}$$

（3）满足零售店需求量：

$$\sum_{i=1}^{m}\sum_{k=1}^{f}X_{kij}\geqslant b_j \quad j=1,2,\cdots,n; \tag{8-9}$$

（4）变量非负：

$$X_{kij}\geqslant 0 \tag{8-10}$$

（三）求解方法

求解上述问题有两种方法：

一种是运用一般的线性规划方法求解，但由于该问题的变量多、约束方程多，求解过程十分复杂，计算量特别大。

另一种方法就是运用运输问题表上作业法。其基本思路是：补充一些虚拟的产地或需求地，将有中转的运输问题转化为无中转的直达运输问题；再进一步转化为供需平衡的运输问题；然后，再运用表上作业法求解。下面通过例题说明第二种方法的应用。

【例 8-2】 某公司有两个工厂生产变压器，一个工厂在 A 市，另一个工厂在 B 市。A 市的工厂每天生产能力为 150，B 市的工厂为 200，变压器通过汽车运到需求点 C 市和 D 市，C 市和 D 市的需求量均为 130，公司还需要两中间转运站 E 市和 F 市进行整合运输，假设中转站的吞吐能力足够大，运输单位费用如表 8-3 所示，试确定从工厂到需求点的最优路线。

表 8-3　各点间运输单位费用

供需地	A	B	E	F	C	D
A	0	13	4	6	12	14
B	13	0	7	6	13	12
E	4	7	0	3	8	8
F	6	6	3	0	7	8
C	12	13	8	7	0	17
D	14	12	8	8	17	0

解：该问题可分为两个阶段求解。

第一阶段将运输模型转为简单的运输问题。其步骤如下：

（1）增加一虚拟的行或列来平衡需求。本例中，总供应量为350，总需求为260，那么增加一虚拟的需求列，虚拟需求量为90。

（2）构造一个包括所有城市（起点、终点和中间点）作为供需点的运输表，这样就形成了6×7矩阵（包括虚拟列）。

（3）根据表8-4的规则，确定所有点的需求和供应量。

表8-4　需求和供应量确定准则

转运问题中点的性质	在运输表中的供应值	在运输表中的需求值
供应点	起始供应+总供应	总供应
转运点	总供应	总供应
需求点	总供应	起始需求+总供应
空点	0	起始供应—起始需求

本例中，总供应量为350，最终运输表如表8-5所示。

表8-5　最终运输表

	A	B	E	F	C	D	空列	供应
A	0	13	4	6	12	14	0	500
B	13	0	7	6	13	12	0	550
E	4	7	0	3	8	8	0	350
F	6	6	3	0	7	8	0	350
C	12	13	8	7	0	17	0	350
D	14	12	8	8	17	0	0	350
需求	350	350	350	350	480	480	90	

第二阶段，运用求解平衡运输问题的数学方法求解。

第三节　单一车辆配送路径的优化

运输及配送路径的优化就是对车辆从起点到终点的最佳行车路径进行规划设计，目标可以是行车时间最短、距离最短或运输费用最低，一般统称为车辆路径问题。车辆路径问题有多种不同的类型及解决方法。本书根据车辆数的不同，分为单一车辆路径问题和多车辆路径问题进行介绍。本节先介绍前者。

单一车辆的配送路径规划可分为如下两种类型，即起讫点不同的车辆路径问题和起讫点重合的车辆路径问题。下面分别进行介绍。

一、起讫点不同的单一车辆路径优化

假设有一批货需要从A城市运送到E城市,从A城市到E城市的公路路网如图8-3所示,节点代表经过的县市或站点,箭头表示两点间是连通的;箭头线上的数字表示两点间的运输代价。运输代价可以是时间、距离,或时间与距离的加权平均。现在,要确定从A市到终点E的最佳运输路径。忽略其他因素,一般可认为路径最短是最经济的。

这种问题就是运筹学中的最短路径问题。要确定从A点到E点的最短线路,最直接的方法就是穷举法,将所有可行方案全部列举出来,再计算每个方案的路径,比较选择出路径最短的方案即为最优方案。图8-3中,从A到E点共有16条可能的路径,逐一计算各路径的总距离后进行比较,结果是"$A \to B_2 \to C_1 \to D_1 \to E$"这条路径的距离最短,为19。这就是该问题的最佳方案。当网络的节点数较少,可行方案数目也较少时,穷举法是最有效的。但是,当网络节点增多时,可行的方案呈指数倍增加,计算量剧增。这时就需要应用一些特殊的方法。

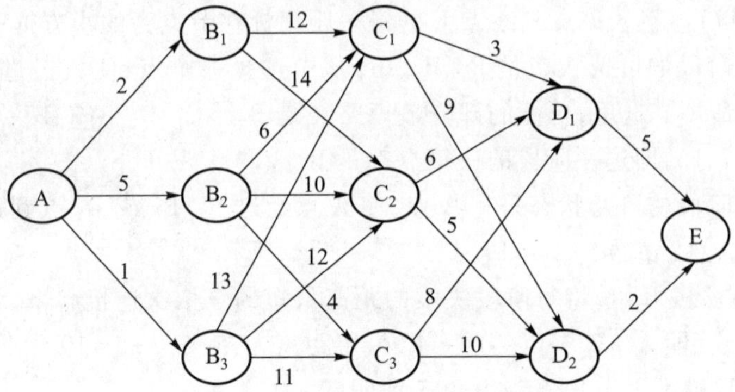

图 8-3 从起点到终点的运输网络图

根据从起点到终点网络图的不同结构特点,可采用动态规划法、Dijkstra方法、逐次逼近法等不同的求解算法。本文主要介绍动态规划法和Dijkstra方法。

(一)动态规划法

图8-3所示的网络结构具有明显的多阶段特征,适合于运用多阶段动态规划法求解从A点到E点的最短路径。下面介绍其基本方法。

首先,根据网络结构特征将整个线路网络划分成4个阶段,参见图8-4。

其次,对每个阶段的决策问题求解。通常采用从终点到起点的逆序法进行决策,因此,决策阶段编号是按逆序进行的。

对于每一阶段,以初始状态为基础确定下一阶段的可选状态,并计算各状态的代价(这里是指各状态点到终点E的距离),然后从中选择代价最小的状态。下面以图8-4为例进行详细说明。

阶段1:有两个可选状态D_1和D_2,到终点的距离分别为5和2;

阶段2:从三个可选状态C_1、C_2、C_3中选择一个状态,使其经过D_1到达E的距离最短(显然是C_1点,距离=8);再从C_1、C_2、C_3中选择一个点,使其经过D_2到达E的距离最短

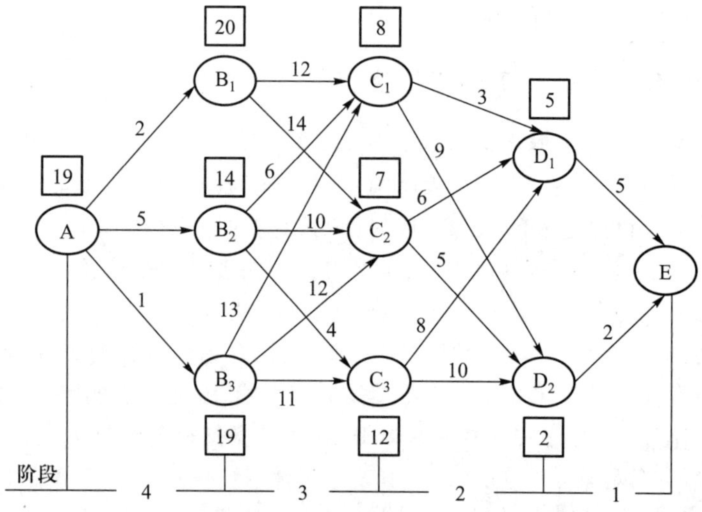

图 8-4　多阶段划分

（即 C_2 点，距离 = 7）。将从该点到终点 E 的最短距离标在节点旁的小方框中。

阶段 3：这一阶段的可选状态是 B_1、B_2、B_3，从中选择一个点，使其经过 C_1、C_2、或 C_3 点到达 E 点的距离最短。这里，可能的部分最短路径是 $B_2 \to C_1$、$B_2 \to C_2$、$B_2 \to C_3$，对应的最短距离分别是 14、17、16，即这一阶段的决策点都是 B_2。

阶段 4：第 4 阶段的可选状态只有 A 点，使 A 点经过 B_1、B_2 或 B_3 点到达 E 的总距离最短，结果是 $A \to B_2$，总距离 = 5+14 = 19。

最后，从第 4 阶段开始，将每阶段决策的距离最短的点依次连接起来，就得到了从 A 点到 E 点的最短路线，即 $A \to B_2 \to C_1 \to D_1 \to E$，最短距离为：5+6+3+5 = 19。

上述决策过程也可用表 8-6 和表 8-7 说明。

表 8-6　多阶段决策过程表

输入节点	决策线路	输出节点	到终点 E 的最短距离
D_1	D_1E	E	5
D_2	D_2E	E	2
C_1	C_1D_1	D_1	8
C_2	C_2D_2	D_2	7
C_3	C_3D_2	D_2	12
B_1	B_1C_1	C_1	20
B_2	B_2C_1	C_1	14
B_3	B_3C_2	C_2	19
A	A B_2	B_2	19

表 8-7　最佳决策线路

阶段	4	3	2	1
决策路径	AB_2	B_2C_1	C_1D_1	D_1E

（二）Dijkstra 方法

Dijkstra 方法是 1959 年由 E. W. Dijkstra 提出的标号法，主要用来解决最短路径问题。在此算法思想基础上，人们演绎出了几十种不同的路径优化算法，尽管如此，Dijkstra 方法仍是目前求解最短路径问题最常用的方法。

在一个连通的网络图 $G=(V,E)$ 中，点集 $V=\{v_1,v_2,\cdots,v_n\}$，边集 $E=\{e_1,e_2,\cdots,e_m\}$，Dijkstra算法适合于每条边上权数 c_{ij} 不小于零的情况。该算法也称为双标号法，也就是对图中的每个点 v_j 赋予两个标号，即 T 标号和 P 标号。T 标号 $T(v_j)$，表示从 v_1 到 v_j 的最短距离的上界，即最短距离不会超过此数，称为临时标号。P 标号 $P(v_j)$ 表示从起点 v_1 到 v_j 的最短距离，称为固定标号。

凡是已经得到 P 标号的点，则说明已求出 v_1 点到该点的最短路径；凡是没有得到 P 标号的点，就标上 T 标号。不断地进行搜索、计算，每一步都是将某一点的 T 标号改变为 P 标号的过程。直至求出了终点的 P 标号，所有的顶点都成为固定标号顶点时，整个网络的最短路径也就找到了。

Dijkstra 算法是基于这样一个基本原理，即：若点序列 $\{v_s,v_1,v_2,\cdots,v_{n-1},v_n\}$ 是从 v_s 到 v_n 的最短路径，则 $\{v_s,v_1,v_2,\cdots,v_{n-1}\}$ 必定是从 v_s 到 v_{n-1} 的最短路径。

基本 Dijkstra 算法的步骤如下：

（1）给起点 v_1 标上 P 标号 $P(v_1)=0$，表示从 v_1 到 v_1 的距离为 0；其余各点标上 T 标号，且 $T(v_j)=+\infty$。

（2）设 v_i 是刚得到 P 标号的点，考虑所有以 v_i 为起始点的弧的终点 v_j，在一个无向图中，就是考虑所有与 v_i 直接相连的 T 标号的点 v_j；按照下式修改 v_j 的 T 标号：

$$T_{新}(v_j)=\min\{T_{旧}(v_j),P(v_i)+c_{ij}\} \tag{8-11}$$

（3）若所有的点都是 P 标号点，则计算结束，即已求出从起点到各点的最短距离。否则，选择一个距离最小的 T 标号点，将其修改为 P 标号点。再转向步骤（2），继续修改 T 标号点，直到所有的点都变成 P 标号点。

若一次有多个距离最小的 T 标号点，可以从中任选一个作为 P 标号点，也可同时予以标定。下面通过例题说明 Dijkstra 算法过程。

【例 8-3】 图 8-5 是从 O 点到 T 点的道路网络图。货运车辆必须沿此网络中的道路行驶。求从 O 点到 T 点的最佳行驶路径及最短距离。

解：为使计算过程和结果更加清晰明确，我们借助表 8-8 来描述各步骤。

（1）给起点 O 标上 P 标号 $P(O)=0$，其余各点标上 T 标号，且 $T=+\infty$，见表 8-8 中的步骤（1）。

（2）考虑所有与 O 点直接相连的 T 标号的点，即 A、B、C 三点，修改这三点的 T 标号：

$$T_{新}(A)=\min\{T_{旧}(A),P(O)+c_{OA}\}=\min\{+\infty,0+2\}=2$$

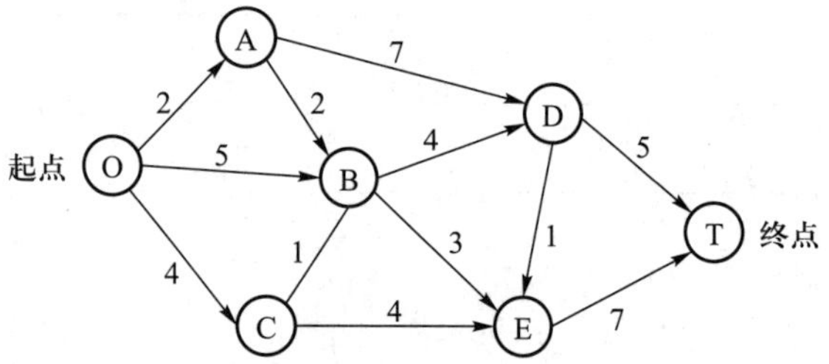

图 8-5　运输网络图

$$T_{新}(B)=\min\{T_{旧}(B),P(O)+c_{OB}\}=\min\{+\infty,0+5\}=5$$

$$T_{新}(C)=\min\{T_{旧}(C),P(O)+c_{OC}\}=\min\{+\infty,0+4\}=4$$

将修改的 T 标号值填入表中。现在,在所有的 T 标号的点中,最小值是 $T_{新}(A)=2$,所以,将 A 点改为 P 标号点。见表中的步骤②。

表 8-8　Dijkstra 算法步骤及结果

步骤	O	A	B	C	D	E	T
①	$P=0$	$T=+\infty$	$T=+\infty$	$T=+\infty$	$T=+\infty$	$T=+\infty$	$T=+\infty$
②		$(P=)T=2$	$T=5$	$T=4$	$T=+\infty$	$T=+\infty$	$T=+\infty$
③			$T=4$	$(P=)T=4$	$T=9$	$T=+\infty$	$T=+\infty$
④			$(P=)T=4$		$T=9$	$T=8$	$T=+\infty$
⑤					$T=8$	$(P=)T=7$	$T=+\infty$
⑥					$(P=)T=8$		$T=14$
⑦							$(P=)T=13$

(3) 以刚得到的 P 标号点 A 为起点,考虑所有与 A 点直接相连的 T 标号点,即 B、D 两点,修改这两点的 T 标号:

$$T_{新}(B)=\min\{T_{旧}(B),P(A)+c_{AB}\}=\min\{+\infty,2+2\}=4$$

$$T_{新}(D)=\min\{T_{旧}(D),P(A)+c_{AD}\}=\min\{+\infty,2+7\}=9$$

在表中第三行填入修改的 T 标号值,复制没有修改的 T 标号点。在所有的 T 标号点中,最小值是 $T_{新}(B)=4=T(C)$,从 B、C 两点中任选一点变为 P 标号点,例如这次选择 C 点为 P 标号点。见表中的步骤(3)。

(4) 以 C 为起点,考察与 C 点直接相连的 T 标号点 B、E,修改这两点的 T 标号:

$$T_{新}(B)=\min\{T_{旧}(B),P(C)+c_{CB}\}=\min\{4,4+1\}=4$$

$$T_{新}(E)=\min\{T_{旧}(E),P(C)+c_{CE}\}=\min\{+\infty,4+4\}=8$$

在表中第四行填入修改的 T 标号值,复制没有修改的 T 标号点。比较所有的 T 标号点值,这次将 B 点变为 P 标号点。

(5) 以 B 为起点,考察与 B 点直接相连的 T 标号点 D、E,修改这两点的 T 标号:

$$T_{新}(D)=\min\{T_{旧}(D),P(B)+c_{DB}\}=\min\{9,4+4\}=8$$

$$T_{新}(E)=\min\{T_{旧}(E),P(B)+c_{BE}\}=\min\{8,4+3\}=7$$

比较新的 T 标号点值,这次将 E 点变为 P 标号点。

(6) 以 E 为起点,考察与 E 点直接相连的 T 标号点 D、T,修改这两点的 T 标号:

$$T_{新}(D)=\min\{T_{旧}(D),P(E)+c_{ED}\}=\min\{8,7+1\}=8$$

$$T_{新}(T)=\min\{T_{旧}(T),P(E)+c_{ET}\}=\min\{+\infty,7+7\}=14$$

这次将 D 点变为 P 标号点。

(7) 以 D 为起点,考察与 D 点直接相连的 T 标号点 T,修改该点的 T 标号:

$$T_{新}(T)=\min\{T_{旧}(T),P(D)+c_{DT}\}=\min\{14,8+5\}=13$$

这次将 T 点变为 P 标号点。

至此,将所有的点都变成了 P 标号点。计算过程完成。

从 O 点到 T 点的最短距离长是 13。最佳路径可从上述步骤中逆推出来,即 T←D←B←A←O,也就是说,从 O 点到 T 点的最佳路径是 O→A→B→D→T。

值得注意的是,如果仅从最短距离来看,这里还有另一个方案:O→A→B→E→D→T,虽然这条路径的总距离长也是 13,但增加了一个中间节点。从运输网络规划原则看,应该尽量减少中间节点。

表 8-8 描述了计算步骤及结果,但看不出中间过程和最佳路径。将表 8-8 的内容和上述各步骤的内容综合,可制成表 8-9 的形式,这样可以直接在表上进行计算。

表 8-9 Dijkstra 算法步骤表

步骤	P 标号点	与 P 点直接相连的 T 标号点	相应的总距离	第 n 个最近点	最小总距离	最新连接
1	O	A	2	A	2	OA
2	O A	C B	4 2+2=4	C B	4 4	OC AB
3	A B C	D E E	2+7=9 4+3=7 4+4=8	E	7	BE
4	A B E	D D D	2+7=9 4+4=8 7+1=8	D D	8 8	BD ED
5	D E	T T	8+5=13 7+7=14	T	13	DT

根据最后一行的终点连线,可直接推出最佳路径为“T←D←B←A←O”,即 OABDT;或“T←D←E←B←A←O”,即 OABEDT,最短距离长为 13。

Dijkstra 方法适合应用计算机软件编程求解，而且能与地理信息系统（GIS）结合求解复杂的路径问题，在路径规划过程中考虑节点的位置关系、道路状况等地理信息，使求得的路径方案更具有实际意义。

二、起讫点重合的单一车辆路径优化

当一辆货车从某设施点出发，为一定数量的顾客提供送货服务后，经常还必须返回到原出发点以进行相关手续的交接。这种情况下的路径问题就是起讫点重合的路径问题，一辆车的行走路径是一个闭回路。企业使用自有货车进行运输、从某配送中心送货到各零售点后再返回、市政垃圾的收运、流动售货车的行驶等场景下的路径规划都属于此类问题。

起讫点重合的路径规划的一般原则和要求是：

（1）车辆要经过所有的点；

（2）行驶时间最短或总距离最短。

理论上，可以应用穷举法求出最佳路线；但实际上，如果某个问题包含了很多个点，可行的方案会呈指数倍增多，容易产生优化上的“组合爆炸”问题，即使利用快速计算机计算，寻优的时间也非常长。起讫点重合的最短路径问题类似于旅行商问题 TSP（Traveling Salesman Problem），也是现代优化算法研究的热点之一。本章主要介绍 TSP 模型及其求解方法。

（一）TSP 模型

TSP 模型是单一回路的路径优化最典型的模型之一。对于大规模节点的路径优化问题，一般很难获得最优解，只有通过启发式算法获得近似最优解。

TSP 模型可描述如下：

在一个由 n 个顶点构成的网络中，要求找出一个包括所有顶点的具有最小耗费（例如最短距离，或最小时间代价）的环路。一个环路也就是一个回路，既然回路是包含了所有顶点的一个循环，所以，可以将任何一个点作为起点和终点。

先看下面的例子。

【例 8-4】 从某配送中心 A 出发，送货到 B、C、D 三个客户需求站。任意两点间的距离已知或可事先求出，如图 8-6 所示。求最佳配送路径。

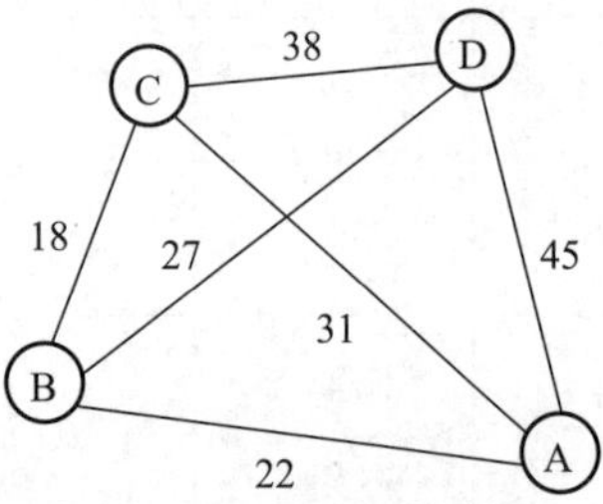

图 8-6　TSP 问题示意图

首先，B、C、D 三个客户点都必须被访问。其次，要使总路径最短，各客户点最好只被访问一次。按照这两个要求，可建立 TSP 问题的 0-1 整数规划模型。

令决策变量 X_{ij} 表示路段 (i,j) 是否在线路上，即顶点 i 与顶点 j 是否直接相通。

$X_{ij}=0$ 表示从 i 到 j 无通路；

$X_{ij}=1$ 表示从 i 到 j 有通路。

对应于图 8-6 的变量矩阵为：

$$X_s=\begin{bmatrix} x_{11} & x_{12} & \cdots & x_{14} \\ x_{21} & x_{22} & \cdots & x_{24} \\ \vdots & \vdots & & \vdots \\ x_{41} & x_{42} & \cdots & x_{44} \end{bmatrix}$$

令 C_{ij} 表示车辆经过对应路段(i,j)所花的代价，例如时间、距离或费用等。将图 8-6 中各点间的代价列入表 8-10 中，根据表 8-10 可得出代价矩阵 C_{ij}。

表 8-10　站点至各顾客点间的距离

	A	B	C	D
A	0	22	31	45
B	22	0	18	27
C	31	18	0	38
D	45	27	38	0

$$C_{ij}=\begin{bmatrix} 0 & 22 & 31 & 45 \\ 22 & 0 & 18 & 27 \\ 31 & 18 & 0 & 38 \\ 45 & 27 & 38 & 0 \end{bmatrix}$$

以总的行驶代价最小为目标，即：

$$\min Z=\sum_{i=1}^{n}\sum_{j=1}^{n}C_{ij}X_{ij} \tag{8-12}$$

要求各客户点仅被访问一次，可建立如下约束条件：

$$\sum_{i=1}^{n}X_{ij}=1 \qquad \forall j=1,2,\cdots,n \tag{8-13}$$

$$\sum_{j=1}^{n}X_{ij}=1 \qquad \forall i=1,2,\cdots,n \tag{8-14}$$

$$X_{ij}+X_{ji}\leqslant 1 \quad \forall i=1,2,\cdots,n;\forall j=1,2,\cdots,n;\text{且 } i\neq j \tag{8-15}$$

$$X_{ij}\in\{0,1\} \tag{8-16}$$

约束式(8-15)是为了防止出现子回环。

（二）TSP 模型求解方法

求解 TSP 模型可有多种方法。

如果节点数目较少，可运用简单贪婪算法或穷举法求解。对于节点数很少的问题，穷举法可以得到最佳方案。但是，由于枚举的次数为$(n-1)!/2$ 次，所以，对于节点数较多的大型问题，必须应用其他优化算法求解，例如 Hopfield 神经网络方法、遗传算法等。对于中小规模的 TSP 问题，利用运筹学中的分支定界法进行求解也比较有效。

针对例题 8-4 节点数很少的问题，用简单贪婪算法求解配送路径的主要步骤如下：

第一步：选择距出发点（配送中心）最近的顾客位置。由于 B 点距 A 点最近，故先选择 B 点。

第二步：从剩下的节点中选择距离当前已选节点最近的顾客点。也就是，从剩下的 C 点和 D 点中找出离客户 B 点最近的点，即 C 点。

第三步：如果所有节点都被选择了，则停止；否则返回到第二步。

由于只剩下 D 点没被选择，所以，D 点成为继 C 点之后的顾客；然后返回 A 点。

因此，用简单贪婪算法求出的送货路径方案为：A—B—C—D—A；总行驶距离 = 22+18+38+45 = 123。

下面再用穷举法求解例题 8-4 的问题。

图 8-6 共有 4 个节点，因此，一共有 3 种可行的路径方案。下面列出所有可行的路径方案，并计算出各方案的总行驶距离：

可行路径一：A—B—C—D—A，总行驶距离 = 123；

可行路径二：A—B—D—C—A，总行驶距离 = 118；

可行路径三：A—C—B—D—A，总行驶距离 = 121。

比较各方案的总行驶距离可知，最佳的配送路径是方案二，即 A—B—D—C—A。

如果能列举出所有可行的方案，穷举法就可以找到最佳方案。但是，当节点数增加时，可行的方案呈爆炸式增加。例如，当一个配送中心为 4 家客户送货时，有 12 种可行方案；如果为 6 家客户送货，则有 360 种可行方案！因此，大规模 TSP 问题需要应用现代优化算法求解。详细请参考优化算法类教程。

第四节　多车辆配送路径的优化

一、问题概述

（一）多车辆路径问题

多车辆路径问题（vehicle routing problem, VRP）在物流系统中普遍存在。例如，一家大型物流中心要为成百上千的客户提供送货或取货的服务，就需要对运输车辆的数量及其行驶路径进行规划。

多车辆路径问题一般可描述如下（见图 8-7）。

某物流中心要为 q 个客户提供服务。已知每个客户点的地理位置及其货运需求量，物流中心需要调用多辆货车来满足这些客户的服务需求，每辆汽车的载重量一定。要求指派多辆货车，为每辆车分配一定的客户，并确定客户服务顺序，即行车路径，目的是使总服务成本（如距离、时间等）最低。这里还有一些约定的要求，例如，每条路线的货运量不能超过汽车载重量，每个客户的需求必须且只能由一辆汽车来完成，等等。

例如，某配送中心及其服务的 13 家连锁店客户在城市道路网中的位置如图 8-7 所示（图中网格指的是城市道路）。各连锁店货物需求量 D_i、横坐标 X_i、纵坐标 Y_i 依次列入表 8-11 中。配送中心的坐标为（19.50，5.56），所有配送任务均由载重量为 10 吨的车辆完成，要求合理安排车辆及其服务的客户群，并确定各车辆行驶路线，使总运输里程最小。

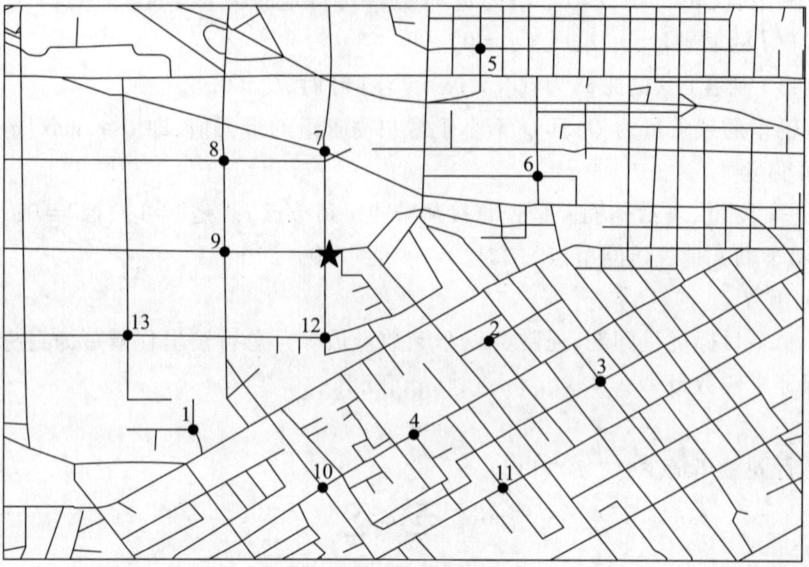

图 8-7　客户的位置图

表 8-11　客户数据信息

客户	1	2	3	4	5	6	7	8	9	10	11	12	13
D_i	1.9	2.8	3.15	2.4	2	3	2.25	2.5	1.8	2.15	1.6	2.6	1.5
X_i	20.0	18.8	18.3	19.1	18.8	18.6	19.5	19.93	20.0	19.5	18.7	19.5	20.3
Y_i	4.80	5.17	5.00	4.78	6.42	5.88	5.98	5.93	5.55	4.55	4.55	5.19	5.20

上述问题属于基本的 VRP 问题。此外，还有一些扩展的 VRP 问题，例如：带时间窗约束的车辆路径问题（vehicle routing problem with time windows，VRPTW）、优先约束车辆路径问题（vehicle routing problem with precedence constraints，VRPPC）、随机需求的车辆路径问题（vehicle routing problem with random demand，VRPRD）等。下面介绍基本 VRP 模型。

（二）基本 VRP 数学模型

为使问题建模更容易，考虑单一物流中心的送货情况，并提出如下假设：

（1）单一物流中心，多部车辆配送。

（2）每个需求点由一辆车服务，每个客户点货物需求量不超过车辆的载重容量。

（3）车辆为单一车种，即视为相同的载重量，且有容量限制。

（4）无时间窗限制的配送问题。

（5）客户的位置和需求量均为已知。

（6）配送的货物视为同一种商品，便于装载。

下面，对其数学模型进行说明。

1. 参数说明

（1）客户集合，$V=\{i\}$，$i=0,1,\cdots,n$，其中，$i=0$ 是指配送中心。

（2）车辆集合，$M=\{k\}$，$k=0,1,\cdots,m$，m 是一个待定的决策变量。

（3）客户 i 的需求量，q_i，$i\in V$（$q_0=0$）。

（4）客户 i 到客户 j 的距离为：C_{ij}，$i,j\in V$，当 $i=j$ 时，$C_{ij}=0$。

（5）每辆车的载重量为 Q，且 Q 不小于客户需求量的最大值，即 $Q\geqslant \max\{q_i,i\in V\}$。

2. 决策变量

x_{ijk}：二进制变量，表示车辆 k 是否直接从节点 i 到节点 j，"是"=1，"否"=0；

y_{ik}：表示车辆 k 是否访问节点 i，"是"=1，"否"=0。

3. 目标函数

这是一个多目标优化问题，通常会以车辆数量最少且总行驶里程最短为目标，即：

（1）保证车辆数最少：

$$\min \quad m \tag{8-17}$$

（2）总行驶距离最少：

$$\min \quad \sum_{i,j} c_{ij}\sum_{k} x_{ijk} \tag{8-18}$$

4. 约束条件

（1）每个客户点只能被一辆车访问（除了配送中心是被所有车辆访问以外）：

$$\sum_{k=1}^{m} y_{ik}=\begin{cases}1 & i=1,2,\cdots,n\\ m & i=0\end{cases} \tag{8-19}$$

（2）车辆的载重能力约束：

$$\sum_{i=1}^{n} q_i y_{ik}\leqslant Q,\qquad k=1,2,\cdots,m \tag{8-20}$$

（3）进入和离开某个客户的是同一辆车：

$$\sum_{j=1}^{n} x_{ijk}=\sum_{j=1}^{n} x_{jik}=y_{ik},\qquad i=0,1,\cdots,n;k=1,2,\cdots,m \tag{8-21}$$

（4）消除子回环：

$$\sum_{i\in s}\sum_{j\in s} x_{ijk}\leqslant |S|-1,\qquad S\subseteq V,2\leqslant |S|\leqslant n-1;k=1,2,\cdots,m \tag{8-22}$$

$|S|$ 为集合 S 中所含顶点的个数。

（5）参数的取值范围：

$$y_{ik}\in\{0,1\},x_{ijk}\in\{0,1\},\qquad i=0,1,\cdots,n;k=1,2,\cdots,m \tag{8-23}$$

（6）所需最少车辆数：

$$m=\left[\sum_{i=1}^{n} q_i/Q\right] \tag{8-24}$$

（三）VRP 模型求解算法概述

VRP 模型的求解方法很多，根据解的最优性，可分为精确优化算法、启发式算法和模拟方法等。

1. 精确算法

精确算法主要指运用线性规划、非线性规划、整数规划等数学规划技术来建立系统的数量关系模型，进而求出最优策略。精确算法基于严格的数学方法，求解问题时所需的计算量会随着问题规模的增大呈指数级增长，因而主要适用于问题结构简单的小规模车辆路径问题。精确算法具体包括：分支定界法、割平面法、动态规划法和网络流算法等。

2. 启发式算法

启发式算法是指通过经验法则来获得满意解的数学方法。求解 VRP 问题时，运用启发式算法得到的方案是满意解而非最优解。在求解小规模 VRP 问题时，启发式算法与精确算法相比，在精度上不占优势。但在求解大规模 VRP 时，启发式算法可以在有限的时间内快速找到满意解，因此应用更广泛。但是，启发式算法难以判断解的满意度。

启发式算法包括简单启发式算法和不依赖特定环境的元启发式算法。常见的遗传算法、模拟退火算法、禁忌搜索算法、蚁群算法、粒子群算法等就属于元启发式算法，也称为智能算法。智能算法广泛应用于各种优化问题中，本书不做详细介绍，读者可参见优化算法类教材。简单启发式算法有扫描法和节约法等。后面将详细介绍这两种方法。

3. 模拟方法

模拟方法是指利用数学公式、逻辑表达式、图表、坐标图形等抽象概念表示实际运输系统内部状态和输入输出的关系，并通过计算机对模型进行实验，通过实验取得改善运输系统或设计新运输系统所需的信息。虽然模拟方法在模型构造、程序调试、数据整理方面工作量大，但由于运输系统结构复杂，不确定因素多，模拟方法仍以其描述和求解问题的能力优势而成为复杂运输调度系统建模的主要方法。

二、扫描法

扫描法在 VRP 求解方法中是一种先分群再寻找最佳路线的算法。求解过程分为两步：第一步是分派车辆服务的客户点；第二步是决定每辆车的行车路线。

分派车辆的过程可以通过手工计算或直接在图纸上完成，也可以利用计算机程序求解，计算速度快、计算准确。该方法的缺点是，不能处理有时间窗的 VRP 问题。

扫描法的原理是，先以物流中心为原点，将所有需求点的极坐标算出，然后依角度大小以逆时针或顺时针方向扫描，若满足车辆装载容量即划归为一群；将所有点扫描完毕后在每个群内部用最短路径算法求出车辆行驶路径。

其具体步骤如下：

(1) 以物流中心为原点，将所有客户需求点的极坐标计算出来。

(2) 以零角度为极坐标轴，按顺时针或逆时针方向，依角度大小开始扫描。

(3) 将扫描经过的客户点需求量进行累加，当客户需求总量达到一辆车的载重量限制且不超过载重量极限时，就将这些客户划分为一群，即由同一辆车完成送货服务。接着，按照同样的方法对其余客户划分新的客户群，指派新的车辆。

(4) 重复步骤(3)，直到所有的客户都被划分到一个群中。

(5) 在每个群内部用 TSP 算法求出车辆行驶最短路径。

扫描法在 VRP 求解模式中属先分群再求解路径的算法。在仅考虑总距离成本时，一般皆能得到不错的结果，是最为简便、常用的方法之一。

下面介绍扫描法的应用例子。

【例 8-5】 某运输公司为其客户企业提供取货服务，货物运回仓库集中后，将以更大的批量进行长途运输。所有取货任务均由载重量为 10 吨的货车完成。现在有 13 家客户有取货要求，各客户的取货量、客户的地理位置坐标见本章的表 8-11 和图 8-7。运输公司仓库的坐标为(19.50,5.56)。要求合理安排车辆及其服务的客户群，并确定各车辆行驶路线，使总运输里程最小。

解：图 8-7 反映的是客户在道路网络中的位置状况，更符合实际情况。因为车辆的行驶路线实际上是沿着现有道路网络进行的，因此，两点间的实际距离并不等于由坐标点计算的直线距离。但是，为简化问题，扫描法仍将两点之间的距离按直线距离处理。其求解步骤如下。

第一步：建立极坐标。

参考表 8-11 和图 8-7 中的数据信息，在图 8-8 上描述出各客户点的坐标位置，并在每个客户编号旁边的方框中标注出该客户的货运量。然后，以仓库为极坐标原点，向右的水平线为零角度线。

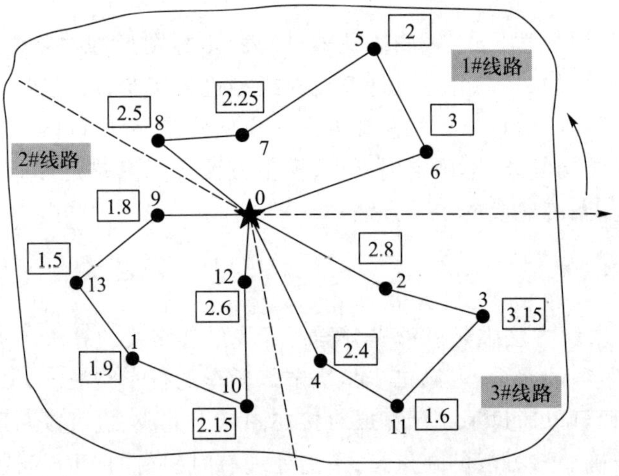

图 8-8 应用扫描法确定的多车辆路径

第二步：扫描划分客户群。

以零角度线为起始位置，按逆时针方向进行扫描，将扫描经过的客户需求量进行累加，将既不超重、又能最大限度地利用车辆装载量的客户划分为一组，由一辆车提供取货服务。

根据图 8-8 客户位置分布，客户 6 首先被扫描，其取货量是 3 吨；按逆时针方向依次扫描，经过客户 5、客户 7、客户 8，这时的客户取货总量=3+2+2.25+2.5=9.75，如果再增加下一个客户，就会超过 10 吨的极限，所以，客户 6、5、7、8 由第一辆车完成服务，这样就得到第 1#线路。

同样的方法，客户 9、13、1、12、10 五个客户被相继扫描，五个客户的累计取货量=1.8+1.5+1.9+2.6+2.15=9.95，不超过车辆载重极限。这样就得到第 2#线路。接着，客户 4、11、2、3 相继被扫描，他们的取货量累计=2.4+1.6+3.15+2.8=9.95，没有超出车辆载重极限。这样就得到第 3#线路。

因此,按照既不超载又最大限度提高车辆利用率的原则,13 家客户的取货服务可由 3 辆载重量为 10 吨的货车完成。

第三步:确定每辆车的最佳路径。

即要确定上面得到的三个客户群的最佳行车路径,这是单一回路的运输问题,可应用本章上一节介绍的方法求解。

求解结果是,1#线路经过的客户点序列是:0—6—5—7—8—0;2#线路的客户点序列是:0—9—13—1—10—12—0;3#线路的客户点序列是:0—4—11—3—2—0。

由以上例子可知,扫描法操作简单,易于理解。但是,如果改变扫描的起始位置或者改变扫描方向,就会得到不同的客户分群方案,车辆路径不同,所需的车辆数也可能会不同。因此,扫描法得到的可行方案很多,很难判断方案的满意度。

三、节约法

节约法能灵活处理许多现实的约束条件,当节点数不太多时,能较快地计算出结果,且结果与最优解很接近。用于多车辆路径问题时,该方法能同时确定车辆数及车辆经过各站点的顺序,是解决 VRP 模型非常有效的启发式方法。

节约法的目标是使所有车辆行驶的总里程最短,使提供服务的车辆总数最少。算法的基本思想是:如果将运输问题中的两个回路合并成一个回路,就可缩短线路总里程(即节约了距离),并减少了一辆卡车。如图 8-9 所示,将两个回路合并成一个回路后,节约的距离为 $\Delta_{AB}=c_{AO}+c_{BO}-c_{AB}$。

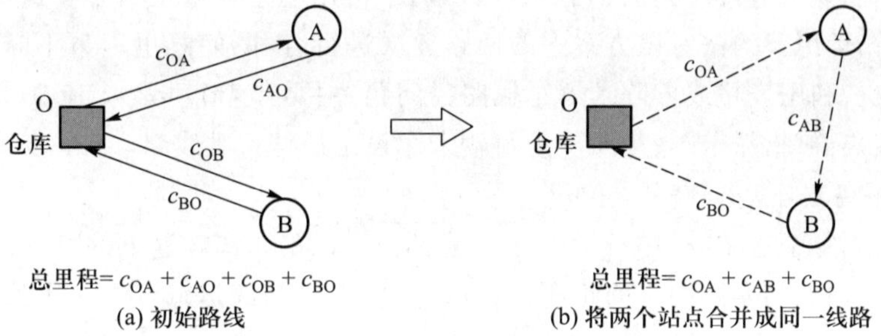

图 8-9 节约法的图形描述

根据上述思想,不断地对可行运输方案中的回路进行合并,或将某个客户点加入现有的回路中,并计算出相应的节约距离,节约距离最多的点(且满足约束条件)就应该纳入现有路线中。重复这一过程,直到将所有客户都被考虑到线路中。

节约法可方便地编制成程序,当节点规模不大时,也可通过手工方式完成计算,这时通常利用节约矩阵或表格的形式进行。下面通过一个具体的例子来说明其步骤。

【例 8-6】 某配送中心要为 13 个客户提供配送服务,配送中心的位置、客户的坐标及客户的订单规模见表 8-12。配送中心共有 4 辆卡车,每辆车的载重量是 200 件。由于送货成本与车辆行驶总里程之间密切相关,公司经理希望获得总行驶距离最小的方案。如何分配客户?如何确定车辆行驶路径?

表 8-12 客户坐标及订单规模

站点	X 坐标	Y 坐标	订单规模(件)
配送中心	0	0	
顾客 1	0	12	48
顾客 2	6	5	36
顾客 3	7	15	43
顾客 4	9	12	92
顾客 5	15	3	57
顾客 6	20	0	16
顾客 7	17	-2	56
顾客 8	7	-4	30
顾客 9	1	-6	57
顾客 10	15	-6	47
顾客 11	20	-7	91
顾客 12	7	-9	55
顾客 13	2	-15	38

解:假设每个站点都由一辆虚拟的卡车提供服务(各站点的货运需求量不能超过车辆载重量),然后再返回仓库。这时的总里程数最长、使用的车辆数也最多。这可作为初始可行方案。然后,运用节约法对该方案中的回路逐次进行合并,使总里程数不断地减少,直到获得最佳方案。利用表格或方阵求解车辆路径问题,主要有 4 个步骤。其中,前三步是为了划分服务的客户群,指派卡车;第 4 步为每辆卡车设定最佳行驶线路。4 个步骤如下:

1. 确定距离方阵

这一步要确定配送中心、13 个客户中任意两点之间的距离。这里的"距离"是一个广义的距离,可以是两点间实际的空间距离,也可以是两点之间的运输成本。本例中,我们用两点间的坐标来计算两点间的距离 c_{AB},公式如下:

$$c_{AB}=\sqrt{(x_A-x_B)^2+(y_A-y_B)^2} \tag{8-25}$$

两点间的距离是对称的,即 $c_{AB}=c_{BA}$。根据表 8-12 中的坐标,可以计算出客户之间及客户与配送中心的距离,将所有结果列入表 8-13 中。例如,客户 9 与客户 2 之间的距离是 12,客户 9 与客户 3 之间的距离是 22。

2. 计算节约矩阵

节约矩阵是指将任意两个客户的货物合并放在一辆车上运输时节约的距离。根据表 8-13中的距离方阵,将线路"配送中心—客户 A—配送中心"与线路"配送中心—客户 B—配送中心"合并为一条线路"配送中心—客户 A—客户 B—配送中心"节约的距离 Δ(A,B) 用下式计算(O 代表配送中心):

$$\Delta(A,B)=\Delta_{AB}=c_{AO}+c_{BO}-c_{AB}。$$

例如,Δ(1,2) = 12+8-9 = 11;Δ(2,9) = 8+6-12 = 2。

第八章

表 8-13　客户及配送中心之间的距离

	配送中心	客户 1	客户 2	客户 3	客户 4	客户 5	客户 6	客户 7	客户 8	客户 9	客户 10	客户 11	客户 12	客户 13
客户 1	12	0												
客户 2	8	9	0											
客户 3	17	8	10	0										
客户 4	15	9	8	4	0									
客户 5	15	17	9	14	11	0								
客户 6	20	23	15	20	16	6	0							
客户 7	17	22	13	20	16	5	4	0						
客户 8	8	17	9	19	16	11	14	10	0					
客户 9	6	18	12	22	20	17	20	16	6	0				
客户 10	16	23	14	22	19	9	8	4	8	14	0			
客户 11	21	28	18	26	22	11	7	6	13	19	5	0		
客户 12	11	22	14	24	21	14	16	12	5	7	9	13	0	
客户 13	15	27	20	30	28	22	23	20	12	9	16	20	8	0

表 8-14 是第一次计算得到的节约矩阵。利用节约矩阵，将客户划归到不同的运输线路中。

表 8-14　第一次计算的节约矩阵

	客户 1	客户 2	客户 3	客户 4	客户 5	客户 6	客户 7	客户 8	客户 9	客户 10	客户 11	客户 12	客户 13
客户 1	0												
客户 2	11	0											
客户 3	21	15	0										
客户 4	18	15	28	0									
客户 5	10	14	18	19	0								
客户 6	9	13	17	19	29	0							
客户 7	7	12	14	16	27	33	0						
客户 8	3	7	6	7	12	14	15	0					
客户 9	0	2	1	1	4	6	7	8	0				
客户 10	5	10	11	12	22	28	29	16	8	0			
客户 11	5	11	12	14	25	34	32	16	8	32	0		
客户 12	1	5	4	5	12	15	16	14	10	18	20	0	
客户 13	0	3	2	2	8	12	12	11	12	15	16	18	0

3. 将客户划归到不同的运输线路

将客户划归到不同的运输线路，由不同的卡车提供送货服务，同一线路上的客户由同一辆卡车提供送货。客户合并的宗旨是使节约的距离最大化。这是一个重复进行的过程。

这里要遵循两个原则：一是保证两条线路的合并是可行的。如果两条运输线路上的运输总量不超过卡车的最大载重量，那么二者的合并就是可行的。二是试图使节约最大的两条线路合并成一条新的可行线路。这一过程一直持续到不能再有新的合并方案产生才算结束。

观察表 8-14,最大的节约 34 来自客户 6 与客户 11 的合并,且这种合并是可行的。因为总运量为 16+91=107 件,小于卡车的载重量 200 件,因此这两个客户被划归为一条线路,如表 8-15中第二列所示。节约距离 34 在下一步中不必再考虑。

表 8-15　第一次改进后的节约矩阵

	线路	客户 1	客户 2	客户 3	客户 4	客户 5	客户 6	客户 7	客户 8	客户 9	客户 10	客户 11	客户 12	客户 13
客户 1	1	0												
客户 2	2	11	0											
客户 3	3	21	15	0										
客户 4	4	18	15	28	0									
客户 5	5	10	14	18	19	0								
客户 6	6	9	13	17	19	29	0							
客户 7	7	7	12	14	16	27	33	0						
客户 8	8	3	7	6	7	12	14	15	0					
客户 9	9	0	2	1	1	4	6	7	8	0				
客户 10	10	5	10	11	12	22	28	29	16	8	0			
客户 11	*6*	5	11	12	14	25	*34*	32	16	8	32	0		
客户 12	12	1	5	4	5	12	15	16	14	10	18	19	0	
客户 13	13	0	3	2	2	8	12	12	11	12	15	16	18	0

下一个最大的节约量是将客户 7 和客户 6 合并为一条线路后可节约距离 33。合并后的运量=107+56=163,小于 200,所以这一合并也是可行的。因此,客户 7 被添加到线路 6 中去,如表 8-16 所示。

表 8-16　第二次改进后的节约矩阵

	线路	客户 1	客户 2	客户 3	客户 4	客户 5	客户 6	客户 7	客户 8	客户 9	客户 10	客户 11	客户 12	客户 13
客户 1	1	0												
客户 2	2	11	0											
客户 3	3	21	15	0										
客户 4	4	18	15	28	0									
客户 5	5	10	14	18	19	0								
客户 6	6	9	13	17	19	29	0							
客户 7	*6*	7	12	14	16	27	*33*	0						
客户 8	8	3	7	6	7	12	14	15	0					
客户 9	9	0	2	1	1	4	6	7	8	0				
客户 10	10	5	10	11	12	22	28	29	16	8	0			
客户 11	*6*	5	11	12	14	25	*34*	32	16	8	32	0		
客户 12	12	1	5	4	5	12	15	16	14	10	18	19	0	
客户 13	13	0	3	2	2	8	12	12	11	12	15	16	18	0

虽然合并客户 7 与客户 11 可节约 32，但是，二者都已经安排在线路 6 中了，故不必再考虑。这样，接下来最大的节约量是客户 10 与客户 11（即线路 6）合并得到的节约量为 32。检查这一合并的可行性，客户 10 的订货是 47 件，总运量 = 163+47 = 210 件，超出了车辆载重量 200 件，所以，这个合并不可行。再考虑将客户 5 添加到线路 6 中，节约量是 29，但加入客户 5 的运量 57 件后，超过了车辆载重量，同样不可行。

接下来，最大节约是合并线路 3 和 4 得到的节约 28，合并后的运量 = 43+92 = 135 件，这是可行的。这两条线路合并后的节约矩阵如表 8-17 所示。

表 8-17　第三次改进后的节约矩阵

	线路	客户 1	客户 2	客户 3	客户 4	客户 5	客户 6	客户 7	客户 8	客户 9	客户 10	客户 11	客户 12	客户 13
客户 1	1	0												
客户 2	2	11	0											
客户 3	3	21	15	0										
客户 4	3	18	15	28	0									
客户 5	5	10	14	18	19	0								
客户 6	6	9	13	17	19	29	0							
客户 7	6	7	12	14	16	27	33	0						
客户 8	8	3	7	6	7	12	14	15	0					
客户 9	9	0	2	1	1	4	6	7	8	0				
客户 10	10	5	10	11	12	22	28	29	16	8	0			
客户 11	6	5	11	12	14	25	34	32	16	8	32	0		
客户 12	12	1	5	4	5	12	15	16	14	10	18	19	0	
客户 13	13	0	3	2	2	8	12	12	11	12	15	16	18	0

反复进行上述过程，已经合并了的客户点不再考虑，将剩余的没被合并的线路依次进行合并：

线路 5 与线路 10 合并，得到的节约是 22，合并后的运量 = 57+47 = 104 件，可行。

线路 1 与线路 3 合并，得到的节约是 21，合并后的运量 = 48+135 = 183 件，可行。

线路 12 与线路 6 合并，得到的节约是 19，但合并后的运量 = 55+163 = 218 件，不可行。

线路 12 与线路 10 合并，得到的节约是 18，合并后的运量 = 55+104 = 159 件，可行。

线路 13 与线路 12（线路 10）合并，得到节约是 18，合并总运量 = 38+159 = 197 件，可行。

线路 8 与线路 6 合并，得到的节约是 15，合并后的运量 = 30+163 = 193 件，可行。

线路 2 与线路 1 合并，得到的节约是 11，但合并后的运量 = 36+173 = 209 件，不可行。

线路 2 与线路 9 合并，得到的节约是 2，合并后的运量 = 36+57 = 93 件，可行。

最后，线路合并的结果是客户被划归为四条线路，分别是{1,3,4}、{2,9}、{6,7,8,11}、{5,10,12,13}，即由四辆卡车为这些客户送货。

4. 确定每辆车的送货顺序

这一步要确定每辆车的行驶路径，使所有车辆的总行驶距离最短。这是一个单回路的车辆路径问题,可应用本章上一节的方法求解。

客户群{1,3,4}的最佳行车路径是:配送中心→客户1→客户3→客户4→配送中心;行驶距离为39。

客户群{2,9}的最佳行车路径是:配送中心→客户2→客户9→配送中心;行驶距离为32。

客户群{6,7,8,11}的最佳行车路径是:配送中心→客户8→客户11→客户6→客户7→配送中心;行驶距离为49。

客户群{5,10,12,13}的最佳行车路径是:配送中心→客户5→客户10→客户12→客户13→配送中心;行驶距离为56。

因此,总的行驶里程为176。客户分布及送货线路规划的结果见图8-10。

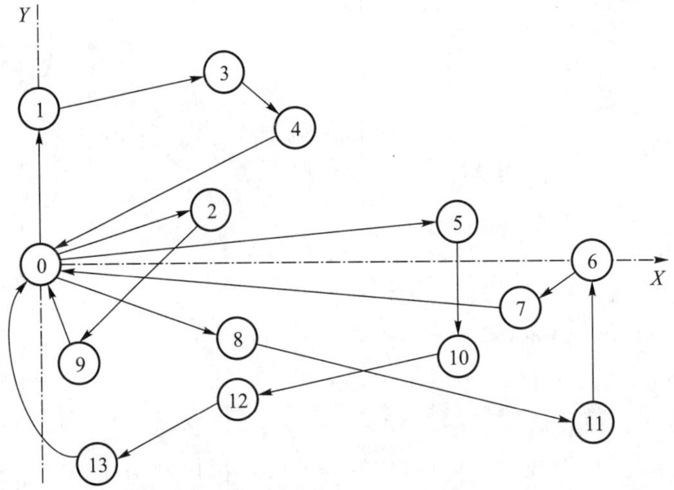

图8-10 配送中心送货线路规划方案

通过上述例题可知,运用节约法可以得到比扫描法更精确的方案。实际上,对于小规模VRP问题,节约法得到的解与最优解很接近,而且节约法的求解速度比精确算法更快。节约法的局限性是,当客户规模增加时,得到的解不理想。

本章小结

运输子系统规划是物流系统规划的重要内容。本章首先介绍了选择运输方式的基本原则以及根据运输成本与库存成本的总成本分析选择运输方式的定量方法。然后,介绍了供应地与需求地之间进行运输调配决策的问题、数学模型及求解方法。

车辆路径问题是物流系统优化中的热点和难点问题。本章分别介绍了单一车辆路径问题和多车辆路径问题的解决方法,包括:针对单一车辆路径问题的动态规划法、Dijkstra方法、TSP模型及其求解算法(例如简单贪婪算法);针对多车辆路径问题的优化模型、扫描法和节约法。

复习题

一、简答题

1. 什么是运输的准确性？

2. 冷冻食品运输的安全性包括哪些内容？

3. 如何将产销不平衡的运输问题转换成产销平衡的运输问题？

4. 扫描法的优点和缺点各是什么？

5. 什么是节约法的基本思想？

6. 节约法中客户线路合并的两个原则是什么？

二、计算题

1. 某发电厂每天需煤约 45 吨，原料成本 176 元/吨，库存保管费率为 25%。利用火车运输，运输时间 15 天，发电厂对煤的安全库存是供货期间需求量的 2 倍。

考虑如下两种运输方案：

(1) 单车皮运输，每节车厢可运 45 吨煤，运价为 3 200 元/节车厢；

(2) 整车运输，70 节车厢，运价为 120 000 元/列火车。

考虑运输费用和库存成本后的总成本各是多少？两种运输方案哪种更合适？

2. 有一配送中心向某一客户送货，其行车可能途经 6 个地点，如图 8-11所示，点 1 是配送中心位置，点 8 是客户位置，其他为中途可经过的点，箭头上的数代表两点间距离(km)。求配送中心到客户的最短距离和最佳行车路径。(提示：可用 Dijkstra 方法求解)

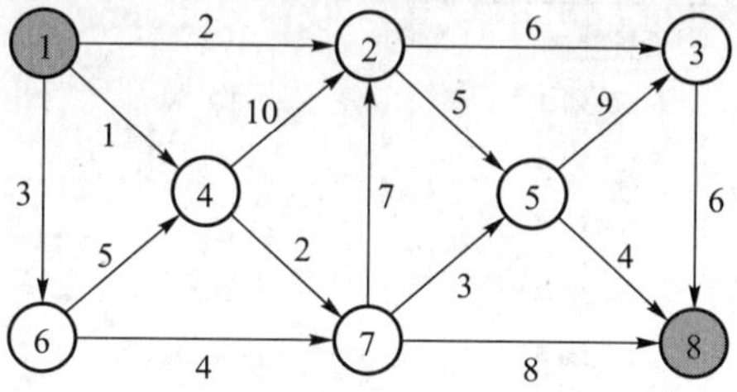

图 8-11　配送中心到客户间的网络图

3. 某批发中心每天要为城区 21 个零售店客户送货，客户的位置信息和需求信息见表 8-18。一年按 250 个营业日考虑；该地区公路网完善，没有河流、湖泊或其他需要绕行的障碍。目前公司有 5 辆送货车，每辆车可装 500 箱货物。要求：

(1) 用扫描法确定所需的运货卡车数量；

(2) 确定每辆卡车的最佳行车路径及客户服务顺序。

表 8-18　客户位置信息及货运需求量数据

客户序号	坐标		需求量（箱）	客户序号	坐标		需求量（箱）
	x	*y*			*x*	*y*	
1	7.5	28.5	120	12	11.0	40.0	90
2	10.0	9.0	200	13	32.0	40.0	80
3	12.0	24.0	120	14	7.5	18.0	50
4	13.0	30.0	150	15	5.0	13.5	160
5	13.5	34.0	50	16	23.0	8.0	100
6	17.5	16.5	90	17	27.0	8.0	140
7	23.0	38.5	140	18	36.0	8.0	50
8	23.0	16.5	60	19	32.0	4.0	90
9	23.5	75.0	110	20	32.5	22.0	150
10	27.0	33.5	180	21	31.5	13.0	80
11	29.0	28.0	30				
仓库	15.0	35.0		总计			2 240

4. 某网上销售公司现收到 12 个客户的订货请求，客户的位置及订货规模见表 8-19。该公司送货部门有 5 辆卡车，卡车最大装载量均为 225 件。试用节约法为该公司设计合理的运输方案，并说明每种方案的车辆行驶总路程。

表 8-19　客户位置及订货规模

站点	*x* 坐标	*y* 坐标	订单规模（件）
配送中心	0	0	
顾客 1	-12	0	74
顾客 2	-5	6	55
顾客 3	-15	7	68
顾客 4	-12	9	109
顾客 5	-3	15	81
顾客 6	0	20	41
顾客 7	2	17	74
顾客 8	4	7	52
顾客 9	6	1	80
顾客 10	6	15	69
顾客 11	7	20	103
顾客 12	9	7	75

三、即测即评

【案例】

长安民生住久公司汽车零部件循环取货运输实践

一、企业简介

南京长安民生住久物流有限公司(以下简称"长安民生住久"或"公司")于2007年7月成立,是由重庆长安民生物流股份有限公司与日本住友商事株式会社合营组建的第三方物流企业。公司主要业务包括:国内外零部件运输、散杂货运输、大型设备运输、仓储管理、生产配送、模块化分装、厂内物料操控、保税库管理、商品车整车物流、售后件仓储及配送、物流方案设计、包装规划设计制作等全方位的物流服务。

公司与长安马自达、长安福特、长安福特马自达发动机、宝钢住商等知名汽车制造商及零部件供应商建立了长期、稳定的合作关系,形成了以南京基地为中心,立足华东,辐射华中、华北、华南等全国各主要区域城市的物流运输网络体系。公司通过了ISO9001、ISO14001、OHSAS18001等管理体系认证,依靠先进的经营理念、技术及软硬件设施,为客户提供定制化的物流解决方案以及快速、高效的物流服务。

在国家宏观经济发展降速转型以及"互联网+"的新经济背景下,我国汽车物流行业同时面临着巨大的挑战和发展机遇,"创新"成为企业持续发展的重要途径。在变革的浪潮之下,公司不断探索汽车物流的新模式,其中,汽车零部件Milk-run取货(即循环取货)方案就是公司的创新模式之一。

二、汽车零部件循环取货模式

循环取货是指卡车按照规定的路线和时间依次到不同的供应商处,卸下上一次收走货物的空容器,并将该处零部件装车,最终将所有零部件送到汽车生产商仓库或主机厂生产线的一种零部件入场物流运输方式。如图8-12所示,与传统取货方式相比,循环取货更有利于提高车辆装载率,减少运输时间,从而保证零部件的及时供应。

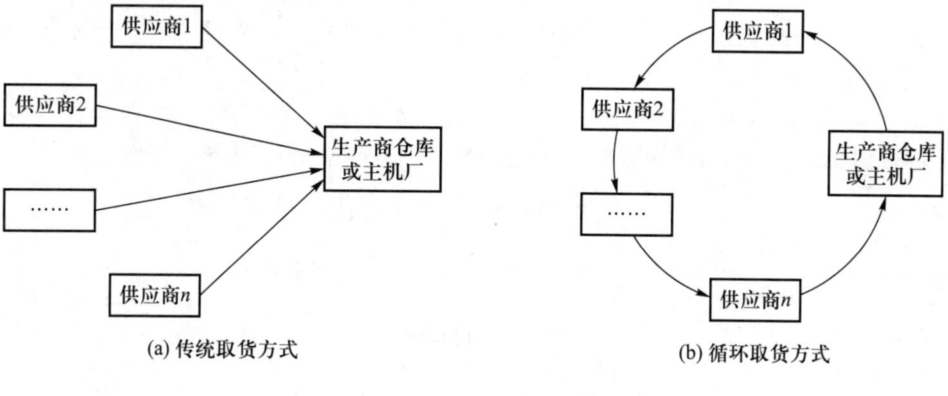

图8-12　传统取货方式与循环取货方式的比较

长安民生住久采用国内先进的循环取货物流模式，将客户的供应商资源与公司的物流网络资源进行整合，为客户和供应商实现准时制生产提供门到门的物流服务；同时，通过应用 RFID、GIS 等物联网技术，实施车辆在途跟踪，确保零部件运输的精准性、透明性和可控性。目前公司的循环取货物流服务已覆盖我国的西南、华南、华东、华中、华北、东北等地区，包括 200 多家供应商。

下面以公司为长安马自达汽车有限公司提供的循环取货服务为例进行分析。

三、循环取货运输方案

随着汽车车型的多样化，零部件的供应物流日益复杂。为进一步提高汽车零部件供应效率，降低零部件供应物流成本，长安马自达汽车有限公司制定了对国产零部件供应物流进行整合的目标。为此，本案例公司按照汽车生产商的要求，对南京区域的供应商进行物流整合，精心设计了循环取货运输方案。

1. 根据运输目的地对供应商进行分类

公司在收集供应商的货物属性、提货量、提货时间与频次、运输时间、距离等数据的基础上，开展深入研究，根据零部件运输目的地的不同，将供应商分为"直送"和"非直送"两大类别。其中，"直送"是指将零部件直接送到位于南京的生产基地配送中心或直接送到主机厂。非直送供应商的货物需要与其他供应商的货物共用一辆车，这类货物就是循环取货考虑的对象。循环取货的货物集中送到生产基地配送中心，或送到主机厂；对于距离很远的供应商，其货物经循环取货后先送达华东地区以外的某区域集并中心，然后再集中送到生产基地配送中心。

2. 根据供应商到主机厂的距离选择供应物流模式

对于非直送供应商，公司根据供应商到主机厂距离的不同，采用不同的供应物流模式：

(1) 当距离不超过 50 公里时，即位于南京市附近的供应商，采取循环取货、直送主机厂的模式；

(2) 当距离大于 50 公里小于 350 公里时，例如位于常州、无锡、苏州、昆山、上海、嘉兴等地的供应商，采取循环取货、送达生产基地配送中心的模式；

(3) 当距离大于或等于 350 公里时，例如位于华东地区以外的供应商，先循环取货送达区域集并中心，然后再集中运输到位于南京的生产基地配送中心。

按照上述原则对供应商进行分组之后，再根据供货产品的性质、数量、供货频率、交货时间、供应商地理位置等信息，分派车辆，制定每辆车的行车线路。

公司实施循环取货供应物流模式，显著提高了车辆装载率，降低了零部件供应物流成本，保证了多品种、小批量、多频次运输的准时性，因此，对汽车企业实施准时制生产方式具有重要意义。合理分派车辆、设计最佳行车路径，是有效实施循环取货方式的关键。

问题讨论：

1. 循环取货模式对汽车生产商和零部件生产商有何益处？
2. 循环取货模式适合什么场合？

第九章 物流系统仿真

【本章学习目标】

- 理解系统仿真的概念、分类及一般步骤。
- 理解离散事件系统仿真的基本概念和策略。
- 掌握排队系统的仿真建模方法。
- 学会对仿真结果进行分析。
- 初步具备典型物流系统仿真分析能力。

【本章导读】

系统仿真作为研究、分析和设计系统的一种有效技术被广泛应用。凡是利用计算机在模型上而不是在真实的系统上进行实验、运行的研究方法都可认为是仿真。由于物流系统的复杂性,利用计算机进行各种复杂物流系统运营过程的模拟和控制具有非常重要的意义,是研究、设计物流系统的一种日益重要的手段。本章主要介绍系统仿真的基本概念和一般步骤;重点介绍离散事件系统仿真和系统仿真输出结果分析的基本内容和方法。然后,介绍两个典型的物流系统——集装箱物流系统和废弃物物流系统的仿真过程和方法。

第一节 物流系统仿真概述

一、系统、模型与仿真

系统仿真的研究对象是具有独立行为规律的系统。为了研究系统,理论上可以用实际的系统来做试验;但是出于经济、安全及可能性方面的考虑,往往不希望在真实的系统上进行试验;尤其是对一个未建立的系统,要预测它的性能,也不可能用真实系统做试验,因而必须引入系统模型。系统模型是对系统本质特性和内在关系的描述,它不是系统的“复现”。模型可分为物理模型、数学模型和概念模型等。

仿真是指在实际系统尚不存在的情况下对于系统或其活动本质的模拟。系统、模型、仿真三者之间有着密切的关系。系统是研究的对象,模型是系统的抽象,仿真是通过对模型的试验来达到研究系统的目的。

现代仿真技术是在计算机支持下进行的,因此,系统仿真也称为计算机仿真。系统建模、仿真建模和仿真实验是系统仿真的三个基本活动,联系这三个活动的是系统仿真的三要素，即系统、模型、计算机（包括硬件和软件），它们的关系可用图 9-1 描述。

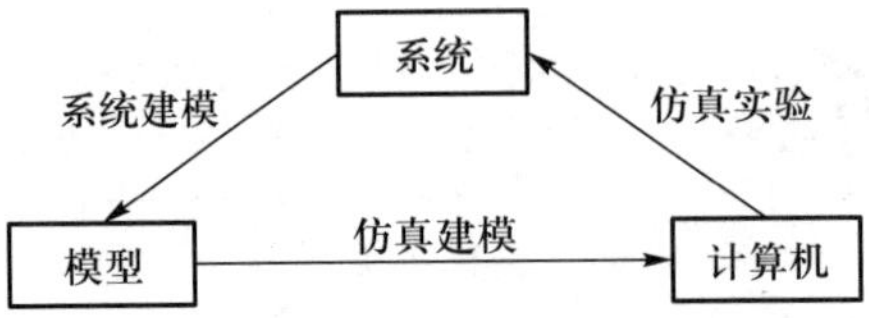

图 9-1　计算机仿真三要素及三个基本活动

二、系统仿真的类型

可以从不同的角度对系统仿真加以分类。

（一）根据模型的类型分类

根据模型类型的不同，系统仿真可分为：物理仿真、数学仿真和半实物仿真。

对真实系统进行简化或按比例处理得到的复制品为物理模型，在物理模型上进行实验的过程，称之为物理仿真。对真实系统进行抽象，并将其特性用数学关系加以描述而得到系统的数学模型，对数学模型进行实验的过程，称之为数学仿真。半实物仿真是将数学模型与物理模型甚至实物模型结合起来进行实验，根据特点将系统分成几个部分分别用不同模型描述，取长补短，仿真时将两者连接起来完成整个系统的实验。

（二）根据仿真时钟与实际时钟的关系分类

仿真时钟是表示仿真时间变化的时钟，根据仿真时钟与实际时钟的关系，可分为实时仿真、亚实时仿真和超实时仿真。

仿真时钟与实际时钟完全一致的是实时仿真，对物理模型或实物模型，必须进行实时仿真。仿真时钟慢于实际时钟的称为亚实时仿真，即模型的速度慢于实际系统运行的速度，例如，爆炸过程的仿真。模型仿真的速度快于实际系统运行速度的称为超实时仿真，例如大气环流的仿真、交通系统的仿真、物流系统的仿真等。

（三）根据系统的特性分类

根据系统的特性，可分为连续系统仿真、离散事件系统仿真。

连续系统是指系统状态随时间连续变化的系统。连续系统的模型按其数学描述可分为：集中参数系统模型，一般用常微分方程描述；分布参数系统模型，一般用偏微分方程描述。

离散事件系统是指系统状态在某些随机时间点上发生离散变化的系统，属于人造系统。模型可采用数学方程、曲线、图表、计算机程序等多种形式表征。

基于系统的模型，可分析系统的行为性能及其与系统结构和参数的关系，研究系统的控制和优化。例如，在研究物流系统的调度、控制、优化等问题时，就可以把物流系统看作离散事件系统。但是，对一个复杂的离散事件动态系统建立比较完善的模型很困难。

三、系统仿真的一般步骤

系统仿真的一般步骤如图 9-2 所示。下面对系统仿真的主要步骤进行说明。

（1）针对实际系统建立系统模型，确定模型的边界。

（2）仿真建模，即根据系统的特点和仿真要求选择合适的算法。

（3）程序设计，将仿真模型用计算机程序描述。利用专用的仿真语言，能大大减轻程序编制工作量。

(4) 程序检验，程序调试的检验和仿真算法的合理性检验。

(5) 对模型进行实验。

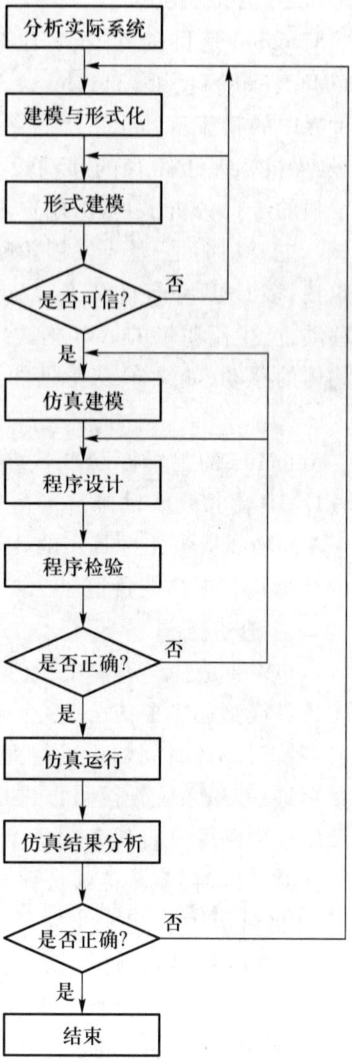

图 9-2　系统仿真的一般步骤

(6) 仿真输出结果分析。结果分析非常重要，特别是对离散事件系统来说，其输出分析甚至决定着仿真的有效性。输出分析既是对模型数据的处理，同时也是对模型的可信性进行验证。

实际仿真时，上述步骤往往需要多次反复和迭代。

四、离散事件系统仿真软件

随着计算机技术的迅速发展，系统建模与仿真技术在物流系统的规划和管理中发挥更加重要的作用。运用系统仿真技术，可以对物流系统的规划、设计和管理进行分析和决策，特别是对存在众多随机变量及复杂逻辑关系的离散事件系统，具有十分重要的意义。

目前市场上已经发布的物流仿真软件有几十种，比较流行的有 AnyLogic、Flexsim、eM - Plant、Witness、AutoMod、Arena、ProModel、SIMAnimation 等。这些软件有不同的应用目的和应用背景，各有侧重。本章选择物流系统建模与仿真中常用的几种软件进行简单介绍。

(一) AnyLogic

AnyLogic 是由 XJ Technologies 公司开发的通用建模仿真软件，应用广泛，适用于离散事件系统、连续系统和混合系统的建模与仿真。它的应用领域包括控制系统、交通、动态系统、制造业、供给线、后勤部门、电信等。另外，AnyLogic 以最新的复杂系统设计方法论为基础，在模型中引入统一建模语言的仿真工具，支持混合状态机，能有效描述离散和连续行为。AnyLogic 提供的仿真方法，可以实现在任何 Java 支持的平台，或是 Web 页上运行模型仿真。AnyLogic 是可以创建真实动态模型的可视化工具，即带有动态发展结构及组件间互相联络的动态模型，支持多种建模方法的相互融合。

AnyLogic 仿真软件具有以下特点：

(1) 快速地创建可视化的、灵活的、可扩展的和可复用的活动对象，这些活动对象可以是标准对象或自定义对象，也可以是 Java 对象。

(2) 通过使用多重建模方法，能够更精确地建模和捕捉更多的事件，并针对所面临的特定问题对这些事件进行联合和调整。

(3) 在建模环境中可以直接使用一组优秀的分析和优化工具。

(4) AnyLogic 开发式体系结构模型可以与办公或企业软件集成起来，这些软件主要包括电子表格、数据库、ERP 和 CRM 等，也可以将模型直接嵌入实时运行环境中。

(5) AnyLogic的建模语言是UML-RT的扩展,模型的主要方图是针对活动对象,有其内部结构和行为,可以任意向下封装其他对象。

(二) AutoMod

AutoMod是目前市面上比较成熟的三维物流仿真软件。主要包括了三大模块:AutoMod、AutoStat和AutoView。AutoMod模块提供给用户一系列的物流系统模块来仿真现实世界中的物流自动化系统。主要包括输送机模块(辊道、链式),自动化存取系统(立体仓库、堆垛机),基于路径的移动设备(AGV等),起重机模块等。AutoStat模块为仿真项目提供增强的统计分析工具,由用户定义测量和实验的标准,自动在AutoMod的模型上执行统计分析。主要功能是:基于发展策略运算法则的最优化分析,用户为得到更好的模型来定义输出审核,多CPU并行计算等。AutoView可以允许用户通过AutoMod模型定义场景和摄像机的移动,产生高质量的AVI格式的动画。用户可以缩放或者平移视图,或使摄像机跟踪一个物体的移动,如叉车或托盘的运动。AutoView可以提供动态的场景描述和灵活的显示方式。

AutoMod的主要特点如下:

1. 3D虚拟现实动画

AutoMod提供比例真实的3D虚拟现实动画,使仿真模型易于理解,这对新理念或新方法的交流具有极高的价值。

2. 互动建模

AutoMod是基于进程交互仿真策略的软件。在AutoMod所建立的仿真模型系统中,流动实体是模型的主要成分,整个系统的运行是靠流动实体驱动的。系统将流动实体所发生的时间及活动按时间顺序进行列表组合,形成相对每个流动实体的进程,当一个流动实体进入某个进程时,系统视图将该进程执行下去,直到进程结束,或者进程被时间延迟或其他条件所阻止中断。系统对不同类型的进程规定了不同的优先级,以使得当不同进程在时间上处于同时并发时,系统能够按照确定的次序分别执行这些进程。

3. 物料运送模板

AutoMod提供给用户一套物料搬运系统模板,这些模板大多来源于Brooks Automation公司工业自动化实践经验。AutoMod将其定义为几种不同的子系统,用户可以方便地引入模型中,使得很多部分可以自动建立起来,用户只需要修改图形并输入参数来完成对模型的建模定义,大大加快了建模速度。

4. 易于理解的语言

AutoMod自动输出统计报表与图表。这些信息提供了方方面面的系统信息,比如设备利用率、库存水平与部件在某设施中的总时间,可以用表格或者内置业务图表的方式来查看统计报告。图表有利于增强对系统的理解以更好地展示效果。

(三) WITNESS

WITNESS是Lanner Group公司开发的功能强大的仿真软件系统,主要用于离散事件系统的仿真。它采用面向对象建模的编程方法,建模灵活,使用方便,适应面宽,是工业流程仿真器的老字号,其齐备的基本仿真功能和数据处理优势,一直是大家所公认的。作为可选项,还具备了三维立体显示功能(VR),扩大了其适用范围。WITNESS代表了当今世界最新一代仿真软件的水平。与同类软件相比,它在欧洲及美国应用很广,市场占有率高。

WITNESS 经常被用于解决诸如投资规划、物料输送策略、交通运输、码头规划、自动化生产线、识别生产瓶颈、生产计划与调度、人力需求规划、成本估算等问题。更多资料可以参看公司的网站:www.lanner.com。

WITNESS 的主要特点有以下几个方面。

1. 交互式面向对象的建模环境

将对象的图形与逻辑关系集成在一起,在模型建立的任何时刻,允许对某些单元进行修改和定义。修改完毕,模型将继续运行,不需要重新返回到仿真的初始时刻。

2. 灵活的执行策略

允许通过交互界面定义各种系统执行的策略。如排队优先级、物料发送规则等,优先级层次不限。软件提供了 14 种基本的输入和输出规则,且允许规则间相互组合。

3. 工程友好性强

WITNESS 所提供的物理单元,充分考虑了可能遇到的各种工程实际需要。例如,对机器单元,提供加工周期、维修时间、操作工数量、工班等。

4. 实时的彩色动画显示

系统逻辑单元建立的同时,可以建立相应的彩色图形模型,并显示在屏幕上。模型运行过程中可实时地动画显示出系统的运行过程,从而辅助建模和系统分析。

5. 灵活的输入、输出方式

除了菜单引导下的输入方式和报表、曲线图、饼图和直方图四种方式实时输出外,还可以与写字板、Excel 等应用软件相连,相互配合使用。利用这些软件进行数据输入和实时的输出,便于仿真分析。甚至可以利用 VisualBasic 来建立自己的用户界面。

6. 丰富的模型单元

WITNESS 提供了丰富的模型单元(11 种物理单元,11 种逻辑单元)。可以组成各种复杂的系统模型,从而适应多种系统仿真的需要。

7. OLE 自动服务(一种相关软件间数据共享的机制)

允许 WITNESS 充当 OLE 自动服务器,从而被其他应用程序控制,如 VB 和 Excel。

8. 子模型

整个 WITNESS 模型可以由许多不同人员开发的子模型组建而成,从而大大加快复杂模型的构造速度。

(四)eM-Plant

eM-Plant 是 Tecnomatix Technologies Inc 软件家族中的一员,有很强的制造工程背景,它是用 C++实现的关于生产、物流和工程的仿真软件,提供了建模语言 SimTALK、友好的图形用户界面、集成环境和非流程式操作,使用户不需要预先进行过程的定义。eM-Plant 可以对各种规模的工厂和生产线,包括大规模的跨国企业,进行建模、仿真和优化生产系统,分析和优化生产布局、资源利用率、产能、效率、物流和供应链等。

其特点体现在:

1. 层次建模(hierarchy)

层次无限套叠,支持 top-down 和 bottom-up 方式,可以实时修改,无须编译。

2. 继承(inheritance)

子对象可以直接继承父对象的特征,便于快速修改和维护。

3. 建库

可以利用面向对象技术将公用模块建库,便于重用。

4. 可视化(visualization)

可以2D、3D模型相互对应联系,通过VRML实现模型的三维可视化,或者提供物流过程的三维场景。可以通过VRML接口获取其他CAD系统的模型。

5. 仿真手段

在仿真过程中可以存储模型状态、修改模型和参数,任意设置仿真速度,交换数据,能够对模型值进行图形表示和评估,对任意时间的仿真结果进行统计,在仿真完成后,提供各种统计结果。

6. 具有遗传算法(genetic algorithms,GA)模块

能提供物流系统的遗传算法优化方法,可以通过GA技术找到随机变化结果。

7. 多接口

可以通过ODBC与Excel和Access通信,实时获取仿真数据,画出统计图表。通过SQL与数据库接口,通过Socket与其他不同的软件系统或设备通信。

(五)Flexsim

Flexsim是美国Flexsim Software Production公司开发的一款面向对象的仿真建模软件,三维效果逼真,它在图形环境中集成了C++的集成开发环境(IDE)和编译器,在这个软件环境下,C++能直接定义模型。

Flexsim的应用领域广泛,如交通路线规划、交通流量控制分析、生产能力仿真与分析、港口设计、机场设计、物流中心设计等领域。Flexsim是用来对生产制造、物料处理、物流、交通、管理等离散事件系统进行仿真的软件,也可以使用Flexsim对模型中含有真实的物理实体的模型进行仿真研究。Flexsim可用于建模、仿真以及实现业务流程的三维可视化,使决策者可以方便地在计算机中构建任何工业及企业的设备分布和业务流程,分析当前系统的运行现状,同时还能对未来企业的扩建、设备布局优化等情况进行模拟。而且还可以用实验的形式来仿真假定的情节,如机器故障、增加某流程的资源投入等,得到的仿真结果以报告、图表的形式存储。报告的数据项丰富,能反映出系统的利用率、等待时间、运行费用等。

Flexsim仿真软件的特点主要体现在基于面向对象技术建模、突出的3D显示功能、建模和调试简单、模型的扩展性强、开放性好等。

1. 基于面向对象技术建模

Flexsim中所有用来建模的资源都是对象,包括模型、表格、记录、图形用户界面等。同时,用户可以根据需要,扩展对象,构建自己的对象库。面向对象的建模技术使得Flexsim的建模过程生产线化,对象可以重复利用,从而减少了建模人员的重复劳动。

2. 突出的3D显示功能

Flexsim支持OpenGL技术,也支持3ds、wrl、dxf和stl等文件格式。因此可以建立逼真的模型,从而可以帮助用户对模型有一个直观的认识,并帮助模型验证。用户可以在仿真环境下很容易地操控3D模型,从不同角度、放大或缩小来观测。

3. 建模和调试简单

建模过程中只需要从模型库中拖入已有的模型,根据模型的逻辑关系进行连接,然后设定不同对象的属性。建模的工作简单快捷,不需要编写程序。

4. 建模的扩展性强

Flexsim 支持建立用户定制对象,融合了 C++编程。用户将其当成一个 C++的开发平台来开发需要的仿真应用程序。

5. 开放性好

Flexsim 提供了与外部软件的接口,可以通过开放数据库连接与外部数据库相连,通过 Socket 接口与外部硬件设备相连,可以与 Excel、Visio 等软件配合使用。

(六) ExtendSim

ExtendSim 仿真软件是美国 Imagine That 公司开发的通用仿真平台,是 Extend 的升级版本。ExtendSim 开放模块源代码,扩展性好,是多个仿真软件二次开发的核心引擎。系统工具的开发者可以利用 ExtendSim 内嵌的编译语言 MODL(类 C 语言)来创建可重复使用的建模模块。所有这些都是在自成一体的集成环境中完成的,不需要外部接口、编译器和代码产生器。ExtendSim 包含一个基于消息传递的仿真引擎,提供一种迅速的模型运行机制和灵活建模机制,模块可以很容易地搭建并组合在一起。ExtendSim 提供了 1 000 多个系统函数,可以实现与数据库、Excel 和其他数据源的集成,可以充分利用 Windows 操作系统的资源,可以和 Delphi、C++Builder、Visual Basic、Visual C++代码链接。ExtendSim 已成功应用到制造业、服务业、企业重组、通信、物流、卫生等领域。

ExtendSim 的主要特点如下:

1. 交互性

ExtendSim 模型具有高度交互性特点,允许用户和模型进行最直接而广泛的互动。ExtendSim的交互性体现在其结构中,模型参数可以在运行中途进行修改,而不需要建模者编程确定哪个参数将被修改。当用户点击对话框值的时候,模型暂停下来给建模者输入新值的时间;当模型重新开始运行时,模型将使用这一新值;当一个值发生变化后,消息处理器会报错或通知其他模块。另外,滑条和开关等控制模块也允许用户进行交互式修改。把这些功能加入 ExtendSim 模型中仅仅需要把这些模块添加到模型中并与相关模块进行连接,这些功能还可通过使用嵌入式的 ActiveX 控件来创建。

2. 可扩展性

ExtendSim 的模块是用 ExtendSim 的编译语言和集成开发环境来开发的。公开的体系结构、公开的源代码和自带的集成开发环境使得 ExtendSim 具有极强的扩展能力。用户只要懂得 C 语言,就可以改写所有的模块、逻辑和动画,因此,用户不必局限在软件所提供的模块和算法之内。

3. 可重复使用性

ExtendSim 的可扩展性和分层次建模功能使得用户可以开发自己的模块,并将新的模块(组建模块和分层子模块)保存在模块库里,重新被其他模块甚至被其他建模者所使用。这一特点增加了模型设计的效率和连续性。

4. 连接性

ExtendSim 支持 ActiveX/OLE 控件和 ODBC 数据源。和其他仿真软件不同的是,这些技术在 ExtendSim 里被当作模块来使用,所以都是以拖拉的方式完成而没有必要编程。

5. 规模性

由于 ExtendSim 的分层结构是无限制的,所以可以用来创建含有成千上万个模块的企业模型，还可使模型条理更加清晰、逻辑更加分明。

除上述特点外，ExtendSim 还具有可视性；另外，由于其集成开发环境，还可作为第三方应用的仿真引擎。

第二节　离散事件系统的仿真基础

离散事件系统（Discrete Event Dynamic System，DEDS/DES）是指系统的状态在一些离散时间点上由于某种事件的驱动而发生变化。例如，商品销售系统，货架上的商品只有在商品销售或者从仓库中补充商品时，才会发生变化，这种变化被称为发生了"事件"。这类系统状态的变化是从一个值跳跃到另一个值，不存在任何中间值。而且，这类系统的变化往往带来比较复杂的随机性质，它们不可能建立确定的模型，需要用概率的方法来描述。

一、基本概念

物流系统是一种典型的离散事件系统，它的状态只是在离散时间点上发生变化，而且这些离散时间点一般是不确定的。

【例 9-1】 某单泊位码头系统，船舶的到达时间一般是随机的，为每个船舶装卸的时间长度也是随机的，描述该系统的状态是码头的状态（忙或闲）、船舶排队等待的队长。显然，这些状态量的变化也只能在离散的随机时间点上发生。

由于离散事件系统固有的随机性，对这类系统的研究往往十分困难。经典的概率及数理统计理论、随机过程理论虽然为研究这类系统提供了理论基础，并能对一些简单系统提供解析解，但对工程实际中的大量系统，唯有依靠计算机仿真技术才能提供较为完整的结果。

下面首先介绍离散事件系统仿真的基本概念。

（一）实体

实体是描述系统的三个基本要素之一。离散事件系统中的实体可分为两大类：临时实体和永久实体。在系统中只存在一段时间的实体叫临时实体。这类实体由系统外部到达系统，通过系统，最终离开系统。如物流系统中的货物、例 9-1 中的船舶就是临时实体，它按一定规律到达，经过码头装卸（可能要排队等待一段时间）后即离开系统。永久驻留在系统中的实体称为永久实体。如物流系统中的 AGV、缓冲站、仓库及例 9-1 中的装卸设备。只要系统处于活动状态，这些实体就存在，或者说，永久实体是系统活动的必要条件。临时实体按一定规律不断地到达（产生），在永久实体作用下通过系统，最后离开系统，整个系统呈现出动态过程。

（二）事件

"事件"是描述离散事件系统的另一个重要概念，它是引起系统状态发生变化的行为。从某种意义上说，这类系统是由事件来驱动的。

在物流系统中，"货物到达"为一类事件，因为由于货物到达，系统的状态——仓库货位的"状态"可能从空变成占用，或者另一系统状态——排队等待入库的货物数量发生变化。

（三）活动

离散事件系统中的活动，通常用于表示两个可以区分的事件之间的过程，它标志着系统状态的转移。在例 9-1 中，船舶的到达事件与该船舶开始接受装卸服务事件之间可称为一个活动，该活动使系统的状态（队长）发生变化，船舶开始接受装卸服务到该船舶装卸完毕后离去也可视为一个活动，它使队长减 1 或使服务台由忙变闲。

（四）进程

进程由若干个有序事件及若干有序活动组成，一个进程描述了它所包括的事件及活动间的相互逻辑关系及时序关系。如例 9-1 中，一条船到达码头系统、经过排队、接受服务、直到服务完毕后离去可称为一个进程。

事件、活动、进程三者之间的关系可用图 9-3 表示。

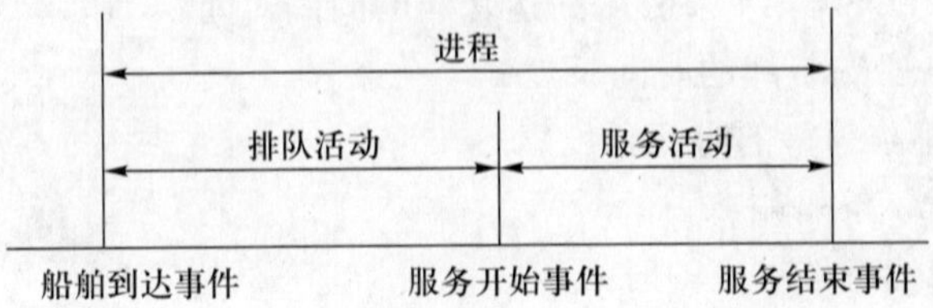

图 9-3　事件、活动、进程三者之间的关系

（五）仿真钟

仿真钟用于表示仿真时间的变化。离散事件动态系统的状态只在离散时间点上发生变化，因而不需要进行离散化处理。但是，由于引起状态变化的事件发生时间的随机性，仿真钟的推进步长则完全是随机的；而且，两个相邻发生的事件之间系统状态不会发生任何变化，因而仿真钟可以跨过这些“不活动”周期。从一个事件发生时刻推进到下一事件发生时刻，仿真钟的推进呈现跳跃性，推进速度具有随机性。

（六）统计计数器

离散事件动态系统的状态随着事件的不断发生呈现出动态变化，这种变化过程是随机的，某一次仿真运行得到的状态变化过程只不过是随机过程的一次取样。需要统计多次仿真运行的数据才有意义。

在例 9-1 中，由于船舶到达的时间间隔具有随机性，装卸设备为每一条船舶服务的时间长度也是随机的，因而在某一时刻，船舶排队的队长或码头的忙闲情况完全是不确定的。在分析该系统时，感兴趣的可能是系统的平均队长、船舶的平均等待时间或者是装卸设备的利用率等。在仿真模型中，需要有一个统计计数部件，以便统计系统中的有关变量。

二、仿真钟的推进与仿真策略

（一）仿真钟的推进

离散事件系统仿真的仿真钟推进方法有两大类，一类是按下一最早发生事件的发生时间推进，亦称为事件调度法，另一类是固定增量推进方法。

1. 事件调度法

仿真模型中的时间控制部件用于控制仿真钟的推进。在事件调度法中，事件表按事件发生时间先后顺序安排事件。时间控制部件始终从事件表中选择具有最早发生时间的事件记录，然后将仿真钟修改到该事件发生时刻。对每一类事件，仿真模型有相应的事件子程序。每一个事件记录包含该事件的若干个属性，其中事件类型是必不可少的，要根据事件类型调用相应的事件子程序。在事件子程序中,处理该事件发生时系统状态的变化,进行用户所需要的统计计算,如果是条件事件,则应首先进行条件测试,以确定该事件是否确能发生。如果条件不满足,则推迟或取消该事件。该事件子程序处理完后返回时间控制部件。这样,事件的选择与处理不断地进行,仿真钟不断地从一个事件发生时间推进到下一最早发生事件的发生时间,直到终止仿真的条件或程序事件发生时停止仿真。

【例 9-2】 要对某单泊位码头系统进行仿真。

解:首先,定义如下变量:

$A_i=t_i-t_{i-1}$为第 $i-1$ 条与第 i 条船舶到达之间的间隔时间;

S_i=码头为第 i 条船舶装卸的时间长度;

D_i=第 i 条船舶排队等待的时间长度;

$C_i=t_i+D_i+S_i$ 为第 i 条船舶离去的时间;

t_i=第 i 条船舶到达事件发生的时间;

b_i=第 i 个任何一类事件发生的时间;

q_i=第 i 个事件发生时的队长;

Z_i=第 i 个事件发生时码头设备的状态,其中 $Z_i=1$ 表示忙,$Z_i=0$ 表示闲。

其次,定义如下系统事件类型:

类型 1=船舶到达事件;

类型 2=船舶接受服务事件;

类型 3=船舶接受服务完毕并离去事件。

然后,定义程序事件:仿真运行到 9 000 个时间单位(例如分钟)结束。

该系统的模型可用如图 9-4 所示的流程来描述。A_i,S_i 是随机变量,要根据其分布函数产生,为了便于解释,假定我们已经得到了这些随机变量的样本值为:

$$A_1=900, A_2=1\,920, A_3=1\,440, A_4=2\,400, A_5=1\,320, \cdots$$

$$S_1=2\,580, S_2=2\,160, S_3=2\,040, S_4=1\,680, \cdots$$

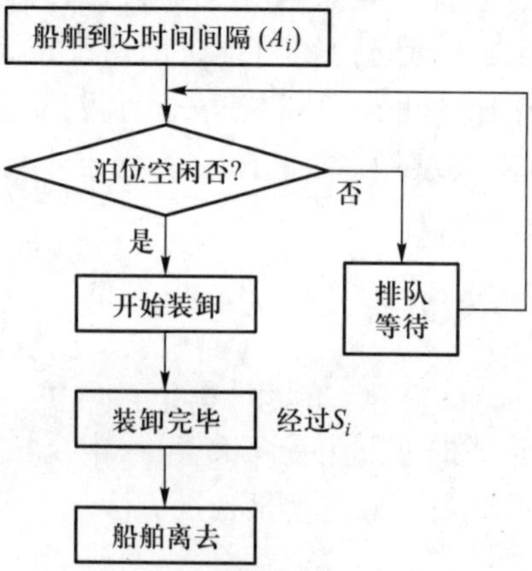

图 9-4 单泊位码头系统仿真模型

系统初始状态:$q_0=0, Z_0=0$。

表 9-1 列出了单泊位码头系统的事件表,以加深对事件表的理解。

表 9-1　单泊位码头系统的事件表

时间	事件	泊位状态	排队
0	仿真开始	0	0
900	船舶 1 到达	1	0
2 820	船舶 2 到达	1	1
3 480	船舶 1 服务完毕	0	1
3 480	船舶 2 接受服务	1	0
4 260	船舶 3 到达	1	1
5 640	船舶 2 服务完毕	0	1
5 640	船舶 3 接受服务	1	0
…	…	…	…
9 000	仿真结束		

结合表 9-1 的事件表，按下一事件推进法该模型的仿真钟推进过程如图 9-5 所示。

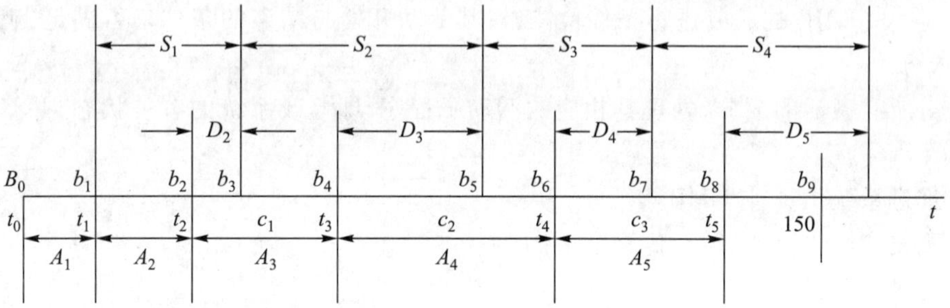

图 9-5　事件调度法仿真钟推进

依次下去，直到下一事件为仿真结束的程序事件为止。

2. 固定增量推进法

选择适当的时间单位 T 作为仿真钟推进时的增量，每推进一步进行如下处理：

(1) 该步内若无事件发生，则仿真钟再推进一个单位时间 T。

(2) 若在该步内有若干个事件发生，则认为这些事件均发生在该步的结束时刻。为便于进行各类事件处理，用户必须规定当出现这种情况时各类事件处理的优先顺序。

这种方法的缺点是，仿真钟每推进一步，均要检查事件表以确定是否有事件发生，增加了执行时间；其次，该步任何事件的发生均认为发生在这一步的结束时刻，如果 T 选择过大，则会引入较大的误差，而且要求用户事先确定各类事件的处理顺序，增加了建模的复杂性。

固定增量推进法主要用于系统事件发生时间具有较强周期性的模型，如定期订货的库存系统，以年、月为单位的经济计划系统等。

（二）仿真策略

1. 事件调度法

事件调度法是面向事件的方法。仿真方法主要是研究状态变化的系统。有事件发生就会有状态变化。事件调度法是通过定义事件，并按时间顺序处理所发生的一系列事件。记录每一事件发生时引起的系统状态的变化来完成系统的整个动态过程的仿真。由于事件都是预定的，状态变化发生在明确的预定的时刻，所以这种方法适合于活动持续时间比较确定的系统。

2. 活动扫描法

活动扫描法是面向活动的。活动开始和结束是系统状态变化的标志。而活动开始与结束不仅取决于时间因素，还取决于其他的因素（条件因素）。

(1) 活动扫描法的步骤。

① 设置系统仿真钟 TIME，即控制系统仿真时间。

② 设置成分仿真钟 t_a 表示各成分活动持续的预定时刻，用来控制成分活动的持续时间。其中 $t_a \leqslant$ TIME 表示成分活动可以或早该发生，是否发生唯一取决于条件是否满足。

③ 设置条件处理模块——成分活动开始与结束的条件是否满足。

④ 设置成分活动子程序——处理活动开始与结束时系统的状态变化。

(2) 活动扫描法的处理过程。

① 扫描所有的活动。

② 对 $t_a \leqslant$ TIME 的成分进行条件检测，看其活动开始与结束的条件是否满足，满足则是可激活成分。

③ 对所有激活的成分，处理其相应的活动子程序，即修改系统的有关状态，并修改成分仿真钟。

④ 推进系统仿真钟 TIME。

⑤ 重复步骤①至④，直至仿真结束。

3. 进程交互法

进程交互法面向进程。进程是由若干有序的事件以及由相邻事件组成的若干活动组成的过程。一个成分进入系统，完成各项活动的过程可以由一个进程来描述。进程交互法是事件调度法与活动扫描法的结合。它是以模型的各个主动成分的活动为主线来调度事件生成的顺序的。

(1) 进程交互法的处理方法如下：

① 设置一张当前事件表 CEL，它包含了从当前时间点开始有资格执行事件的记录。但是该事件是否发生的条件尚需要判断。

② 设置一张将来事件表 FEL，它包含在将来某个仿真时刻发生事件的记录。

③ 设置系统仿真钟 TIME 和成分仿真钟。

(2) 进程交互法的处理过程如下：

① 推进系统仿真钟 TIME。

② 把满足 $t_a \leqslant$ TIME 的所有事件从 FEL 移至 CEL 中。

③ 取出 CEL 中的每一个事件，判断其所属的进程及在进程中的位置。

④ 判断该事件发生的条件是否满足。

⑤ 如果条件允许该进程尽可能连续推进,直到进程结束,该成分离开系统。

⑥ 该进程推进过程中,遇到条件不满足时,记录下进程的位置,并退出该进程。

⑦ 重复③至⑥,CEL 中的事件处理完毕。

⑧ 重复①至⑦,直到仿真结束。

上述所介绍的三种仿真策略各有优缺点,在离散事件系统仿真中均得到广泛的应用。一般来说,如果系统中的成分相关性较少,宜采用事件调度法,相反则宜采用活动扫描法;如果系统成分的活动比较规则,则宜采用进程交互法。

三、排队系统仿真

(一)排队系统的基本概念

排队系统也称随机服务系统,是以排队论为理论基础的系统。1918 年,Erlang 提出排队论,并将它用于电话系统,主要是研究服务台与顾客之间的效率问题,希望服务台效率高,而顾客的等待时间又不太长。物流系统中也存在排队问题,如货运中心的车辆、集装箱专用码头船舶及卡车的排队问题等。

排队系统可用下面 4 个基本概念进行描述。

1. 实体(顾客)到达模式

实体到达模式一般用到达时间间隔来描述,可分为确定性到达及随机性到达。随机性到达采用概率分布来描述,最常采用的是泊松分布。

平稳泊松过程可这样描述:在$(t,t+s)$内到达的实体数 k 的概率为

$$P\{N(t+s)-N(t)=k\}=\frac{e^{-\lambda s}(\lambda s)^k}{k!} \tag{9-1}$$

式中,$N(t)$表示在$(0,t)$区间内到达实体的个数;$t\geqslant 0, s\geqslant 0, k=0,1,2,\cdots,\lambda$ 为到达速率。

若实体到达满足平稳泊松过程,则到达时间间隔服从指数分布,其密度函数为

$$f(t)=\lambda e^{-\lambda t}=\frac{1}{\beta}e^{-t/\beta} \quad (t\geqslant 0) \tag{9-2}$$

式中,$\beta=1/\lambda$ 为到达时间间隔均值。

2. 服务模式

服务台为顾客服务的时间可以是确定性的,也可能是随机的,后者采用服务时间的概率分布来描述。

3. 排队规则

排队规则是指服务台完成当前的服务后,从队列中选择下一实体的原则。主要有三种原则:

(1) FIFO:先到先服务;

(2) LIFO:后到先服务;

(3) 按优先级别服务:即根据队列中实体的重要程度选择最优先服务者。

4. 服务流程

当系统中有多个服务台,有多个队列时,服务台如何从某一个队列中选择某一个实体服务则称为服务流程问题,它包括各队列之间的关系,如实体可否换队以及换队规则等。

排队系统中的上述特征，一般用符号 GI/G/S 来表示，其中：

GI(general independent)表示到达模式。若为平稳泊松过程，其到达时间间隔服从指数分布，用 M 表示(马尔柯夫过程)；若为 Erlang 分布，则用 E_k 表示，k 表示 Erlang 分布的维数；若是确定性时间间隔，则用 D 表示。

G(general)表示服务时间的分布，分布函数的符号与 GI 相同。

S 表示单队多服务台的数目，且按 FIFO 规则服务。

例如，一个具有指数分布的到达时间间隔、服务时间也服从指数分布且按 FIFO 规则服务的单台单队排队系统可记为 M/M/1。

(二) 排队系统的统计性能

研究排队系统的目的是为了得到系统的统计性能，一般使用下面 4 种性能指标。

1. 稳态平均延误时间 d

$$d = \lim_{n \to \infty} \sum_{i=1}^{n} D_i / n \tag{9-3}$$

式中，D_i 为第 i 个实体的延误时间；n 是接受服务的实体数。平均延误时间就是实体在队列中平均等待时间。

2. 实体通过系统的稳态平均滞留时间 w

$$w = \lim_{n \to \infty} \sum_{i=1}^{n} W_i / n = \lim_{n \to \infty} \sum_{i=1}^{n} (D_i + S_i) / n \tag{9-4}$$

式中，W_i 为第 i 个实体通过系统时的滞留时间。它等于实体在队列中的等待时间 D_i 与该实体接受服务的时间 S_i 之和。

3. 稳态平均队长 Q

$$Q = \lim_{T \to \infty} \int_0^T Q(t) dt / T \tag{9-5}$$

式中，$Q(t)$为 t 时刻的队列长度；T 为系统运行时间。

4. 系统中稳态平均实体数 L

$$L = \lim_{T \to \infty} \int_0^T L(t) dt / T = \lim_{T \to \infty} \int_0^T (Q(t) + S(t)) dt / T \tag{9-6}$$

式中，$L(t)$为 t 时刻系统中的实体数。它是在队列中的实体数 $Q(t)$与正在接受服务的实体数 $S(t)$之和。

上述 4 个性能指标存在的条件是服务台的利用率 $\rho< 1$，ρ 的定义是平均服务时间与平均到达时间间隔之比。对 M/M/1 排队系统，上述 4 项指标通过解析计算得到，即：

$$d = Q/\lambda \qquad w = L/\lambda$$

$$Q = \frac{\rho^2}{1-\rho} \qquad L = \frac{\rho}{1-\rho}$$

四、库存系统的仿真

离散事件系统仿真的一类研究对象是库存系统，不仅包括一般的物品库存、资源库存，还包括人才储备管理这样广义的库存系统。

如同排队系统中的“到达”与“服务”，库存系统中，由于满足需求和订货行为的不断发生，使库存量呈现动态变化。根据需求与订货的规律，库存系统分为确定型和随机型库存系统。确定型库存系统的需求量、需求时间、订货量、订货时间等都是确定性的，可以用解析法精确求解。随机库存系统中，需求时间、需求量、订货时间及订货量等都有可能是随机变化的，无法精确求解，通过仿真技术进行研究是一种有效的方法。下面主要介绍对随机型库存系统的仿真。

（一）随机库存系统模型

随机库存系统的订货提前期$(1-\gamma)T$是随机的，单位时间的需求量也是随机的。先考虑如图9-6所示的简单随机库存系统，即每次订货量Q不变，订货点R不变，现要求总费用最小的最优订货点、每次最优订货量及总费用。

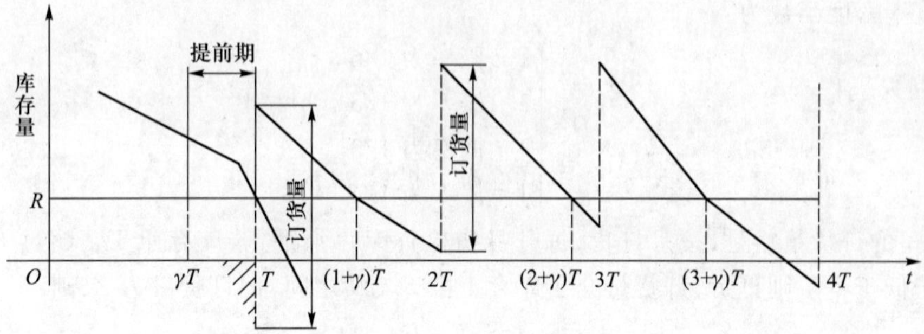

图9-6　随机库存系统

设I为每周期期望库存量，则：

$$I=R+Q/2-E(y) \tag{9-7}$$

式中，$R+Q/2$表示无提前期时每周期的期望库存量；y为提前期内的需求量，是随机变量；$E(y)$是y的期望值。

设S为每周期期望缺货数，则：

$$S=\sum_{y=R}^{\infty}(y-R)h(y) \tag{9-8}$$

式中，$h(y)$是提前期需求量y的速度函数。

每年所需费用为C，则：

$$C=C_0\frac{D}{Q}+C_1I+C_2\frac{D}{Q}S \tag{9-9}$$

将I、S的表达式代入(9-9)，可得：

$$C=C_0\frac{D}{Q}+C_1\left(R+\frac{Q}{2}-E(y)\right)+C_2\frac{D}{Q}\left[\sum_{y=R}^{\infty}(y-R)h(y)\right] \tag{9-10}$$

为得到最小总费用，先求最佳订货点R的值，令：

$$\partial C/\partial R=0$$

得：

$$\sum_{y=R}^{\infty}h(y)=\frac{C_0Q}{C_2D}$$

即：

$$P(Y>R)=\frac{C_0Q}{C_2D} \tag{9-11}$$

选择 R,使随机变量 $Y>R$ 的概率为 C_0Q/C_2D。

在此基础上求最小总费用,即令 $\partial C/\partial Q=0$,可得

$$Q=\sqrt{\frac{2D(C_0+C_2S)}{C_1}} \tag{9-12}$$

以上讨论的随机库存系统是非常简单的。对许多实际的随机系统而言,难以得到其解析表达式,因而也就很难进行定量评价,往往只能通过仿真的手段进行评价。

(二)随机库存系统仿真举例

某公司经销单类产品,顾客需求时间为均值 0.1 个月的指数随机变量,需求量也是随机变量,其概率密度函数为:

$$D=\begin{cases}1 & \text{概率为 } 1/6\\ 2 & \text{概率为 } 1/3\\ 3 & \text{概率为 } 1/3\\ 4 & \text{概率为 } 1/6\end{cases} \tag{9-13}$$

该公司的订货策略是,按月订货,每月月初检查库存水平,若库存水平 I 超过下限 l,则不订货;若低于下限则订货,订货量介于库存上限 S 与 I 之间,记订货量为 Z,则:

$$Z=\begin{cases}S-I & I<l\\ 0 & I\geqslant l\end{cases} \tag{9-14}$$

若订货,则从订货到货物入库的时间是 0.5~1.0 月之间的均匀分布的随机变量。

现需要比较表 9-2 中的 9 种订货策略,以便确定何种策略费用最少。

表 9-2 订货策略

I	20	20	20	20	40	40	40	60	60
S	40	60	80	100	60	80	100	80	100

1. 模型中考虑的费用

(1) 订货费。设每件订货费用为 m,订货附加费用为 K(若无订货,则 $K=0$),则每月订货费 C_1 为:

$$C_1=K+m\,Z \tag{9-15}$$

(2) 保管费。用 h 表示每件每月的保管费。显然,只有当库存水平 $I(t)>0$ 时才需要计算每月平均保管费 C_2。

$$C_2=\frac{1}{n}\int_0^n hI(t)\,dt \tag{9-16}$$

式中,n 为仿真运行的月数。

(3) 缺货损失费。用 p 表示每件缺货损失费,显然,只有当 $I(t)<0$ 时才需计算,则平均每月缺货损失费 C_3 为:

$$C_3=\frac{1}{n}\int_0^n p\,|I(t)|\,dt \tag{9-17}$$

2. 建立系统仿真模型

(1) 随机变量模型。如前所述,需求时间服从均值为 0.1 个月的指数分布,则其概率密

度函数为：

$$f(D_m)=\frac{1}{0.1}e^{-D_m/0.1}=10e^{-10D_m}\quad (D_m\geqslant 0) \tag{9-18}$$

式中，D_m 为需求时间间隔，可由专门的语句或函数产生多种分布的随机数序列供调用。

用 M 来表示订货延迟时间，它服从[0.5,1]之间的均匀分布，其概率密度函数为：

$$f(M)=\begin{cases}\dfrac{1}{1-0.5} & 0.5\leqslant M\leqslant 1.0\\ 0 & \text{其他}\end{cases}$$

其分布函数为：

$$F(M)=\begin{cases}0 & M<0.5\\ \dfrac{M-0.5}{1-0.5} & 0.5\leqslant M\leqslant 1.0\\ 1 & M>1.0\end{cases}$$

(2) 模型中的事件定义。事件定义依赖于系统状态的描述。定义“订货到达”为第 1 类事件；顾客需求会引起库存量减少，定义“需求到达”为第 2 类事件。

定义了上述两类事件后，事件是否已经定义充分了呢？在事件调度法中必须十分注意模型的完备性，即必须仔细分析引起系统状态变化的各种条件及其相互关系，保证系统状态变化描述是完备的，能充分地对系统中的事件加以定义。实际上，在本系统中，发生“货物入库”的条件是必须先订货，因此还应定义“订货”为第 3 类事件。那么订货事件有什么特点呢？根据模型要求，在每月月初时要进行库存计算，如果库存量大于下限，则不需要订货，只有库存量小于下限时才需订货，因此订货事件是条件事件，它既与时间有关（每月月初），又与库存量有关，那么订货事件的完整描述应为，每月月初进行库存计算，根据库存量及订货策略决定是否订货。

在前面提到，在仿真模型中，可将仿真控制定义为程序事件。在本模型中，可以将仿真运行长度定义为程序事件。设对每种策略仿真运行 120 个月，则当仿真钟的值等于 120 个月时该事件发生，定义为第 4 类事件。为什么要将程序事件定义为第 4 类事件呢？这是事件调度法中另一个十分重要的问题，即所谓“解结规则”问题。在一个复杂系统中，总是存在许多类事件，由于事件发生时间的随机性，就有可能出现多个事件同时发生的情形，用户在建模时必须规定同时发生事件的处理顺序，一般可按事件类型数从低到高的顺序来处理（这样便于程序的处理）。本系统中，“仿真运行 120 个月结束”的程序事件与“每月月初计算库存以决定订货”的系统事件可能同时发生，那么应先执行“仿真结束”事件，因为此时再计算库存已无实际意义。

(3) 确定统计变量。该系统的仿真目的是要比较 9 种不同的库存策略，评价指标是每月平均总费用 C，它包括每月平均订货费用 C_1，每月平均保管费用 C_2 及每月平均缺货损失费用 C_3。

通过上述对模型的定义，不难编制出仿真程序，然后进行仿真运行。表 9-3 是各种库存策略的仿真结果输出：

表 9-3　订货策略仿真结果

策略＼费用	C	C_1	C_2	C_3
(20,40)	125.54	96.45	8.84	20.25
(20,60)	116.84	86.02	17.82	13.01
(20,80)	121.45	84.67	26.30	10.49
(20,100)	124.65	79.89	39.65	5.11
(40,60)	127.97	101.69	24.92	1.36
(40,80)	124.75	88.19	35.40	1.16
(40,100)	131.50	84.59	45.95	0.95
(60,80)	140.90	94.37	46.60	0.02
(60,100)	148.29	92.96	55.33	0.00

根据上述仿真结果,采用第 2 种库存策略,总平均费用最小(116.84)。上述仿真结果是在以下仿真条件下得到的:各种策略采用单一的随机数据流(即共用一个随机数发生器),仿真长度为 120 个月。如果这些条件发生变化,例如,每种库存策略采用不同的独立随机数发生器,或者仿真运行长度不是 120 个月,仿真结果可能会有较大区别。

五、Petri 网分析方法

从前面的讨论中可以看到,离散事件系统的模型难以进行规范化描述。1962 年德国的 C. A. Petri 提出了一套形式化的建模与分析方法,这就是 Petri 网。近年来,Petri 网已广泛地应用于车间调度、交通控制、物流工程等离散事件系统的分析、设计和实施过程中。

Petri 网的主要优点是:

(1) 图形建模方法,直观、易于理解;

(2) 清楚地描述系统内部的相互作用,特别适用于异步并发离散事件的建模;

(3) 采用自顶向下的方法(递阶 Petri 网)来建立系统模型,层次分明;

(4) 良好的形式化描述,模型能用成熟的数学分析方法,如可达性、可逆性及死锁分析等,仿真较简单;

(5) 用 Petri 网建立的模型,可转化为系统的控制代码。

下面简要介绍普通 Petri 网及其改进网。

(一) 普通 Petri 网

一个 Petri 网(PN)可表示为一个五元组,PN:(P,T,I,O,μ),其中:

$P=\{p_1,p_2,\cdots,p_n\}$是库所(place)的集合,$n\geqslant 0$;

$T=\{t_1,t_2,\cdots,t_m\}$是变迁(transition)的集合,$m\geqslant 0$;

$P\cap T=\phi$,　$P\cup T\neq\phi$;

$I: P \to T^{\infty}$ 是输入函数，为库所到变迁多重集的映射；

$O: T \to P^{\infty}$ 是输出函数，为变迁到库所多重集的映射；

$\mu: P \to N$(非负整数集)是 PN 的标志，为一函数向量，若 $\mu(p_i)=\mu_i$，则称库所 p_i 含 μ_i 个托肯(token)。

若 $I(p_i,t_j)\neq 0$，称库所 p_i 是变迁 t_j 的输入库所，若 $O(p_i,t_j)\neq 0$，称库所 p_i 是变迁 t_j 的输出库所。变迁 t_j 的输入和输出库所集合分别记为 $IP(t_j)$ 和 $OP(t_j)$：

$IP(t_j)=\{p\in P \mid I(p,t_j)\neq 0\}$

$OP(t_j)=\{p\in P \mid O(p,t_j)\neq 0\}$

图 9-7 为一幅 Petri 网示意图。图中，圆圈代表库所节点，短线代表变迁节点，库所到变迁或变迁到库所的有向弧分别表示输入和输出函数。若 $I(p_i,t_j)=k\neq 0$，则表示从库所 p_i 到变迁 t_j 有一条有向弧连接，且弧的权系数为 K(权系数为 1 时，可不在弧上表示出)；若 $I(p_i,t_j)=0$，则表示从库所 p_i 到变迁 t_j 不存在有向弧连接。与输入函数相类似，输出函数 $O(p_{i,}t_j)$ 可用从变迁 t_j 到库所 p_i 的有向弧表示。托肯用画在库所中的黑点表示。

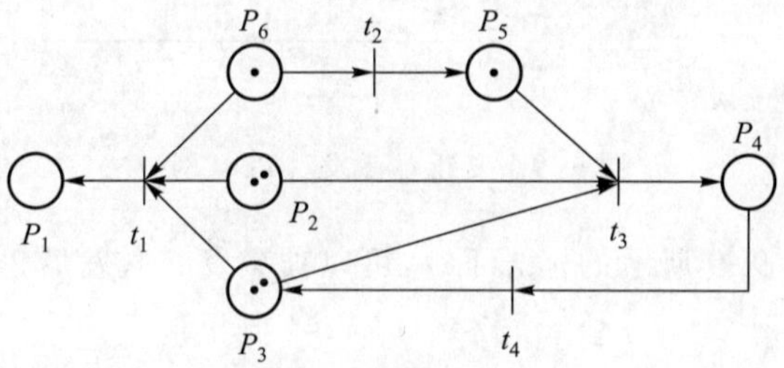

图 9-7　普通 Petri 网示例

(二) Petri 网的变迁规则

Petri 网的一个变迁 t_j 在标志 μ 有发生权(enabled)的充要条件是：

$$V\ p_i\in IP(t_j),\mu(p_i)\geqslant I(p_i,t_j)$$

即对于变迁 t_j 的任意一个输入库所 p_i，p_i 中的托肯大于 p_i 到 t_j 弧的权系数(输入函数)。

变迁后的结果是：

$$V\ p_i\in IP(t_j),\mu'(p_i)=\mu(p_i)-I(p_i,t_j)$$

$$V\ p_i\in OP(t),\mu'(p_i)=\mu(p_i)+O(p_i,t_j)。$$

例如，对于图 9-7 所示的 Petri 网，根据 Petri 网的运行规则，按照 $t_1t_2t_3t_4$ 的顺序，依次对变迁的发生权进行检查。

(1) 检查 t_1。t_1 的三个输入库所分别是：p_2，p_3 和 p_6。输出库所是 p_1：

$$\mu(p_2)=2,\mu(p_3)=2,\quad \mu(p_6)=1$$

$$I(p_2,t_1)=1,I(p_3,t_1)=1,I(p_6,t_1)=1$$

$$O(p_1,t_1)=1$$

变迁 t_1 可以被激发，激发后，$\mu'(p_2)=1$，$\mu'(p_3)=1$，$\mu'(p_6)=0$ 而 $\mu'(p_i)=1$。这一结果如图 9-8 所示。

(2) 检查 t_2。在图 9-8 所示标志下，t_2 没有发生权。

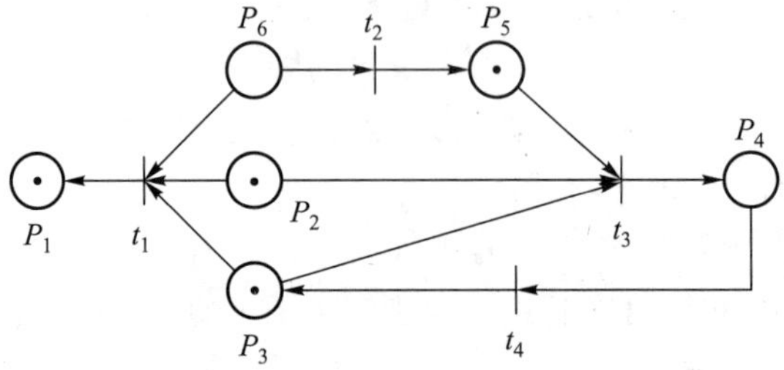

图 9-8　变迁 t_1 激发后 Petri 网

(3) 检查 t_3。在图 9-8 所示标志下，t_3 有发生权。激发后，3 个输入库所的标志为：$\mu'(p_2)=0$，$\mu'(p_3)=0$，$\mu'(p_5)=0$，而输出库所的标志 $\mu'(p_4)=1$。这一结果如图 9-9 所示。

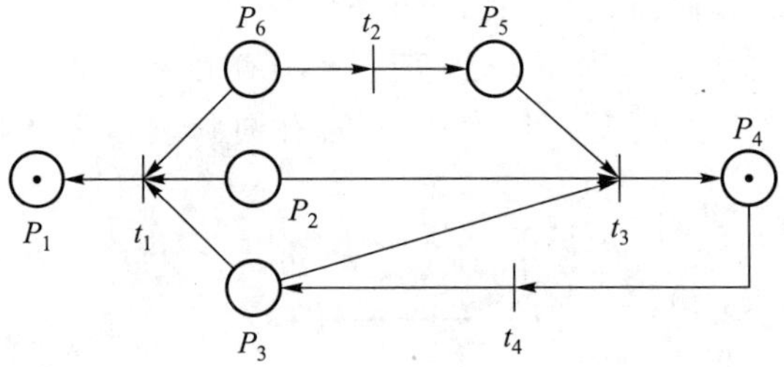

图 9-9　变迁 t_3 激发后 Petri 网

(4) 检查 t_4。在图 9-9 所示的标志下，t_4 可以被激发。激发后输入库所 $\mu(p_4)=0$。这一结果如图 9-10 所示。

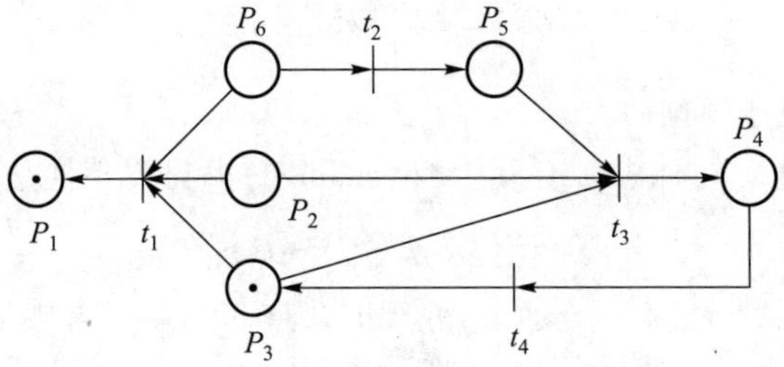

图 9-10　t_4 激发后的 Petri 网

至此，所有的变迁均没有发生权了。Petri 网的运行结束。在这一执行过程中，值得注意的是一定要事先规定变迁的扫描顺序，不同的扫描顺序，将导致不同的结果。例如，在图 9-7所示的标志下，t_1，t_2，t_3 都具有发生权，刚才采用的扫描顺序是：$t_1t_2t_3t_4$，读者可自行分析当扫描顺序是 $t_2t_1t_3t_4$ 时，该 Petri 网的运行情况。

（三）时间 Petri 网

早期 Petri 网没有引入时间参数，因此不能作为系统动态性能的评价工具。为解决这一问题，研究者们把时间参数引入 Petri 网，提出了时间 Petri 网的概念。时间参数的引入有两种方式：一是每个库所关联于一个时间参数，二是每个变迁关联于一个时间参数。目前大多数采用后者，原因是 Petri 网作为一种系统模型，系统中一个事件的发生（通常用一个变迁的激发来表达）需要一定的时间，因此时间与变迁关联是比较自然的。

第三节　离散事件系统仿真输出数据分析

离散事件系统中事件的发生带有随机性,其仿真结果也是随机的。一次仿真的结果,只能是系统性能的一次抽样分析,不能完全代表系统"真正"的性能。这就要求通过多次观察随机变量,用统计方法对输出结果进行分析。仿真结果分析是对有限次仿真结果的抽样分析,即通过分析抽样误差,判断结果的可靠性和精度。这种分析并不能判断输入的采样值是否正确,也不能说明模型是否正确。

一般采用区间估计方法来估计抽样误差,区间估计时,有两个假设前提:① 所有的测量值是彼此独立的,一次抽样不受其他采样的影响;② 总体分布是稳定的,即随机变量的总体分布不受采样次数的影响,也不受采样长度的影响。

但是,在仿真过程中采集到的随机变量值常常不满足上述条件。例如,一个加工系统,由于工件的等待时间与前一工件的等待时间有关,所以测得的工件等待时间并非相互独立。另外,实际系统从启动到达到稳定工作状态需要经过一个过渡阶段,在过渡阶段的采样值不具有稳定的分布。如果要得到系统的稳态性能,必须消除初始状态的影响。基于这种分析,仿真结果分析就归结为如何根据系统的实际情况合理地控制估计值的偏差,提高输出结果的可靠性。

从仿真结果分析的观点来看,将仿真运行方式分为两大类。

第一类称为终态仿真。这种仿真的运行长度是事先确定的。由于仿真运行时间长度有限,系统的初始状态对系统性能的影响是不能忽略的。比如,银行开门时队长为 0 与有若干个顾客排队,对于在 8 h 之内服务的顾客数是有影响的。为了消除因初始状态不同对系统估计带来的影响,需要多次独立运行仿真模型,得到多个样本。如何确定运行次数以便得到较好的性能估计,是终态仿真结果分析需要讨论的问题。

第二类叫作稳态仿真。这类仿真仅运行一次,但运行时间很长,仿真的目的是估计系统的稳态性能。显然,由于仿真长度没有限制,系统的初始状态对仿真结果的影响可忽略。然而,为了得到系统稳态性能的较好估计值,需要确定仿真运行长度到底多长才算"足够"。

一、终态仿真结果分析方法

终态仿真有明确的终止事件,并要求每次仿真运行的初始条件相同,重复独立运行仿真模型 n 次,再根据输出结果研究系统的性能指标。终态仿真的具体方法有:固定样本长度法和序贯程序法。这里主要介绍固定样本长度法。

固定样本长度法就是每次以相同的初始条件、相同的样本长度重复运行仿真程序。其结果具有相同的性质,必须选用不同的随机数序列。固定样本长度法实际上就是由用户自己规定独立运行的次数 $N(N>2)$。

如果每次运行时采样次数为 P,第 j 次运行中第 i 次的观测值为 X_{ij},则:

$$\overline{X}_j(P)=\frac{1}{P}\sum_{i=1}^{P}X_{ij} \tag{9-19}$$

$$S_j^2(P)=\frac{1}{P-1}\sum_{i=1}^{P}[X_{ij}-\overline{X}_j(P)]^2 \tag{9-20}$$

重复运行 N 次可以得到容量为 N 的样本$\{X_j\}$，样本均值和方差分别为：

$$\overline{X}(N)=\frac{1}{N}\sum_{j=1}^{N}\overline{X}_j \tag{9-21}$$

$$S^2(N)=\sum_{j=1}^{N}[\overline{X}(N)-\overline{X}_j]^2/(N-1) \tag{9-22}$$

假设 N 次运行的结果 $X_1,X_2,\cdots,X_N$，满足独立同分布的条件，且是正态分布，则对随机变量 X 的期望值 $E(X)$ 的区间估计 μ 为：

$$\mu=\overline{X}(N)\pm t_{N-1,1-\alpha/2}\sqrt{S^2(N)/N} \tag{9-23}$$

式(9-23)给出的是 μ 的置信度为 $100(1-\alpha)\%$ 的置信区间，或者说，估计该区间值的可靠度为 $100(1-\alpha)\%$。

例如，一个机床加工系统，工件到达与加工时间服从指数分布，对其独立运行 10 次，每次长度为 200，初始条件是初始队长 $L(0)=0$，加工机床状态为空，仿真运行结果见表 9-4。

表 9-4 机床加工系统仿真运行结果

J	1	2	3	4	5	6	7	8	9	10
$D_j(200)$	10.427	14.469	12.780	8.703	12.727	9.206	8.053	28.039	6.228	13.931
$Q_j(200)$	2.098	2.718	2.389	1.596	2.585	1.755	1.724	6.523	1.227	2.679

由表 9-4 可以计算出

$$\overline{D}(10)=\sum_{j=1}^{10}\overline{D}_j(200)/10=12.456$$

$$\overline{Q}(10)=\sum_{j=1}^{10}\overline{Q}_j(200)/10=2.539$$

$$S_D^2(10)=\sum_{j=1}^{10}[\overline{D}(10)-\overline{D}_j(200)]^2/9=37.27$$

$$S_Q^2(10)=\sum_{j=1}^{10}[\overline{Q}(10)-\overline{Q}_j(200)]^2/9=2.296$$

从而可得平均排队等待时间的期望值 $D(200,1(0)=0)$，平均队长的期望值 $Q(200,L(0)=0)$。

在 $\alpha=0.10$ 时的估计值为：

$$\overline{D}(10)\pm t_{0.095}\sqrt{S_D^2(10)/10}=12.456\pm3.537$$

$$\overline{Q}(10)\pm t_{0.095}\sqrt{S_Q^2(10)/10}=2.539\pm0.878$$

因而可以认为，$D(200,L(0)=0)$）以将近 90%的置信度位于区间[8.919,15.993]上，$Q(200,L(0)=0)$）以将近 90%的置信度位于区间[1.661,3.417]上。

使用式(9-23)必须使 $X_1,X_2,\cdots,X_N$ 满足独立同分布且是正态分布的条件。根据中心极限定理的要求，仿真运行的次数 N 以及每次运行时的采样次数 P 均不能太少；否则，均值估计的偏差大，会导致区间估计的可靠度显著降低。因此，需要合理确定 P 和 N。

二、稳态仿真结果分析方法

稳态仿真的具体方法有批均值法、稳态序贯法、重新产生法和重复删除法。这里主要介绍批均值法。

批均值法是一种稳态仿真。它把仿真运行划分为长度(采样次数)相等的 M 段,每一段看作一次独立的仿真运行,得到样本平均值 $X_1,X_2,\cdots,X_N$,X 可以近似认为是独立同分布的随机变量;然后利用与固定样本长度法相同的统计方法来构造仿真结果的置信区间,即如果运行的总采样次数为 N,分为 M 批,每批采样次数为 $P=N/M$。

与固定样本长度法相类似,可以看作重复运行 N 次,每次采样 P 次,则可以利用式(9-19)至式(9-23)式构造 X 的置信区间。批均值法要求分段数 M 足够大,且每段长度 P 也要足够大,因而,需要合理地选择 M、P 值。

固定样本长度法和批均值法在原理上和方法上类似,但是,它们对同一样本空间作了不同的处理。前者是每次运行都从初始状态开始,后者是每次运行的结束作为下一次运行的开始,因此,各自有不同的特点。固定样本长度法每次仿真运行都经过初始空载状态,空载状态的影响会导致较大的均值估计偏差,但是每次仿真运行之间独立性较好;批均值法有利于消除初始状态的影响,但需要特别注意消除各批之间的相关性。

在仿真对象方面,固定样本长度法适合于仿真长度事先确定的、可以仿真多次的系统;而批均值法则适合于仿真长度足够长,但仿真运行只有一次的系统。

三、系统性能比较

(一)两系统之间的性能比较

两系统间性能比较的基本思想是建立差值的置信区间,即对每一个系统分别独立地运行 n 次,各自得到同一性能的 n 个样本值,然后建立对应样本差值的置信区间。

设系统 $i(i=1,2)$ 的 n 个样本为:$X_{i1},X_{i2},\cdots,X_{in}$,$\mu_i=E(X_{ij})$ $(j=1,2,\cdots,n;i=1,2)$ 为系统的性能期望值,则 $\varepsilon=\mu_1-\mu_2$ 的置信区间可采用如下方法得到:

令 $Z_j=X_{1j}-X_{2j}(j=1,2,\cdots,n)$,则 Z_j 为独立同分布的随机变量,$\varepsilon=E(Z_j)$,由:

$$\overline{Z}(n)=\sum_{j=1}^{n}Z_j/n,\qquad S^2(n)=\frac{1}{n-1}\sum_{j=1}^{n}[Z_j-\overline{Z}(n)]^2$$

可近似求出 ε 在置信度为 $100(1-\alpha)\%$ 的置信区间为:

$$\overline{Z}(n)\pm t_{n-1,1-\alpha/2}\sqrt{S^2(n)/n}$$

如果 Z_j 是正态分布,则该置信区间是准确的,即以 $1-\alpha$ 的概率包含 ε;否则,根据中心极限定理,只有当 n 足够大时,该区间包含 ε 的概率才趋近 $1-\alpha$。

值得注意的是,我们不必假设 X_{1j} 与 X_{2j} 是独立的,也不必假设 $Var(X_{1j})$ 与 $Var(X_{2j})$ 相等。实际上,假若 X_{1j} 与 X_{2j} 是正相关的,则可以减少 $Var(Z_j)$,从而使置信区间更小。

讨论本章第二节的随机库存系统,比较两种库存策略(20,60)、(20,80),每次仿真运行长度 60 个月,分别运行 10 次,仿真运行的结果如表 9-5 所示。

从表 9-5 结果可以看到,两种库存策略的月均总费用之差是随机变化的。如果仅根据某一次运行结果来判断哪种策略更好就会得出错误的结论。只有通过构造置信区间的方法加以比较,才能得到可信的结论。

表 9-5　两种策略的仿真运行结果

策略(1)	平均费用	策略(2)	平均费用	平均费用差
(20,60)	69.77	(20,80)	70.47	0.70
(20,60)	75.35	(20,80)	74.46	-0.89
(20,60)	68.52	(20,80)	70.20	1.67
(20,60)	69.34	(20,80)	71.20	1.86
(20,60)	63.70	(20,80)	70.60	6.90
(20,60)	69.06	(20,80)	72.41	3.35
(20,60)	72.42	(20,80)	75.64	3.23
(20,60)	73.24	(20,80)	70.28	-2.96
(20,60)	70.07	(20,80)	72.26	2.19
(20,60)	70.41	(20,80)	69.31	-1.10
总平均值	70.19		71.68	1.50

记 Z 为两种策略运行后平均每月总费用的差值。下面来构造$\overline{Z}(10)$的置信区间：

$$\overline{Z}(10) = \sum_{j=1}^{10} Z_j/10 = 1.50$$

$$S_Z^2(10) = \frac{1}{9}\sum_{j=1}^{10}[Z_j - \overline{Z}(10)]^2 = 7.6901$$

则，当 $\alpha=0.10$ 时，ε 的置信区间为：

$$Z(10) \pm t_{9,0.95}\sqrt{S_Z^2(10)/10} = 1.50 \pm 1.61$$

即有 90%的置信度相信，两种策略的误差在[-0.11,3.11]区间内，因此，从总体上看(20,60)这种策略较(20,80)更好一些。

(二)多系统间性能比较

在系统研究过程中，经常需要比较多种系统方案结果的优劣。多系统择优本质上是参数优化问题。由于离散系统的随机性，对离散事件的参数优化问题，目前还没有很有效的方法，特别是多参数的优化问题。实际处理时，是从多种方案的对比中选择一个作为最满意系统，并且是以一定的概率进行的选择。这里介绍 Bonferroni 法。

设有 K 个系统方案，对其性能参数 $E(Y_i)$ 进行比较($i=1,2,\cdots,k$)。若以某方案 j 作为比较基础，可以建立 $c=k-1$ 个 $E(Y_i)-E(Y_j)$ 的置信区间，置信度均为 $1-\alpha_j$。

令 S_i 为一个声明事件，即 S_i = {给出的置信区间中包含所仿真的参数}，则$P\{S_i$ 为真$\}$ = $1-\alpha_i$，要使比较结果有较高的置信度，就要求上述声明事件为真的概率较高。为此建立 Bouferroni 不等式准则，即：

$$P\{\text{所有 } S_i \text{ 同时为真}, i = 1,2,\cdots,c\} \geqslant 1 - \sum_{i=1}^{c}\alpha_i = 1 - \alpha_E$$

式中，$\alpha_E=\sum_{i=1}^{c}\alpha_i$ 称为总误差概率。

上式也可写成：

$$P\{一个或多个置信区间不包含所估计参数\}<\alpha_E$$

因此，α_E 也是作出错误结论的概率上限。

当进行 c 次方案比较时，首先应按实际问题的要求确定 α_E，按照 Bouferroni 不等式准则，如果所有 α_i 均相等，则 $\alpha_i=\alpha_E/c$，如果 $\alpha_i(i=1,2,\cdots,c)$ 不全相等，则必须满足 $\sum_{i=1}^{c}\alpha_i=\alpha_E$。

显然，在采用 Bouferroni 准则时，要求每次比较的 α_i 都要小于实际问题的 α_E。例如，要进行 10 个方案的比较，选定置信度为 0.95，则 $\alpha_i=0.05/10=0.005$，故每次比较的置信度将为 0.995，置信区间将变宽。为避免这一情况，通常 $c<10$，实际应用中 $c=2\sim3$ 就够了。

第四节　集装箱码头物流系统仿真

集装箱码头是集装箱物流运输的关键环节，也是一种典型的离散事件动态系统。码头系统仿真研究的目的是选择、改进、设计码头物流系统。在码头规划设计阶段，通过对多个方案的仿真研究，分析评价各种性能指标，选择一个最佳方案；在码头运营阶段，通过对装卸作业系统的工艺、设备调度策略的分析和优化，提高其运行效率。码头物流系统的性能指标大致分为四类：吞吐能力、作业时间、利用率、费用。码头物流系统仿真的主要任务就是研究港口资源配置、货物流量、性能指标三者之间的关系。

集装箱码头仿真研究过程包括：

(1) 确定研究目的，明确研究问题。

(2) 建立集装箱码头的系统模型。

(3) 建立集装箱码头的仿真模型。

(4) 仿真模型调试和检验。

(5) 仿真模型试验。

(6) 试验数据分析。

一、集装箱码头物流系统的复合模型

集装箱码头物流系统是一个复杂系统，要建立一个合适的模型需要综合运用建模技术。具有形式化建模和非形式化建模优点的复合模型是一个不错的选择。所谓形式化建模是指采用大量的数学工具用状态方程对系统进行描述和分析，如排队网络法、Petri 网、极大代数法、扰动分析法；非形式化建模是指采用图形符号或语言等方式对系统进行描述和分析，这种分析主要借助计算机程序实现，如活动循环图、仿真语言、面向对象技术等。复合模型是将形式化建模与非形式化建模特点相结合，将面向对象的概念引到 Petri 网中，按面向对象的概念对网进行分类与抽象，形成层层子网的树形结构。确切地讲，将基本 Petri 网系统扩展成对外有输入、输出接口的递归网，同时保持基本网的性质不发生变化，即仍可以用 Petri 网的数学工具对新系统进行分析；对面向对象模型中的对象模型的信息和方法赋予新的含

义,构成事件关系表,改进其动态模型。

复合模型的基本步骤分为四步:建立递阶的层次模型、建立对象模型、建立动态模型、归纳变迁事件表。下面进行详细阐述。

1. 建立集装箱码头物流系统的递阶层次模型

这是建立集装箱码头物流系统复合模型的第一步。该模型也是后续模型的基础。针对集装箱码头物流系统的层次模型,主要是识别、定义类以及类之间的所属关系。如图 9-11 所示的集装箱码头物流系统层次模型中,按功能不同分为 7 个子系统:计算机系统、泊位系统、集箱系统、卸船系统、装船系统、提箱系统和堆场系统。

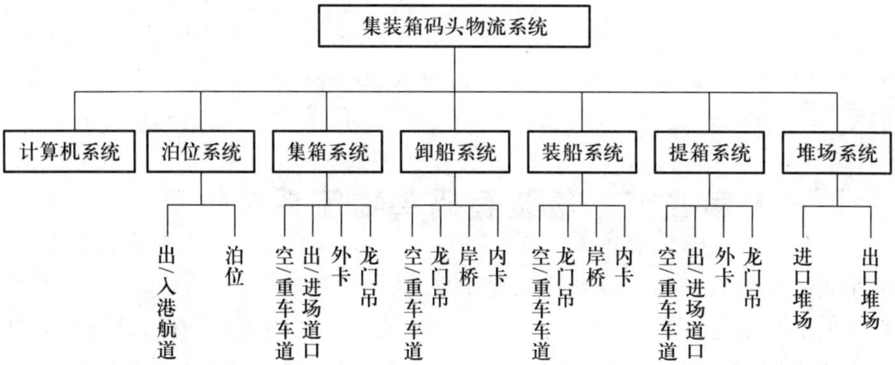

注:“内卡”亦称“装卸船内卡”,是集装箱码头内部的集装箱拖挂车;“外卡”亦称“集疏运外卡”,是货主企业所拥有的集装箱拖挂车;“集卡”是“集装箱拖挂卡车”的简称。

图 9-11　集装箱码头物流系统的层次模型

以该层次模型为基础,接下来可逐步建立集装箱码头物流系统层的对象模型、动态模型以及子系统的对象模型和动态模型。

2. 建立集装箱码头物流系统层对象模型

图 9-12 是集装箱码头物流系统层的对象模型。

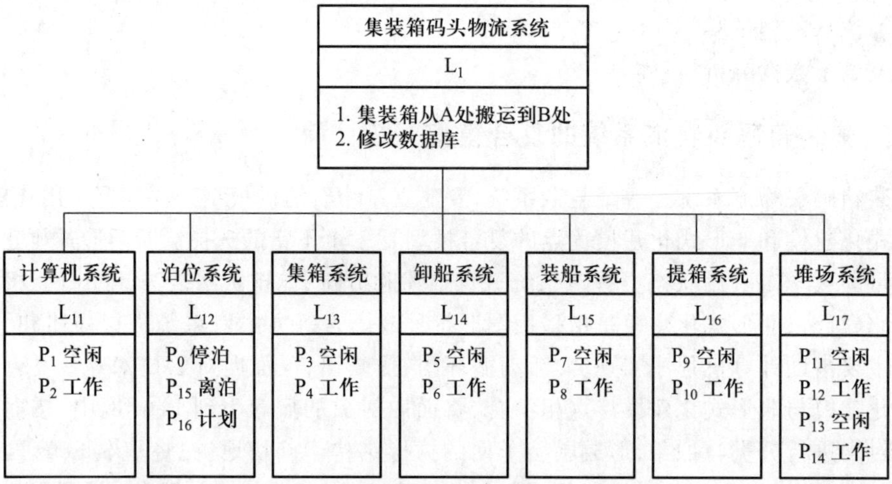

图 9-12　集装箱码头物流系统层对象模型

对系统层，模型中只关心其子系统的外部功能。例如，对于集箱系统，其外部功能主要表现为外卡到堆场进行集箱作业，至于是哪个堆场、哪台设备去执行卸箱作业等具体功能，对集装箱码头物流系统层而言并不重要。按照同样的原则定义其他几个子系统的功能，例如，集箱系统的出口、集装箱卸入堆场、数据库修改等。在模型中，对系统的各层次进行编号，对所研究的最上层定为1层，依次为2层、3层、…。每一层的各个子类又按照1,2,3,…进行编号，因此顶层为L_1，下一层为L_{11}，L_{12}，L_{13}，…以此类推。

对象模型的操作与信息传递是反映对象动态特性的重要组成部分。这里对操作重新定义：即对于上层父类，每个子类的操作是子类封装后所表现出来的外部状态。这种外部状态已经包括了该类的所有操作。其中亦包括了“空闲”这一不属于原来意义上的操作。例如：集箱系统的外部状态“空闲”包括集箱系统中的外卡、龙门吊等可随时投入工作。对操作的这种定义是对原定义的一种扩展，因此它不会丢失原有的信息。

为便于说明，下面给出系统层的操作定义：

P_0：集装箱船舶到港停泊。

P_1：计算机系统空闲。

P_2：计算机系统工作。

P_3：集箱系统空闲。

P_4：箱站里的准备出口的集装箱正被运到出口堆场上。

P_5：卸船系统空闲。

P_6：集装箱船舶上的进口集装箱正被卸到进口堆场上。

P_7：装船系统空闲。

P_8：出口堆场上准备出口的集装箱正被装到集装箱船舶上。

P_9：提箱系统空闲。

P_{10}：进口堆场上进口集装箱正被运往箱站。

P_{11}：出口箱位空闲。位置P_{11}内的托肯数表示出口堆场内的空闲箱位数。

P_{12}：出口箱位占用。

P_{13}：进口箱位空闲。位置P_{13}内的托肯数表示进口堆场内的空闲箱位数。

P_{14}：进口箱位占用。

P_{15}：集装箱船舶离泊。

P_{16}：船舶计划到达。

3. 建立集装箱码头物流系统层的动态模型

根据上述操作定义，可建立如图9-13所示的集装箱码头物流系统层的动态模型。

图9-13中各变迁的定义分别为：

T_0：船舶计划进入计算机。信息包括：到船日期、进出口箱量、种类等。

T_1：计算机发出集箱指令，出口区划出堆箱区域，进口区划出堆箱区域，集箱作业开始。

T_2：集箱作业结束，出口区堆箱区占用，返回计算机指令。

T_3：船舶到港，向计算机报道。

T_4：计算机发出靠泊卸船指令，根据划定进口区域开始卸箱作业。

T_5：卸船作业结束，进口堆箱区占用，返回计算机指令。

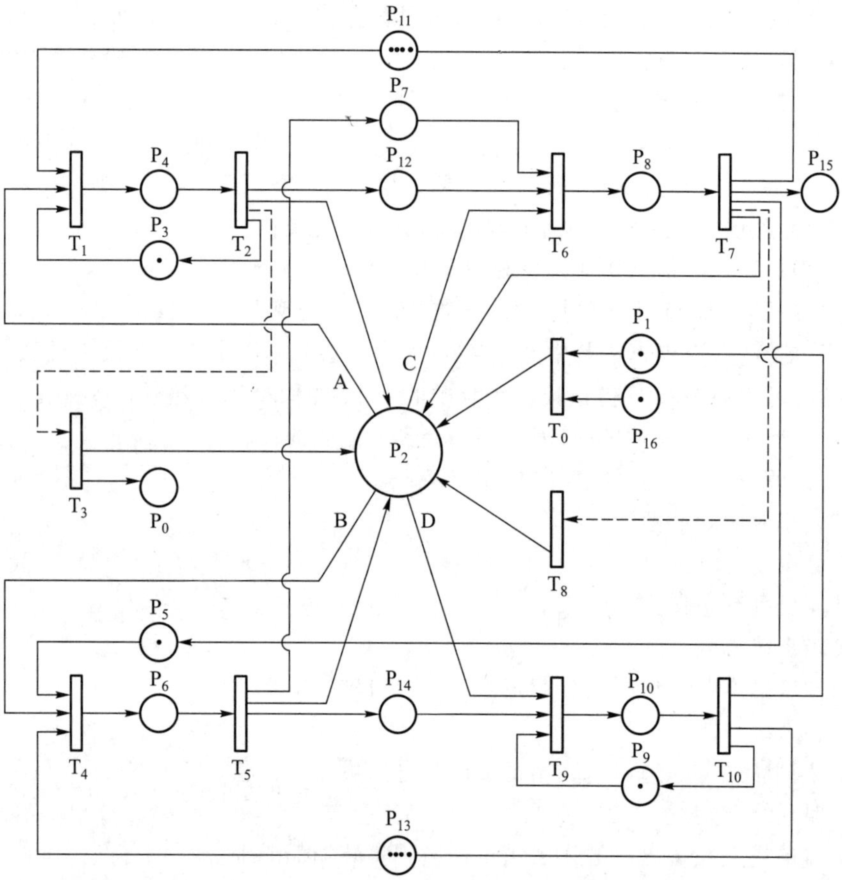

图 9-13　集装箱码头物流系统层的动态模型

T_6:计算机发出装箱指令,装箱工作开始。

T_7:装船结束,船舶离开,返回计算机指令,触发提箱工作开始。

T_8:提箱申请提交计算机中心。

T_9:提箱工作开始。

T_{10}:提箱结束(一个完整的船舶服务结束)。

图 9-13 中的 A、B、C、D 表示事件发生的先后顺序。

该动态模型所表示的集装箱码头物流系统层的动态过程是:当船舶计划进入计算机时,计算机发出集箱指令;当集箱系统与出口箱位空闲时,集箱系统开始集箱;集箱完毕后,信息反馈给计算机。经过一段时间后,船舶到港停泊,当卸船系统和进口箱位空闲时,卸船系统开始卸船;卸船完毕,信息反馈给计算机,装船系统开始装船;装船完毕后,船舶离泊,信息反馈给计算机。再过一段时间,提箱申请进入计算机,计算机发出提箱指令,提箱系统开始提箱。当船舶没有进口箱或出口箱时,相应的卸船与提箱动作或集箱与装船动作不执行。

4. 归纳集装箱码头物流系统层的变迁事件表

根据图 9-13 给出的动态模型可找到集装箱码头物流系统层中各变迁发生的前提条件和后继条件,得到系统层的变迁事件表,如表 9-6 所示。

表 9-6 集装箱码头物流系统层的变迁事件表

指令 \ 条件	前提条件	后继条件
T_0	P_1,P_{16}	P_2
T_1	P_2,P_3,P_{11}	P_4
T_2	P_4	P_1,P_{16}
T_3	P_4	P_0,P_2
T_4	P_0,P_2,P_5,P_{13}	P_6
T_5	P_6	P_2,P_{14}
T_6	P_2,P_7,P_{12}	P_8
T_7	P_8	$P_2,P_5,P_7,P_{11},P_{15}$
T_8	P_8,P_{15}	P_2
T_9	P_2,P_9,P_{14}	P_{10}
T_{10}	P_{10}	P_1,P_9,P_{13}

按照上述方法,同样可建立泊位系统、集箱系统、卸船系统、装船系统、提箱系统和堆场系统等各子系统的对象模型、动态模型和变迁事件表。

二、集装箱码头物流系统仿真模型构成

根据集装箱码头物流系统的复合模型,在专用仿真软件 Witness 的平台下,建立集装箱港口装卸系统的仿真程序模块。仿真模块具有港口布局、堆存模式、交通管理、并发作业、设备调度、设备数量及性能参数设定、闸口检查、作业计划指定等功能。具体模块如下:

(一)码头布置模块

它包括整个码头的组成成分,泊位、堆场、道路、进出口大门、停车场、拆装箱库及其他建筑设施的布局,含位置、方向、尺寸、数量的详细说明。

(二)船舶产生模块

该模块既能以一种统计分布模式产生船舶,也能以文件(班轮形式)产生船舶。船型按不同的装箱量区别,装箱量也按一定的统计规律产生。

(三)集装箱产生模块

该模块根据船型,以一定的统计规律产生不同尺寸、不同重量(含空箱)、不同种类(普通箱、危险箱、冷藏箱、特种箱)、不同客户的进口集装箱或出口集装箱。

(四)交通布置及管理模块

该模块说明车道数、停车标记、规定行车方向、最大行车速度,对港内集装箱拖车和外部集卡分别进行道路管理。

（五）码头前沿装卸模块

该模块安排及实施装卸作业计划。根据不同船舶及装卸箱量大小，按一定的策略，对装卸桥和内部集装箱拖车进行作业调度。根据装卸桥的性能参数，设定其工作能力。

（六）堆场作业模块

该模块按进口箱、出口箱、空箱、危险箱、冷藏箱、特种箱等不同类型，对堆场进行分区管理。设定各箱区的大小、堆垛的层数。按分港、分吨、分尺寸、分客户堆存集装箱。根据不同船舶及装卸箱量大小，安排及实施堆场作业计划，按一定的策略，对轮胎式起重机或轨道式起重机进行作业调度。根据起重机的性能参数，设定其工作能力。

（七）进出口大门模块

该模块设定进出口大门车道数，完成单证验证、集装箱检查等功能。

（八）送箱模块

该模块实现多个客户的同时送箱。模块根据制定的作业计划，派外部集装箱卡车将集装箱送到指定的箱区。

（九）提箱模块

该模块实现多个客户的同时提箱。模块接受指令后，派外部集装箱卡车到指定箱区提箱。

（十）码头作业计划制定模块

该模块根据产生的船舶及集装箱的箱量，安排泊位和不同客户、不同种类的进出口集装箱堆存位置。

（十一）性能参数统计模块

该模块对吞吐量、起重设备利用率、泊位利用率、堆场利用率、船舶在港时间、船舶在港等待时间、单船作业能力、单机作业能力、外部集装箱卡车在港内停留时间、港口营运费用、进出闸口通过能力、内部集装箱卡车利用率等进行统计。

三、集装箱码头物流系统仿真模型的工程应用

（一）集装箱码头模型概况

某大型集装箱码头，顺岸式布局，岸线总长度为 1 800 米，5 个泊位，宽度为 600 m，堆场有两种方案：六块布局或七块布局。前沿通过栈桥与堆场连接。其装卸工艺采用岸边集装箱起重机—集装箱卡车—轮胎龙门起重机。集装箱岸边起重机为 20 台，轨距为 30 米。为了更深入地把握码头布局的交通流组织方式，特别是了解码头年承接 450 万 TEU 时的道路交通情况，需要对这两种布局模式进行系统建模和计算机仿真分析，为最后决策提供依据。

仿真试验工况：码头泊位全部被船舶占用，全部 20 台岸边集装箱起重机投入工作，每台岸桥配置 5 辆集卡完成水平运输任务；集疏运外部卡车进出闸口达到高峰状态，9 000 辆/日左右；堆场上 62 台轮胎吊全部投入装卸工作。

船舶靠泊方式分为多种情况：船舶按预定计划靠泊，船舶相邻交叉靠泊，船舶相隔一至二个泊位交叉靠泊。排列组合如表 9-7 所示。各艘船舶的进出口集装箱按原计划堆放在预定泊位后面的箱区。

表 9-7　船舶靠泊组合

泊位	一	二	三	四	五
预定计划	1	2	3	4	5
相邻交叉	2	1	4	3	5
相邻交叉	1	3	2	5	4
相隔交叉	3	4	5	1	2
相隔交叉	4	5	1	2	3

表 9-7 中第一行数据 12345 表示原计划靠一号泊位的船就靠一号泊位。装卸船车辆只是在船舶停靠的泊位后面对应的箱区进行水平运输作业。表 9-7 中第二行数据 21435 表示原计划靠一号泊位的船停靠在二号泊位上,靠二号泊位的船停靠在一号泊位上,靠三号泊位的船停靠在四号泊位上,靠四号泊位的船停靠在三号泊位上。其他行数据含义可以类推。这样,装卸船车辆要到原预定的箱区进行水平运输作业。

为了提高仿真过程的遍历性,取得高峰作业装卸过程的稳态性能参数,需要较长时间的模拟过程,故每个泊位的装卸工作时间较长。每种靠泊方式,各进行仿真试验 10 次,最后得到各统计参数的平均值。外部车辆到达进闸口时间间隔为负指数分布。

(二)仿真试验数据分析

1. 车辆在堆场平均滞留时间比较

从表 9-8 的数据来看,在不同船舶靠泊模式下,两种方案的集疏运卡车在港滞留时间基本上都比较稳定,这说明泊位交叉作业与否对集疏运卡车的交通基本没有影响。对于装卸船内卡来说,在堆场的滞留时间随不同靠泊模式的变化而变化。泊位交叉作业必然会改变内卡水平运输的行驶距离,从而导致其在堆场的滞留时间变化,而且交叉船舶越多,交叉距离越远,车辆遇到交通冲突区的概率也在增加,则内卡在堆场的滞留时间也就越长。从数据上看,方案二比方案一的路网条件好。

表 9-8　车辆在堆场平均滞留时间试验数据　　单位:分钟

船舶靠泊方式	六个堆区		七个堆区	
	装卸船内卡	集疏运卡车	装卸船内卡	集疏运卡车
12345	5.25	9.77	4.80	8.18
21435	5.90	8.84	5.32	8.34
13245	5.61	9.82	5.42	8.37
34512	7.81	9.52	7.45	8.24
45123	8.39	8.90	7.91	8.36

2. 栈桥交通能力比较

该码头前沿通过栈桥与堆场联结,装卸船的内部集装箱卡车都要通过栈桥到前沿泊位。在实际营运过程中,到港船型混杂,长度不一。如果严格按泊位靠泊,则码头前沿交通问题不大。但如果为了增加靠泊的船舶数量,采取柔性靠泊策略,则在装卸船舶的作业过程中,舱盖板堵住栈桥口的现象不可避免。表 9-9 为装卸船卡车在码头前沿滞留时间。为了检验舱盖板堵住栈桥口，车辆必须绕道行驶的交通现象，对舱盖板堵住栈桥口的工况进行仿真分析。

表 9-9　装卸船卡车在码头前沿滞留时间　　单位：分钟

栈桥堵塞情况	六块		七块	
	最大值	平均值	最大值	平均值
1	12.33	7.02	12.66	7.05
2	13.20	7.04	12.47	7.06
3	13.75	7.30	13.36	7.09
4	14.52	7.83	14.04	7.26
5	15.57	8.20	14.23	7.65
6			15.94	8.32

方案一有 6 座栈桥，堵塞情况为：1——不堵；2——2#栈桥堵塞；3——2#，4#栈桥堵塞；4——2#，4#，5#栈桥堵塞；5——2#，3#，4#，5#栈桥堵塞。

方案二有 7 座栈桥，堵塞情况为：1——不堵；2——3#栈桥堵塞；3——3#，5#栈桥堵塞；4——2#，4#，5#栈桥堵塞；5——2#，3#，4#，5#栈桥堵塞；6——2#，3#，4#，5#，6#栈桥堵塞。

从栈桥堵塞的车流看，正常作业时，各栈桥都有车辆行驶，平均流量在 100~240 辆/小时，中间栈桥流量较大，两端栈桥车流量较小；随着堵塞栈桥的数量增加，通行栈桥的车流量快速增加，方案一中间栈桥的最高平均车流量可达到 568 辆/小时，当中间栈桥被全部堵塞时，两个端头的栈桥车平均流量接近 500 辆/小时。从实际情况来看，栈桥堵塞的组合情况更多，比较复杂，每座栈桥车流量都有可能达到较高的值。因此，建议所有栈桥的道路设双向 6 车道。

3. 进出闸口通过能力比较

在原设计方案的仿真试验中，码头进出闸口通道数量为 23 进 18 出，高峰时车辆在闸口处等待的时间和数量都很小，显然通道数量太多。故对 18 进 14 出，或 16 进 12 出的闸口进行仿真试验。结果见表 9-10。

表 9-10　集疏运卡车在进出闸口的统计数据　　单位：分钟

通道数(进/出)	进闸口滞留时间		进闸口流量		进闸口排队数		出闸口排队数	
	最大值	平均值	最大值	平均值	最大值	平均值	最大值	平均值
23/18	7.12	1.89	473	461.44	17	11.23	27	12.85
18/14	7.42	1.90	471	461.55	17	11.30	28	13.38
16/12	7.71	1.92	472	461.37	18	11.36	28	13.85

从表 9-10 的数据看，在集疏运卡车日进出码头的数量达到高峰时，18 进 14 出或 16 进 12 出与 23 进 18 出的服务质量相差不大。建议适当减少码头闸口进出通道数量。

第五节　废弃物物流系统规划仿真

一、废弃物物流系统概述

废弃物物流是指将经济活动中失去原有使用价值的物品（即所谓的垃圾），根据实际需要进行收集、分类、加工、包装、搬运、储存等，并分送到专门场所时所形成的物品实体流动。废弃物物流是资源回收再利用产业链的重要环节。合理规划城市垃圾回收物流系统对节约资源、保护生态环境、实现可持续发展具有重要意义。

垃圾分类回收的途径主要有两种：

第一种是进行垃圾分类收集和废品回收。即在垃圾产生源头便将资源垃圾与其他垃圾分离，但资源垃圾不再细分，而是将全部资源垃圾运送到集中的垃圾分选中心进行分选、压缩、打包，最后送到再生利用工厂进行再利用，或是直接退回生产厂家经清洁、消毒后重复使用。这种方式以政府行为和政府委托企业行为为主，一些西方发达国家普遍采用此种形式。

第二种是通过设立废品回收单位，面向单位和个人收购资源垃圾。从饮料塑料瓶、易拉罐、报纸杂志到废旧家用电器均在回收之列。各级废品回收单位通过收购、转卖、加工处理等环节，最终将资源垃圾实现循环利用。

下面我们以第一种回收途径为例，对回收物流进行仿真分析。

城市某一区域，共有 7 个居民小区，每个小区有一个固定垃圾投放处，两个垃圾箱分别投放完全废弃垃圾和可回收利用垃圾；每天有专门公司（垃圾处理公司）派运输车收集垃圾，将垃圾从居民区运送到中转站，再由中转站运至目的地——垃圾处理中心。仿真程序研究如何设计物流系统，才能使收集系统在满足时间约束、载重约束的条件下，使垃圾处理公司的物流总成本最低。系统配置的项目主要有车辆载重量、随车工作人员数、客户满意度。

二、仿真系统涉及的数据信息

（一）收集点的信息

收集点的信息包括各收集点的人口总数、收集点与垃圾转运站、公司停车场间的距离等，如表 9-11 所示。

表 9-11　收集点信息

收集点名称	居民数（千人）	距停车场距离（千米）	距垃圾转运站距离（千米）
地点 1	1.5	6	16
地点 2	1.45	16	27
地点 3	1.65	26	24
地点 4	1.85	38	36
地点 5	1.4	28	26
地点 6	2.05	16	14
地点 7	1.6	10	8

各收集点之间以及停车场和转运站之间的距离信息如表 9-12 所示。

表 9-12　各点间的距离

路径起点	路径终点	距离(千米)
垃圾转运站	公司停车场	11
地点 1	地点 2	10
地点 2	地点 3	10
地点 3	地点 4	12
地点 4	地点 5	10
地点 5	地点 6	12
地点 6	地点 7	6

(二)与收集车相关的信息

与收集车相关的信息包括:购买收集车辆的固定成本、可变成本;车辆的行驶速度(包括空车行驶速度和载重行驶速度);收集垃圾所需的时间;在转运站卸载垃圾所需的时间等。具体信息如表 9-13 所示。

表 9-13　收集车辆的信息

车辆名称	载重(吨)	固定成本(万元)	可变成本(元/千米)	载重速度(千米/小时)	空载速度(千米/小时)	人员(个)	人员工资(元/天·人)	收集时间(分钟)	卸载时间(分钟)
车 1	X_1	$2+X_1$	X_1	60	72	P_1	60	$3+6y/P_1$	$3+6X_1/P_1$
车 2	X_2	$2+1.2X_2$	X_2	60	72	P_2	60	$2+8y/P_2$	$2+6X_2/P_2$

表 9-13 中,车 1 用来收集不可回收垃圾;车 2 用来收集可回收利用垃圾;X_1,X_2 为现有两种车的吨位数 $X_1 \in \{3,4,5\}$,$X_2 \in \{1.5,2,2.5\}$;y 为每次收集的垃圾量(吨);P_1,P_2 为两种车可配备的随车工作人员数,$P_1,P_2 \in \{1,2,3\}$;可变成本、固定成本可由车辆吨位数计算得到。

(三)与垃圾相关的信息

垃圾相关信息包括:平均每人每天产生的垃圾数量和垃圾成分构成比例。

假设人均垃圾量服从均值为 1.2 千克/天的埃尔朗分布。垃圾成分分为两类:一类为可重复利用资源,一类为无用需填埋的垃圾,两者比例为 1∶2。

假设要仿真一年 365 天的垃圾回收工作,决定两种型号的车配置何种吨位以及随车工作人员数,以垃圾回收物流成本(Total Logistic Cost,TLC)最低为目标,即:

$$TLC = \text{车 1 的成本} + \text{车 2 的成本}$$

$$TLC = CC(1) + CC(2)$$

车 i 所耗的成本 = 车 i 固定成本 + 可变成本 + 车 i 服务时间成本 + 车 i 人员成本

$$CC(i)=X(i)+V(i)+S(i)+P(i)$$
$$S(i)=(\text{runtime}(i)-240)\times m$$

其中：runtime(i)为垃圾车每天将垃圾全部回收完成所需的时间；$S(i)$为垃圾回收的服务时间成本，m为收集时间对服务时间成本的惩罚因子。假设规定每辆车每天标准工作时间是4小时即240分钟。超出这一时间，将产生额外的时间惩罚成本，少于这一时间，给予奖励，即减少时间成本。垃圾回收公司在中午12:00之前收集完毕，社会效应好，给予奖励；在中午12:00后完成，社会满意度低，影响公司信誉，成本增加。

三、系统的逻辑结构

此垃圾回收物流系统的逻辑结构分为五个子模块：垃圾产生模块、叫车模块、收集模块、收工模块、数据处理模块。以下是对各模块功能的说明。

（一）垃圾产生模块

每天收集工作开始时，系统根据小区人数、人均垃圾量、两种垃圾量的比例，通过埃尔朗随机分布函数，随机产生各个小区的两种垃圾数量，分别存放入各个小区的两个垃圾箱内。

（二）叫车模块

在垃圾存放入各个小区的两个垃圾箱过程中，根据每种垃圾的总量以及每种垃圾车的载重量，生成叫车的次数。

（三）收集模块

叫车次数确定之后，车辆根据需求，沿着最短路径依次收集垃圾。在收集过程中，在一个垃圾点，如果垃圾车收集满了或当天的收集工作全部完成，车辆驶向垃圾中转站，进行卸载操作；如果垃圾车未满，则驶向下一最近垃圾收集点继续收集。

（四）收工模块

当天的收集工作全部完成之后，车辆驶向公司停车场，当天收集工作完毕。

（五）数据处理模块

每天车辆收工时，将当天的运行成本累加到总成本中，进行数据的统计和处理。

四、仿真运行与结果分析

采用如表9-14所示的两种配置，来运行该仿真模型，仿真时间为一年（即365×1 440分钟）。

表9-14 两种配置方案的异样数据表

方案＼项目	车辆名称	载重量	随车人员	时间惩罚因子
方案一	车1	3	1	2
	车2	1.5	1	2
方案二	车1	5	3	2
	车2	2.5	3	2

其他的元素与数值在两个方案中完全相同。通过仿真运行后得到表9-15的统计数据。

表 9-15　仿真试验统计数据

方案		运行距离（千米）	运行时间（小时）	时间成本（万元）	收集时间（小时）	卸载时间（小时）	可变成本（万元）	固定成本（万元）	人员工资（万元）	单车总成本（万元）	方案总成本（万元）
一	车 1	73 691	2 310	10.2	744	407	22.1	5	2.2	39.5	66.3
	车 2	74 336	2 263	9.6	813	217	11.2	3.8	2.2	26.8	
二	车 1	54 657	1 366	-1.1	342	157	27.3	7	6.6	39.8	63
	车 2	54 489	1 292	-2	332	86	13.6	5	6.6	23.2	

从表 9-14 和表 9-15 可以看出，当采用方案二时，由于车辆吨位数和随车人员的增加，使得固定成本、可变成本和人员工资都比方案一要大；但是，回收速度要比方案一快很多，使得居民满意度较高；时间成本低于零，即取得了很好的市场评价和公司品牌效应。对比这两种方案，每年方案二的物流成本比方案一要少 3.3 万元。

另外还可以看出，两种方案的物流成本差异是由收集时间、卸载时间、运行时间、运行距离的差异引起的。由于方案一的车辆吨位和随车人员都比方案二少，所以收集等量的垃圾，它的收集时间和卸载时间都比方案二长，收集次数比方案二要多，即运行距离更长。

本章小结

物流系统仿真是进行物流系统分析、设计、决策的有效手段。凡是利用计算机技术在系统模型上而不是在真实系统上进行实验、运行的研究方法都是仿真。本章首先介绍了系统仿真的概念、类型及一般步骤，介绍了几种常用的离散事件系统仿真软件，其次，物流系统属于典型的离散事件系统，因此，本章介绍了离散事件系统仿真的关键概念及常用的仿真策略，并重点对排队系统仿真和库存系统仿真以及基于 Petri 网的仿真分析方法进行介绍。仿真结果的分析也是系统仿真的关键，主要包括如何对仿真输出结果进行统计分析，如何寻找系统的规律，如何评估系统的特征、性能等。接着，以两个典型的物流系统——集装箱码头物流系统和废弃物物流系统为例，对其仿真过程进行了详细介绍。

复习题

一、简答题

1. 试说明离散事件系统仿真与连续系统仿真的区别。

2. 系统仿真的主要步骤有哪些？

3. 列举并比较分析目前流行的仿真软件。

4. 为什么说进行终态仿真时，即使独立运行次数相当多仍难以得到系统的稳态性能？

5. 试列表比较终态和稳态仿真的应用条件、结果分析方法,包括运行次数、基本算法。

二、计算题

1. 有如下排队系统,试画出系统中顾客排队的队长随时间变化的情况,并统计计算仿真运行长度为 40 min 时,系统中顾客排队的平均队长和平均等待时间。顾客到达的时间间隔分别为 $A_i=5,6,7,14,6$(单位:min,i 表示到达顾客的顺序号),为第 i 个顾客服务的时间分别为 $S_i=12,5,13,4,9$(单位:min)。

2. 一库存系统,一年的总订货量为 3 000 件,初始值为 100 件,每月的消耗量相等(按 25 天计算),消耗速度相同,按月订货,每月缺货的天数允许为 3 天,提前期为 5 天,试画出库存随时间变化的曲线。若每件货物的保管费为 1 元,每次订货费为 5 元,每件货物短缺引起的损失费为 2 元,试解析计算出全年的总费用及订货点库存水平。

三、即测即评

【案例】

AnyLogic 在快消品仓库货位布局中的应用

一、案例背景

快速消费品(fast moving consumer goods,简称 FMCG,快消品)是指使用寿命较短、消费速度较快的消费品,例如包装食品、个人卫生用品、烟草、酒类及饮料等日常消费品。这类产品的库存周转快,入库、出库频率高。产品在仓库的货位布局不仅影响仓库内部作业流程,而且对拣选时间和拣选效率有重要影响。

本案例中的企业是东欧某大型快消品零售商,该公司拥有一个规模很大的分拨中心,从该分拨中心向不同地区的几百家零售商送货。为提高分拨中心处理效率,公司决定优化分拨中心的货位布局,对托盘货架和输送机进行重新布局。公司决定使用 AnyLogic 仿真软件,对分拨中心仓库工作流程进行仿真,以评估新的布局方案的有效性。

二、AnyLogic 仓库布局仿真

运用 AnyLogic 软件建立仓库仿真模型,对分拨中心的工作流程进行仿真分析,包括以下主要工序:

1) 车辆的装货和卸货;

2) 货物的流入、流出跟踪;

3）货物储存位置分配；

4）货物从缓冲存储区到订单包装区的移动；

5）根据订单进行货物包装；

6）已包装货物根据托盘进行排序。

仿真模型的输入数据包括：员工数量和上班时间表、收发货计划、运转时间以及其他可能性事件，例如设备故障概率。使用这些输入数据，可通过仿真模型评估仓库服务质量、设备及不同类型员工的工作效率，还能估算仓库容量利用情况及运营成本。

该仿真模型模拟的分拨中心面积超过5万平方米，送货对象为多个不同地区的几百家零售商。模型考虑了几千种快消商品，数十万个尺寸规格不等的周转箱，以及每种货物不同的入库、出库订单情况。

三、应用效果

公司通过该仿真模型，对托盘货架和输送机布局新方案在不同场景下的工作效率进行评估分析；该模型还能分析出员工数量、设备数量与仓库容量之间的关联性。

仓库管理人员可以通过该模型，针对仓库作业量的具体情况进行运营规划，提高仓库作业效率。另外，公司也可通过该仿真模型对员工进行培训，利用仿真模型向新员工展示仓库作业流程。

问题讨论：

1. 与一般产品相比，快消品的仓储管理有何特殊要求？
2. 仓库仿真对案例企业的运营管理有哪些作用？

第十章 物流系统综合评价

【本章学习目标】

- 理解系统综合评价的概念及重要性。
- 掌握物流系统综合评价的步骤。
- 具备建立物流系统评价指标体系的能力。
- 掌握成本效益法和成本—有效度分析法。
- 掌握层次分析法、模糊综合评价法及其应用技巧。

【本章导读】

系统综合评价是对系统设计提供的各种可行方案,从社会、政治、经济、技术的角度予以综合考察和全面权衡的过程。系统评价的结果将为系统决策提供科学依据。一个物流系统方案从技术、经济、社会等不同视角看,具有不同的绩效。因此,衡量一个物流系统的优劣需要从技术、经济、社会等多角度进行综合评价。本章将介绍系统综合评价的基本知识以及物流系统综合评价的主要方法和关键内容,包括物流系统综合评价指标体系的建立、单指标评价方法、多指标综合评价方法及模糊综合评价法。

第一节　系统综合评价概述

一、系统综合评价的概念

所谓系统综合评价就是根据系统确定的目的,在系统调查和系统可行性研究的基础上,主要从技术、经济、环境和社会等方面,就各种系统设计方案能够满足需要的程度与为之消耗和占用的各种资源,进行评审,并选择出技术上先进、经济上合理、实施上可行的最优或最满意的方案。

系统工程是一门解决问题的技术,也就是说,在系统开发过程中,不仅要通过系统工程的思想、程序和方法的应用,提出许多备选方案,而且要通过系统评价技术从众多的备选方案中找出所需的最优方案。然而要决定哪一个方案"最优"却未必容易,尤其是对于像物流系统这样的外延模糊的复杂系统。因为对于复杂的物流系统来说,"最优"这个词的含义并不十分明确,而且评价某个物流系统方案是否为"最优"的尺度(标准)也是随着时间而变化和发展的。如以城市物流系统为例来进行评价,通常是从物流速度、物流成本、供应保证程度等技术、经济方面的指标进行评价。但近几年,除了上述评价指标外,还要求从城市可持续发展、环境美化、居民满意度等方面进行评价。这里,像满意度、舒适度之类的很多指标与人的感觉和经验有关,属于定性指标,难以数量化。此外,物流系统一般都具有多个目标,对多个目标进行评价,一方面要将目标进行分解,分别建模、分别评价;另一方面,还要将这些子目标作为一个整体进行综合评价,因此还需要将各种指标归一化,以便进行比较。由此可见物流系统评价的复杂性。

二、系统综合评价的重要性

系统综合评价的主要任务就在于从评价主体根据具体情况所给定的、可能是模糊的评价尺度出发,进行首尾一贯的、无矛盾的价值测定,以获得对多数人来说都可以接受的评价结果,为正确决策提供所需的信息。

由此可见,系统评价和决策是密切相关的。为了在众多的替代方案中作出正确的选择,就需要有足够丰富的信息,其中包括足够的评价信息。所以说,系统评价只有和方案决策及行为决定联系起来才有意义。系统评价是为了系统的决策,系统的决策需要系统的评价。可以说,系统综合评价是系统决策的重要依据,没有正确的评价也就不可能有正确的决策,甚至评价本身就是一种决策形式。有时候,系统评价和系统决策被当作同义词使用。

但是在实际问题中,由于综合评价与决策的目的不同,两者仍有区别,主要表现在两个方面:第一,系统综合评价是一项技术工作,是由分析者即系统工程人员承担的,而系统决策则是领导工作,是领导者在系统工程人员的辅助下完成的;第二,系统综合评价是系统决策的主要依据,但是重大问题的决策往往还有"看不见的"因素在起作用,这些因素往往难以纳入系统工程人员的评价工作之中。

系统综合评价与系统开发、系统决策之间的关系如图 10-1 所示。

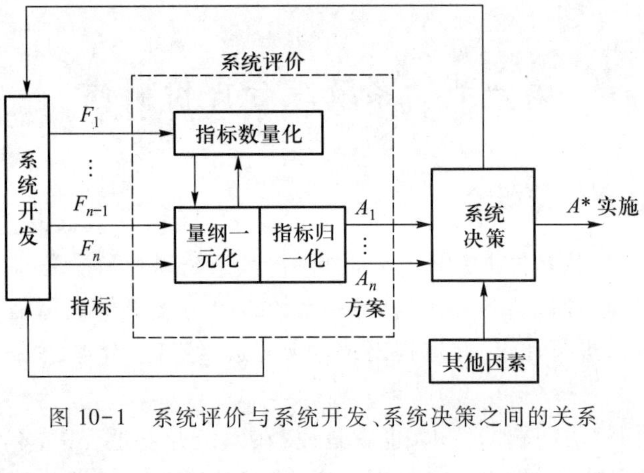

图 10-1　系统评价与系统开发、系统决策之间的关系

三、系统综合评价的步骤

系统综合评价的质量影响着系统决策的正确性。为了使系统综合评价更加有效,首先必须保证评价的客观性,为此必须保证评价资料的全面性和可靠性,保证评价人员具有普遍的代表性。其次,要保证系统方案具有可比性和一致性。另外,系统评价的重要依据是评价指标的数量值。因此,评价指标的确定是系统评价的一项重要内容。

系统综合评价主要步骤如图 10-2 所示。

图 10-2　系统综合评价的主要步骤

（一）分析评价系统

评价的第一步是分析评价系统的目的，界定评价系统的范围，熟悉所提出的系统方案及系统要素。系统评价的最终目的是为决策提供依据。具体目标包括对多个系统方案进行优劣比较。评价系统的范围主要是指评价对象涉及哪些领域、哪些部门，以便在评价过程中充分考虑各部门的影响和作用，并尽可能吸收各方面人员参加评价。

（二）确定评价指标体系

指标是衡量系统总体目标的具体标志。对于所评价的系统，必须建立能够对照和衡量各个方案的统一尺度，即评价指标体系。指标体系是根据具体的评价目标及其影响因素的分析，在大量的资料调查与分析的基础上确定。评价指标体系必须科学地、客观地、尽可能全面地考虑各种因素，并遵循一定的原则。

（三）确定评价函数

评价函数是使评价指标定量化的一种数学模型。不同问题使用的评价函数可能不同，同一个评价问题也可以使用不同的评价函数。因此，对选用什么样的评价函数本身也必须作出评价。一般应选用能更好地达到评价目的的函数。

评价函数本身是多属性、多目标的，尤其当评价目的在于形成统一意见或进行群决策时，在确定评价函数时会有多种不同的看法。因此，在对系统评价之前，应该在系统评价人员之间进行充分的无拘束的讨论，以获得最有效的评价。

（四）计算评价值

当评价函数确定后，根据实际情况可以计算出各指标的评价值。在计算评价值之前，还需确定各评价指标的权重。

（五）综合评价

首先进行单项指标（如功能、经济效益、社会效益等方面）的评价，再按照一定的方法，对各指标值进行综合，得出更高层次的指标值，最后综合成大类指标的总价值。

第二节　物流系统评价的指标体系

一、物流系统评价指标的特点

指标是衡量系统总体目标的具体标志。评价一个系统，就是要想到系统的价值。然而，物流系统是社会经济中的一个子系统，既包括设施设备等硬件要素，也包括管理者、伙伴关系、客户、社区、政策环境等软件要素，因此，物流系统的价值很难用一个简单的指标来衡量。根据价值的哲学含义，某个对象的价值其实是评价主体对该待评价对象的主观认识和估计。例如，将一杯水和一颗钻石进行比较，哪个更有价值？很显然，由于评价者所处的环境不同，答案就会截然不同。

因此，对一个具体的物流系统来说，其评价指标具有主观性和环境依赖性的特点。同一个物流系统方案，不同的评价主体由于其知识、经验及认识水平的差异，对方案评价的角度、立场和观点会不同。其次，在不同的外部环境条件下，也会导致相同的方案得到完全不同的价值估计。例如，当宏观经济政策发生变化，或市场环境改变，或新的技术可供获取时，原来被认为很有价值的物流方案可能就被认为没有效用了。这就是物流系统评价指标的环境依赖性特征。另外，即使同一个评价主体，对同一评价对象的价值估计也会随着时间的推移而发生改变。这就是说，物流系统评价指标还具有动态特性。

考虑对物流系统价值认可的主观性、环境依赖性及动态性特征，为全面衡量物流系统方案，在系统评价时采用多种尺度即多评价指标进行相互比较就显得非常有必要。既然指标是衡量系统总体目的的具体标志，而物流系统目标一般具有层次性；相应地，用于评价系统目标的指标也不止一个，而是一个层次结构体系，这就是物流系统评价的指标体系。

由于物流系统目标体系中既有定性目标（如改善服务水平、提高竞争力等），又有定量目标（如成本最小化、路径最短化等），所以，物流系统评价的指标体系中既有定性指标，也有定量指标。

二、物流系统评价指标体系确立原则

指标值直接影响系统目标的价值大小。系统本身的复杂性，使物流系统评价指标体系的制订存在一定的困难。因此，评价指标的确定是系统评价中最关键的一项任务，也是一项最复杂、最烦琐的工作。一般来说，指标越多，方案间的差异越明显，越有利于方案的判断和比较。但是，指标过多，指标值的获取任务难度加大，且指标间的权重划分就越困难，也不利于准确评价。因此，评价指标体系既要全面反映所要评价的系统的各项目标要求，尽可能做到科学、合理且符合实际情况，同时还要具有可测、简易、可比等特点；指标总数要尽可能地少，以降低评价负担。具体来说，评价指标体系的确立要遵循以下七条原则。

（一）系统性原则

指标体系应能全面地反映被评价对象的各个方面情况，还要善于从中抓住主要因素，使评价指标既能反映系统的直接效果，又能反映系统的间接效果，以保证综合评价的全面性和可信度。

（二）可测性原则

评价的一个目的是为了进行方案的排序。这就要求评价指标必须是可以测度的，指标的含义是明确的。另外，所选指标的值还要易于计算、操作简便。所以，在确定物流系统评价指标时，既要考虑指标的含义明确，还要考虑指标能否通过现有的统计数据或其他经验数据估算得到。

（三）层次性原则

物流系统具有层次性，系统目标也具有层次性。因此，对系统目标的衡量也可以分解成不同层次的具体准则（即评价指标）进行衡量。指标体系的层次性有利于将一个复杂的评价问题划分成一个一个的简单评价问题。

（四）简易性原则

评价指标体系要简明，避免烦琐。简明性原则要求每个指标的语言表述简单且含义明确,避免用很长的句子来表述一个指标,同一层次的指标之间要相互独立、互不重复,避免冗余。例如:物流成本和仓储费用之间存在包含关系,不是相互独立的指标,但可以处于不同的层次。

(五)可比性原则

可比性指的是一个评价指标可在不同的评价对象之间进行指标值的比较,而且这种比较对区分不同的系统对象优劣是有意义的。即使是定性指标,也要具有可比性。

(六)定性指标与定量指标相结合

物流系统的综合评价,既包括对技术、经济绩效的衡量,也包括对社会、环境绩效的考量。前者易于定量化测度,后者很难用定量化的指标衡量,如员工关怀、环境协调性等。要使得系统的评价更具有客观性,就必须坚持定量指标与定性指标相结合的原则。

(七)绝对指标与相对指标相结合

绝对指标反映系统的规模和总量;相对指标反映系统在某些方面的强度或性能。衡量物流系统方案优劣的很多标准是随着时间而发展变化的。因此,必须将绝对指标与相对指标结合起来使用,才能够全面地衡量物流系统的特性。

三、物流系统评价指标体系构成

物流系统的范围很广,层次复杂,既有仓储、运输、库存等功能层子系统,也有分销网络、供应物流等供应链层的系统,还有城市物流、区域物流等宏观物流系统。不同层次中均存在评价与择优的行为,要统一确定其评价指标体系十分困难。但不管是哪个层次,物流系统几乎都具有技术、经济、时间、风险、政策、社会环境和生态环境等方面的绩效表现。因此,物流系统综合评价指标体系通常应包括以下几个大类指标。

(一)政策性指标

政策性指标反映各级政府在物流产业发展方面的政策、法规、标准、发展规划等方面的状况,体现物流系统与外部环境的协调性或一致性,可反映物流系统的发展潜力。

(二)技术性指标

技术性能指标反映物流系统在物流服务水平方面的表现,包括物流系统的效率、速度、安全性、作业能力(如仓库吞吐能力、装载能力等)、设备的技术性能等指标。

(三)经济性指标

经济性指标是物流系统评价最基本的指标,包括物流系统成本、收益等。从供应链范围看,经济指标还包括供应链上下游的成本、效益;对区域物流而言,也包括社会物流成本、社会物流增加值等指标。

(四)社会性指标

物流业为社会经济的发展提供基础支撑。物流系统的社会性评价指标主要包括物流对区域经济的贡献,例如对就业的拉动,对投资软环境的提升,对城市可持续发展的影响等。

(五)资源性指标

物流系统的运行需要消耗一系列的资源,资源占用越多,说明物流系统的代价越大。资源性指标主要包括物流系统的建设对人力、物力、能源、土地资源的占用等方面的影响。

(六)时间性指标

时间效率是物流系统重要的目标。时间性指标包括方案实施的进度、服务时间、库存周转率等方面的指标。

上述六个方面是物流系统评价要考虑的主要指标大类。对一个具体的评价任务，根据物流系统的性质、范围和目的的不同，各大类指标具体有不同的体现，指标数量也可以有增减。下面通过几个具体的例子来说明。

四、物流系统评价指标体系举例

针对一个具体的物流系统评价任务，建立评价指标体系之前，需要明确评价的目标是什么，以及哪些因素影响该目标；然后依据评价指标建立的原则，设计合理的评价指标体系。下面介绍几个具体的物流系统评价指标体系。

（一）企业物流系统业绩评价指标体系

1. 企业物流系统业绩评价影响因素分析

本问题的目的是评价企业现有物流系统的业绩。企业物流系统是一个由多环节、多功能组成的复杂系统，要建立合适的评价指标体系，首先就要弄清楚企业物流系统业绩受哪些因素的影响、物流系统总体的业绩如何分解为更详细的子系统业绩。

按照作业环节的不同，企业物流系统可以看成是由客户反应、库存、供应、运输和仓储5个子系统组成。企业物流系统业绩受这5个子系统业绩的影响。

客户反应系统的职能是外部连接客户，内部连接销售和市场。企业所有物流活动都是基于客户的需求，对客户需求的反应能力、反应时间、客户服务质量等对企业创造价值具有重要的作用。

库存是物流运作的润滑剂，库存计划、存储、搬运是所有物流活动的基础；库存管理的目标是在提升客户服务水平的同时增加库存的财务回报；库存可得性是客户服务最重要的一个方面，库存持有成本是物流成本中最主要的部分。

供应是获得存货（采购或制造）的过程，其目的是满足库存核心计划中规定的存货需要；供应存在巨大风险，供应中断的代价非常昂贵。因此，供应管理能力及质量水平极大地影响物流系统的服务能力和服务水平。

运输实现物品从供货地到客户需求地的移动。运输成本是所有物流活动中成本占比最大的环节，运输子系统的质量水平直接影响物流系统服务质量。

除运输外，大部分的物流活动发生在仓储环节，仓储成本也是企业物流成本的重要构成。在电子商务、供应链合作、快速反应、准时制生产等新的经营模式的影响下，仓储环节在物流系统中的重要性进一步提高。例如，要求更短的订单处理周期，更小批量、更高频次、更多货品种类的交易，快速的退货处理能力等。

2. 企业物流系统业绩评价指标体系的建立

企业竞争的基础是财务能力、生产能力、质量水平和反应时间。因此，根据上面对企业物流系统业绩的影响分析，企业物流系统业绩可分成5个子系统业绩；5个子系统业绩又可进一步从各子系统的财务能力、生产能力、质量水平和反应时间四个具体指标来评价（其中，库存子系统业绩是由财务能力、生产能力和质量水平三个指标来进评价的）。各子系统的这些能力还可由更低层次的、更具体的指标或属性来衡量。因此，可建立表10-1所示的企业物流系统业绩评价指标体系。

表 10-1　企业物流系统业绩评价指标体系

大类	中类指标	小类指标
客户反应业绩	财务能力	总反应成本
		客户订单反应成本
	生产能力	订单处理速率
	质量水平	订单输入准确性
		订单交流准确性
		开票准确性
		订单满足率
		客户满意度
	反应时间	订单输入时间
		订单处理时间
库存子系统业绩	财务能力	平均库存价值
		库存持有成本
	生产能力	库存周转
		库存管理效率
	质量水平	预测准确度
		订单满足率
	反应时间	（无）
供应子系统业绩	供应财务能力	总供应成本
		采购订单成本
		供应商存货回报
		供应商总采购成本
	供应管理生产能力	管理库存单元数目
		管理的供应商数目
		管理的采购金额
		采购订单处理效率
		存货周转率
		订单满足率
	供应质量水平	采购订单完好率
		订单满足率
		供应商满意指数
		订单匹配率
	供应反应时间	采购订单周期
		订单周期变动性
运输子系统业绩	财务能力	总运输成本
		单位运输成本
		运输资产经济价值
	生产能力	运输资产生产能力
		运输人员生产能力
	质量水平	无索赔送货率
		无损坏送货率
		事故间距
		准时达到率
		准时发出率
		完美路线率
		完美配送率
	反应时间	在途时间
		在途时间可变性
		车辆装卸时间
		滞留时间
		运行迟滞时间
仓储子系统业绩	财务能力	总仓储成本
		单位货物仓储成本
		单位面积仓储成本
	生产能力	每人每时处理的货物单元数
		存储密度
	质量水平	存货准确率
		拣货准确率
		出货准确率
		破损比率
		故障间隔时间
	反应时间	月台至存货时间
		仓库订单循环时间

（二）区域物流系统发展水平评价指标体系

1. 区域物流系统发展水平的影响分析

区域物流系统是指在一定经济区域范围内的物流系统。区域物流系统由主体、客体、载体三部分构成。主体是指从事区域物流活动的经济组织，即各类物流企业；客体是指在物流活动中的物质实体对象，即区域物流市场需求；载体是保证区域物流活动有效进行的物流基础设施，包括公路、铁路、水运、场站、仓库、信息网络等。区域物流是区域经济系统的重要组成部分。对区域物流发展水平进行合理评价，有助于与周边地区物流发展水平进行综合比较，认清区域物流发展中存在的问题，从而做出科学决策，提升区域物流竞争力，推动区域经济发展。

区域物流发展水平受到以下几方面的影响。

(1) 区域经济总体发展水平。区域经济总体发展水平综合反映了区域物流发展的社会经济基础，为区域物流的可持续发展提供支撑，也反映了区域物流发展的动力与潜力。

(2) 物流供给水平。物流供给水平包括两个方面：一是物流载体的供给水平，包括运输通道、物流场站设施、技术装备的供给水平；二是提供物流服务的主体即物流企业的数量、规模、服务能力等。这些指标综合反映了区域物流的服务水平和供给能力，是区域物流先进性和竞争能力的重要体现。

(3) 物流需求规模。物流需求规模指社会对物流服务的需求数量和规模。物流需求规模的大小决定了物流市场容量的大小，是区域物流产业存在和发展的前提条件。需求规模受当地经济和产业发展的影响。

(4) 物流产出水平。物流产出水平指的是区域物流产业发展规模，反映物流业对区域经济发展的贡献，可以用物流业增加值、地区物流成本占地区国内生产总值的比例来衡量。

(5) 物流业发展宏观环境。物流业发展宏观环境主要指区域物流产业发展规划、税收政策、土地政策、市场准入政策、专业人才引进、公共信息平台等影响物流发展的软环境，良好的宏观环境为区域物流的健康发展提供保障。

2. 区域物流系统发展评价指标体系的建立

根据影响因素的分析以及评价指标建立的基本原则，建立区域物流系统发展水平评价指标体系如表 10-2 所示。

表 10-2　区域物流系统发展水平评价指标体系

大类指标	中类指标	小类指标（括号内是对指标的进一步说明）
区域经济发展水平	经济总体水平	地区生产总值
	流通业规模	社会消费品零售总额
		进出口总额（反映国际物流发展潜力）
	人均收入	居民人均可支配收入

续表

大类指标	中类指标	小类指标(括号内是对指标的进一步说明)
区域物流供给水平	物流载体供给水平	运输通道水平(用区域范围的公路及铁路里程、水运空运航线来表征)
		物流设施水平(用物流场站、物流园区、物流中心等节点数量及分布的合理性来表征)
		物流装备技术水平(用物流节点装备的智能化、自动化、信息化水平来衡量)
		物流业固定资产投资率
	物流主体供给水平	专业物流企业规模(物流企业的数量)
		物流企业水平(3A 级以上企业数量及占比)
		物流从业人数规模(用物流从业人员的绝对数量、相对数量来衡量)
区域物流需求规模	货运总量	对 4 种基本运输方式货运量汇总
	货运周转量	对 4 种基本运输方式货运周转量汇总
区域物流产出水平	物流业规模	本地区物流业增加值
		物流业增加值占地区 GDP 的比值
	物流成本水平	本地区物流总成本
		地区物流总成本占地区 GDP 的比值
区域物流宏观环境	物流产业政策完善度	区域物流产业规划及政策的全面性
		政策执行状况
	物流创新环境	物流产学研发展状况
		物流专项资助状况(物流专项占总资助专项的比例)
	公共服务平台水平	社会化的物流公共信息服务平台建设及使用情况

(三)物流园区评价指标体系

物流园区一般位于城市中心的边缘,交通条件良好,用地充足。为了吸引物流中心、配送中心等物流企业快速、有效地集聚,物流园区在空间布局时需要考虑物流市场需求、地价、交通设施、劳动力成本、环境等经济、社会、自然多方面的因素。物流园区规划的影响因素可以归纳为社会效益、经济效益与技术效能三个层面,形成三个大类指标,在每一层面下都需要考虑更具体的因素,形成如"园区所在地交通状态"等 23 个小类指标。具体评价指标体系如表 10-3 所示。

表 10-3　物流园区评价指标体系

大类指标	小类指标	评价标准
社会效益	园区所在地交通状态	交通便利程度是否能满足采购与销售的需要
	区域发展规划	是否符合区域发展规划中的用地、发展目标的要求
	污染状态	尽可能减少对环境的污染，最大限度地实现与环境相容
	对当地居民生活的影响	尽可能减轻对当地居民出行、生活等的干扰，要求减轻或消除噪声等负影响
	地质、气候等自然环境的状态	能满足物流园区内的建筑、生活等要求
经济效益	当地消费容量与水平	接近消费市场，有充足消费容量与消费购买力
	运输成本	要求运输成本低
	地价因素	具有低地价区位优势
	周边企业状况	周边企业环境和谐，企业聚集程度适中
	劳动力成本与技术水平	具有成本合适、数量充足、素质较高的劳动力资源
	公共设施状态	具有充足的供电、供水、排水等基本公共设施、便利的通信设备，合适的污水、固体废弃物处理能力
	资金落实程度	融资环境良好
	效益费用比	效益费用比合理
	投资收益率	投资收益率较好
技术效能	功能设计的可靠性	功能完备，同时具有较高的可靠性
	多式联运的有效性	多式联运运作协调、方便、可达性较好
	现有设施的利用率	与现有的物流设施兼容
	与主干道的衔接性	靠近交通主干道，特别是高等级公路的主干道出入口
	与货运枢纽的衔接性	靠近公路货运集散中心，同时力求与铁路货运中心、港口中心及航空中心等距离最短
	道路运输网络的畅通性	具有完善的道路运输网络
	总建筑面积满意度	能满足园区中长期发展的需要
	总站场面积满意度	能满足规划中长期发展的需求
	土地面积利用率	土地面积利用率较高

五、评价指标的标准化处理

在多指标评价中,由于各个评价指标的单位不同,量纲不同和数量级不同,因此会影响评价的结果,甚至会造成决策的失误。为了统一标准,必须进行预处理,即对所有的评价指标进行标准化处理,把所有指标值转化为无量纲、无数量级差别的标准分,然后进行评价。

评价指标按其取值类型可以分为成本指标和效益指标。成本指标是指评价值越小越好的指标,如人员投入资金、人员培训成本、风险等指标;效益指标是指评价值越大越好的指标,如资源利用率、用户满意度等指标。

一个多指标评价决策问题往往由下面三个要素构成。

(1) 有 n 个评价指标 f_j,$(1\leqslant j\leqslant n)$;

(2) 有 m 个决策方案 A_i,$(1\leqslant i\leqslant m)$;

(3) 有一个评价决策矩阵 $A=(x_{ij})$,$(1\leqslant j\leqslant n, 1\leqslant i\leqslant m)$。其中元素 x_{ij} 表示第 i 个方案 A_i 在第 j 个指标 f_j 上的指标值,评价决策矩阵是一个具有 m 行 n 列的矩阵。

由于评价决策矩阵中的各个指标量纲不同,给指标体系的综合评价带来了一定的难度,评价指标标准化的目标,就是要将原来的决策矩阵 $A=(x_{ij})$ 经过标准化处理后得到量纲相同的决策矩阵 $R=(R_{ij})$。

(一)定量指标的标准化处理

1. 向量归一化

计算公式为:

$$r_{ij}=\frac{x_{ij}}{\sqrt{\sum_{i=1}^{m}x_{ij}^{2}}}$$

这种标准化处理方法的优点表现在:1) $0\leqslant r_{ij}\leqslant 1(1\leqslant j\leqslant n, 1\leqslant i\leqslant m)$;2) 对于每一个指标 f_j,矩阵 R 中列向量的模为 1。因为

$$\sum_{i=1}^{m}r_{ij}^{2}=1(1\leqslant j\leqslant n)$$

2. 线性比例变化

令:x_j^{max} 和 x_j^{min} 分别为对指标 f_j 评价值中最大值和最小值。

对于效益指标,定义:

$$r_{ij}=\frac{x_{ij}}{x_j^{max}}$$

对于成本指标,定义:

$$r_{ij}=\frac{x_j^{min}}{x_{ij}}$$

这种线性比例变化的优点体现在:1) $0\leqslant r_{ij}\leqslant 1(1\leqslant j\leqslant n, 1\leqslant i\leqslant m)$;2) 计算方便;3) 保留相对排序关系。

3. 极差变换

对于效益指标,定义:

$$r_{ij}=\frac{x_{ij}-x_j^{min}}{x_j^{max}-x_j^{min}}$$

对于成本指标,定义:

$$r_{ij}=\frac{x_j^{max}-x_{ij}}{x_j^{max}-x_j^{min}}$$

这种极差变换的优点体现在:1) $0\leqslant r_{ij}\leqslant 1(1\leqslant j\leqslant n,1\leqslant i\leqslant m)$;2) 对于每一个指标,总有一个最优值 1 和最劣值 0。

(二)定性模糊指标的量化处理

在物流系统的多指标评价和决策中,许多评价指标是模糊指标,只能定性地描述。例如服务质量很好、物流设施性能一般、可靠性高等。对于这些定性模糊指标,需要赋值使其量化。一般来说,对于模糊指标的最优值可赋值为 10,而对于模糊指标的最劣值可赋值为 0。定性模糊指标也可以分为效益指标和成本指标两类。对于定性的效益和成本指标,其模糊指标的量化可如表 10-4 所示。

表 10-4　定性模糊指标的量化

指标状况		最低	很低	低	一般	高	很高	最高
模糊指标量化得分	效益指标	0	1	3	5	7	9	10
	成本指标	10	9	7	5	3	1	0

(三)评价指标标准化举例

以一家货主企业选择港口货运服务供应商为例,现有四家候选港口,决策者根据自身需要,考虑了五项评价指标,如表 10-5 所示。

表 10-5　港口货运服务供应商评价指标

候选港口	客户满意度(%)	吞吐量(万 TEU/年)	货物周转率(次/周)	收费标准(占货值%)	人员素质
	f_1	f_2	f_3	f_4	f_5
A_1	80	140	41	5.5	一般(5)
A_2	95	280	38	6.5	一般(5)
A_3	72	200	43	4.5	高(7)
A_4	88	170	40	5.0	低(3)

首先,将定性模糊指标,如第 5 个指标(人员素质),定量化处理,量化结果见表 10-5。然后采用量化指标标准化处理方法进一步计算,结果如表 10-6、表 10-7、表 10-8 所示。有了这些标准化评价指标,可采用后面第三节和第四节具体评价方法进行评价。

表 10-6　向量归一化变换后的评价指标

候选港口	客户满意度（%）	吞吐量（万 TEU/年）	货物周转率（次/周）	收费标准（占货值%）	人员素质
	f_1	f_2	f_3	f_4	f_5
A_1	0.475 1	0.342 7	0.505 7	0.506 9	0.481 1
A_2	0.564 2	0.685 4	0.468 7	0.599 0	0.481 1
A_3	0.427 6	0.489 6	0.530 3	0.414 7	0.673 6
A_4	0.522 6	0.416 1	0.493 3	0.460 8	0.288 7

表 10-7　线性比例变换后的评价指标

候选港口	客户满意度（%）	吞吐量（万 TEU/年）	货物周转率（次/周）	收费标准（占货值%）	人员素质
	f_1	f_2	f_3	f_4	f_5
A_1	0.842 1	0.500 0	0.953 5	0.818 2	0.714 3
A_2	1.000 0	1.000 0	0.883 7	0.692 3	0.714 3
A_3	0.757 9	0.714 3	1.000 0	1.000 0	1.000 0
A_4	0.926 3	0.607 1	0.930 2	0.900 0	0.428 6

表 10-8　极差变换后的评价指标

候选港口	客户满意度（%）	吞吐量（万 TEU/年）	货物周转率（次/周）	收费标准（占货值%）	人员素质
	f_1	f_2	f_3	f_4	f_5
A_1	0.347 8	0	0.600 0	0.500 0	0.500 0
A_2	1.000 0	1.000 0	0	0	0.500 0
A_3	0	0.428 6	1.000 0	1.000 0	1.000 0
A_4	0.695 7	0.214 3	0.400 0	0.750 0	0

第三节　物流系统单项评价方法

根据实际情况，物流系统的评价可以是技术性、经济性、社会性、环境保护等方面的单项或多项的评价；这里主要讨论技术、经济方面的单项评价。当然，即使是单项的评价，其指标体系也由多个层次、多个属性构成。

一、经济评价的成本效益法

单项评价方法主要指利用经济理论和技术水平对系统的某个方面做出定量评价的方法。经济评价方法主要有价值分析法、成本效益法、利润评价法等，技术评价方法主要有可行性评价、可靠性评价等。这里先介绍经济评价的成本效益法。

所谓成本效益法(Cost Benefit Analysis),就是把不同系统方案的成本和效益进行比较分析的方法。成本反映的是建立新系统或改进系统所需要的主要投资耗费;效益则是反映的新建或改建的系统所能产生的经济效益和社会效益。其实,系统评价中的所有指标都可归结为效益指标或成本指标。效益是实现系统方案后能获得的结果;成本是为了实现系统方案必须支付的投资。将每个方案的效益与成本分别计算后,再比较其效益/成本,就可以评价方案的优劣,显然,效益/成本越大,方案越好。

成本效益模型由下面三个模型组成。

(1) 成本模型。成本模型应能说明方案的特性参数与其成本之间的关系。一般的成本模型为:

$$C = F(X)$$

式中:C——方案的成本;

X——特性参数;

F——函数形式。

分析系统方案成本的另一种方法是分别分析系统方案的直接成本和间接成本。

(2) 效益模型。与成本模型一样,既可建立方案本身的效益模型,也可分别分析其直接效益和间接效益。一般效益模型可表示为:

$$E = G(X)$$

式中:E——系统方案的效益;

G——函数形式。

(3) 综合模型。综合模型主要研究成本与效益的关系,可应用以下三个准则进行综合:一是在一定成本下,评价哪个方案的效益最高(或简称 C 准则);二是在一定效益下,评价哪个方案的成本最低(或简称 E 准则);三是计算效益成本比(E/C),评价哪个方案的比值最大。

投入不同的成本将得到不同的效益,将其对应结果绘成曲线称为成本效益曲线。图 10-3 表示的是四种备选方案的成本效益综合模型图。

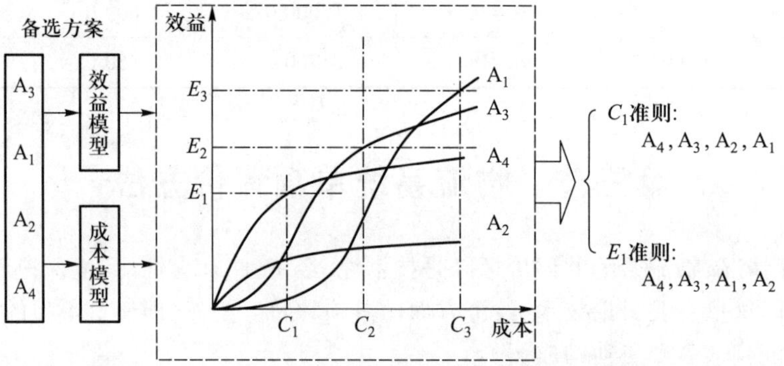

图 10-3 成本效益综合模型图

根据选择的决策准则,若以 C_1 为准则,即在投资成本限定为 C_1 的情况下,从综合模型图上可以确定各方案优劣的顺序是 A_4, A_3, A_2, A_1;若以 E_1 为准则,即希望获得的利益为 E_1

第十章

时，各方案的优劣顺序是 A_4, A_3, A_1, A_2。

因此，从图 10-3 可知，在成本为 C_1 时采用方案 A_4，成本为 C_2 时采用方案 A_3，均可使效益最高；在效益为 E_3 时，采用 A_1 可使方案的投资成本最低。

【例 10-1】 某企业准备投资新建一个配送中心。经过初步调查研究，提出了三个方案，各方案主要指标如表 10-9 所示，请用效益成本法对三个方案进行评价。

表 10-9 配送中心方案指标比较

序号	指标	单位	方案Ⅰ	方案Ⅱ	方案Ⅲ
1	造价	万元	100	86	75
2	建成年限	年	5	4	3
3	建成后需流动资金	万元	45.8	33.3	38.5
4	建成后发挥效益时间	年	10	10	10
5	年产值	万元	260	196	220
6	产值利润率	%	12	15	12.5
7	环境污染程度	—	稍重	最轻	轻

对三个方案进行比较后发现它们各有优缺点。为了便于进一步判断，应将目标适当集中。由于在系统评价中最关心的是成本和效益这两项指标，因此应该首先集中注意此两类指标。已知建成后发挥效益的时间是 10 年，则可计算出三个方案的 10 年总利润及全部投资额。比较结果如表 10-10 所示。

表 10-10 配送中心各方案投资利润率比较

指标	单位	方案Ⅰ	方案Ⅱ	方案Ⅲ
总利润额	万元	312	294	275
全部投资额	万元	145.8	119.3	113.5
利润高于投资的余额	万元	166.2	174.7	161.5
投资利润率	%	214	246	242

从表 10-10 可看出，方案Ⅱ是最理想的。方案Ⅰ的总利润虽然高于方案Ⅱ、Ⅲ，但投资额也相应地高于方案Ⅱ、Ⅲ，结果使投资利润率低于方案Ⅱ、Ⅲ，另外，该方案的环境污染也较严重，因此，应放弃方案Ⅰ。进一步分析方案Ⅱ和方案Ⅲ，理所当然应放弃方案Ⅲ。

采用成本效益法的主要困难在于如何正确地测定系统方案的效益、如何估计长期投资和效益的社会折现率。上述方法要求系统的投入和产出结果能用货币来衡量，因此，一般适合于经济效益的评价。对于很多物流系统项目，不仅具有巨大的经济效益，还具有明显的社会效益。因而，“效益”的概念应该也包括社会效果，但这些效果不一定都能换算成货币，这时，可用“效用”或“有效度”来表示货币以外的数量尺度，用“有效度”替代“效益”，进行成本—有效度分析。（见本章稍后的内容。）

二、可行性分析

可行性分析是对项目事先研究、事先评价的方法。这种事先评价，要求在可行性研究的时候，设想所研究项目建成后会处于怎样一种环境之中、将来如何运行、将可获得什么经济效果、将会产生什么社会影响等。这种设想越符合将来的实际，就越能为做出正确的评价提供可靠的依据，就越能为做出正确的决策奠定坚实的基础。

进行可行性分析必须先对系统的目标、关键要素以及达到目标的不同方案进行分析。可行性分析的一般过程为：

确定系统目标和方向→收集资料→预测→初步分析，提出初步方案→技术经济评价→优化比较，确定方案→决策报告。

上述过程不是一步成功的。当初步分析后认为不能得到可行方案时，则没有必要进行下一步工作，需马上返回去重新修订目标，重新确定方向，并补充必要的资料，再进行预测。提出初步方案后，对方案做初步评价和审核，若方案不可行，再重新进行初步分析，并修改影响初步分析结果的各个因素。

下面以某港口物流中心建设项目的可行性研究为例，主要内容应包括以下几个方面。

（一）总论

说明项目的背景，物流中心建设的必要性和意义分析，研究工作的依据和范围。

（二）宏观环境分析及评价

这是指对物流中心所在地和辐射地的宏观经济状况、交通状况、货物中转、集散等现状进行分析和评价。

（三）市场需求和拟建规模

实地调查收集资料，对社会经济发展趋势、交通发展趋势、货运需求及物流量进行分析和预测。以此为基础，确定拟建项目的规模和功能。

（四）物流中心选址条件分析

这是对物流中心所在地的自然条件、地址条件、气象条件、交通条件等进行分析和评价。

（五）方案的初步设计

初步设计包括对物流中心的总体功能进行设计，对物流中心作业功能进行规划，确定物流中心的平面布局方案，并对主要设施和设备进行选型。

（六）物流中心信息系统设计

信息系统设计主要是确定物流中心信息系统方案，并对软硬件投资规模进行估算。

（七）环境影响分析与评价

物流中心的建设是一项建设期长、耗资巨大的工程。除了占用土地、导致交通流集中以外，物流中心在建设期间和运营期间还会对自然环境造成消极影响，因此，应该分析、评价项目建设期间和运营期间对生态环境、周边环境的影响，并提出相应环保措施。

（八）投资估算和成本估算

投资和成本估算包括对各单项工程及外部协作配套工程的资金估算和建设资金的总计，包括生产成本估算，生产流动资金的估算，资金的来源、筹措方式、数额和利率估计以及贷款的偿还方式等。

（九）经济效益和社会效益评价

效益评价主要包括财务评价、国民经济评价和社会效益评价。对建设项目的经济效果要进行静态分析和动态分析，不仅要计算项目本身的微观效果，而且要衡量项目对国民经济发展所产生的宏观效果和影响。

可行性分析是从市场、技术、财务等方面，对一个项目是否可行而进行研究、分析和评价，以决定是否投资；探讨投资能否满足社会需要，并最大限度地获得经济效益。

可行性分析的最后阶段，还应通过一组完整的指标，衡量所确定方案的经济效果，不仅要看工程自身的经济效果，还应考核其社会效益。同时要分析项目投产运行后技术的先进性与适用程度、经济上的合理程度、管理的科学性、质量可靠度和产品的竞争能力等一系列问题。

第四节　评价指标综合法

物流系统的评价与决策往往呈现多目标特性，必须从多方面进行分析。而不同的指标需用不同的准则、不同的尺度来衡量；得到这些指标值后，如何得到每一方案的综合评价值，以便对方案进行优劣排序？下面将介绍几种常用的评价指标综合法。

一、成本—有效度分析法

不同的指标需要用不同的度量单位来衡量，例如，利润和成本可用货币来衡量，建设周期和资金回收期可用时间衡量，货运量可用货物周转量来衡量；而美观、舒适、满意度等较为抽象的指标则只能用评分法的得分多少或其他间接的尺度来衡量。如果要从总体上评价某一备选方案的优劣度，那就有必要将上述用各种度量单位表示的指标值规范为统一的数量测度，以便指标合并，从而建立起各方案之间的可比数量关系。这种统一的数量测度，不能简单地用效益来反映，可以采用有效度（或效用）的概念和成本—有效度分析评价法。

与侧重于经济效益评价的成本—效益法不同的是，成本—有效度分析将方案的效果从经济观点扩大到了社会观点。物流系统一般都具有明显的社会效益，不能仅从经济方面来评价，还应该采用很多社会性指标来评价，如对区域经济的影响，对就业和生活质量的贡献，对资源、环境的影响，客户满意度，等等，这些指标体现的是物流系统方案的价值。可通过某种效用函数将它们转换为[0,1]区间的实数来描述，这样就能使不同的指标值能进行合乎逻辑的综合。

下面介绍成本—有效度分析法的一般步骤。

（一）明确系统要实现的效用目标

进行系统的成本—有效度分析时，首先要明确系统要求实现的效用目标。例如，交通信号指挥系统的效用目标是运行可靠；军事物流系统的效用目标是在规定的时间内，将一定数量的人员和武器装备运送到指定的地点，等等。如果被评价的系统有多种效用目标，可选择其基本效用目标作为成本—有效度分析的对象。

（二）确定反映系统有效度的评价指标

明确了系统的效用目标以后，就要选择一定的能够度量系统效用大小或有效度高低的评价指标，不同的效用需选择不同的有效度指标来计量。例如，交通信号指挥系统的运行可靠性可采用可靠度指标，即用“不发生错误信号的概率”来度量；军事物流系统的运载能力可用日运载吨位指标来度量等。

（三）提出备选方案

提出具有预定效用的备选方案，并把各方案的成本与效用用相应的计量指标表示出来。

（四）采用成本固定法或效用固定法筛选系统方案

成本固定法是指被评价系统可利用的资金支出是有限的，以一定的资金或成本为条件，根据有效度高低来评选方案；效用固定法指对被评价系统必须达到的最低有效度水平作出规定后，以一定的有效度水平为条件，根据成本的高低来评选系统方案。

下面举例说明。

【例 10-2】 某城市为改善交通秩序，提高车辆的通行效率，拟建新的交通自动信号控制系统，系统以可靠度作为有效度指标，可靠度用预定期限和条件下系统不发生失误的概率来表示。已知该系统的投资与运行费用共限额为 24 万元，效用水平要求不低于 97%，备选方案有 4 个，有关数据如表 10-11 所示，试用成本—有效度分析法进行系统方案选择。

表 10-11　系统方案指标比较

	方案Ⅰ	方案Ⅱ	方案Ⅲ	方案Ⅳ
投资与运行成本年值（万元）	24	24	20	20
系统可靠度	0.99	0.98	0.98	0.97

解：首先根据表 10-11 中的已知数据作出表示系统方案的成本—有效度关系图，如图 10-4所示。

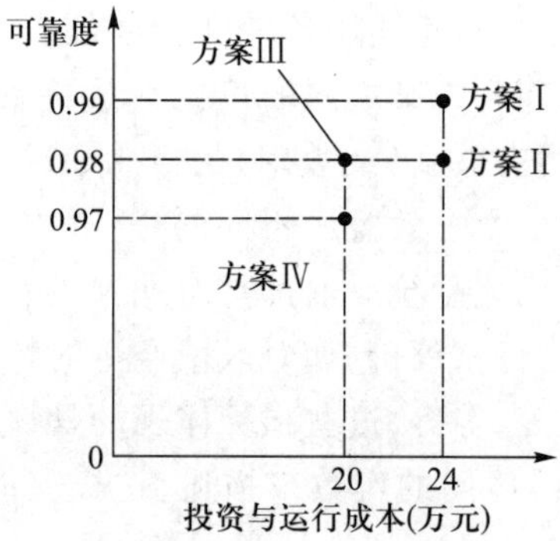

图 10-4　四个方案的成本—有效度关系

然后，根据图 10-4 进行系统方案的成本—有效度综合比较：

由于 4 个方案的成本都不超过 24 万元的限额，且有效度都能达到最低水平，故这四个方案均为可行的方案，因此需要进行综合评价，再从中选优。

比较方案Ⅰ与方案Ⅱ，两方案成本相同，但方案Ⅰ的效用大于方案Ⅱ（即 0.99>0.98），故保留方案Ⅰ，舍去方案Ⅱ。

比较方案Ⅲ与方案Ⅳ，两方案成本相同，但方案Ⅲ的效用大于方案Ⅳ（即 0.98>0.97），故保留方案Ⅲ，舍去方案Ⅳ。

比较方案Ⅰ与方案Ⅲ，两方案的成本与效用均不同，故可通过成本—效用比率进行比较：

方案Ⅰ：效用/成本＝0.99/24＝0.041

方案Ⅲ：效用/成本＝0.98/20＝0.049

通过上述比较，说明方案Ⅲ是成本不超过限额条件、单位成本效用最大的方案，故应该优先选择方案Ⅲ。

二、层次分析法

一般情况下,物流系统的评价属于多目标、多判据的系统综合评价。如果仅仅依靠评价者的定性分析和逻辑判断,缺乏定量分析依据来评价系统方案的优劣,显然是十分困难的。尤其是物流系统的社会经济评价很难作出精确的定量分析。这里要介绍的层次分析法(Analytical Hierarchy Process,AHP)由美国著名运筹学家萨蒂(T. L. Saaty)于1982年提出,它综合了人们主观判断,是一种简明、实用的定性分析与定量分析相结合的系统分析与评价的方法。目前,该方法广泛应用于能源问题分析、科技成果评比、地区经济发展方案比较,尤其是投入产出分析、资源分配、方案选择及评比等方面。它既是一种系统评价的方法,也是一种简洁、实用的决策方法。

(一)层次分析法的基本原理

人们在日常生活中经常要从一堆同样大小的物品中挑选出最重的物品。这时,一般是利用两两比较的方法来达到目的。假设有 n 个物品,其真实重量用 $w_1, w_2, \cdots, w_n$ 表示。要想知道 $w_1, w_2, \cdots, w_n$ 的值,最简单的就是用秤称出它们的重量,但如果没有秤,可以将几个物品两两比较,得到它们的重量比矩阵 A。

$$A=\begin{bmatrix} w_1/w_1 & w_1/w_2 & \cdots & w_1/w_n \\ w_2/w_1 & w_2/w_2 & \cdots & w_2/w_n \\ \vdots & \vdots & \vdots & \vdots \\ w_n/w_1 & w_n/w_2 & \cdots & w_n/w_n \end{bmatrix}$$

如果用物品重量向量 $W=[w_1, w_2, \cdots, w_n]^T$ 右乘矩阵 A,则有:

$$AW=\begin{bmatrix} w_1/w_1 & w_1/w_2 & \cdots & w_1/w_n \\ w_2/w_1 & w_2/w_2 & \cdots & w_2/w_n \\ \vdots & \vdots & \vdots & \vdots \\ w_n/w_1 & w_n/w_2 & \cdots & w_n/w_n \end{bmatrix} \cdot \begin{bmatrix} w_1 \\ w_2 \\ \vdots \\ w_n \end{bmatrix} = \begin{bmatrix} nw_1 \\ nw_2 \\ \vdots \\ nw_n \end{bmatrix} = nW$$

由上式可知,n 是 A 的特征值,W 是 A 的特征向量。根据矩阵理论,n 是矩阵 A 的唯一非零解,也是最大的特征值。这就提示我们,可以利用求物品重量比判断矩阵的特征向量的方法来求得物品真实的重量向量 W,从而确定最重的物品。

假设上述 n 个物品代表 n 个指标(要素),物品的重量向量就表示各指标(要素)的相对重要性向量,即权重向量;可以通过两两因素的比较,建立判断矩阵,再求出其特征向量就可确定哪个因素最重要。依此类推,如果 n 个物品代表 n 个方案,按照这种方法,就可以确定哪个方案最有价值。

应用层次分析法进行系统评价的主要步骤如下:

(1)对构成评价系统的目的、评价指标(准则)及替代方案等要素建立多级递阶的层次结构模型。

(2)对同属一级的要素以上一级的要素为准则进行两两比较,根据评价尺度确定其相对重要度,据此建立判断矩阵 A。

(3)计算判断矩阵的特征向量以确定各要素的相对重要度。

(4) 最后通过综合重要度的计算,对各种方案要素进行排序,从而为决策提供依据。

(二)多级递阶的层次结构

用层次分析法进行系统分析,首先要把问题层次化。根据问题的性质和想要达到的总目标,将问题分解为不同的组成因素,并按照因素间的相互关联影响以及隶属关系,将因素按不同层次聚集组合,形成一个多层次的分析结构模型。

【例 10-3】 某配送中心的设计中要对某类物流装备进行决策,现初步选定三种设备配套方案,应用层次分析法对优先考虑的方案进行排序。

解:对设备方案的判断主要可从设备的功能、成本、维护性三方面进行评价。如何评价功能、维护性等,还会用更具体的指标来衡量。本例中,为分析简便,省略了更详细的指标。这样,可建立对设备方案进行比较的层次分析结构图,如图 10-5 所示。

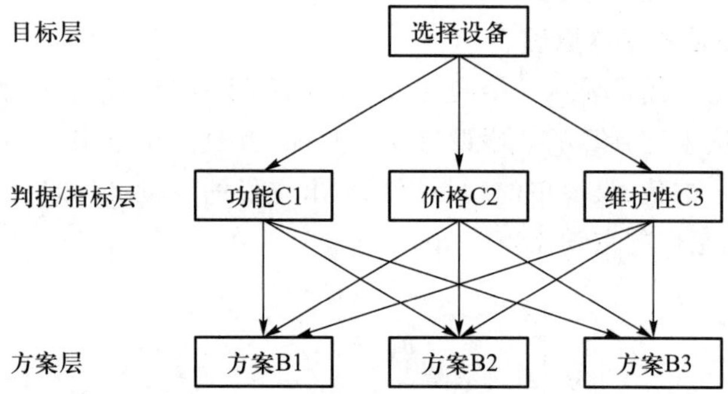

图 10-5　方案比较层次分析结构图

图 10-5 中的最高层是目标层,表示解决问题的目的,即层次分析要达到的总目标。

中间层包括评判层和指标层(这里省略了指标层),表示采取某一方案来实现预定总目标所涉及的中间环节。即选择每一种设备方案,都要以价格、功能、维护性三种指标来评价,无论是价格、功能还是维护性,都与三种设备方案有关。

最底层是方案层,表示要选用的解决问题的各种措施、策略、方案等。这里有三个备选方案。

在排序计算中,每一层次的要素相对上一层次某要素的单排序问题,可简化为一系列成对因素的判断比较。从最上层要素开始,依次以上层要素为依据,对下一层要素两两比较,建立判断矩阵。

(三)判断矩阵

判断矩阵是层次分析法的基本信息,也是进行权重计算的重要依据。

如上所述,判断矩阵 A 中元素 a_{ij} 表示要素 i 与要素 j 相对重要度之比,且有下述关系:

$$a_{ij}=1/a_{ji} \quad a_{ii}=1; \quad i,j=1,2,\cdots,n$$

显然,比值越大,则要素 i 的重要度就越高。

为了便于将比较判断定量化,引入 1~9 标度方法,规定用 1、3、5、7、9 分别表示根据经验判断,要素 i 与要素 j 相比:同等重要、比较重要、重要、很重要、极重要,而 2、4、6、8 表示上述两判断级之间的折中值。

例 10-3 中,选定的三个评价准则为功能、价格、维护性。评价的目的是对设备综合性能进行排序，为设备购置决策提供依据。根据经验，对这三个指标的两两比较结果如表 10-12 所示。

表 10-12　各指标相对重要度的比较

重要度	C_1	C_2	C_3
C_1	1	5	3
C_2	1/5	1	1/3
C_3	1/3	3	1

即判断矩阵为：

$$A=\begin{bmatrix}1 & 5 & 3\\ 1/5 & 1 & 1/3\\ 1/3 & 3 & 1\end{bmatrix}$$

上述矩阵表明：对配送中心的设备配置而言，功能比价格重要（$a_{ij}=5$）、功能比维护性较重要（$a_{ij}=3$），维护性比价格较重要（$a_{ij}=3$），其他可以类推。

（四）相对重要程度（即权重）的计算

从理论上讲，对以上层某要素为准则的同一层次要素的相对重要程度可以通过计算判断矩阵 A 的特征值获得，但因其计算方法较为复杂，而且实际上只能获得对 A 粗略的估计，因此没有必要计算其精确的特征值。

实践中可以采用求和法或求根法计算特征值的近似值。

1. 求和法

（1）将判断矩阵 A 按列归一化（即列元素之和为 1）：

$$b_{ij}=a_{ij}/\sum_{i=1}^{n}a_{ij}$$

（2）按行求和：

$$v_i=\sum_{j=1}^{n}b_{ij}$$

（3）归一化处理：

$$w_i^0=v_i/\sum_{i=1}^{n}v_i;i=1,2,\cdots,n$$

所得 $w_i^0(i=1,2,\cdots,n)$ 即为 A 的特征向量的近似值。

2. 求根法

（1）将判断矩阵 A 按行求积：

$$v_i=\sqrt[n]{\prod_j a_{ij}}$$

（2）归一化处理：

$$w_i=v_i/\sum_{i=1}^{n}v_i;i=1,2,\cdots,n$$

对例 10-3 中的矩阵 A 分别用求和法、求根法计算的权重向量如下。

求和法：

$$B=\begin{bmatrix}0.652 & 0.556 & 0.692\\0.130 & 0.111 & 0.077\\0.218 & 0.333 & 0.231\end{bmatrix}\quad V=\begin{bmatrix}1.900\\0.318\\0.782\end{bmatrix}\quad W=\begin{bmatrix}0.633\\0.106\\0.261\end{bmatrix}$$

按照求和法，功能、价格、维护性三个指标的权重分别是 0.633、0.106、0.261。

求根法：

$$V=\begin{bmatrix}2.466\\0.405\\1\end{bmatrix}\quad W=\begin{bmatrix}0.637\\0.105\\0.258\end{bmatrix}$$

按照求根法，功能、价格、维护性三个指标的权重分别是 0.637、0.105、0.258。可见，两种方法求出的权重相差不大。

（五）一致性检验

实际评价中评价者只能对 A 进行粗略判断，这样有时会犯不一致的错误。如，已判断 C_1 比 C_2 重要，C_2 比 C_3 较重要，那么，C_1 应该比 C_3 更重要。如果又判断 C_1 比 C_3 较重要或同等重要，这就犯了逻辑错误。这就需要进行一致性检验。

根据层次法原理，利用 A 的理论最大特征值 $\lambda_{\max}$ 与 n 之差检验一致性。

一致性指标：

$$CI=\frac{\lambda_{\max}-n}{n-1};\ \lambda_{\max}=\frac{1}{n}\sum_i\left(\frac{(AW)_i}{w_i}\right)$$

在例 10-3 中：

$$AW=\begin{bmatrix}1 & 5 & 3\\1/5 & 1 & 1/3\\1/3 & 3 & 1\end{bmatrix}\begin{bmatrix}0.637\\0.105\\0.258\end{bmatrix}=\begin{bmatrix}1.936\\0.318\\0.785\end{bmatrix}$$

$$\lambda_{\max}=\frac{1}{3}\left[\frac{1.936}{0.637}+\frac{0.318}{0.105}+\frac{0.785}{0.258}\right]=3.037$$

$$CI=\frac{3.037-3}{3-1}=0.018\ 5$$

CI 的值越大，判断矩阵的一致性就越差。一般，当 $CI<0.1$ 时，就认为判断矩阵的一致性可以接受，否则就要重新进行两两比较。

n 越大，判断矩阵的一致性也越差，这时，使用随机一致性比值 $CR=CI/RI$ 进行判断矩阵的一致性检验，其中，RI 是平均随机一致性指标，见表 10-13。

表 10-13　平均随机一致性指标

阶数	3	4	5	6	7	8	9	10	11	12	13	14	15
RI	0.52	0.89	1.12	1.26	1.36	1.41	1.46	1.49	1.52	1.54	1.56	1.58	1.59

（六）综合重要度计算

获得同一层次各要素之间的相对重要度后，就可以自上而下地计算各级要素相对总体的综合重要度。设 c 级共有 m 个要素 $c_1, c_2, \cdots, c_m$，它们对总值的重要度为 $w_1, w_2, \cdots, w_m$；

其下一层次 p 级有 $p_1, p_2, \cdots, p_n$ 共 n 个要素，令要素 p_i 对 c_j 的重要度为 v_{ij}，则 p 级要素 p_i 的综合重要度为：

$$W'_i = \sum_j w_j v_{ij}$$

依据各方案综合重要度的大小，可对方案进行排序、决策。

例 10-3 中，通过对三个方案的功能、价格、维护性进行分析和比较，可建立方案层的判断矩阵。因为这一层有三个准则，故有三个判断矩阵，如表 10-14、表 10-15 和表 10-16 所示。然后，按照求根法，可计算出各方案在不同准则下的重要度排序，将重要度值列入相应表中的最后一列。

表 10-14　各方案在功能上的判断矩阵

功能	B_1	B_2	B_3	重要度
B_1	1	1/7	1/5	0.071 9
B_2	7	1	3	0.649 1
B_3	5	1/3	1	0.279 0

表 10-15　各方案在价格上的判断矩阵

价格	B_1	B_2	B_3	重要度
B_1	1	2	3	0.540 0
B_2	1/2	1	2	0.297 0
B_3	1/3	1/2	1	0.163 3

表 10-16　各方案在维护性上的判断矩阵

维护性	B_1	B_2	B_3	重要度
B_1	1	5	3	0.648 3
B_2	1/5	1	1/2	0.122 0
B_3	1/3	2	1	0.229 7

得到三个方案对功能、价格、维护性三个指标的重要度值后，可按照功能、价格、维护性对总目标的重要度，求出三个方案对总目标的综合重要度，结果如表 10-17 所示。

表 10-17　各方案的综合重要度

准则 / 方案	C_1	C_2	C_3	重要度
	0.637	0.105	0.258	
B_1	0.071 9	0.540 0	0.648 3	0.269 8
B_2	0.649 1	0.297 0	0.122 0	0.476 1
B_3	0.279 0	0.163 3	0.229 7	0.254 1

计算过程为：

方案 B_1 的重要度为：

$$W'_1=0.637\times0.0719+0.105\times0.5400+0.258\times0.6483=0.2698$$

方案 B_2 的重要度为：

$$W'_2=0.637\times0.6491+0.105\times0.2970+0.258\times0.1220=0.4761$$

方案 B_3 的重要度为：

$$W'_3=0.637\times0.2790+0.105\times0.1633+0.258\times0.2297=0.2541$$

根据综合重要度的比较，对于该配送中心的设备配置问题，选择方案 B_2 更理想。

第五节　模糊综合评价法

模糊综合评价是利用模糊集理论进行评价的一种方法。在生产管理、领导决策、工程项目评价时，经常会碰到影响因素模糊或评判结果模糊的情况。例如，从考虑问题的诸因素出发，可能会对复杂的问题作出“优、良、中、差”或“高、中、低”等程度的模糊评价。模糊的思维方式较接近东方人的思维习惯和描述方式，因此，模糊综合评价非常适合对社会经济系统和工程技术问题的评价。

一、模糊综合评价法的应用

下面通过一个例题介绍模糊综合评价法的基本方法。

【例 10-4】　某成套设备公司准备推出一套新的分拣系统。为此，公司领导希望了解市场对该系统的欢迎程度，即希望对该系统的市场欢迎程度进行评价。

解：进行“系统欢迎程度”的评价，首先需要确定评价指标。现考虑用“易维修性”“功能”“自动化程度”“价格”和“动力耗费程度”五个指标来进行评价。这些指标就构成评价因素集，记做：

$$U=\{\text{易维修},\text{功能},\text{自动化程度},\text{价格},\text{动力耗费度}\}=\{u_1,u_2,\cdots,u_m\}$$

其次，确定评价结果。这里给出的是自然语言的评价，这些评价语言构成评语集（也称为评价集）。例如，给出评语集 V 为：

$$V=\{\text{很受欢迎},\text{受欢迎},\text{一般},\text{不受欢迎}\}=\{v_1,v_2,\cdots,v_n\}$$

接着，要确定各因素的权重。也就是说，对不同的需要对象，他们对各因素重要程度的看法不一样。

例如，对大公司来说，比较重视“易维修性”和“功能”，他们给出的权重假设为：

$$X=\{0.35,0.35,0.10,0.10,0.10\}$$

而对于小公司来说，他们的权重集为：

$$Y=\{0.10,0.10,0.15,0.30,0.35\}$$

这两个权重集（模糊子集）就构成一个模糊矩阵 A，即：

$$A=\begin{bmatrix}0.35 & 0.35 & 0.10 & 0.10 & 0.10\\ 0.10 & 0.10 & 0.15 & 0.30 & 0.35\end{bmatrix}$$

在此基础上，先进行单因素评价。例如，请若干专家对“易维修性”进行评价，假设有20%的人很欢迎，有50%的人欢迎，有30%人认为一般，没有人不欢迎，于是可得到对“易维修性”评价的模糊隶属度：

$$R_1(\text{易维修}) \to \left\{\frac{0.2}{\text{很欢迎}},\frac{0.5}{\text{欢迎}},\frac{0.3}{\text{一般}},\frac{0.0}{\text{不欢迎}}\right\};$$

同样的方法可得到其余四个指标的隶属度，假设为：

$$R_2(\text{功能}) \to \left\{\frac{0.1}{\text{很欢迎}},\frac{0.3}{\text{欢迎}},\frac{0.5}{\text{一般}},\frac{0.1}{\text{不欢迎}}\right\};$$

$$R_3(\text{自动化程度}) \to \left\{\frac{0.0}{\text{很欢迎}},\frac{0.1}{\text{欢迎}},\frac{0.6}{\text{一般}},\frac{0.3}{\text{不欢迎}}\right\};$$

$$R_4(\text{价格}) \to \left\{\frac{0.0}{\text{很欢迎}},\frac{0.4}{\text{欢迎}},\frac{0.5}{\text{一般}},\frac{0.1}{\text{不欢迎}}\right\};$$

$$R_5(\text{动力耗费度}) \to \left\{\frac{0.5}{\text{很欢迎}},\frac{0.3}{\text{欢迎}},\frac{0.2}{\text{一般}},\frac{0.0}{\text{不欢迎}}\right\};$$

联合以上单因素评价集，并略去评语，可得单因素评矩阵 R，即模糊关系矩阵：

$$R=\begin{bmatrix} R_1 \\ R_2 \\ R_3 \\ R_4 \\ R_5 \end{bmatrix}=\begin{bmatrix} 0.2 & 0.5 & 0.3 & 0.0 \\ 0.1 & 0.3 & 0.5 & 0.1 \\ 0.0 & 0.1 & 0.6 & 0.3 \\ 0.0 & 0.4 & 0.5 & 0.1 \\ 0.5 & 0.3 & 0.2 & 0.0 \end{bmatrix}$$

最后，将大、小公司的权重与单因素评价矩阵进行模糊集运算，得模糊综合评价结果 B：

$$B=A\cdot R=\begin{bmatrix} 0.35 & 0.35 & 0.10 & 0.10 & 0.10 \\ 0.10 & 0.10 & 0.15 & 0.30 & 0.35 \end{bmatrix}\begin{bmatrix} 0.2 & 0.5 & 0.3 & 0.0 \\ 0.1 & 0.3 & 0.5 & 0.1 \\ 0.0 & 0.1 & 0.6 & 0.3 \\ 0.0 & 0.4 & 0.5 & 0.1 \\ 0.5 & 0.3 & 0.2 & 0.0 \end{bmatrix}$$

$$=\begin{bmatrix} 0.20 & 0.35 & 0.35 & 0.10 \\ 0.35 & 0.30 & 0.30 & 0.15 \end{bmatrix}$$

将 B 进行归一化处理，有：

$$B=\begin{bmatrix} 0.20 & 0.35 & 0.35 & 0.10 \\ 0.32 & 0.27 & 0.27 & 0.14 \end{bmatrix}$$

结果说明，该系统在小公司当中，有 32%很受欢迎，27%受欢迎，27%一般，14%不欢迎。

二、模糊综合评价法的基本步骤

通过这个例子，可归纳出模糊综合评价方法解决问题的五个步骤。

(1) 建立评价系统的评价因素集：$U=\{u_1,u_2,\cdots,u_m\}$。

(2) 建立评语集合（或评价集）：$V=\{v_1,v_2,\cdots,v_n\}$。需要说明的是，评价集合的元素可以是非数量性的语言形式，如{优，良，中，差}，也可以是数值性的，如设备部件的安全系数{1.5,2.0,2.5,3.0}也构成一个评价集。

(3) 建立反映各因素重要程度的权重集：$A=\{a_1,a_2,\cdots,a_m\}$；权重应满足归一性和非负性条件，即：

$$\sum a_i=1，且\ a_i\geqslant 0$$

权数 a_i 表示因素 u_i 对“重要性”的隶属度，因此权重集是因素集上的模糊子集，并可表示为：

$$A=\left\{\frac{a_1}{u_1}+\frac{a_2}{u_2}+\cdots+\frac{a_m}{u_m}\right\}$$

（4）建立单因素评价矩阵。从一个因素出发，对评判对象进行评判，可以得单因素评判集 $R_i(i=1,2,\cdots,m)$，最后，可得单因素的评判矩阵 $R=[R_1,R_2,\cdots,R_m]^T$。

（5）综合评价。即将权重矩阵与单因素评价矩阵进行模糊合成运算，得综合评价矩阵：

$$B=A\cdot R$$

常用的模糊合成算子有两种，一种是普通矩阵的乘积运算形式，另一种就是上面例题中采用的“取小—取大”运算形式，用符号（$\wedge,\vee$）表示。例如上述结果 B 中的元素 $b_{12}=0.35$ 的计算过程是：

$$\begin{aligned}b_{12}&=\vee\{(a_{11}\wedge r_{21}),(a_{12}\wedge r_{22}),\cdots,(a_{1m}\wedge r_{2m})\}\\&=\vee\{(0.35\wedge 0.5),(0.35\wedge 0.3),(0.10\wedge 0.1),(0.10\wedge 0.4),(0.10\wedge 0.3)\}\\&=\vee\{0.35,0.3,0.1,0.1,0.1\}=0.35\end{aligned}$$

可见，“取小—取大”运算往往会丢掉大量信息，有时候得不到有意义的结果。因此，模糊运算也可按普通的矩阵乘积进行运算。

本章小结

物流系统综合评价是物流系统决策的基础。系统综合评价的主要步骤包括：评价系统目标及对象分析、评价指标体系的确定、评价函数的确定、评价值计算、指标综合等。其中，评价指标体系的建立是一个非常关键且复杂的任务。物流系统评价指标具有主观性、环境依赖性和动态性等特征，因此，指标体系的建立要遵循一定的原则。由于物流系统组成要素的复杂性，物流系统评价的指标通常会涉及技术、经济、时间、政策、社会、资源环境等方面。本章以企业物流系统业绩评价、区域物流系统发展水平评价、物流园区评价等问题为例，详细介绍了物流系统评价指标体系建立的过程和多指标评价的标准化处理过程。

正确应用评价方法是系统评价的第二个关键点。本章介绍了单指标评价方法和多指标综合评价法。多指标综合评价方法包括成本—有效度分析法、层次分析法和模糊综合评价法等。层次分析法的应用非常普遍，其本质是对指标权重进行分配，所以，建立指标两两比较的判断矩阵是层次分析法的关键。模糊综合评价法适合于影响因素模糊或评判结果模糊的场合，该方法的关键是建立各因素的模糊评价矩阵。

复习题

一、简答题

1. 什么是系统评价？
2. 物流系统评价具有哪些重要作用？
3. 层次分析法的特点是什么？
4. 层次分析法的关键步骤是什么？

二、分析题

1. 对一个第三方物流企业,如何建立其客户服务满意度评价的指标体系?

2. 某厂新建工程拟订了四个方案,各方案的主要指标如表10-18所示,请用效益成本法帮助该厂领导作出正确评价和选择(设评价方案应着重考虑投资效益)。

表 10-18 四个方案的主要指标值

序号	指标项目	单位	方案Ⅰ	方案Ⅱ	方案Ⅲ	方案Ⅳ
1	工程投资	万元	5 000	4 200	3 500	3 000
2	建成年限	年	8	6	5	4
3	年产值	万元	12 000	10 500	9 000	8 400
4	产值利润率	%	15	13	17	14
5	使用寿命	年	12	12	12	12
6	环境污染程度		较轻	一般	轻	最轻
7	建成后需流动资金数	万元	2 000	1 500	1 400	1 200

三、即测即评

【案例】

我国集装箱运输港口竞争力评价分析

一、集装箱港口竞争力影响因素分析

随着"一带一路"倡议的提出,我国港口业迎来了新的发展机遇和挑战,与此同时,港口之间的竞争也变得日益激烈。如何评价我国沿海港口的竞争力,对于制定港口竞争力提升的有效策略、从而有序推进"一带一路"倡议具有重要的意义。近几年,在全球集装箱吞吐量排名前十的港口中,中国的港口占了七个,显示出旺盛的生命力。

通过港口调查、客户调查、货代调查以及相关情况分析可知,国际物流过程与港口的许多条件有联系,而港口的运营条件、服务水平、综合环境、设备条件、现代化管理水平,以及港口集装箱吞吐量规模和增长率等,均直接影响港口在物流市场的竞争实力。

影响港口物流能力的因素有很多方面,从各港口的吞吐能力以及市场营销效果等方面进行分析,影响港口竞争力的因素主要包括:港口的运营条件、港口的服务水平、港口的综合环境、港口的集装箱吞吐量及发展、港口的设备条件以及港口的现代化管理水平。

1. 港口的运营条件

港口的运营条件包括港口与客户(货代)、港口与船舶公司之间所发生的与运输直接相关的一些影响因素,如集装箱班轮密度及航线覆盖面、港口集疏运条件,以及港口的综合作业费用。

集装箱的班轮密度及航线覆盖面将影响到集装箱能否被快速送达目的地,能否直接运达世界各地;如果对世界上一些主要港口的航线覆盖不够全面,则会影响到集装箱运输的直达能力,进而影响到对货主的吸引力。同样,集疏运条件将影响到货物集港及货物疏港的便捷性,从而影响港口效率,影响货主对港口的评价。港口作业费用通过货代或其他中间环节,最终将影响到货主的综合运输(物流)费用,也会影响货主对港口的评价和选择。

2. 港口的服务水平

港口的各项基础条件对客户的影响,集中反映在对客户的综合服务方面。对客户而言,尤其是船舶公司,比较关注装卸效率及船舶在港的必须停留时间,这将直接影响船舶公司的效益,而通关效率以及信息服务将对货主(货代)产生较大影响。港口通关效率低,将影响在国际集装箱运输市场上的竞争力。

3. 港口的综合环境

港口综合环境包括港口的自然环境、经济环境以及商业运作环境。各港口处于不同的地理位置,水域条件不同、气候条件不同甚至会影响到港口的有效作业天数或实际作业能力(效率);各港口处于不同的经济区域,腹地的经济条件不同,对运输需求的类别及规模不同,这些会影响港口的经济区位效果;港口所处区域的金融、保险、商业环境和物流服务水平等,影响到港口的运营模式、港口的发展,以及角色的社会化定位,这些影响构成了港口的综合环境,影响港口的发展和竞争力。

4. 港口集装箱吞吐量规模及增长率

港口集装箱吞吐量反映了港口的现有规模,是港口实力的一种表现形式;而港口吞吐量的增长率则反映了港口集装箱的发展趋势及速度,代表着一种潜在的发展实力,这是一项既标志港口现状又反映港口未来发展的指标。

5. 港口的设备条件

港口的设备条件是反映港口基础设施条件的综合指标,包括泊位能力、装卸设备以及堆场情况,通过泊位的设计吞吐能力、航道条件及港前水深,全面反映集装箱泊位的基本情况;通过起重设备的总能力及单位设备的最大能力,既反映装卸设备的规模,又反映设备的水平;集装箱堆场则是综合考虑前后方堆场及堆存能力。

6. 港口的现代化管理水平

港口现代化是国际化大港的必然趋势和基本要求。世界知名的集装箱大港均拥有高水平的现代化管理技术,通过电子数据交换系统(EDI)、管理信息系统,能实现集装箱的实时跟踪查询;利用安全监控系统既能提高通关效率,又能保证集装箱的运输安全;安装 GPS,可用于集卡定位、船舶进港引航,以及堆场内的集装箱定位,从而既保证准确安全又可提高作业的效率,提高港口作业效率和市场竞争力。

二、港口竞争力评价的指标体系

通过分析影响港口竞争力的因素,可以从以上六个方面建立大类指标,每一大类指标下再分为若干小类指标,有的还包括更具体的指标。可根据这些指标间的影响关系以及包含关系,建立起港口市场竞争力的多层次综合评价指标体系,如图 10-6 所示。

- 港口市场竞争力综合评价指标体系
  - 港口运营条件
    - 集装箱班轮密度及航线覆盖面
      - 航线总数(条数)
      - 美洲航线(条数)、密度(班/月)
      - 欧洲航线(条数)、密度(班/月)
      - 香港地区航线(条数)、密度(班/月)
      - 新加坡航线(条数)、密度(班/月)
      - 韩国航线(条数)、密度(班/月)
      - 台湾地区航线(条数)、密度(班/月)
      - 日本航线(条数)、密度(班/月)
    - 港口集疏运条件
      - 公路与港口衔接的通道数
      - 铁路与港口衔接的通道数(注:单线算 1 条,复线算 2 条)
      - 与港口衔接的内河航线数
    - 港口作业费用(高、中、低)
  - 港口服务水平
    - 装卸效率
      - 装卸机械平均作业效率(吨/台时)
      - 装、卸船效率
    - 通关效率(TEU 办理手续所用的平均时间)
    - 船舶平均在港停时(停时/千吨)
    - 信息服务便捷程度
      - 多媒体信息查询系统(有无)
      - 人工问讯处(有无)
  - 港口环境
    - 自然环境——全年作业天数
    - 商业运作环境(好、中、差)
    - 经济环境
      - 港口所在城市的三产占 GDP 比重
      - 港口所在城市的外贸总量
      - 其他腹地状况
  - 港口集装箱吞吐量规模及增长率
    - 近 5 年吞吐量
    - 近 5 年平均增长率
  - 港口设备条件
    - 泊位能力
      - 设计吞吐能力
      - 航道条件及港前水深
    - 装卸设备——起重能力
    - 集装箱堆场
      - 堆场面积
      - 堆存能力
  - 现代化管理水平
    - EDI 系统(有无、是否在建)
    - 安全监控系统(有无、是否在建)
    - 管理信息系统(有无、是否在建)
    - GPS 系统(有无、是否在建)

图 10-6　港口市场竞争力评价指标体系

三、各层指标权重确定方法

采用专家评分法确定各层指标的权重。

先确定第一层指标的权重。

邀请若干名专家在给定的值域区间内评分，设第 i 位专家对第 j 个指标的评分为 X_{ij}，$i=1,2,\cdots,n$，$j=1,2\cdots,m$；n 为专家总数，m 为指标总数。

第 i 位专家的资信等级为 k，$k=1,2,3$。$k=1$ 表示专家很熟悉被评价的内容；$k=2$ 表示专家较熟悉被评价的内容；$k=3$ 表示专家不太熟悉被评价的内容。y_{ik} 为第 i 位专家的资信权重，且 $y_{ik}=1$、0.8 或 0.5。

第 j 项指标的综合评分为：

$$\overline{X_j} = \sum_{i=1}^{n} X_{ij} \frac{y_{ik}}{\sum_{i=1}^{n} y_{ik}}; \quad j=1,2,\cdots,m$$

指标权重的归一化处理：

$$X_j = \frac{\overline{X_j}}{\sum_{j=1}^{m} \overline{X_j}}; \quad j=1,2,\cdots,m$$

同样的方法可确定第二层的指标相对权重。将第二层指标的相对权重乘上第一层指标的绝对权重，就得到第二层指标的绝对权重。

通过组织一定数量的专家对各主要港口的市场竞争力进行评分，综合整理，可得到各层指标的权重结果，见表 10-19。

表 10-19　各层指标权重

Ⅰ级指标	权重	Ⅱ级指标	相对权重	绝对权重
港口运营条件	0.21	集装箱班轮密度及航线覆盖面	0.36	0.075 6
		集疏运条件	0.32	0.067 2
		港口作业费用水平	0.32	0.067 2
港口服务水平	0.17	装卸效率	0.28	0.047 6
		通关效率	0.27	0.045 9
		船舶平均在港停时	0.21	0.035 7
		信息服务便捷程度	0.24	0.040 8
港口环境	0.15	自然环境	0.35	0.052 5
		经济环境	0.31	0.046 5
		商业运作环境	0.34	0.051 0
港口集装箱吞吐量规模及增长率	0.14	近 5 年吞吐量	0.48	0.067 2
		近 5 年平均增长率	0.52	0.072 8
港口设备条件	0.18	泊位能力	0.36	0.064 8
		装卸设备	0.34	0.061 2
		集装箱堆场	0.30	0.054 0

续表

Ⅰ级指标	权重	Ⅱ级指标	相对权重	绝对权重
现代化管理水平	0.15	EDI 系统	0.28	0.042 0
		安全监控系统	0.27	0.040 5
		管理信息系统	0.24	0.036 0
		GPS 系统	0.21	0.031 5

四、综合评价

若要对 K 个沿海港口 G_1、G_2,…,G_k 的市场竞争能力进行综合评价和排序,首先必须调查、分析待评价港口的详细情况,获得这些港口在所有小类指标下的指标值。按照层次分析法和加权平均法,由底层向上层逐层计算出评价指标的综合值,直到得出顶层指标——港口综合竞争力综合得分。最后可根据综合得分情况进行港口竞争力排序。

问题讨论:

1. 讨论本案例的评价指标体系中哪些属于定性指标?哪些属于定量指标?定性指标如何定量化?
2. 在本案例的评价指标体系中,哪些是绝对指标?哪些是相对指标?
3. 指标权重如何确定?除了 AHP 法,还有哪些方法可以确定指标权重?

第十一章 物流系统决策分析

【本章学习目标】

- 理解系统决策分析的概念及其分析框架。
- 掌握风险型物流系统决策分析的过程和方法。
- 掌握不确定型物流系统决策分析的基本方法。

【本章导读】

通过对系统的分析、系统建模、系统方案规划和评价后,就要将各种行动方案及其后果信息提供给决策者,让他们根据经验、直觉作出决断。系统决策分析就是一种进行决断的技术,主要解决风险型或不确定型的问题。物流系统决策中的很多问题属于风险型或不确定型问题,这正是本章决策分析要解决的问题。本章先介绍系统决策分析的概念及过程框架,然后介绍企业物流系统决策主要解决的问题;最后分别介绍风险型物流决策和不确定型物流决策方法。

第一节 物流系统决策分析概述

一、系统决策分析的概念

(一)决策分析的类型

决策就是人们为达到某一目标,从若干可能的方案(或措施、途径、行动)中经过分析,选出最佳(或满意)方案的行为。决策分析为解决风险型问题或不确定型问题提供了一套推理方法和逻辑步骤,供人们在决策中规范地选择满意的行动方案。

由于社会经济活动是多方面、多层次、多领域的,因而,有关的决策问题和决策活动也是多方面、多层次、多领域的。从宏观上讲,有政治上的决策、军事上的决策、经济政策与科技政策的决策;从微观上看,有一个企业、一个部门的日常生产计划、经营管理的决策。可以说,决策贯穿于管理的全过程,一切管理工作的核心就是决策。

对于复杂的系统,其行动方案后果与系统所处的环境密切相关。因此,以方案选择为目的的决策过程也随环境的不同而有很大差别。根据决策环境的不同,决策可分为三种类型。

1. 确定型决策

确定型决策是指在未来环境完全可以预测,人们知道将来会发生什么情况,可以获得精确、可靠数据情况下进行的决策。例如，针对一批客户的实际订单进行车辆调度和配送路径的规划，就是在确定环境下进行的决策。

2. 风险型决策

通常，未来环境有几种可能的状态和相应后果，可以观测每种状态和后果出现的概率，这就是风险型环境或概率环境。在这种情况下进行的决策就叫作风险型决策或概率决策。在这种情况下，人们得不到充分可靠的有关未来环境的信息，但可以预测未来可能出现的状况及状况发生的概率。如市场经济环境下，企业开发某种新产品或推出某项新的服务就要冒一定的风险，销售状态、原材料供应情况都没有完全的把握，但是根据市场调查、原材料供应商的信息，还能对销售状态的好坏以及原材料供应充分或短缺的概率作出判断。

3. 不确定型决策

在一种极端情况下，未来环境出现某种状态的概率难以估计，甚至连可能出现的状态和相应的后果都不知道，这就是不确定型环境。在这种不确定型环境下进行的决策就是不确定型决策。例如开发尚未经过用户考验的全新产品就属于这种环境。一般来说，战略层决策、长远决策往往是不确定型决策。

对于确定型决策问题，可利用线性规划或非线性规划方法，做出最佳选择。因此，系统决策分析着重研究风险型和不确定型环境下的决策问题。对于不确定型状态，一般采取主观地给出其概率的方法，这样将不确定型问题转化成风险型问题。所以，决策分析主要是研究状态概率可估计的风险型决策。

（二）系统决策分析框架

系统决策分析包括如下 7 个过程。

（1）确定决策模型结构。通过决策树或决策表的形式，表达出决策过程的各阶段和环境及相关信息。决策模型必须能体现这些主要信息，例如备选方案、衡量方案后果的指标、关键的环境状态等。

（2）评定方案后果。方案后果就是指各方案在不同环境状态下的结果。方案后果一般用效用值衡量，也可以用损失（负的效用）或收益（正的效用）来衡量。

（3）评定不确定因素。这一步是根据各种数据信息并结合主观经验，估计未来环境各种状态发生的概率。

（4）评价方案。按照各方案估计的后果及各状态发生的概率，计算出各方案的期望目标值，从中选出期望目标值最大的方案。

（5）灵敏度分析。改变决策模型中的各项参数，如改变各状态的主观概率，观察其对方案后果的影响幅度，寻找可行的方案。

（6）收集信息。在灵敏度分析中，如果发现方案后果对某些参数的变化很敏感，就需要收集更多的信息加以慎重研究。

（7）选择方案。权衡各种因素，做出判断和选择。

二、物流决策的层次分类

在物流系统的规划和管理过程中，需要进行许多具体的决策。按照物流系统环节构成划分，决策的内容包括选址决策、库存决策、运输决策等。按照决策问题的作用范围和影响程度，物流决策分为战略层次的决策、策略层次的决策和运作层次的决策三种。它们之间的主要区别在于计划的时间跨度。物流战略决策是长期的,时间跨度通常超过一年;策略层决策是中期的,时间跨度是一个季度到一年的时期;运作层决策是短期的,时间跨度几周甚至更短。表 11-1 举例说明了不同层次、不同类型的物流决策的若干典型问题。

表 11-1　物流战略、策略和运作层的决策问题举例

决策类型	决策的层次		
	战略层次	策略层次	运作层次
运输	运输战略	配送需求计划	线路选择、车辆调度
订单处理	设计订单处理系统	订单处理排序	发出订单、补货计划
客户服务	设定标准	需求预测	订单时间管理
仓储	设施数量、规模和位置	存储空间选择、库存计划	入库管理、货物上架
采购	制定采购政策	供应源选择、供应商管理	采购订单管理

上述不同层次的决策是从不同的视角提出的,也有不同的要求。战略层次决策所使用的数据常常是不完整、不准确的,属于不确定型或风险型决策问题。而物流运作层的决策一般都是使用准确的数据,基本上属于确定型问题。对于确定型决策问题,可利用线性规划或非线性规划方法,做出最佳选择。所以,本章介绍的物流系统决策分析着重研究风险型和不确定型环境下的决策问题。

三、企业物流的战略决策

(一)决策目标

企业物流系统的设计首先要进行物流系统的战略决策。选择好的物流战略与制订好的企业战略一样,需要很多创造性的过程。

一般来说,物流战略决策的目标有三个,即降低成本、减少资本、改进服务。

降低成本(cost reduction)指战略实施的目标是将与运输和存储相关的可变成本降到最低。通过评价各备选的行动方案,比如,在不同的仓库地址中进行选择或者在不同的运输方式中进行选择,以形成最佳战略。该目标是在服务水平保持不变的前提下,找出成本最低的方案,使利润最大化。减少资本(capital reduction)指战略实施的目标是使物流系统的投资回报最大化。例如,为避免仓储环节而直接将产品送达客户,或放弃自有仓库选择社会性仓库,或利用第三方物流服务,选择及时供给而不持有库存,等等。与需要高额投资的战略相比,这些战略可能导致可变成本增加,但是,投资回报率会提高。改进服务(service improvement)战略是指应该制定与竞争对手截然不同的服务战略,企业收入取决于所提供的物流服务水平,尽管提高物流服务水平将大幅度提高成本,但收入的增长可能会超过成本的上涨。

(二)决策内容

物流战略决策主要解决四个方面的问题:客户服务目标、设施选址战略、库存战略和运输战略,如图 11-1 所示,用物流决策三角形表示。这些领域是互相联系的,应该作为整体进行规划和决策。当然,也有分别进行决策的例子。每一领域都对企业物流系统的设计产生重要影响。

1. 客户服务目标

企业提供的客户服务水平比任何其他因素对系统设计的影响都要大。服务水平较低,

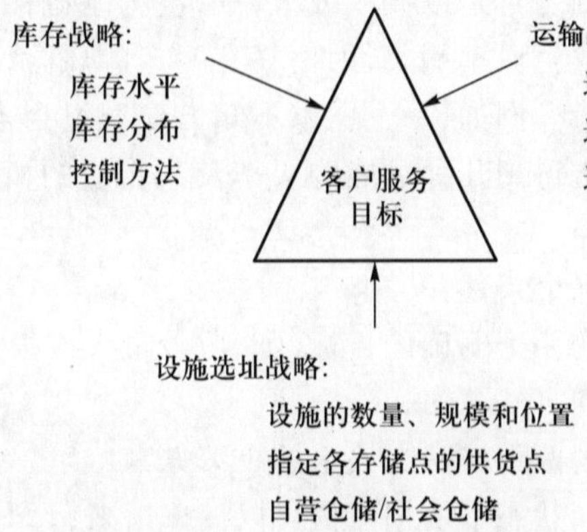

图 11-1　物流决策三角形

可以在较少的存储地点集中存货,利用较廉价的运输方式。服务水平高则恰恰相反。但当服务水平接近上限时,物流成本的上升比服务水平上升更快。因此,物流战略规划的首要任务是确定适当的客户服务水平。客户服务目标还受限于其他三方面的战略设计。

2. 设施选址战略

存储点及供货点的地理分布构成物流规划的基本框架。其内容主要包括,确定设施的数量、地理位置、规模,并分配各设施所服务的市场范围。好的设施选址应考虑产品在供应链上的流动过程及相关成本,包括从工厂、供货商经分销中心、配送中心,然后到达客户所在地的物流全过程及相应成本。通过不同的物流渠道来满足客户需求,会有不同的物流成本。寻求成本最低的需求分配方案或利润最高的需求分配方案是选址战略的核心所在。设施选址的方法已在第七章阐述。

3. 库存战略

库存战略指管理库存的方式。将库存分配(推动)到储存点与通过补货自发拉动库存,代表着两种战略。库存战略决策还包括,产品系列中的不同品种是选择工厂自营的仓库还是选择第三方物流服务。这将影响到具体的库存控制及设施选址决策,所以必须在物流战略规划中予以决策。

4. 运输战略

运输战略包括运输方式、运输批量和运输时间以及线路的选择。这些决策受仓库与客户、仓库与工厂之间距离的影响,反过来又会影响仓库选址决策。库存水平也会通过影响运输批量影响运输决策。

客户服务目标、设施选址战略、库存战略和运输战略是物流决策的主要内容,因为这些决策都会影响企业的赢利能力、现金流和投资回报率,而且每个决策都与其他决策互相联系,彼此之间还存在悖反关系,应在一个系统的框架内统一考虑。

第二节　风险型物流决策

一、风险型决策的条件

风险型环境是指未来的具体情况是未知的,但可以预知可能出现的几种状态,且各种状态发生的概率是可以事先估计的。它是以概率或概率密度为基础的,具有随机性。这种环境下的决策与各种自然状态的发生概率相关,因而具有一定的风险,所以称为风险型决策,也称为随机型决策或统计型决策。例如,一个厂家不知道新型组合家具投产后的实际购买率如何,但是可以根据历史资料,得到几种可能购买率及其相应的概率,这对于生产厂家进行决策是有帮助的。

风险型决策必须满足以下 5 个条件:

(1) 存在决策人希望达到的一个明确的目标(如,收益最大或损失最小);

(2) 存在两种或两种以上的自然状态;

(3) 存在可供决策人选择的两个或两个以上的决策方案;

(4) 不同的备选方案在不同状态下的损益值可以计算出来;

(5) 在 N 种自然状态中,究竟哪一种状态会出现,决策人不能肯定,但是各种自然状态发生的概率事先可以估计或计算出来(根据历史数据或经验判断估计)。

上述第(4)条中的损益值是指在不同自然状态下相应方案所产生的损失和收益状态,收益用正数表示,损失用负数表示,也就是上一节系统决策分析框架中的第(2)步评定方案后果。例如,针对新产品投产问题,对于{产品销路好,产品销路一般,产品销路差}这三种自然状态,如果采取{不生产,小批量生产,大批量生产}三种方案,就会有 9 种不同的经济效益状况,这就是损益值,它们构成一个矩阵,称为损益矩阵或风险矩阵。

【例 11-1】 某货场计划贷款修建一个仓库,初步考虑了三个建仓库的方案:① 修建大型仓库;② 修建中型仓库;③ 修建小型仓库。由于对货物量的多少不能确定,对不同规模的仓库,其获利情况、支付贷款利息及营运费的情况都不同。经初步估算,编制出每个方案在每种不同的货物量状况下的损益值,如表 11-2 所示。

表 11-2 各种方案的损益值

货物量 / 方案	损益值(万元)		
	货物量大	货物量中	货物量少
建大型仓库	100	50	30
建中型仓库	60	80	50
建小型仓库	40	60	70

另外,若根据对货运量的调查分析,估计货物量大的可能性是 50%,货物量中的可能性是 30%,货物量小的可能性是 20%。试进行方案决策。

这是一个风险型决策问题。对此,主要采用两种准则进行决策判断:最大可能收益准则、期望收益值准则,其中期望值准则更为常用。下面分别介绍。

二、最大可能收益值准则

某种状态的概率值越大,说明该状态发生的可能性越大。因此,在风险型决策问题中,若某种状态的概率远大于其他状态的概率,就可以忽略其他状态,而只考虑概率最大的这一状态。这相当于将风险型决策问题转换成确定情况下的决策问题。这就是最大可能收益值准则。由于最大可能状态也是仅以一定的概率出现的,所以按这一准则决策具有一定的风险。

最大可能收益值准则的决策过程非常简单。首先，从各自然状态的概率值中，选出概率最大者对应的状态，其余状态则不再考虑；然后，再根据在最大可能状态下各方案的损益值进行决策。下面利用最大可能收益值准则对例 11-1 进行决策。

根据估计的三种状态的概率值大小，只需考虑发生概率最大的“货物量大”这一情况，对一个具体的方案，分别用最大收益值准则和最小损失值准则决策。数据如表 11-3 所示。

表 11-3　最大收益值准则的决策数据

方案	收益值准则	损失值准则
建大型仓库	100	0
建中型仓库	60	40
建小型仓库	40	60
决策	Max{100,60,40} = 100	Min{0,40,60} = 0

建大型仓库的收益最大，损失值最小，因此，选择建造大型仓库的方案。

最大可能收益值决策法适合于某一状态发生概率明显大于其他状态发生概率的情况。若各种状态的概率相差不大，就不适合使用这种方法。

三、期望值准则

风险型问题的决策准则必须考虑各种状态出现的概率，所以，需要引入期望后果值的概念。一般情况下，经营管理决策中用收益、损失这类指标来表示方案的后果，这样，期望收益值就成为一种应用最广泛的准则。期望收益值准则就是根据各备选方案在各自然状态下的损益值的概率平均的大小，决定各方案的取舍。这里所说的期望值就是概率论中离散随机变量的数学期望，即：

$$E(A_i) = \sum_{j=1}^{n} c_{ij}P_j \tag{11-1}$$

式中，$E(A_i)$是第 i 个方案的期望值，c_{ij}是第 i 个方案在第 j 种状态下的损益值，P_j是第 j 种状态发生的概率。

期望值准则是把每个备选方案的期望值求出来，加以比较。如果决策目标是效益最大，则采取期望值最大的备选方案；如果损益矩阵的元素是损失值，而且决策目标是使损失最小，则应选定期望值最小的备选方案。

期望值准则法的决策过程可以在决策表上进行，也可通过决策树表示法完成。下面分别用两种表示法对例 11-1 进行期望值准则决策。

（一）决策表法

如表 11-4 所示，先按各行计算各状态下的损益值与概率值乘积之和，得到期望值；再比较各行的期望值；根据期望值的大小和决策目标，选出最优者，对应的方案就是决策方案。

表 11-4　各方案的期望值计算与比较

方案 \ 状态 / 概率	损益值(万元)			期望收益值 $E(A_i)=\sum_{j=1}^{n}c_{ij}P_j$
	货物量大	货物量中	货物量少	
	0.5	0.3	0.2	
建大型仓库	100	50	30	0.5×100+0.3×50+0.2×30=71
建中型仓库	60	80	50	0.5×60+0.3×80+0.2×50=64
建小型仓库	40	60	70	0.5×40+0.3×60+0.2×70=52
$\text{Max}\{71,64,52\}=71=E(A_1)$				

期望收益值最大的建库方案是 A_1,即建大型仓库的方案。

(二)决策树法

决策树是一种构建决策模型的结构形式,能很好地表现决策模型的两个要求:一是反映风险决策环境,即环境的各种状态及相应概率和后果值;二是决策的序贯性,即当前的决策必须考虑接下来几个阶段的决策。决策树用决策点、状态节点来辅助描述决策模型,形象直观,是风险决策问题常用的方法,尤其适合解决多阶段的决策问题。

图 11-2 是决策树的结构图。图 11-2 中的方块□是决策节点,表示决策者此时的行为是在自己能控制的情况下进行的。从决策节点引出的若干条线,代表若干个方案,称为方案枝,有待决策者进行分析和选择。方案枝末端圆圈○叫作状态节点,表示决策者此时面临的是自己无法控制的自然或社会环境;从它引出的线条代表自然或社会环境中可能出现的各种状态,叫作概率枝;概率的末端画上三角形△,叫作结果点。决策树将决策过程中的各种环境状态和有关方案及其后果信息清晰地表达出来,并可据此进行运算,选择最优方案。

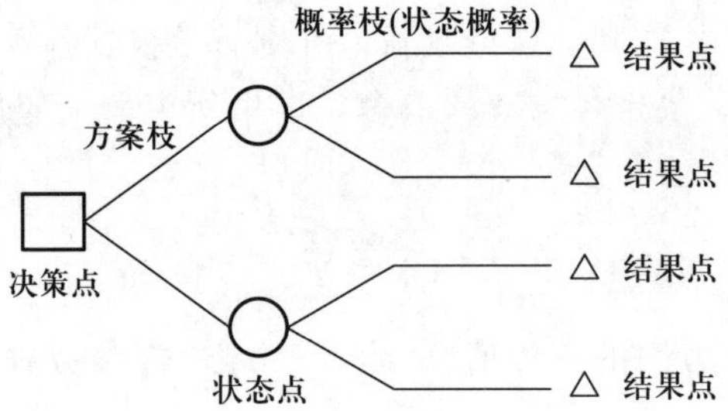

图 11-2　决策树的结构

决策树法分为两个阶段,一是构建决策树模型;二是应用决策树进行决策。决策树的构建是从左向右推进,进行决策的过程是从右向左逐步进行的。根据右端结果点的损益值和概率枝的概率,计算出期望损益值的大小,确定方案的期望结果。然后根据不同方案的期望结果作出决策。方案的舍弃叫作修枝,被舍弃的方案在方案枝上做上标记"≠";最后在决策点留下一条树枝,即为最优方案。

【例 11-2】 用期望值准则和决策树法求例 11-1 中的最优决策方案。

解:首先,仿照图 11-2 建立该问题的决策树。决策树是一种模型,是对现实情况的简化。本问题只有一个决策任务:从大型、中型、小型仓库三个方案中进行选择,因此,可引出 3 个方案分枝。未来的货物量有大、中、小三种可能状态,所以,每个方案的状态节点又可引出三条概率分枝。这样一共有 9 条结果分枝,分别标上各分枝所发生的费用或收益。该问题的决策树模型如图 11-3 所示。

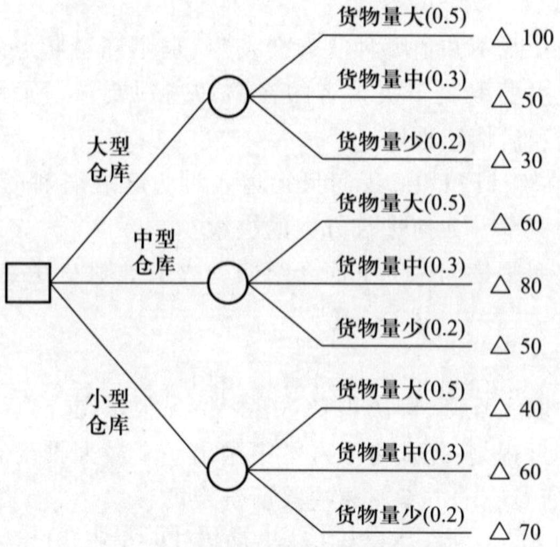

图 11-3　例 11-2 的决策树模型

第二阶段就是利用决策树进行决策,即在树上直接进行计算、比较、修剪,最终选择最佳的方案。从右边向左边推进,先计算三个方案的期望后果,并将结果分别列在各方案的状态节点处。如图 11-4 所示,三个方案的期望收益值分别为 71、64、52。然后,进行方案修枝,保留期望收益值最大的方案,即建大型仓库。

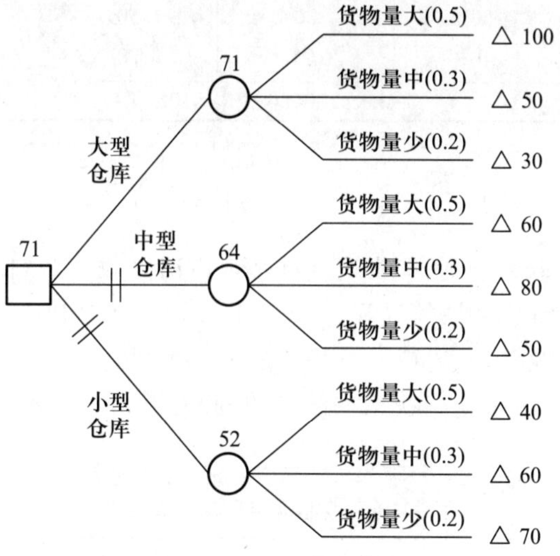

图 11-4　例 11-2 的决策结果

为保证决策结果的可信度,通常要改变某些主观参数后,再分析参数变化对决策结果的影响,即要进行灵敏度分析。例如,假设未来货物量为大、中、小三种状态的概率可能是 0.4、0.3 和 0.3,则各方案的期望收益值分别为:64、63 和 55。这时,仍然可选择大型仓库,但与建中型仓库的期望收益差距并不显著。当未来各状态发生的概率有较大变化时,决策的结果就会不同。

第三节　不确定型物流决策

不确定型决策是指在既不知道哪种状态会发生、也不知道状态发生概率的情况下的决策。这种情况下的决策主要取决于决策者的经验和主观要求。常用的决策准则有乐观准则、悲观准则、折衷准则和后悔值准则。

【例 11-3】 假设在例 11-1 中,我们只知道各种方案在各种货物量下的损益值,而不知道不同货物量发生的概率。如何进行方案的决策?

这问题属于不确定型决策问题。下面介绍四种决策准则及其决策结果。

一、乐观准则

乐观准则也称大中取大准则,即决策者对客观情况很乐观,愿意争取一切获得最好结果的机会。该准则的决策过程是:先从每个方案中选出一个最大收益值,再从这些最大收益值中选出最大值,该最大值对应的方案就是决策所选定的方案。

利用乐观准则对例 11-3 进行决策,其结果如表 11-5 所示。决策结果是建大型仓库,可获得收益 100 万元。

表 11-5　按乐观准则决策的结果

方案＼货物量	损益值(万元)			最大收益值(万元)
	货物量大	货物量中	货物量少	
建大型仓库	100	50	30	100
建中型仓库	60	80	50	80
建小型仓库	40	60	70	70
Max{100,80,70}=100				

二、悲观准则

悲观准则也称小中取大准则,即决策者对客观情况比较悲观,比较保守,从最坏结果中选择一个相对好的。该准则的决策过程是:先从每个方案中选出一个最小收益值,再从这些最小收益值中选出最大收益值,对应的方案就是决策方案。

利用悲观准则对例 11-3 进行决策的结果如表 11-6 所示。决策结果是建中型仓库,收益 50 万元。

表 11-6　按悲观准则决策的结果

方案＼货物量	损益值(万元)			最小收益值(万元)
	货物量大	货物量中	货物量少	
建大型仓库	100	50	30	30
建中型仓库	60	80	50	50
建小型仓库	40	60	70	40
Max{30,50,40}=50				

三、折衷准则

这是介于乐观准则与悲观准则之间的一个决策准则。通过一个折衷系数 $\alpha(0\leqslant\alpha\leqslant1)$ 将乐观与悲观结果加权平均，因此，也称为乐观系数准则。

决策时，决策者根据自己的愿望、经验和历史数据，先给出乐观系数 α，按下式计算每个方案的折衷收益值：

$$折中收益值=\alpha\times最大收益值+(1-\alpha)\times最小收益值 \tag{11-2}$$

再从诸方案的折衷收益值中选择数值最大者，对应的方案就是决策方案。

下面利用折衷准则对例 11-3 进行决策。

若取乐观系数 $\alpha=0.7$，计算结果如表 11-7 所示，决策结果是建大型仓库，折衷收益为 79 万元。

表 11-7　按折衷准则决策的结果

货物量 / 方案	损益值（万元）			最小收益（万元）	最大收益（万元）	折衷收益值 $\alpha=0.7$
	货物量大	货物量中	货物量少			
建大型仓库	100	50	30	30	100	79
建中型仓库	60	80	50	50	80	71
建小型仓库	40	60	70	40	70	61
Max{79,71,61} = 79						

四、后悔值准则

在决策过程中，当某一种自然状态可能出现时，决策者必然首先要选择收益最大的方案。如果由于决策失误未选取这一方案，而是选择了其他方案，就会感到后悔。最大收益值与其他收益值之差就叫作后悔值或遗憾值。后悔值准则就是为避免将来后悔而设计的一种决策方法。

决策时，先根据决策收益表计算出每个状态、每个方案的后悔值，构成后悔值矩阵；然后，在后悔值矩阵中对每一方案选出最大后悔值；最后，从这些最大后悔值中选出最小后悔值，它所对应的方案为应选的决策方案。

下面对例 11-3 利用后悔值准则进行决策。表 11-8 中用“ * ”标出不同状态下的最大收益值，表 11-9 是计算得到的后悔值矩阵。从中确定的最小后悔值为 40 万元，对应着两个方案，即建大型仓库或中型仓库均可，两方案的后悔值均为 40 万元。

表 11-8　不同状态下的最大收益值

货物量 / 方案	损益值（万元）		
	货物量大	货物量中	货物量少
建大型仓库	100 *	50	30
建中型仓库	60	80 *	50
建小型仓库	40	60	70 *

表 11-9 后悔值矩阵

方案＼货物量	后悔值(万元)			最小后悔值(万元)
	货物量大	货物量中	货物量少	
建大型仓库	0	30	40	40 *
建中型仓库	40	0	20	40 *
建小型仓库	60	20	0	60
Min{40,40,60} = 40				

从上面的决策结果可知,不同的决策准则下的决策方案可能会不同,也可能会相同。一般可将几种准则同时使用,便于全面把握各种情况。

乐观准则的风险最大,适用于十分有把握或损失不大的情况。

悲观准则最保守、稳妥,当决策失误带来的损失严重时,应选用此方法。

折衷准则介于乐观与悲观之间,乐观系数的选择具有一定的主观性,因人而异,两个极端分别是乐观准则和悲观准则。

后悔值准则就是要使未来的后悔值最小。

本章小结

本章针对风险型或不确定型环境下的物流决策问题,介绍了规范的决策分析方法。本章首先介绍了系统决策分析的概念及分析框架,讨论了物流系统战略层、策略层和运作层决策的常见问题,运作层的决策主要是确定型决策,应用运筹学方法可求出最佳方案。战略层和策略层的决策环境具有较大不确定性,需要进行决策分析。接着,本章介绍风险型物流决策的条件、过程,重点介绍了决策树方法,最后分析了不确定型物流决策的四种方法。

复习题

一、简答题

1. 系统决策分析的作用是什么?

2. 物流系统战略决策与策略决策、运作决策之间有什么区别与联系?举例说明战略层物流决策的不确定型或风险型环境。

3. 风险型决策的基本条件是什么?

4. 决策树的两个关键要素是什么?

5. 什么叫期望值?什么叫期望收益值?如何计算各方案的期望收益值?

二、计算题

1. 某钟表公司计划通过它的分销网络推销一种低价钟表,计划零售价为每件 10 元。初步考虑有三种分销方案:方案Ⅰ需一次投资 10 万元,投产后每件成本 5 元;方案Ⅱ需一次投资 16 万元,投产后每件成本 4 元;方案Ⅲ需一次投资 25 万元,投产后每件成本 3 元。该种钟表的需求量不确定,但估计有三种可能:E_1——30 000 件,E_2——120 000 件,E_3——200 000 件。

要求:

(1) 建立这个问题的损益矩阵;

(2) 分别用悲观准则和乐观准则决定公司应采用哪一种方案。

(3) 建立后悔值矩阵,用后悔值法决定应采用哪一种方案。

2. 某物流中心计划新建一个分装加工车间。现提出了两个规划方案,方案 1 需要投资 300 万元;方案 2 需要投资 160 万元;均考虑 10 年的经营期。据预测,在未来 10 年的经营期内,前三年市场前景好的概率为 0.7;若前三年市场前景好,则后七年市场前景好的概率为 0.9;若前三年市场前景差,则后七年市场前景肯定差。另外,估计每年两个方案的损益值如表 11-10 所示,要求用决策树法确定应采用哪种方案?

表 11-10 两个方案的损益值

规划方案	投产后的年损益值(万元)	
	市场好	市场差
方案 1	100	-20
方案 2	40	10

3. 甲公司要从位于 S 市的工厂直接装运 500 台电视机送往位于 T 市的一个批发中心。这票货物价值为 150 万元。T 市的批发中心确定这批货物的标准运输时间为 2.5 天,如果超出标准时间,每台电视机的每天的机会成本是 30 元。

甲公司物流经理初步设计了下面三个物流方案:

方案一:A 公司是一家长途货物运输企业,可以按照优惠费率每公里 0.05 元/台来运送这批电视机,装卸费为每台 0.10 元。已知 S 市到 T 市的公路运输里程为 1 100 公里,估计需要 3 天的时间才可以运到(因为货物装卸也需要时间)。

方案二:B 公司是一家水运企业,可以提供水陆联运服务,即先用汽车从甲公司的仓库将货物运至 S 市的码头(20 公里),再用船运至 T 市的码头(1 200 公里),然后再用汽车从码头运至批发中心(17 公里)。由于中转的过程中需要多次装卸,因此整个运输时间大约为 5 天。询价后得知,陆运运费为每公里 0.06 元/台,装卸费为每台 0.10 元,水运运费为每百台 0.6 元。

方案三:C 公司是一家物流企业,可以提供全方位的物流服务,报价为 22 800 元。它承诺在标准时间内运到,但是准点的百分率为 80%。

试从成本角度评价这些运输方案的优劣,并作出决策。

三、即测即评

【案例】

基于后悔值准则的某船队规划决策案例

一、背景介绍

船队规划是航运公司根据航运市场研究的结果,依据一定的原则和方法,对规划期内船舶的购置、使用、更新和处理所做出的动态决策。航运公司在运营发展过程中,船队中的旧船有些会被淘汰、报废,需要补充新的船舶。随着时间的推移和市场需求的变化,船队规模、船舶配置也需要重新调整。因此,航运企业需要根据未来的市场需求变化及企业自身实力,对船队构成和船队规模方案进行合理的规划,这是航运企业战略决策的重要组成部分。

我国是全球第一大煤炭进口国,进口煤炭主要是靠海运方式运输。案例中的国内某航运公司拥有4条跨国煤炭运输航线。公司拥有3种船型,即大灵便型船(船型1)、巴拿马型船(船型2)、好望角型船(船型3),数量分别为10艘、6艘、5艘;每种船型还可从市场租赁10艘。随着未来煤炭进口量的变化,公司需要对未来两年船队运力进行调整,对各航线船舶配置方案进行决策。

船队运力调整受企业自身技术、经济实力和经营能力的制约,更受市场供求变化趋势的影响。但是,未来各航线的运输需求具有较高的不确定性。由于每艘船的价值很高,且船队规划具有长期性,如果决策失误,将对公司造成巨大经济损失。如何在这种不确定的环境下进行合理的决策,成为公司必须面对的重要问题。为此,公司向专业团队咨询,专家小组运用后悔值准则进行了航线船舶配置方案的决策。

二、不确定型决策状态

不确定型决策要具备一定的条件,需要知道未来可能出现的两种或两种以上的状态,各状态发生的概率是未知的,另外还要有两个或两个以上的备选方案(即策略)并能确定相应的损益值。

在航运公司自身能力不变的情况下,决定航线船舶配置方案的主要因素是未来两年的煤炭运输需求量。采用一种预测方法很难准确预测未来实际需求,如果仅按照一种预测需求进行规划,容易造成规划结果的偏失,影响企业经济效益。为此,咨询小组以前5年的历史数据为基础,分别用回归分析预测法、灰色预测法进行未来两年需求量预测,以预测的需求量作为未来市场可能的两种状态。表11-11、表11-12、表11-13分别是需求量的历史数据以及未来的状态1和状态2。

表11-11　需求量历史数据　　单位:万吨

年份	航线1	航线2	航线3	航线4
前5年	1 050	525	350	175
前4年	1 183	589	375	192

续表

年份	航线 1	航线 2	航线 3	航线 4
前 3 年	1 230	625	437	212
前 2 年	1 450	725	471	238
前 1 年	1 470	832	507	252

表 11-12　状态 1:回归分析预测的需求量　　单位:万吨

年份	航线 1	航线 2	航线 3	航线 4
下一年	1 608.7	883	551	273.8
第二年	1 719.4	958	592	293.8

表 11-13　状态 2:灰色预测法预测的需求量　　单位:万吨

年份	航线 1	航线 2	航线 3	航线 4
下一年	1 623.3	928.9	563.6	279.3
第二年	1 759.7	1 049.1	619.7	306.0

三、备选方案

假设未来市场是确定的,通过回归分析预测得到的需求量是确定的。在需求确定的情况下,可运用航队规划的相关知识建立数学模型,收集相关参数,应用优化软件求解模型,得到回归预测需求量情况下的航线船舶配置最佳方案,见表 11-14,以此作为备选方案 A。根据表中船舶配置情况,下一年可租出大灵便型船 4 艘,需租入巴拿马型船 8 艘、租入好望角型船 10 艘;第二年需租入巴拿马型船 8 艘、租入好望角型船 10 艘。

表 11-14　方案 A:回归预测对应的航线船舶配置方案

年份	航线	船型 1	船型 2	船型 3
下一年	航线 1	0	5	11
	航线 2	4	1	1
	航线 3	1	8	0
	航线 4	1	0	3
第二年	航线 1	0	5	12
	航线 2	8	0	0
	航线 3	2	8	0
	航线 4	0	1	3

同理,可求出灰色预测需求量情况下的航线配置最佳方案,见表 11-15,以此作为备选方案 B,即下一年可租出大灵便型船 3 艘,需租入巴拿马型船 8 艘、租入好望角型船 10 艘;第二年需租入巴拿马型船 10 艘、租入好望角型船 10 艘。

表 11-15　方案 B:灰色预测对应的航线船舶配置方案

年份	航线	船型 1	船型 2	船型 3
下一年	航线 1	1	3	12
	航线 2	5	2	0
	航线 3	0	9	0
	航线 4	1	0	3
第二年	航线 1	0	4	13
	航线 2	2	5	0
	航线 3	7	5	0
	航线 4	1	2	2

根据航线运营、船舶租入或租出的成本、收益等信息,可计算得到方案 A、方案 B 在两种需求量情况下的年运营总费用。这样就可得到不确定型决策的损益值矩阵。

四、基于后悔值准则进行方案决策

在两种未来状态和两个备选方案的基础上,可以求出各方案在各状态下的后悔值,从各方案的后悔值中选择最小后悔值,从而确定最后的选择方案。

根据最小后悔值准则,该公司最终选择方案 B 为公司未来两年的航线船舶配置调整方案。进一步的数值分析表明,根据后悔值准则选出的方案 B 具有较好的鲁棒性,能够降低未来需求的不确定性造成的风险。

问题讨论:

1. 根据本案例,讨论不确定型决策需要具备哪些条件?
2. 本案例是如何确定未来可能的状态和备选方案的?

主要参考文献

[1] 汪应洛.系统工程.5 版.北京:机械工业出版社,2015.

[2] 吴广谋.系统原理与方法.北京:北京师范大学出版社, 2017.

[3] 刘思峰.系统评价:方法、模型、应用.北京:科学出版社,2015.

[4] 费奇, 王红卫,陈学广,等.复杂系统工程研究.上海理工大学学报, 2011(6).

[5] 孙东川,孙凯,钟拥军.系统工程引论.北京:清华大学出版社,2019.

[6] (英)马丁·克里斯托弗(Martin Christopher)著,何明珂等译.物流与供应链管理.第 5 版.北京:电子工业出版社,2019.

[7] 唐万辉,程燕子.系统思想在精准扶贫实践中的应用研究[J].山东农业工程学院学报,2019(11).

[8] 肖磊、李仕明、张晓军.新兴技术下的情景规划法及其应用[J].技术经济,2009(1).

[9] 汪沁.基于 5G 技术的物流业智能化转型.商业经济研究,2020(8).

[10] 刘舒燕.交通运输系统工程.北京:人民交通出版社,2012.

[11] 何明珂.物流系统要素冲突分析.中国流通经济,2001(5).

[12] 宗刚,程建润.物流系统中要素冲突问题探讨.郑州航空工业管理学院学报,2006(6).

[13] Ronald H.Ballou.企业物流管理与供应链管理.5 版.北京:中国人民大学出版社,2008.

[14] 杨芳,谢如鹤.生鲜农产品冷链物流系统结构模型的构建.系统工程,2012(12).

[15] 苏尼尔·乔普拉,彼得·迈因德尔.供应链管理.6 版.北京:中国人民大学出版社,2017.

[16] 蔡临宁.物流系统规划——建模及实例分析.北京:机械工业出版社,2014.

[17] 高志刚, 王长琼.基于 GIS 的多线路配送系统集成研究.物流科技, 2005(11).

[18] 王长琼.供应链管理.北京:清华大学出版社,2017.

[19] 王道平,程肖冰.物流决策技术.北京:北京大学出版社,2013.

[20] 张芳.古代大型的系统工程——都江堰.古今农业,2000(2).

[21] 邓正龙, 方律休.我国古代运用系统工程思想的典范——都江堰水利工程.系统工程理论与实践,1987(1).

[22] 金安楠,李钢,王建坡等.社区化新零售的布局选址与优化发展研究——以南京市盒马鲜生为例[J].地理科学进展,2020(12).

[23] 马向宇,周强,万颖.集装箱码头物流系统仿真模块库设计与应用,物流技术,2016(8).

[24] 冯长利.物流系统仿真.北京:科学出版社,2017.

[25] 张庆英.物流系统工程——理论、方法与案例分析(第 3 版)[M].北京:电子工业出版社,2021.

[26] 蒋长兵.物流系统工程[M].北京:电子工业出版社,2011.

[27] Alain Martel;Walid Klibi. Designing Value-Creating Supply Chain Networks. Springer International Publishing, Switzerland,2016.

[28] Reinhard Haberfellner, Olivier de Weck, Ernst Fricke, Systems Engineering Fundamentals and Applications. Springer Nature Switzerland AG,2019.

[29] Mikihisa Nakano. Supply Chain Management-Strategy and Organization. Springer Nature Singapore. 2020.